Susanne Angerhausen · Holger Backhaus-Maul
Claus Offe · Thomas Olk · Martina Schiebel

Überholen ohne einzuholen

Susanne Angerhausen · Holger Backhaus-Maul
Claus Offe · Thomas Olk · Martina Schiebel

Überholen ohne einzuholen

*Freie Wohlfahrtspflege
in Ostdeutschland*

Westdeutscher Verlag

Die Deutsche Bibliothek – CIP-Einheitsaufnahme

Überholen ohne einzuholen : freie Wohlfahrtspflege in
Ostdeutschland / Susanne Angerhausen ... – Opladen : Westdt. Verl.,
1998
ISBN 3-531-13298-9

Alle Rechte vorbehalten
© Westdeutscher Verlag GmbH, Opladen/Wiesbaden, 1998

Der Westdeutsche Verlag ist ein Unternehmen der Bertelsmann Fachinformation GmbH.

Das Werk einschließlich aller seiner Teile ist urheberrechtlich geschützt. Jede Verwertung außerhalb der engen Grenzen des Urheberrechtsgesetzes ist ohne Zustimmung des Verlags unzulässig und strafbar. Das gilt insbesondere für Vervielfältigungen, Übersetzungen, Mikroverfilmungen und die Einspeicherung und Verarbeitung in elektronischen Systemen.

http://www.westdeutschervlg.de

Höchste inhaltliche und technische Qualität unserer Produkte ist unser Ziel. Bei der Produktion und Verbreitung unserer Bücher wollen wir die Umwelt schonen: Dieses Buch ist auf säurefreiem und chlorfrei gebleichtem Papier gedruckt. Die Einschweißfolie besteht aus Polyäthylen und damit aus organischen Grundstoffen, die weder bei der Herstellung noch bei der Verbrennung Schadstoffe freisetzen.

Umschlaggestaltung: Horst Dieter Bürkle, Darmstadt
Druck und buchbinderische Verarbeitung: Rosch-Buch, Scheßlitz
Printed in Germany

ISBN 3-531-13298-9

Inhalt

1. Einleitung 13

2. Geschichte und Strukturen der freien Wohlfahrtspflege in der
   Bundesrepublik Deutschland 29

3. Der fürsorgliche Sozialstaat: Soziale Dienste in der DDR 39

4. Die politische Steuerung des Aufbaus der freien Wohlfahrtspflege 57

5. Der Caritasverband in der Diaspora: Die Umstrukturierung eines
   kleinen konfessionellen Wohlfahrtsverbandes 79

6. Die Diakonie zwischen christlicher Liebestätigkeit und
   politischem Alltag 99

7. Soziale Heimat für ältere DDR-Bürger: Die Volkssolidarität 121

8. Geschwindigkeit zahlt sich aus: Das Deutsche Rote Kreuz 147

9. Die Arbeiterwohlfahrt als verschlankter Wohlfahrtsverband 167

10. Der Paritätische Wohlfahrtsverband in der Zwickmühle 195

11. Die neu entstandenen selbstorganisierten Initiativen und Vereine 217

12. Soziale Dienste und Einrichtungen in den neuen Bundesländern 251

13. Überholen ohne einzuholen? Die Entwicklung der freien
    Wohlfahrtspflege in Ostdeutschland 285

Detailliertes Inhaltsverzeichnis

1. Einleitung *13*

1.1 "Am Ende des Anfangs": Der Sonderweg der DDR im gesellschaftlichen Transformationsprozeß 13

1.2 Staatlicher Institutionentransfer und dezentrale Institutionenbildung 15

1.3 Was wird im Institutionentransfer übertragen? 16

1.4 Struktur und Funktionsweise intermediärer Organisationen 18

1.5 Institutionentransfer und Institutionenbildung am Beispiel der freien Wohlfahrtspflege in Ostdeutschland 21

1.6 Gliederung des Buches 24

1.7 Anlage der Studie 26
    1.7.1   Experteninterviews 26
    1.7.2   Schriftliche Befragung 27

2. Geschichte und Strukturen der freien Wohlfahrtspflege in der Bundesrepublik Deutschland *29*

2.1 Spitzenverbände der Freien Wohlfahrtspflege 29

2.2 Selbstorganisierte Initiativen und Vereine 35

3. Der fürsorgliche Sozialstaat: Soziale Dienste in der DDR *39*

3.1 Selbstverständnis und Rolle des Staates in der DDR 40

3.2 Quasi-staatliche und nicht-staatliche Organisationen in der DDR 41
    3.2.1   Gesellschaftliche oder quasi-staatliche Organisationen 43
    3.2.2   Kirchen 46
    3.2.3   Jugendgruppen, sozialethische Gruppen und Selbsthilfegruppen 48

3.3 Staatliche Sozialpolitik und soziale Versorgung 50
    3.3.1   Altenhilfe 51
    3.3.2   Jugendhilfe 53

3.4 Zusammenfassung 55

4. Die politische Steuerung des Aufbaus der freien Wohlfahrtspflege *57*

4.1 Konservativer Institutionentransfer: "Bewährtes bewahren" 57

4.2 Landespolitischer Eigensinn 61

4.3 Der Aufbau freigemeinnütziger Träger in ostdeutschen Kommunen 63
    4.3.1 Administrativ forcierter Verbändepluralismus: Salzstetten 64
    4.3.2 Planvolle Aufgabendelegation: Neu-Brühl 66
    4.3.3 "Raus aus der Verwaltung, hin zu den bekannten Fachleuten":
         Frankenstein 69
    4.3.4 Gesetzesvollzug - möglichst ohne zu entscheiden: Bärenklau 70

4.4 Gestaltungsspielräume kommunaler Subsidiaritätspolitik 72

5. Der Caritasverband in der Diaspora: Die Umstrukturierung eines kleinen konfessionellen Wohlfahrtsverbandes *79*

5.1 Gründung und historischer Verlauf 79

5.2 Caritas in der DDR 81

5.3 Der Umbau der Diözesanverbände 85
    5.3.1 "Wir sind klein": Lummerland 85
    5.3.2 "Die eigentlichen Träger wieder einsetzen": Fürstenberg 86

5.4 Umbau der kommunalen Caritasverbände 87
    5.4.1 "Wo Hilfe über materielle Versorgung hinausgeht": Salzstetten 88
    5.4.2 "Wenn jemand ein Anliegen hat, sind wir auf den Plan gerufen":
         Frankenstein 89
    5.4.3 Gemeinsamkeiten der örtlichen Caritasgliederungen in Salzstetten
         und Frankenstein 90
    5.4.4 "Die Kapazitäten sind erschöpft": Bärenklau 92
    5.4.5 "Das ist uns schon wichtig, dieses Profil": Neu-Brühl 93

5.5 Diskussion der Ergebnisse 94

6. Die Diakonie zwischen christlicher Liebestätigkeit und politischem Alltag *99*

6.1 Vom Milieuverein zum Wohlfahrtsverband: Die Entwicklung der
    Diakonie in Deutschland 99

6.2 Unter dem Dach der evangelischen Kirche: Die Diakonie in der DDR 103

6.3 Der Umbau der Diakonie in den neuen Bundesländern 106
    6.3.1 Die Organisationsstruktur 106
    6.3.2 "Der gegenseitige Argwohn von Kirche und Diakonie " 108

6.3.3 "Selbst im eigenen Bundesverband Diakonie versuchen wir unser Profil selbst zu finden": Zusammenarbeit mit den Diakonischen Werken auf Landes- und Bundesebene 109
6.3.4 Pragmatismus und strategische Kompetenz: Zusammenarbeit mit politisch-administrativen Akteuren 111
6.3.5 Das diakonische Profil: Ethisch und fachlich anspruchsvoll 112
6.3.6 Entwicklung der Diakonie in Ostdeutschland aus der Sicht der Landesverbände und des Bundesverbandes 117

6.4 Diskussion der Ergebnisse 118

7. Soziale Heimat für ältere DDR-Bürger: Die Volkssolidarität 121

7.1 "Volkssolidarität gegen Wintersnot": Die Jahre 1945 bis 1949 122

7.2 "Tätigsein, Geselligkeit, Fürsorge": Die Volkssolidarität in der DDR 123
7.2.1 Der Umbau zur staatlichen Massenorganisation 123
7.2.2 Geselligkeit, Essenversorgung und Hauswirtschaftshilfe: Die neuen Aufgaben 125
7.2.3 Die Personalstruktur 127
7.2.4 Zusammenfassung 129

7.3 Die Volkssolidarität im Prozeß der deutschen Vereinigung 129
7.3.1 Die Entscheidung über den Fortbestand 129
7.3.2 "Wir standen 1991 mit null Mark da": Die Umstellung der finanziellen Grundlagen 130
7.3.3 "Jetzt muß das Geld von unten nach oben fließen": Die Dezentralisierung der Organisationsstrukturen 133
7.3.4 "Wir waren früher für die alten Menschen da, und sind es auch heute noch": Das Selbstverständnis 138

7.4 Diskussion der Ergebnisse 144

8. Geschwindigkeit zahlt sich aus: Das Deutsche Rote Kreuz 147

8.1 Geschichte und Struktur des Deutschen Roten Kreuzes 147

8.2 Zwei deutsche Staaten - zwei Organisationen 149
8.2.1 Das Deutsche Rote Kreuz in der Bundesrepublik Deutschland 149
8.2.2 Das DRK als Massenorganisation in der DDR 150

8.3 Die deutsche Vereinigung: Von der Massenorganisation zum Wohlfahrtsverband 152

8.4 Neue Organisationsstrukturen: Die Gründung von Landes- und Kreisverbänden 154

8.5 Änderungen der Leistungsstruktur 157

8.5.1 Vom "Fuhrbetrieb" zum Leistungsträger: Frankenstein 158
8.5.2 "Welcher soziale Bereich bringt Geld?": Bärenklau 160

8.6 Diskussion der Ergebnisse 163

9. Die Arbeiterwohlfahrt als verschlankter Wohlfahrtsverband *167*

9.1 Vom sozialpolitischen Interessenverband zum Leistungsträger: Die
  Entwicklung der Arbeiterwohlfahrt in Deutschland 167
  9.1.1 "Nationalsozialismus" 168
  9.1.2 Die AWO in der SBZ und in der DDR 170
  9.1.3 Gründungsaktivitäten in den neuen Bundesländern 171

9.2 Vom AWO-Gründer zum "Bezirkschef" in Neu-Brühl 175
  9.2.1 Gründungsinitiative 176
  9.2.2 Zusammenarbeit mit der öffentlichen Sozialverwaltung 177
  9.2.3 Aufgaben- und Leistungsverständnis 179
  9.2.4 "Gerechte Versorgung" 181

9.3 "Die Macherinnen" von Salzstetten 182
  9.3.1 Gründung des AWO-Bezirks- und Landesverbandes 182
  9.3.2 Gründung des AWO-Kreisverbandes in Salzstetten 184

9.4 Die AWO in Ostdeutschland auf der Suche nach sich selbst:
  Gesetzliche Pflichtaufgaben, betriebliche Organisationsformen und
  professionelle Leistungserbringung 191
  9.4.1 Aufgaben-, Organisations- und Leistungsstruktur 193
  9.4.2 Diskussion der Ergebnisse 194

10. Der Paritätische Wohlfahrtsverband in der Zwickmühle *195*

10.1 Gründung und historische Entwicklung 195

10.2 Aufgaben und Selbstverständnis 197

10.3 Deutsche Vereinigung: Zurückhaltung von oben und Druck von unten ... 199

10.4 Das Selbstverständnis des Paritätischen Wohlfahrtsverbandes in den
  neuen Ländern 201
  10.4.1 Servicestelle für Mitgliedsorganisationen: Fürstenberg 201
  10.4.2 "Ansprechpartner für Vereine": Neu-Brühl 204
  10.4.3 Leistungsträger und gleichermaßen "Dienstleister" für
    Mitgliedsorganisationen: Lummerland 206
  10.4.4 "Auf jeden Fall sind wir wer": Frankenstein 208
  10.4.5 "Wir sind echt zu spät gekommen": Salzstetten 211

10.5 Diskussion der Ergebnisse 213

Inhaltsverzeichnis

11. Die neu entstandenen selbstorganisierten Initiativen und Vereine 217

11.1 Aufgabenbereiche und Strukturen selbstorganisierter Initiativen
 in den Untersuchungsregionen 218

11.2 Fallstudien zur Entstehung selbstorganisierter Initiativen:
 Gründungsmuster, Zielsetzungen und sozialpolitisches
 Selbstverständnis 226
 11.2.1 Wahrnehmung einer sozialen "Versorgungslücke" 227
 11.2.2 Sozialpolitischer Anspruch 233
 11.2.3 Erwerbstätigkeit 237
 11.2.4 Erhalten von Strukturen und Zusammenhängen aus DDR-Zeiten 238

11.3 Förderung selbstorganisierten Engagements in den neuen
 Bundesländern 240
 11.3.1 Sozialbereich 241
 11.3.2 Kinder- und Jugendhilfebereich 243

11.4 Diskussion der Ergebnisse 244

12. Soziale Dienste und Einrichtungen in den neuen Bundesländern 251

12.1 Ein neuer Trägermix entsteht 252

12.2 Strategische Verhandlungsmasse kommunaler Sozialpolitik: Die
 sozialen Dienste und Einrichtungen der Altenhilfe 261
 12.2.1 Stationäre Einrichtungen der Altenhilfe 262
 12.2.2 Ambulante Einrichtungen und Dienste der Altenhilfe 263
 12.2.3 Zusammenfassung sowie ein Blick auf die Altenhilfe in
 anderen Bundesländern 264

12.3 Die Mauerblümchen: Soziale Dienste und Einrichtungen der
 Kinder- und Jugendhilfe 268
 12.3.1 Einrichtungen und Dienste 268
 12.3.2 Zusammenfassung sowie ein Blick auf die Jugendhilfe in
 anderen Bundesländern 270

12.4 Das Personal in sozialen Diensten und Einrichtungen 275
 12.4.1 Beschäftigungsverhältnisse 276
 12.4.2 Qualifikation 278
 12.4.3 Ehrenamtliche MitarbeiterInnen 281

12.5 Diskussion der Ergebnisse 282

13. Überholen ohne einzuholen? Die Entwicklung der freien Wohlfahrtspflege in Ostdeutschland 285

13.1 Institutionentransfer und öffentliche Förderpolitik 285

13.2 Von Chancengleichheit kann keine Rede sein: Die Ausgangsbedingungen 290

13.3 "Völlig losgelöst": Die Vereinstätigkeit 294

13.4 "Das Hemd ist näher als der Rock": Sozialpolitische Akteure 297

13.5 Die Organisationen der freien Wohlfahrtspflege als Träger der öffentlichen Grundversorgung 300

13.6 Über glückliche Umstände, nachhaltige Erschwernisse und die Mühen der Ebene 304

Literaturverzeichnis 311

Interviewverzeichnis 325

Tabellen- und Abbildungsverzeichnis 329

Autorenverzeichnis 333

1. Einleitung

Im Osten was Neues? Der Aufbau der freien Wohlfahrtspflege[1] in Ostdeutschland ist inzwischen weitgehend abgeschlossen. Die vorliegende empirische Studie zeichnet den wechselvollen Prozeß des staatlichen Institutionentransfers und der dezentralen Institutionenbildung in diesem wichtigen Bereich der deutschen Sozialpolitik nach. Inwiefern gelingt der Aufbau einer traditionsreichen Institution, wie der freien Wohlfahrtspflege, in einer neuartigen Umgebung? Welche Strategien entwickeln die verschiedenen ost- und westdeutschen Akteure, um ihre jeweiligen Vorstellungen durchzusetzen? In welche Richtung sich die freie Wohlfahrtspflege entwickeln wird, ist offen:
- Sind die kulturellen Hinterlassenschaften der DDR derart wirksam, daß es zu einer "Verostung" der freien Wohlfahrtspflege kommen wird?
- Holt die freie Wohlfahrtspflege in Ostdeutschland die westdeutschen Entwicklungen der letzten vierzig Jahre im Zeitraffer nach und gleicht sich in absehbarer Zeit an die westdeutsche Wohlfahrtspflege an?

Der Buchtitel "Überholen ohne einzuholen" verweist einerseits auf eine in der DDR populäre Losung und andererseits auf einen zentralen Befund der vorliegenden empirischen Untersuchung: In den neuen Bundesländern kommt es zu einer spezifischen Mischung aus ostdeutschen Traditionen und westdeutschen Vorbildern, die die ostdeutsche Wohlfahrtspflege - frei von institutionellem "Ballast" - in die Lage versetzt, die langsam lernende Wohlfahrtspflege in Westdeutschland in beachtlichem Tempo zu überholen. Bei diesem riskanten Überholmanöver bleiben aber wesentliche Errungenschaften und Wesensmerkmale der freien Wohlfahrtspflege auf der Strecke.

1.1 "Am Ende des Anfangs": Der Sonderweg der DDR im gesellschaftlichen Transformationsprozeß

Die Umbrüche in der DDR und in Osteuropa mit ihren weitreichenden politischen und sozialen Folgen stehen seit einigen Jahren im Mittelpunkt öffentlicher Diskussionen und sozialwissenschaftlicher Debatten. Was jahrzehntelang als unvorstellbar

---

1 Der Begriff der freien Wohlfahrtspflege meint zweierlei: Einerseits kennzeichnet er die Spitzenverbände der Freien Wohlfahrtspflege und ihre Gremien (Liga und Arbeitsgemeinschaft der Freien Wohlfahrtspflege). Die Großschreibung des Adjektivs "Frei" verweist darauf, daß in diesem Zusammenhang ausschließlich die Spitzenverbände gemeint sind. Andererseits umfaßt der Begriff alle Organisationen der freien Wohlfahrtspflege, d.h. nicht nur die Spitzenverbände, sondern auch davon unabhängige Initiativen und Vereine; in diesem Fall wird das Adjektiv "frei" klein geschrieben.

galt - das Ende des Ostblocks und die rasche Einführung von Marktwirtschaft und Demokratie -, ist zur Normalität geworden. Das starke öffentliche Interesse und die politische Begeisterung der ersten Monate sind "am Ende des Anfangs"[2] einer Dauerbeobachtung gewichen. An die Stelle einer skeptischen Erwartung über die wirtschaftliche, politische und soziale Zukunft des ehemaligen Ostblocks ist mittlerweile - unter Verweis auf die ersten Erfolge einzelner Reformstaaten - ein verhaltener Optimismus getreten. Dennoch ist ein Ende der langwierigen und zugleich schwierigen Transformationsprozesse nicht in Sicht; die "Nachwirkungen" des real existierenden Sozialismus und der aktuellen Transformationspolitik werden sich erst mittel- oder langfristig zeigen.[3] Am Ende der Anfangsphase ist jedoch eine Zwischenbilanz möglich und notwendig.

Die DDR weist als Ostblockstaat Übereinstimmungen oder Ähnlichkeiten mit entsprechenden Umbruchprozessen in den "Bruderländern" auf, gleichzeitig ist aufgrund des gewählten Transformationspfades, d.h. des Beitritts zur Bundesrepublik Deutschland, die DDR "ein (nicht ausschließlich) privilegierter Sonderfall" (Wiesenthal 1995a). In den realsozialistischen Ländern Osteuropas wurde das bestehende Institutionensystem nach dem Zerfall des Ostblocks im jeweiligen nationalstaatlichen Rahmen mit Hilfe eigener "Bordmittel auf hoher See" umgestaltet. Im Unterschied dazu führte die letzte DDR-Regierung in sicherer Nähe zum *neuen* westdeutschen "Bruderstaat" die parlamentarische Demokratie ein, löste anschließend die DDR auf und trat auf der Grundlage von Art. 23 des Grundgesetzes der Bundesrepublik Deutschland bei.

Das "plötzliche Ableben" der DDR war - trotz aller politischen Rhetorik von ihrem nahen Ende - für die politische Elite der alten Bundesrepublik eine Überraschung. Die entsprechenden Schubladen im Bundeskanzleramt waren leer. Die Bundesregierung und die sie tragenden Parteien konnten somit weder auf fundierte Überlegungen noch auf weitergehende Konzepte zurückgreifen, um die wirtschaftliche, politische und soziale Einheit zu gestalten. Statt dessen setzten sie angesichts der außenpolitisch günstigen Situation und der Unklarheiten über die weitere Entwicklung in der Sowjetunion alles daran, schnelle Entscheidungen zu treffen, um frei von "langwierigen" parteipolitischen Debatten und außenpolitischen Risiken die staatliche Vereinigung innerhalb kürzester Zeit herbeizuführen. Die "Politik der staatlichen Vereinigung unter Zeitdruck" zielte darauf ab, das westdeutsche Institutionensystem unverändert zu erhalten und dessen Geltungsbereich zugleich auf die neuen Bundesländer auszudehnen. Unter diesen Bedingungen einer konservativen Institutionenpolitik sollte die historisch einmalige Umbruchsituation

---

2   So der Titel eines von Hellmut Wollmann, Helmut Wiesenthal und Frank Bönker 1995 herausgegebenen Sammelbandes über Zwischenbefunde zum Transformationsprozeß in Osteuropa und der DDR.
3   Zur Konzeption der sozialwissenschaftlichen Transformationsforschung siehe insbesondere Lehmbruch 1993, Reißig 1994 und Wiesenthal 1995.

weder für institutionelle Reformen - etwa in der Wirtschafts- und Sozialpolitik - genutzt werden, noch sollten institutionelle Innovationen aus der DDR Eingang in das gesamtdeutsche Institutionensystem finden. Mit dem Beitritt wurde das westdeutsche Institutionensystem, allen voran das Rechts-, Wirtschafts- und Sozialsystem, auf das Gebiet der von nun an vergangenen DDR ausgedehnt, und die Bundesregierung von der ostdeutschen Bevölkerung und deren gewählten Vertretern ermächtigt und gedrängt, über den weiteren Verlauf der deutschen Vereinigung zu entscheiden.

1.2 Staatlicher Institutionentransfer und dezentrale Institutionenbildung

Die staatlichen Akteure versuchten - unter Rückgriff auf ihr westdeutsches Handlungsrepertoire -, die ihres Erachtens bewährten institutionellen Grundstrukturen der westdeutschen Gesellschaftsordnung als "Blaupause" in die neuen Bundesländer zu übertragen (vgl. Lehmbruch 1993). Im Zuge dieses staatlichen Institutionentransfers traten westdeutsche Gesetze mit entsprechenden Übergangsbestimmungen in Kraft, wurden öffentliche Förderprogramme für die neuen Bundesländer verabschiedet und leitende Verwaltungsmitarbeiter für den Aufbau in die neuen Länder abgeordnet. Aber bereits ein halbes Jahr nach der staatlichen Vereinigung revidierte die Bundesregierung ihre politische Strategie. Die Vorstellung, daß die wirtschaftliche, soziale und politische Einheit mit staatlichen Steuerungsinstrumenten und entsprechenden Förderprogrammen allein herstellbar sei, wurde ad acta gelegt. Einen wesentlichen Anlaß für diesen Strategiewechsel sieht Gerhard Lehmbruch darin, daß die politisch-administrativen Akteure seit Frühjahr 1991 die deutsche Vereinigung als krisenhaft erlebten (vgl. Lehmbruch 1996a) und es als notwendig erachteten, die Bundesregierung zu entlasten. Diese Entlastung sollte vor allem durch die Inkorporierung nicht-staatlicher Akteure in den Prozeß des Institutionenaufbaus in den neuen Bundesländern geschehen (vgl. Eichener u.a. 1992, Wiesenthal 1995c). Neben den staatlichen trat - mit leichter zeitlicher Verzögerung - ein verbandlicher Institutionentransfer. Die beteiligten Verbände, wie etwa die Interessenorganisationen von Arbeitgebern und Arbeitnehmern sowie von Ärzten und Bauern, waren bestrebt, ihre institutionen- und organisationspolitischen Vorstellungen durch Lobbyarbeit und Beratungen in den neuen Bundesländern durchzusetzen.

Mit Hilfe des staatlichen und verbandlichen Institutionentransfers konnten zwar formale Strukturen von Institutionen, nicht aber auch deren informelle Bestandteile übertragen werden. Soziale Netzwerke, kulturelle Normen und eingelebte Verhaltensmuster, die die Akzeptanz und das Sinnverstehen von Institutionen erst ermöglichen, können nicht qua Institutionentransfer in den neuen Bundesländern eingeführt werden, da sie das Ergebnis langfristiger Lernprozesse sind. Die ostdeutschen Akteure orientierten sich in der Umbruchsituation, die für sie durch Unsicherheit und Handlungsdruck gekennzeichnet war, an den als erfolgreich angesehenen westdeutschen Modellen und Regelungen. Unter diesen Bedingungen war es für sie schwierig, einerseits neue Ideen zu formulieren und durchzusetzen, und andererseits sinnvolle und zweckmäßige institutionelle Regelungen aus DDR-Zeiten in das neue Institutionensystem einzubauen.

Die Politik des staatlichen und verbandlichen Institutionentransfers prägte die deutsche Vereinigung in den Jahren 1989-90. Der Aufbau des staatlichen Institutionensystems erfolgte in Ostdeutschland aber nicht nur unter dem starken Einfluß bundespolitischer Akteure "von oben nach unten", sondern auch als Prozeß der dezentralen Institutionenbildung unter maßgeblicher Beteiligung ostdeutscher Akteure "von unten nach oben". Die *dezentrale Institutionenbildung* folgte mit zeitlicher Verzögerung dem initiierenden, rahmensetzenden und zugleich *zentral gesteuerten Institutionentransfer*. Das Wechselverhältnis von zentralem Institutionentransfer und dezentraler Institutionenbildung läßt die deutsche Vereinigung zu einem relativ entwicklungsoffenen Prozeß werden (vgl. dazu auch die Beiträge in Eisen/Wollmann 1996). Folglich ist es höchst unwahrscheinlich, daß sich in Ostdeutschland schlichte Duplikate westdeutscher "Originalinstitutionen" herausbilden. Vielmehr ist in den neuen Bundesländern mit dem Auftreten institutioneller Variationen zu rechnen. Diese Einschätzung gilt insbesondere für den Gegenstandsbereich der freien Wohlfahrtspflege, für den Selbstregelungskompetenzen bzw. Varianz ein geradezu konstitutives Element sind (vgl. Backhaus-Maul 1998). Die Entscheidungs- und Handlungsspielräume unterscheiden sich in den einzelnen Politikfeldern aufgrund der jeweiligen Akteurskonfigurationen, Kompetenzregelungen und Ressourcenausstattungen in erheblichem Maße. Eine empirische Untersuchung dieser Gestaltungsspielräume ist - im Sinne einer sektoralen Transformationsforschung - folglich nur in ausgewählten Politikfeldern möglich und sinnvoll (vgl. Wiesenthal 1995 sowie für die sektorale Transformation im Bereich der Sozialpolitik grundlegend Hauser u.a. 1996).

1.3 Was wird im Institutionentransfer übertragen?

Mit der deutschen Vereinigung werden die zentralen Institutionen des bundesdeutschen Gesellschaftssystems - wie etwa die parlamentarische Demokratie, die Tarifautonomie und die freie Wohlfahrtspflege - in die neuen Bundesländer übertragen. Regelsysteme zur Herstellung und Durchführung verbindlicher gesamtgesellschaftlicher Entscheidungen werden als *politische Institutionen* bezeichnet (Göhler 1994: 22), die nicht nur auf formalen Festlegungen, sondern auch auf Organisationen, informellen Netzwerken sowie geteilten Orientierungen und Wertvorstellungen basieren. Eine politische Institution kann folglich nicht als Ganzes,

1. Einleitung

sondern allenfalls teilweise in die neuen Bundesländer transferiert und muß durch eine dezentrale Institutionenbildung ergänzt werden.
Politische Institutionen beziehen sich auf vier verschiedene institutionelle und soziale Dimensionen:
(1) Die institutionenspezifische und organisationenübergreifende Dimension der formalen Regeln, der Organisationstypen und -strukturen sowie der Kooperationsformen,
(2) die Dimension der Institutionalisierung von Orientierungen und Strukturen *in* spezifischen Organisationen,
(3) die Dimension der sozialen Institutionen und
(4) die gesellschaftliche Dimension geteilter Werthaltungen, Deutungsmuster, Handlungsroutinen und Wissensbestände.

Mit dem staatlichen Institutionentransfer werden zunächst formale Regeln, die die Funktionsweise der Institution bestimmen, in die neuen Bundesländer übertragen. Dazu gehören beispielsweise Gesetze, Förderprogramme und Beteiligungsverfahren. Diese formalen Regeln legen außerdem Bedingungen fest, unter denen korporative Akteure legitimerweise in dem entsprechenden Politikfeld agieren können.

Das Verhältnis zwischen einer politischen Institution und den zugehörigen Organisationen ist durch zwei Zusammenhänge gekennzeichnet: (1) Die politische Institution gibt bestimmte Rahmenbedingungen vor, die die Organisationen prägen (vgl. Beyer u.a. 1994). Diese *"institutionelle Prägung"* zeigt sich unter anderem darin, daß sich die Organisationen nach bestimmten institutionenspezifischen Regelungen, wie etwa Haushaltsordnungen, Förderkriterien und Qualifikationsanforderungen, richten müssen, die sich auf ihre Struktur und Funktionsweise auswirken. Die Organisationen einer Institution gibt es (als solche) nur, weil es die Institution gibt, und umgekehrt. Je formalisierter eine Institution ist, desto stärker prägt sie ihre Organisationen und desto ähnlicher werden sich die beteiligten Organisationen (vgl. DiMaggio/Powell 1983). (2) Unter diesen institutionellen Rahmenbedingungen haben die Organisationen jedoch Handlungsspielräume, in denen sie je *spezifische Institutionalisierungen* herausbilden, d.h. eigene Zielsetzungen, Organisationsstrukturen, Milieus oder normative Sinngehalte, die die Handlungen von Akteuren *in* der Organisation prägen. Diese organisationsspezifischen Institutionalisierungen prägen das Erscheinungsbild und die Funktionsfähigkeit einer Organisation.

Derartige Handlungsspielräume werden auch im Institutionentransfer wirksam. Westdeutsche korporative Akteure transportieren durch Satzungen, Beratungen und Informationsmaterialien zum einen Modelle von der Funktionsweise, den Zielsetzungen und Aufgaben ihrer eigenen Organisation, zum anderen aber auch Vorstellungen vom Sinn und von der Form der jeweiligen politischen Institution: Ein verbandlicher Institutionentransfer ergänzt somit den staatlichen Institutionentransfer.

Politische Institutionen beziehen sich schließlich auf bestimmte *soziale Institutionen*, wie z.B. Familie und soziales Ehrenamt, und *historisch entstandene, kollektiv geteilte Deutungsmuster und Wissensbestände* einer Gesellschaft, die generell erst die Akzeptanz, das Sinnverstehen und das Funktionieren einer Institution ermöglichen. Beide institutionellen Dimensionen entziehen sich weitgehend der Möglichkeit eines Transfers und sind Gegenstand einer dezentralen Institutionenbildung durch lokale Akteure. Die Institutionenbildung knüpft an bestehende ostdeutsche Organisationen und ihre Institutionalisierungen, sozialen Institutionen sowie die dort verankerten Wissensbestände und Deutungsmuster an. Insofern bildet die dezentrale Institutionenbildung in den neuen Bundesländern einen notwendigen zweiten Schritt nach dem Institutionentransfer durch Staat und Verbände.

1.4 Struktur und Funktionsweise intermediärer Organisationen

Verbände und Vereine sind ein wesentlicher Bestandteil politischer Institutionen: Das Gesundheitssystem wäre ohne kassenärztliche Vereinigungen und Krankenkassenverbände, die Tarifautonomie ohne Arbeitgeberverbände und Gewerkschaften und die freie Wohlfahrtspflege ohne Spitzenverbände und selbstorganisierte Initiativen nicht denkbar. Die Ausgangsbedingungen sowie die Auf- und Umbauprozesse dieser Organisationen in den neuen Bundesländern können erst vor dem Hintergrund der funktionalen und strukturellen Besonderheiten dieses Organisationstyps verstanden werden. Mit dem Forschungskonzept der "intermediären Organisation" werden die Aufgaben, Funktionsweisen und Entwicklungen derartiger Organisationen im Bereich zwischen Markt, Staat und Privathaushalten untersucht.[4] Der intermediäre Bereich wird dabei als eine Zone mit fließenden Übergängen und Austauschbeziehungen mit dem staatlichen, marktwirtschaftlichen und informellen Sektor beschrieben. Damit rücken die besonderen Koordinations- und Vermittlungsleistungen intermediärer Organisationen genauso in den Mittelpunkt der Untersuchung wie ihre Dynamik in Form von Bürokratisierungs-, Ökonomisierungs- und Vergemeinschaftungstendenzen (vgl. Evers 1990 sowie Olk 1995). Durch diesen Fokus eignet sich der Ansatz der "intermediären Organisation" für die Untersuchung des Aufbaus und der Konsolidierung von Wohlfahrtsverbänden und selbstorganisierten Initiativen in den neuen Bundesländern, da sich eine dort vorhandene Organisationsform an veränderte Umweltbedingungen anpaßt (vgl. Streeck 1987).

---

4   In einer anderen Forschungsperspektive werden diese Organisationen einem "Dritten Sektor" zugeordnet. Siehe zur Dritte-Sektor-Forschung die Beiträge in Powell 1987 und Anheier/Seibel 1990, Zimmer/Scholz 1992; zur Abgrenzung zwischen den Dritte-Sektor-Ansätzen und der Perspektive intermediärer Organisationen Backhaus-Maul/Olk 1991 sowie 1992.

1. Einleitung

Im Forschungskonzept der intermediären Organisation wird davon ausgegangen, daß die Leistungsfähigkeit von Markt, Staat und Privathaushalten in ihrer funktionalen Spezifizierung begründet liegt. So wird dem *Markt*, der durch einen preisvermittelten Tausch Angebot und (kaufkräftige) Nachfrage koordiniert, zugesprochen, er könne knappe Güter und Dienste effizient produzieren und verteilen. Der *Staat* hingegen gilt als besonders geeignet, um mittels hierarchischer Koordination die Produktion öffentlicher Güter auf Dauer und für alle Bürger zugänglich zu organisieren und deren Verteilung gerecht zu gestalten. *Privathaushalte bzw. informelle Selbstversorgungsgemeinschaften* werden als besonders fähig erachtet, um die von Staat und Markt bereitgestellten Güter und Dienstleistungen an die individuellen Wünsche der Konsumenten anzupassen und Bedürfnisse nach affektiver Zuwendung und wechselseitiger Unterstützung zu befriedigen. Jeder gesellschaftliche Bereich, d.h. Markt, Staat und Privathaushalte, basiert folglich auf einem "reinen" Prinzip der Handlungskoordination bzw. Steuerung, sei es preisvermittelter Tausch, Hierarchie oder Solidarität (vgl. Offe/ Heinze 1986).

Im Vergleich zu diesen "spezialisierten" Systemen gelten intermediäre Organisationen als Generalisten. Sie sind wirtschaftliche Akteure bzw. Betriebe, die Güter und Dienstleistungen produzieren, sie sind Vereine, die persönliche Mitglieder haben, und sie sind politische Akteure, die im politisch-administrativen System Einfluß nehmen. Die innerorganisatorischen Anforderungen intermediärer Organisationen sind folglich vielfältig (vgl. Wiesenthal 1987): Sie müssen erstens Leistungen - wie etwa Interessenvertretung oder Dienste - effektiv und effizient erbringen (*Management*). Zweitens müssen sie Anreize für (potentielle) Mitglieder schaffen, damit sie der Organisation beitreten und sich dort engagieren (*Partizipation*).[5] Sie stehen drittens vor der Aufgabe, in einem demokratischen Verfahren aus einem heterogenen Interessenspektrum ein "Kollektivinteresse" zu entwickeln, das einerseits politisch durchsetzungsfähig ist und andererseits Identifikationsmöglichkeiten für persönliche und korporative Mitglieder bietet (*Repräsentation und Einfluß*).

Zwischen diesen unterschiedlichen Aufgaben kommt es regelmäßig zu Zielkonflikten (vgl. Wiesenthal 1987 und 1993):[6]

(1) *Partizipation und Management*: Um die Mitglieder dauerhaft an die Organisation zu binden, ist es notwendig, ihnen Möglichkeiten zu eröffnen, an den Organisationsentscheidungen und -aktivitäten mitzuwirken (demokratische Ver-

---

5 Dazu gehören Möglichkeiten der Kommunikation, des expressiven Handelns, der Mitbestimmung und der wechselseitigen Unterstützung.
6 Intermediäre Organisationen bearbeiten ihre Aufgaben und Funktionen nicht als abgeschlossene Einheiten, sondern im ständigen Austausch mit ihrer Umwelt (vgl. Pfeffer/Salancik 1978, DiMaggio/Powell 1991). Diese Umwelt läßt sich analytisch in zwei Bereiche unterteilen: eine "innere Umwelt", die die persönlichen Mitglieder, das ehren- und hauptamtliche Personal und die Mitgliedsorganisationen umfaßt, und eine "äußere Umwelt", d.h. eine institutionelle Umgebung, in der sie Organisationen unter anderen sind (vgl. Streeck 1987: 473).

fahren, ehrenamtliche Mitarbeit). Hingegen läßt sich der Bestand der Organisation am ehesten dadurch sichern, daß sowohl auf der Leistungs- als auch auf der Führungsebene professionell entschieden und gehandelt wird. Die Organisationsleitung muß nun gleichzeitig die Mitwirkung und demokratische Partizipation der Mitglieder sichern und die Zielsetzungen der Organisation effektiv und effizient verfolgen.

(2) *Management und Repräsentation*: Der Konflikt zwischen den Anforderungen an die Effektivität einerseits ("Einflußlogik") und an die Repräsentation andererseits ("Mitgliedschaftslogik"), ist darin begründet, daß kollektive Akteure nur dann erfolgreich den Bestand der Organisation sichern können, wenn sie "vermittlungsfähige" und "risikoarme" Interessen vertreten. Diese Bedingungen der Einflußsicherung treten in Konflikt mit den heterogenen Interessen der persönlichen oder korporativen Mitglieder. Die Auswahl und Bearbeitung von Interessen sowie die Vereinbarung verbindlicher Verhandlungsergebnisse zwischen Kollektivakteur und Staat werden seitens der Mitglieder nur dann akzeptiert, wenn sie in demokratisch legitimierten Verfahren zustande gekommen sind und geteilten wertbezogenen Grundüberzeugungen entsprechen (vgl. Streeck 1987).

(3) *Partizipation und Repräsentation*: Bei Organisationen, deren Mitglieder sich nicht aus einer fest definierten und homogenen Gruppe rekrutieren, kann das Problem entstehen, daß einerseits die Mitgliederbasis notwendigerweise vergrößert und verändert werden muß, um vom Staat als legitimer Interessenvertreter und Verhandlungspartner akzeptiert zu werden. Andererseits führt eine größere Mitgliederbasis möglicherweise zu einer Heterogenisierung der Mitgliedschaftsinteressen, was die Interessenrepräsentation und die Mitgliederintegration erschwert (vgl. Offe/Wiesenthal 1981).

Diese Zielkonflikte treten bei verschiedenen intermediären Organisationen in je spezifischer Ausprägung und Intensität auf. Die notwendigen Vermittlungsprozesse sind dabei komplex und spannungsreich, so daß Kollektivakteure sich typischerweise nur zwei der drei Organisationsaufgaben intensiv widmen. Die jeweils dritte Aufgabe darf jedoch nicht völlig vernachlässigt werden. Wird ein bestimmter "Schwellenwert" unterschritten, und dieser kann sich sowohl organisations- als auch zeithistorisch verschieben, so ist der dauerhafte Bestand der Organisation gefährdet. In den alten Bundesländern hat sich bei intermediären Organisationen ein - sich zwar ständig wandelndes und hin und wieder prekäres, aber im Laufe der Jahre vergleichsweise stabiles - Gleichgewicht zwischen den verschiedenen organisatorischen Anforderungen und Umwelteinflüssen entwickelt. Demgegenüber muß das Personal dieser Organisationen in den neuen Bundesländern quasi aus dem Stand, ohne einschlägige Erfahrungen und Kenntnisse angemessene Lösungsstrategien für diese unterschiedlichen Organisationsprobleme entwickeln.

Diese allgemeine Beschreibung der Funktionsweise intermediärer Organisationen trifft in einer spezifischen Form auch auf die Organisationen der freien

1. Einleitung

Wohlfahrtspflege zu (vgl. die ausführliche Darstellung in Kapitel 2). Diese Spezifik macht sie jedoch zu einem besonders interessanten Untersuchungsgegenstand: Die verschiedenen Wohlfahrtsverbände sowie selbstorganisierten Initiativen und Vereine sind Assoziationen, Betriebe und Interessenorganisationen zugleich, d.h. sie tragen zur sozialen Integration bei, produzieren Dienstleistungen und vertreten - advokatorisch - die Interessen ihrer Klientel. Die Organisationen der freien Wohlfahrtspflege unterscheiden sich dabei in drei zentralen Merkmalen von anderen reinen Interessenorganisationen (vgl. Heinze/Olk 1981, Lehmbruch 1994b):

(1) Es besteht kein Repräsentationsmonopol, sondern die Spitzenverbände der Freien Wohlfahrtspflege bilden ein relativ geschlossenes Oligopol von Leistungsanbietern, das über Mitgliedschaften die Mehrzahl aller im Sozialbereich vertretenen freigemeinnützigen Organisationen integriert.

(2) Die Integration der persönlichen und korporativen Mitglieder erfolgt primär über kollektiv geteilte Werthaltungen und nicht über selektive Anreize.

(3) Im Mittelpunkt ihrer Organisationsaufgaben steht nicht die Interessenrepräsentation von persönlichen Mitgliedern, sondern die Bereitstellung sozialer Dienstleistungen für Nicht-Mitglieder.

Als intermediäre Dienstleistungsorganisationen mit ausgeprägten Wertbezügen sind die Organisationen der freien Wohlfahrtspflege besonders offen gegenüber sozialen und kulturellen Umweltänderungen, so daß eine Untersuchung derartiger Organisationen weitreichende Einblicke in den Prozeß der deutschen Einigung eröffnet.

1.5 Institutionentransfer und Institutionenbildung am Beispiel der freien Wohlfahrtspflege in Ostdeutschland

In der vorliegenden Studie wird die freie Wohlfahrtspflege sowohl in einer institutionentheoretischen Perspektive als auch mit dem Forschungskonzept der intermediären Organisation untersucht. Für die institutionelle Entwicklung ist dabei das Wechselverhältnis von staatlichem und verbandlichem Institutionentransfer einerseits und dezentraler Institutionenbildung andererseits von konstitutiver Bedeutung; die organisationssoziologische Perspektive hingegen trägt der Vielfalt des Gegenstandsbereichs, d.h. den selbstorganisierten Initiativen und Vereinen, Fachverbänden und Spitzenverbänden Rechnung.

Der freien Wohlfahrtspflege kommt im deutschen Sozialstaat als Anbieter sozialer Leistungen und Dienste traditionell eine herausragende Bedeutung zu. Der staatliche Institutionentransfer mittels rechtlicher Regelungen und Förderprogramme hat in der Sozialpolitik dazu geführt, daß die DDR mit dem Beitritt auch in das soziale Sicherungssystem der Altbundesländer einbezogen wurde. Damit war aber noch nicht sichergestellt, daß auch ein entsprechendes Angebot an sozialen Diensten und Einrichtungen vorhanden ist. In den Altbundesländern befinden sich soziale Dienste und Einrichtungen größtenteils in Trägerschaft der freien Wohlfahrtspflege, während vergleichbare Aufgaben in der DDR durch staatliche und staatsnahe Massenorganisationen erbracht wurden, die in zugewiesenen Aufgabenbereichen eine Monopolstellung innehatten. Nur die evangelische und die wesentlich kleinere katholische Kirche existierten in der DDR als staatsunabhängige Organisationen, deren politische und soziale Betätigungsmöglichkeiten aber stark limitiert waren. Im Rahmen des staatlichen Institutionentransfers versuchte die Bundesregierung ihre ordnungspolitischen Vorstellungen von freier Wohlfahrtspflege, etwa mit einer entsprechenden Prioritätensetzung in Artikel 32 des Einigungsvertrages, in den neuen Bundesländern durchzusetzen: "Die Verbände der Freien Wohlfahrtspflege und die Träger der Freien Jugendhilfe leisten mit ihren Einrichtungen und Diensten einen unverzichtbaren Beitrag zur Sozialstaatlichkeit des Grundgesetzes. Der Auf- und Ausbau einer freien Wohlfahrtspflege und einer Freien Jugendhilfe in dem in Artikel 3 genannten Gebiet wird im Rahmen der grundgesetzlichen Zuständigkeiten gefördert." Mit dieser rechtlichen Privilegierung und der entsprechenden förderpolitischen Selbstverpflichtung schaffte die Bundesregierung in Ostdeutschland zwar günstige Rahmenbedingungen für die freie Wohlfahrtspflege, gleichwohl war sie aber darauf angewiesen, daß Wohlfahrtsverbände - im Sinne eines verbandlichen Institutionentransfers - mit ihren eigenen Mitteln und Instrumenten den Aufbau der freien Wohlfahrtspflege in Ostdeutschland fördern würden.

Die Einbindung der Spitzenverbände in den Institutionentransfer war für die Bundesregierung unerläßlich, da die Verbände über eine politisch wertvolle Expertise in der terra incognita Ostdeutschlands verfügten, auf die die Bundesregierung dringend angewiesen war. So konnten die konfessionellen westdeutschen Verbände auf langjährige und intensive Austauschbeziehungen mit den entsprechenden Kirchenorganisationen in der DDR zurückgreifen, und die anderen Spitzenverbände hatten spätestens 1989 Beziehungen zu potentiellen Kooperationspartnern in der DDR geknüpft. Alle Spitzenverbände verfügten somit bereits 1989 - wenn auch in unterschiedlicher Intensität - sowohl über Kenntnisse in Fragen der sozialen Versorgung und der Trägerlandschaft als auch über Kooperationspartner oder Parallelorganisationen in der DDR.

Das Kooperationsinteresse der Bundesregierung fand bei den Spitzenverbänden breite Zustimmung. Vor dem Hintergrund eines hohen Modernisierungsdrucks und einer latenten Verbändekritik in Westdeutschland erhofften sie sich aus der Zusammenarbeit mit der Bundesregierung eine Stärkung ihrer verbändepolitischen Position, die Sicherung und Expansion ihrer verbandlichen Domänen und eine entsprechende Zufuhr öffentlicher Ressourcen. Letztlich waren sich Bundesregierung und Spitzenverbände weitgehend einig darin, daß das westdeutsche Institutionensystem in den neuen Bundesländern möglichst unverändert aufgebaut werden sollte. Im Kreis der beteiligten Akteure kristallisierte sich das geteilte Gemeinsame

1. Einleitung

im Begriff des "*Bewährten*" heraus: Die in den Altbundesländern bewährten Spitzenverbände sollten in enger Kooperation mit Bund, Ländern und Kommunen in den neuen Bundesländern aufgebaut werden.

Für die verschiedenen Organisationen der freien Wohlfahrtspflege ergaben sich daraus spezifische Anforderungen. Die Spitzenverbände waren gehalten, innerhalb kürzester Zeit flächendeckend in den neuen Bundesländern Verbandstrukturen aufzubauen und in allen Bereichen sozialer Arbeit Dienste und Einrichtungen zu betreiben. Darüber hinaus mußten sie sich um politische Unterstützung und soziale Akzeptanz bemühen. Die gleichen Aufgaben stellten sich selbstverständlich auch für die verbandsunabhängigen Initiativen und Vereine der freien Wohlfahrtspflege. Ihre Ausgangssituation war in Ostdeutschland aber ungleich schwieriger, da sie nicht mit der gleichen Selbstverständlichkeit wie Verbände mit staatlicher und kommunaler Unterstützung rechnen konnten.

Vor diesem Hintergrund hat eine empirische Untersuchung des Aufbaus der freien Wohlfahrtspflege in den neuen Bundesländern sowohl der Politik des staatlichen und verbandlichen Institutionentransfers durch westdeutsche Akteure als auch der dezentralen Institutionenbildung durch in der Regel ostdeutsche Akteure Rechnung zu tragen. Mittels staatlichem und verbandlichem Institutionentransfer "exportierten" bundespolitische Akteure, d.h. Bundesregierung und Spitzenverbände, mittels Förderprogramme und Richtlinien, ihre Vorstellungen von freier Wohlfahrtspflege in die neuen Bundesländer. Demgegenüber lag die Institutionenbildung vor Ort weitgehend in den Händen ostdeutscher Akteure, die mit ihren lebensgeschichtlich in der DDR erworbenen Erfahrungen, Handlungsroutinen und Wissensbeständen bundespolitische Vorgaben und Erwartungen der Verbandsspitzen und lokale Kontextbedingungen deuteten sowie ein organisationsbezogenes Selbstverständnis und entsprechende Handlungsstrategien entwickelten.

Um den Aufbau der freien Wohlfahrtspflege in den neuen Bundesländern bewältigen zu können, standen die ostdeutschen Akteure daher vor einem voraussetzungsreichen Aufgabenbündel. Sie waren gehalten,

(1) Organisationsstrukturen zu schaffen, soziale Leistungen anzubieten, d.h. Dienste und Einrichtungen zu übernehmen, sowie entsprechende finanzielle und personelle Ressourcen zu akquirieren,
(2) die organisatorische Binnenintegration zwischen korporativen und persönlichen Mitgliedern, Mitarbeitern und Mitgliedern sowie kleinen Diensten und großen Einrichtungen zu gewährleisten,
(3) in Politiknetzwerken und institutionellen Gremien mitzuarbeiten, um die kommunale und überörtliche Sozialpolitik mitgestalten zu können, sowie
(4) ein organisationsintern und -extern kommunizierbares (neues) Organisationsprofil zu entwickeln.

Aus diesen unterschiedlichen Aufgaben und Anforderungen ergaben sich die forschungsleitenden Fragestellungen. Es wurde untersucht, wie die verschiedenen

Organisationen diese Aufgaben bewältigen und wie sich die Institution der freien Wohlfahrtspflege insgesamt entwickelt. Erhält sie in Ostdeutschland einen vergleichbaren ordnungs- und sozialpolitischen Stellenwert wie in den Altbundesländern? Welche Bedeutung kommt dabei den verschiedenen Organisationen der freien Wohlfahrtspflege zu? Gleicht sich dabei die ostdeutsche an die westdeutsche Wohlfahrtspflege im Zeitraffer an oder kristallisiert sich eine eigenständige ostdeutsche Variante von freier Wohlfahrtspflege heraus? Können die Spitzenverbände funktionale Äquivalente für die sozial-moralischen Großgruppenmilieus - wie etwa das katholische oder das proletarische Milieu - finden, denen sie in den alten Bundesländern ihre Existenz und Stabilität verdanken und die es in Ostdeutschland nach vierzig Jahren DDR-Sozialismus und zwölf Jahren Faschismus allenfalls nur noch rudimentär gibt? Welche Personen oder Personengruppen engagierten sich in selbstorganisierten Initiativen und Vereinen, wenn man bedenkt, daß in der DDR jede Form bürgerschaftlichen Engagements unverzüglich zum begehrten Objekt staatlicher Observationen wurde? Insgesamt stellt sich somit für die verschiedenen Organisationen der freien Wohlfahrtspflege, von den lokalen Initiativen bis zu den überregionalen Spitzenverbänden, die grundsätzliche Frage, inwiefern es ihnen gelingt, politische Unterstützung zu finden, soziale Akzeptanz in der Bevölkerung herzustellen, soziale Leistungen anzubieten und freiwilliges soziales Engagement zu mobilisieren.

1.6 Gliederung des Buches

Ausgangspunkt der Studie ist die Frage, ob sich eine historisch gewachsene Institution wie die der freien Wohlfahrtspflege qua staatlicher Steuerung in eine fremde Umgebung übertragen läßt und ob sie sich dabei möglicherweise verändert. Im folgenden Kapitel wird der Stand der Entwicklung der Institution der freien Wohlfahrtspflege dargestellt (vgl. Kapitel 2). Diese Skizze dient im weiteren Verlauf der Studie als Vergleichsfolie für die ostdeutschen Entwicklungen, ohne daß dabei aber deren Besonderheiten aus dem Blick geraten. So wird in Kapitel 3 erläutert, nach welchen Prinzipien und Regeln die soziale Versorgung in der DDR erfolgte: Wie war die Produktion sozialer Dienste in der DDR organisiert? Wer regelte, wer finanzierte und wer erbrachte die Leistungen? Wie wurde das Personal, das in den Einrichtungen und Diensten des Sozialbereichs tätig war, ausgebildet?

An diese Darstellung der Ausgangssituation im Jahre 1989 schließt die Präsentation der empirischen Teile des Buches an. In Kapitel 4 wird dem Transfer der Institution der freien Wohlfahrtspflege und seinen Begleitumständen sowie den daraus resultierenden Folgen für den Auf- und Umbau der Organisationen der freien Wohlfahrtspflege nachgegangen. Dabei stehen die Vorstellungen und Strategien politisch-administrativer Akteure im Mittelpunkt: Wie wird der Aufbau der Institu-

1. Einleitung

tion der freien Wohlfahrtspflege unterstützt und welche Aufgabenteilungen ergeben sich zwischen Staat und freigemeinnützigen Organisationen?

Anschließend werden die empirischen Befunde über den Auf- und Umbau der verschiedenen Organisationen der freien Wohlfahrtspflege in den neuen Bundesländern in Form von Fallstudien präsentiert.[7] Welche spezifischen Ausgangsbedingungen haben die einzelnen intermediären Organisationen, welche Probleme müssen sie im Auf- bzw. Umbauprozeß als Träger sozialer Dienste und Einrichtungen bewältigen und welche Strategien entwickeln sie dabei? Dazu werden acht Einzelstudien zu den fortbestehenden konfessionellen Verbänden Caritas (Kapitel 5) und Diakonie (Kapitel 6), den fortbestehenden ehemaligen Massenorganisationen Volkssolidarität[8] (Kapitel 7) und Deutsches Rotes Kreuz (Kapitel 8), den übertragenen Organisationen Arbeiterwohlfahrt (Kapitel 9) und Paritätischer Wohlfahrtsverband (Kapitel 10) sowie den neu gegründeten selbstorganisierten Initiativen und Vereinen (Kapitel 11) vorgelegt. In Kapitel 12 wird die Entwicklung der sozialen Dienste und Einrichtungen der freien Wohlfahrtspflege anhand von eigenen Untersuchungsergebnissen und Sekundärdaten dargestellt.

Die vorliegende empirische Studie basiert auf Ergebnissen aus der ersten Phase eines Forschungsprojektes, das von den Autoren und Autorinnen zwischen 1992 und 1994 in Kooperation zwischen dem Zentrum für Sozialpolitik der Universität Bremen und der Martin-Luther-Universität Halle-Wittenberg durchgeführt wurde[9]. Das Gesamtprojekt wurde durch die Deutsche Forschungsgemeinschaft bis Ende 1997 im Schwerpunktprogramm "Sozialer und politischer Wandel in den neuen Bundesländern" gefördert. Wir danken der DFG für die finanzielle Unterstützung dieses Forschungsprojektes. Ferner ist all jenen zu danken, die in unterschiedlicher Art und Weise die Arbeit unterstützt haben. Ohne die großzügige Bereitschaft der anonymisierten, aber nicht namenlosen Interviewpartner und Interviewpartnerinnen in Ost- und West, unsere Fragen zu beantworten, und ohne die zahlreichen Kommentare und Anregungen und die tatkräftige Unterstützung unserer Kolleginnen

---

7 Die Zentralwohlfahrtsstelle der Juden wurde in die vorliegende Darstellung nicht einbezogen, da sie sich von den anderen untersuchten Wohlfahrtsverbänden in folgenden grundlegenden Punkten unterscheidet: Erstens bietet sie ihre Leistungen nur für Mitglieder der jüdischen Gemeinden an, sofern die jüdischen Gemeinden diese Aufgaben nicht in eigener Regie erbringen können und sich an die Zentralwohlfahrtsstelle wenden. Zweitens ist sie nicht flächendeckend und nur in einzelnen Bereichen der sozialen Arbeit tätig. Diese anerkannte Sonderstellung der Zentralwohlfahrtsstelle innerhalb der Spitzenverbände der Freien Wohlfahrtspflege hat zur Folge, daß sie für die in dieser Untersuchung vorgenommene Vergleichsperspektive nicht geeignet ist.

8 Die Volkssolidarität ist kein Spitzenverband der Freien Wohlfahrtspflege, sondern seit 1990 eine Mitgliedsorganisation des Paritätischen Wohlfahrtsverbandes. Sie wurde in die Untersuchung einbezogen, weil sie sich als einzige ehemalige DDR-Massenorganisation innerhalb der freien Wohlfahrtspflege durchsetzen konnte und sich als originärer Ostverband ohne westdeutsche Partnerorganisation für einen empirischen Organisationsvergleich besonders eignet.

9 Antragsteller und Projektleiter waren Claus Offe (Zentrum für Sozialpolitik der Universität Bremen, seit 1995 Humboldt-Universität zu Berlin) und Thomas Olk (Martin-Luther-Universität Halle-Wittenberg).

und Kollegen am Zentrum für Sozialpolitik, am Institut für Pädagogik und an anderen Institutionen hätte dieses Buch nicht entstehen können. Namentlich möchten wir Stefan Pabst für seine inhaltliche sowie Franz-Josef Saiblinger und Karsten Speck für ihre technisch-inhaltliche Unterstützung danken.

1.7 Anlage der Studie

Die Untersuchung wurde mittels leitfadengestützter Experteninterviews und einer schriftlichen standardisierten Befragung durchgeführt. Die Daten wurden in den Jahren 1992-93 in zwei ostdeutschen Bundesländern (Fürstenberg und Lummerland) erhoben; auf kommunaler Ebene wurde dabei jeweils eine Großstadt (Neu-Brühl und Salzstetten) und ein Landkreis (Bärenklau und Frankenstein) ausgewählt.[10] Diese Regionen variieren in ihrer Größe, ihrer Einwohnerzahl sowie ihrer Wirtschafts- und Sozialstruktur. Bei der Auswahl der Untersuchungsregionen wurden eine altindustrielle und eine eher dienstleistungsgeprägte Großstadt berücksichtigt; weiterhin je ein Landkreis mit einer agrarischen und mit einer gemischten Wirtschaftsstruktur.

1.7.1 Experteninterviews

Auf Bundes-, Landes- und Kommunalebene wurden die zuständigen leitenden MitarbeiterInnen von Wohlfahrtsverbänden und selbstorganisierten Initiativen sowie von Sozialverwaltungen und -ministerien anhand eines Leitfadens interviewt. Insgesamt wurden im Rahmen der Studie rund 120 Experteninterviews ausgewertet. Die Interviews dauerten durchschnittlich eineinhalb bis zwei Stunden. In der Mehrzahl der Interviews spiegelt sich ein hoher und zugleich tiefgreifender Diskussions-, Erklärungs- und Reflexionsbedarf wider, der sich primär aus dem alltäglichen Handlungsdruck erklären läßt, unter dem die interviewten ExpertInnen standen.

Für die Experteninterviews wurden insgesamt sechs "themenzentrierte Leitfäden" entwickelt: Auf Bundes-, Landes- und Kommunalebene wurde je ein Leitfaden für leitende MitarbeiterInnen von Wohlfahrtsverbänden und Initiativen sowie für leitende MitarbeiterInnen von Sozialverwaltungen und -ministerien erstellt. Die Leitfäden für Wohlfahrtsverbände und für selbstorganisierte Initiativen auf kommunaler Ebene umfaßten vor allem die Themenkomplexe Ausgangssituation und Gründungsverlauf, organisatorische Aufgabenschwerpunkte und Dienstleistungsangebot, innerorganisatorische Strukturen, Entscheidungs- und Gestaltungsspielräume sowie Zusammenarbeit mit anderen Organisationen, Parteien und

---

10 Die Namen der Städte, Landkreise und Länder sowie der Interviewten wurden anonymisiert.

Sozialverwaltungen. Bei den Leitfäden für die Landes- und Bundesebene der Wohlfahrtsverbände lag die thematische Akzentsetzung stärker auf den politisch-administrativen Rahmenbedingungen und den organisationspolitischen Entscheidungen; ansonsten enthielten sie die gleichen Themen. Im Mittelpunkt der Leitfäden für Sozialverwaltungen standen darüber hinaus vor allem ordnungspolitische Prioritätensetzungen sowie Einschätzungen zur Bedeutung, Leistungsfähigkeit und Angemessenheit einzelner Träger.

Die Experteninterviews wurden mit der Eingangsfrage zum beruflichen Werdegang und zur aktuellen beruflichen Position eingeleitet. Die weitere Abfolge der Themen war so konzipiert, daß ein möglichst offener "Einstieg" in das Interview erfolgen konnte. Die Themen eines Leitfadens, die im Verlauf des Gesprächs vom Interviewten selbst angesprochen wurden, mußten von den Interviewern nicht nochmals in das Gespräch eingebracht werden, so daß die thematische Abfolge des Leitfadens durch den tatsächlichen Gesprächsverlauf modifiziert wurde. Mit der Bitte um eine rückblickende Bewertung der Aufbauphase sowie der Einschätzung des zukünftigen sozialen Versorgungssystems wurden die Experteninterviews abgeschlossen. Die Leitfäden hatten somit die Funktion einer "Merkliste" für den Interviewer und ließen den Befragten relativ viel Thematisierungsspielraum. Zu speziellen Themenbereichen, wie etwa die Ausgangssituation und der Gründungsverlauf einer Organisation, wurden die Fragen so formuliert, daß sie beim Interviewten Narrationen erzeugen sollten.

Für die Auswertung des umfangreichen Interviewmaterials bedurfte es eines Analyseverfahrens, das sowohl der großen Menge der Interviews als auch den jeweiligen Spezifika von Einzelfällen, die bei den narrativen Frageformulierungen dargestellt wurden, gerecht wurde. Die Auswertung basiert auf einer für diese Studie entwickelten Analysestrategie, in die sowohl inhaltsanalytische Überlegungen - angelehnt an das speziell für die Analyse von Experteninterviews konzipierte Modell von Meuser und Nagel (1991) - als auch textanalytische und hermeneutische Auswertungsschritte einfließen, die im Rahmen von Einzelfallanalysen generiert wurden (vgl. Fischer 1982, Rosenthal 1987).

1.7.2 Schriftliche Befragung

Ergänzend zu den zuvor beschriebenen Interviews wurden in Bärenklau, Frankenstein, Neu-Brühl und Salzstetten sowohl soziale Dienste und Einrichtungen als auch selbstorganisierte Vereine und Initiativen mittels eines weitgehend standardisierten Fragebogens untersucht.

Der "Einrichtungsfragebogen" wurde im März 1993 an 336 soziale Dienste und Einrichtungen, die sich in öffentlicher oder in freigemeinnütziger Trägerschaft befanden, verschickt. Auf seiten der freigemeinnützigen Träger wurden die sozialen

Dienste und Einrichtungen der Spitzenverbände der Freien Wohlfahrtspflege und derjenigen überregionalen Mitgliedsorganisationen des Paritätischen Wohlfahrtsverbandes einbezogen, die ebenfalls Leistungen in der Alten-, Sozial-, Jugend- oder Behindertenhilfe anboten, und die in mehr als einem dieser Aufgabenbereich tätig waren (Volkssolidarität). Die Dienste und Einrichtungen in Trägerschaft des Sozial- und des Jugendamtes wurden berücksichtigt, um erstens Schwerpunkte in den Arbeitsbereichen und zweitens Unterschiede bzw. Gemeinsamkeiten in den Personal- und Ressourcenstrukturen von öffentlichen und freigemeinnützigen Leistungsanbietern untersuchen zu können. Mit der Befragung wurde eine Totalerhebung der Dienste und Einrichtungen der ausgewählten freigemeinnützigen sowie der öffentlichen Träger durchgeführt. Nur die Kindertagesstätten in öffentlicher Trägerschaft wurden aus der Untersuchung herausgenommen, weil die Anzahl der Kindertagesstätten in den Untersuchungsregionen derart groß war (insgesamt ca. 1.000), daß sie die Ergebnisse dominiert hätten, und weil sich der Bereich der Kindertagesstätten in einer Umstrukturierungsphase befand, so daß die Ergebnisse nur eine Momentaufnahme dargestellt hätten. Die Befunde der Einrichtungsbefragung werden schwerpunktmäßig in Kapitel 12 beschrieben.

Mit einem "Initiativenfragebogen" wurden im August 1993 selbstorganisierte Initiativen und Vereine untersucht, die im Sozialbereich tätig waren, Leistungen für Dritte anboten und die entweder Mitglied im Paritätischen Wohlfahrtsverband waren oder durch das Sozial- bzw. Jugendamt öffentlich gefördert wurden. Insgesamt wurden 227 selbstorganisierte Initiativen unter anderem nach ihren Aufgabenbereichen sowie Personal- und Finanzierungsstrukturen befragt. Die Ergebnisse dieser Teilbefragung werden in Kapitel 11 dargestellt.

Die Daten aus beiden Erhebungen wurden mit uni- und bivariaten Analyseverfahren eines gängigen Statistikprogramms ausgewertet.

2. Geschichte und Strukturen der freien Wohlfahrtspflege in der Bundesrepublik Deutschland

Die Versorgung der Bevölkerung mit personenbezogenen sozialen Dienstleistungen obliegt in der Bundesrepublik Deutschland öffentlichen und freigemeinnützigen Institutionen. Zwischen staatlichen Instanzen und freien Trägern besteht eine Arbeitsteilung: Staatliche Institutionen regeln in erster Linie, welche Aufgaben in welchem Umfang zu welchem Preis erbracht werden sollen, finanzieren einen Teil der Leistungen, übernehmen bestimmte Hoheitsaufgaben und gewährleisten öffentliche Pflichtangebote. Die freie Wohlfahrtspflege organisiert und erbringt den größten Teil des Angebots an sozialen Dienstleistungen. Diese Institution ist sozial voraussetzungsvoll und traditionsreich. Um die Entwicklung der freien Wohlfahrtspflege in Ostdeutschland untersuchen zu können, wird im folgenden das westdeutsche Modell der Institution anhand ihrer Organisationen, d.h. der Spitzenverbände und ihrer Mitgliedsorganisationen (Abschnitt 2.1) sowie der selbstorganisierten Initiativen und Vereine (Abschnitt 2.2), dargestellt.

2.1 Spitzenverbände der Freien Wohlfahrtspflege

Die Geschichte der Spitzenverbände der Freien Wohlfahrtspflege reicht bin ins letzte Jahrhundert zurück. Im Deutschen Kaiserreich gründeten sich auf lokaler Ebene milieubezogene karitative Vereine, um notleidende Menschen zu unterstützen und ihre Wertvorstellungen zu verwirklichen. Nach und nach schlossen sich diese Vereine zu überregionalen Organisationen zusammen (vgl. Sachße 1995, Kaiser 1993), und Mitte der 20er Jahre waren alle - auch heute noch bestehenden - Spitzenverbände der Freien Wohlfahrtspflege vorhanden: Der "Centralausschuß für die innere Mission"[11] (1848), der "Caritasverband für das katholische Deutschland" (1897), die "Zentralwohlfahrtsstelle der deutschen Juden"[12] (1917), der Hauptausschuß der Arbeiterwohlfahrt (1919), das Deutsche Rote Kreuz (1921) und der Paritätische Wohlfahrtsverband[13] (1924).

In der Weimarer Republik forcierte das Reicharbeitsministerium den Aufbau von Spitzenverbänden der Freien Wohlfahrtspflege. Sein katholisches Führungspersonal wollte einerseits den Einfluß des Katholizismus im Sozialsektor sichern

---

11 Die Innere Mission und das Evangelische Hilfswerk wurden 1965 zum Diakonischen Werk der Evangelischen Kirche in Deutschland zusammengeschlossen.
12 Die "Zentralwohlfahrtsstelle der deutschen Juden" wurde 1951 in "Zentralwohlfahrtsstelle der Juden in Deutschland" umbenannt.
13 Bis 1932 firmierte der Paritätische Wohlfahrtsverband unter dem Namen "Vereinigung der freien gemeinnützigen Wohlfahrtseinrichtungen Deutschlands".

und ausbauen und andererseits den Staat von Sozialaufgaben entlasten. Die Wohlfahrtsverbände ihrerseits waren bestrebt, ihren gesellschaftlichen Einfluß zu vergrößern und ihre Organisationsstrukturen zu stabilisieren. Aufgrund dieser Interessenaffinität zwischen Staat und Verbänden wurden die Spitzenverbände der Freien Wohlfahrtspflege, allen voran die konfessionellen Verbände, schrittweise in die Sozialpolitik inkorporiert. Unter Verweis auf das katholische Subsidiaritätsprinzip[14] bildeten sich enge und dauerhafte Verflechtungsbeziehungen zwischen Staat und Verbänden heraus (vgl. Heinze/Olk 1981 und 1984; Backhaus-Maul/Olk 1994 und 1996; Heinze/Schmid/Strünck 1997).

Im Jahre 1922 schlossen sich die Spitzenverbände in der "Deutschen Liga der Freien Wohlfahrtspflege" zusammen, um ihre Interessen zu vertreten. Mit diesem Zusammenschluß sicherten sie sich die exklusive Definitionsgewalt über den Begriff des Spitzenverbandes der Freien Wohlfahrtspflege. Sie legten in der Satzung der Liga fest, einstimmig über die Erweiterung des Kreises der Spitzenverbände zu entscheiden. Diese Form der "Kartellbildung" besteht bis heute in Form der "Bundesarbeitsgemeinschaft der Freien Wohlfahrtspflege" fort. Der Kreis der Spitzenverbände hat sich seit der Weimarer Republik nicht geändert und verfügt seitdem - mit Unterbrechung durch den Nationalsozialismus - über ein Anbieteroligopol auf Reichs- bzw. Bundesebene im Sozialsektor.

In der Bundesrepublik Deutschland machten sich sowohl die sozial-liberale als auch die christlich-liberale Bundesregierung den Ausbau des Sozialstaates zum vorrangigen Ziel. Die Wohlfahrtsverbände expandieren seitdem als Anbieter sozialer Dienste und Einrichtungen. Begünstigt wurde diese Entwicklung der Wohlfahrtsverbände durch den sogenannten "Subsidiaritätsstreit" in den 60er Jahren (vgl. Münder/Kreft 1990). Der Subsidiaritätsstreit entzündete sich an ordnungspolitischen Regelungen im neuen Bundessozialhilfegesetz (BSHG) und im Jugendwohlfahrtsgesetz (JWG), die der freien gegenüber der öffentlichen Wohlfahrtspflege einen bedingten Vorrang einräumt. Acht sozialdemokratisch regierte Städte und Bundesländer klagten vor dem Bundesverfassungsgericht gegen die Fortschreibung dieser Vorrangregelung. In seinem Urteil aus dem Jahre 1967 bestätigte das Bundesverfassungsgericht die Verfassungskonformität des im Bundessozialhilfegesetz und im Jugendwohlfahrtsgesetz von 1961 geregelten "bedingten Vorrangs zugunsten von Einrichtungen und Diensten in freigemeinnütziger Trägerschaft". Mit diesem Urteil wurde die prioritäre Stellung der freien Wohlfahrtspflege als Leistungsträger im deutschen Sozialstaat in die Zukunft fortgeschrieben.

Von dieser ordnungspolitischen Prioritätensetzung profitierten die leistungsfähigen und ressourcenstarken Spitzenverbände und ihre Mitgliedsorganisationen: Sie übernehmen seit den 70er Jahren zunehmend mehr öffentliche Sozialaufgaben und werden verstärkt in den sozialpolitischen Willensbildungs- und Gesetzgebungs-

---

14 Vgl. zum ideengeschichtlichen und ordnungspolitischen Hintergrund des Subsidiaritätsbegriffs Sachße 1994.

prozeß einbezogen (vgl. Thränhardt u.a. 1986). Entsprechend änderten sich aber ihre Organisationsstrukturen und ihr Selbstverständnis. Als Kooperationspartner der öffentlichen Sozialverwaltung, die sozialrechtlichen und bürokratischen Anforderungen Rechnung tragen muß, glichen Verbände ihre Strukturen, Verfahren und Vorstellungen tendenziell an die staatlicher Sozialbürokratien an. So bildeten sie Verwaltungsstrukturen heraus und stellten in großem Umfang hauptamtliches Personal ein. Ihre Handlungsabläufe orientieren sich immer weniger an den wertbezogen-kulturellen Regeln und Prozeduren weltanschaulich gebundener Überzeugungs- und Dienstgemeinschaften, sondern immer mehr an den durch Zweckrationalität, Überprüfbarkeit und Fachwissen geprägten Regeln bürokratischer Organisationen.

Bereits Ende der 70er Jahre wurde diese Entwicklung zum Anlaß grundlegender Kritik: Wohlfahrtsverbände seien bürokratische, inflexible und undemokratische Großorganisationen, die "herrschaftsaffirmativ" die durch den Kapitalismus verursachten sozialen Probleme in ihrer Konflikthaftigkeit abpuffern. Sie seien nicht die Lösung, sondern ein Teil des Problems, stellte die noch junge Wohlfahrtsverbändeforschung fest (vgl. Bauer 1978, Bauer/Dießenbacher 1984; Thränhardt 1984). Als Gegenmodelle zu diesen "bürokratischen Großorganisationen" entstanden im Sozial- und Gesundheitsbereich bereits Ende der 70er Jahre selbstorganisierte Projekte und Initiativen und in den 80er Jahren Selbsthilfegruppen, die versuchten, sowohl alternative fachliche Konzepte zu entwickeln als auch basisdemokratische Organisationsstrukturen aufzubauen. Mit der Formel der "Neuen Subsidiarität" hoben diese neuen sozialpolitischen Akteure die Bedeutung selbstorganisierter Hilfeformen hervor und sprachen den etablierten Wohlfahrtsverbänden die hinreichende Kompetenz und alleinige Zuständigkeit für soziale Belange ab (vgl. Boll/Olk 1987, Heinze 1986). In dieser Situation zeigte sich die Fähigkeit der Institution der Freien Wohlfahrtspflege gleichzeitig integrativ und exklusiv wirken zu können: Die Versuche einen neuen, siebten Spitzenverbandes der Freien Wohlfahrtspflege aus dem grün-alternativen Milieu heraus zu gründen, wurden von den etablierten Spitzenverbänden abgeblockt (vgl. Opielka/Ostner 1987). Die Spitzenverbände vereinbarten untereinander, daß der Paritätische Wohlfahrtsverband als Dachverband die bestehenden verbandsunabhängigen Vereine und Initiativen als Mitglieder aufnehmen sollte (vgl. Merchel 1989). Diese Strategie der Spitzenverbände zur Inklusion von neuen verbandsunabhängigen Initiativen erwies sich als äußerst erfolgreich: Sie konnten ihr Oligopol unverändert aufrechterhalten.

Die Spitzenverbände der Freien Wohlfahrtspflege sind vertikal in Bundes-, Landes- und Kommunalverbände gegliedert, die jeweils spezifische Aufgaben wahrnehmen: Auf *Bundes- und Landesebene* sind die Spitzenverbände in erster Linie verbandspolitische Interessenvertreter, wobei sie nicht nur die Interessen des jeweiligen Spitzenverbandes in einem engeren Sinne vertreten, sondern auch die

Interessen ihrer nach Fachgebieten gegliederten Mitgliedsorganisationen.[15] Die Bundes- und Landesverbände sind in die Politikformulierung und den sozialpolitischen Gesetzgebungsprozeß einbezogen. Neben der Interessenvertretung agieren einige Landesverbände auch als Träger sozialer Einrichtungen und Dienste. Von der Bundes- und Landesebene unterscheiden sich *kommunale Verbandsgliederungen* dadurch, daß sie in erster Linie - gemessen an der Zahl der Einrichtungen, Dienste und Mitarbeiter - Träger sozialer Leistungen sind. Aber auch die Verbandsgliederungen vor Ort sind an der kommunalen Politikformulierung beteiligt, wenn man etwa an ihre Mitwirkung als stimmberechtigte Mitglieder im Jugendhilfeausschuß und als beratende Mitglieder im Sozialausschuß denkt.

Ihrem Selbstverständnis nach erfüllen die Spitzenverbände der Freien Wohlfahrtspflege und ihre Mitgliedsorganisationen vier Funktionen (vgl. Angerhausen/ Backhaus-Maul/Schiebel 1995, Olk 1995): Sie verstehen sich (1) als advokatorische Interessenverbände, (2) als lokale Vereine, (3) als Produzenten sozialer Dienstleistungen sowie (4) als "Weltanschauungsverbände" mit einer "Mission". Die Bedeutung und konkrete Ausgestaltung dieser Funktionen ist - wie oben skizziert - abhängig von der jeweiligen Verbandsebene; dennoch leisten alle Verbandsgliederung einen Beitrag zur Erfüllung der verschiedenen Funktionen.

Zu (1): Wohlfahrtsverbände erheben den Anspruch, *sozialanwaltschaftlich die Interessen benachteiligter Bevölkerungsgruppen* zu vertreten, die ansonsten im System der Interessenvermittlung keine Berücksichtigung finden (vgl. von Winter 1997). Diese Bevölkerungsgruppen sind zumeist nicht persönliche Mitglieder in einem Verband, sondern (potentielle) Klienten von Einrichtungen und Diensten. Wohlfahrtsverbände vertreten darüber hinaus die verbandspolitischen Interessen ihrer Einrichtungen, Dienste und Mitgliedsorganisationen gegenüber politisch-administrativen Akteuren und in der Öffentlichkeit.

Zu (2): Wohlfahrtsverbände sind darüber hinaus freiwillige Organisationszusammenschlüsse mit einer doppelten Mitgliedschaftsstruktur: Auf der einen Seite werden Einzelpersonen Mitglied, nicht - wie im Fall von Interessenverbänden - um materielle Interessen zu verfolgen, sondern um die Werte und normativen Zielsetzungen des Verbandes, wie sie in Satzungen und Leitbildern formuliert sind, zu unterstützen. Auf der anderen Seite sind verschiedene Einrichtungen, Dienste, Gruppen und Organisationen als korporative Mitglieder in den Verband integriert. Die assoziative Funktion der Wohlfahrtsverbände entfaltet sich in erster Linie im Vereinsleben "vor Ort". Wohlfahrtsverbände bieten Möglichkeiten der Geselligkeit, der Kommunikation und des selbstbestimmten Handelns. So sind die lokalen Verbandsgliederungen, Einrichtungen und Dienste nach wie vor ein wichtiger Ort sozialen Engagements, - sei es in der konkreten sozialen Arbeit oder in Vorständen. Konfessionelle Wohlfahrtsverbände wirken in der Regel nicht in ihren eigenen

---

15 Eine deskriptive Darstellung der Spitzenverbände und ihrer wichtigsten Mitgliedsorganisationen stellt das von Hans Flierl 1992 veröffentlichte Buch dar.

2. Geschichte und Strukturen der freien Wohlfahrtspflege

Vereinsstrukturen assoziativ, sondern binden sich in die jeweiligen Kirchengemeinden ein, aus denen sich auch der größte Teil der ehrenamtlich Tätigen rekrutiert.

Zu (3): Drittens sind Wohlfahrtsverbände *"Sozialleistungsvereinigungen"* (vgl. von Alemann 1987), also Organisationen, die grundsätzlich freiwillig soziale Hilfeleistungen für Dritte erbringen. Sie erheben dabei den Anspruch, diese Aufgaben überwiegend nach jeweils eigenen wertgeprägten Vorstellungen auszuwählen und zu gestalten. Mit ihren Angeboten, insbesondere in der Kranken-, Behinderten-, Alten- und Jugendhilfe, sind sie die wichtigsten Träger sozialer Leistungen in der Bundesrepublik Deutschland (vgl. Goll 1991). So beschäftigen sie rund 950.000 hauptberufliche MitarbeiterInnen und verfügen über knapp 3 Millionen Betten bzw. Plätze in ihren Einrichtungen und Diensten (vgl. BAGFW 1994a).

Zu (4): Wohlfahrtsverbände sind *"Weltanschauungsverbände"*. Sie haben eine "Mission", die bestimmten weltanschaulich oder wertbezogenen Vorstellungen und Traditionen sowie partikularistischen Sozialmilieus verpflichtet ist. So steht die Arbeiterwohlfahrt in der Tradition der sozialdemokratischen Arbeiterbewegung, die Caritas versteht sich als Wohlfahrtsverband der katholischen Kirche, der christliche Nächstenliebe praktiziert, und das Diakonische Werk sieht sich als Wesens- und Lebensäußerung der evangelischen Kirche. Demgegenüber greifen das Deutsche Rote Kreuz und der Paritätische Wohlfahrtsverband eher auf allgemeine Werte und Grundsätze des Humanismus zurück. Die Wertbindung von Wohlfahrtsverbänden liegt gleichsam quer zu den erstgenannten drei Funktionen: Sowohl in der advokatorischen Interessenvertretung als auch in der Mitgliederintegration und der Leistungsproduktion kommt die "Mission" der Organisation z.B. bei der Auswahl der Klientengruppen, dem Umgang mit ehrenamtlichem bzw. freiwilligem sozialen Engagement und den Qualitätsvorstellungen zum Ausdruck.

Diese Multifunktionalität von Wohlfahrtsverbänden wirkt sich auf ihre Strategiebildung aus. So stehen Wohlfahrtsverbände als intermediäre Organisationen vor der Aufgabe, divergierende Umweltbezüge miteinander zu vereinbaren: Einerseits müssen sie Akzeptanz, Legitimität und Loyalitätsbindungen in einer sozialen Basis erzeugen, sich also auf die Werthaltungen, Einstellungen und Orientierungen ihrer freiwilligen Mitglieder, ehrenamtlichen Helfer, Adressaten und potentiellen Anhängerschaft einlassen (Mitgliedschaftslogik). Andererseits müssen sie sich auf eine institutionelle Umwelt beziehen, in der sie formale Organisationen neben anderen sind, mit denen sie konkurrieren und kooperieren müssen, um sich den Zugang zu bestimmten Ressourcen und Einflußchancen zu sichern (Einflußlogik). Wohlfahrtsverbände stehen nun vor der verbandsstrategischen Anforderung, sowohl ihre soziale Unterstützungsbasis zu erhalten, also Mitglieder, freiwillige Helfer und Förderer zu (um)werben, als auch in politischen Tauschverhältnissen mit Verwaltungen, Parteien und Ministerien ihre Organisationsziele zu verwirklichen. Beide Handlungsimperative, d.h. Mitgliedschafts- und Einflußlogik, stehen in einer konfliktträchtigen Beziehung zueinander, und Verbandsstrategien müssen letztlich immer daran orientiert sein, einen Ausgleich zu erreichen (Streeck 1987).

Da die zentrale Funktion von Wohlfahrtsverbänden - im Unterschied zu Interessenverbänden - darin besteht, soziale Dienstleistungen bereitzustellen, ergeben sich charakteristische Konsequenzen für das verbandspolitische Problem, Mitgliedschaftslogik und Einflußlogik auszubalancieren. Die Mitgliedschaftsbasis wird primär durch korporative Mitglieder bzw. Mitgliedsorganisationen gebildet, die von großen Anstalten bis hin zu kleinen ambulanten Beratungsstellen und Fachverbänden spezifischer Berufsgruppen reicht. Zudem haben Wohlfahrtsverbände - bei verbandsspezifisch erheblichen Unterschieden - persönliche Mitglieder. Diese heterogene Mitgliedschaftsbasis wirkt sich auf die Beziehungen zwischen den jeweiligen Verbandsspitzen und ihrer "Basis" aus. Da die Verbände ihrem Selbstverständnis zufolge der advokatorischen Interessenvertretung verpflichtet sind, werden korporative und persönliche Mitglieder unter Verweis auf gemeinsam geteilte kulturelle Werthaltungen und Grundüberzeugungen sowie Dienstleistungsangebote in die Organisation integriert. Verbandsvertreter sind - in der Erwartung steigender öffentlicher Ressourcen - an einem einvernehmlichen Verhältnis mit politisch-administrativen Akteuren interessiert. Dabei können Konflikte entstehen, wenn die korporativen Mitglieder der Meinung sind, daß ihre Interessen gegenüber Politik und Verwaltung nicht erfolgreich durchgesetzt werden, oder die persönlichen Mitglieder ihre ideellen Vorstellungen nicht ausreichen berücksichtigt sehen.

Im Verhältnis zwischen Mitgliedschafts- und Einflußlogik ist außerdem mit Konfliken zwischen ehrenamtlichem Engagement persönlicher Mitglieder in der Sozial- und Verbandsarbeit einerseits (Partizipation) und den wirtschaftlichen und fachlichen Anforderungen öffentlicher Kostenträger (Professionalität und Management) zu rechnen. Das freiwillige soziale Engagement persönlicher Mitglieder ist in einer weltanschaulich gestützten Verpflichtung zur Nächstenliebe oder Solidarität und selbstbezüglichen Motiven (wie etwa Anerkennung, Selbstverwirklichung, Macht, Prestige) begründet. Mit wachsenden fachlichen und betriebswirtschaftlichen Standards werden Ehrenamtliche immer stärker aus verantwortungsvollen Tätigkeiten verdrängt und durch hauptamtliches professionelles Personal ersetzt. Im Konflikt zwischen Mitgliedschafts- und Einflußlogik zeichnet sich ein Bedeutungsverlust sozialen Engagements und ein Bedeutungsgewinn professioneller Arbeit und politisch-administrativer Standards ab. Das tradierte Selbstverständnis von Wohlfahrtsverbänden als Wertgemeinschaften steht damit zur Disposition.

Die Spitzenverbände der Freien Wohlfahrtspflege - so läßt sich ihre Entwicklung zusammenfassen - expandierten seit den 70er Jahre insbesondere als Leistungsträger. Zeitgleich führte der soziale Wandel zu einer Erosion traditioneller sozialer Milieus und die Verbände verloren ihre "Stammkunden" (vgl. Streeck 1987). Sie konnten sich eine dauerhafte Ressourcenzufuhr und eine gewisse Unabhängigkeit gegenüber sozialen Veränderungen auf seiten von Mitgliedern und Unterstützern dadurch sichern, daß sie eine starke Interessenvertretung in eigener Sache betreiben und die ordnungspolitischen Präferenzen des Gesetzgebers sie begünstigten. Innerhalb der Wohlfahrtsverbände scheint Ende der 80er Jahre die Funktion des Leistungsträgers gegenüber der sozialpolitischen und assoziativen Funktion zu dominieren. Damit konzentrieren sich die Verbände zunehmend auf die Aufgaben des *Verbandsmanagements und des politischen Einflusses* und vernachlässigen neben der ohnehin schwach ausgeprägten *Repräsentation* der Mitgliederinteressen zunehmend auch die *Partizipationsmöglichkeiten* für Mitglieder.

2.2 Selbstorganisierte Initiativen und Vereine

Neben den Spitzenverbänden sind selbstorganisierte Vereine und Initiativen ein wichtiger Bestandteil der freien Wohlfahrtspflege. Es handelt sich hierbei um freiwillige Zusammenschlüsse gleichgesinnter BürgerInnen, die auf lokaler Ebene soziale Leistungen für Dritte erbringen. Die selbstgewählten Aufgabenschwerpunkte liegen zumeist in der Sozial- und Jugendhilfe sowie im Gesundheitswesen. Die Mehrzahl dieser Initiativen hat heute die Rechtsform des eingetragenen Vereins und ist Mitglied eines Spitzenverbandes der Freien Wohlfahrtspflege;[16] in einzelnen Sachbereichen haben sich selbstorganisierte Initiativen und Vereine zu überregionalen Organisationen zusammengeschlossen.

In den Altbundesländern gründeten sich selbstorganisierte Initiativen und Vereine verstärkt seit der Studentenbewegung Ende der 60er Jahre und stellen heute eine selbstverständliche und akzeptierte Organisationsform in der Sozialpolitik dar. In den Anfangsjahren experimentierten diese Organisationen insbesondere in der Kinder- und Jugendarbeit mit neuen Formen sozialer Angebote und Leistungen, wie z.B. Kinder- und Schülerläden. Ab Mitte der 70er Jahre kam es im Kontext der neuen sozialen Bewegungen, wie etwa die Ökologie-, Frauen-, Gesundheits- und Selbsthilfebewegung, zu einem "Gründungs-Boom" von Initiativen und Vereinen, deren Kollektivbetriebe, Ausbildungs- und Beschäftigungsprojekte nicht nur in der Sozial-, sondern auch in der Arbeitsmarktpolitik auf Interesse stoßen (vgl. Brand/ Büsser/Rucht 1983; Roth 1991).

Das Spektrum selbstorganisierter Handlungsformen läßt sich anhand der Gründungs- bzw. Mitgliedschaftsmotive folgendermaßen systematisieren: Auf der einen Seite bildeten sich Initiativen heraus, in denen sich Personen mit individuellen

---

16 Ein großer Teil der selbstorganisierten Initiativen und Vereine haben sich als Mitglied dem weltanschaulich und in seiner Organisations- und Entscheidungsstruktur für Mitgliedsorganisationen offenen Paritätischen Wohlfahrtsverband angeschlossen. Als Dachverband bietet er ihnen unter Wahrung ihrer Autonomie Serviceleistungen in finanziellen, organisatorischen und fachlichen Fragen und vertritt ihre Anliegen gegenüber politischen Akteuren.

gesundheitlichen, psychischen oder sozialen Problemen zusammenschlossen, um sich gegenseitig zu helfen (vgl. ISAB 1992). Diese *Selbsthilfegruppen* werden in der vorliegenden empirischen Untersuchung nicht berücksichtigt, da sie keine Leistungen für Dritte anbieten. Auf der anderen Seite entstanden sogenannte *"selbstorganisierte Fremdhilfezusammenschlüsse"*, in denen mittelbar Betroffene (z.B. Angehörige) oder "kritische Professionelle" auf freiwilliger und gemeinwohlorientierter Basis für andere tätig werden. Sie unterscheiden sich von reinen Selbsthilfegruppen durch den höheren Organisationsgrad und die spezifische Motivation der Beteiligten, anderen und nicht nur sich selbst helfen zu wollen. Die Arbeitsweise dieser Vereine und Initiativen ist dadurch gekennzeichnet, "daß sie selbstorganisiert arbeiten, selbstbestimmt, d.h. mit relativ hoher Unabhängigkeit in Inhalt und Form ihrer Arbeit, handeln, die darüber hinaus in überschaubaren Gruppen nach dem Konsensprinzip statt hierarchischer Entscheidungen, häufig auch mit einem (traditionelle) Arbeitsfelder übergreifenden Ansatz (Leben, Wohnen, Arbeiten) - ganzheitlich orientiert - wirken wollen" (Bloesy/Kreft 1987: 59). Folglich verstehen sich selbstorganisierte Initiativen und Vereine als soziale und politische Alternative zu tradierten und etablierten Institutionen, Organisationen und Angeboten.

Selbstorganisierte Initiativen und Vereine haben ihre soziale Basis überwiegend in der sogenannten "neuen Mittelschicht", die an postmaterialistischen Werten wie Lebensqualität, bürgerschaftlichem Engagement und Ökologie interessiert ist. Ihre Anliegen fanden zunächst bei der großstädtischen Bevölkerung Anklang und Unterstützung; nach Jahren des sozialen Engagements und bei günstigen politischen Mehrheitsverhältnissen konnten sie auch mit Unterstützung bei der Sozialadministration rechnen. Nach einer anfänglichen und zumeist von beiden Seiten gewünschten "Distanz" zwischen Sozialpolitikern und Sozialverwaltung einerseits sowie selbstorganisierten Initiativen und Vereinen andererseits[17] bildeten sich seit Mitte der 80er Jahre institutionelle Formen der Förderung und Unterstützung für alternative Formen des Leistungsangebots insbesondere auf Kommunal- und vereinzelt auch auf Landesebene heraus. Für die alten Bundesländer kann inzwischen von einer "Normalisierung" im Umgang mit selbstorganisierten Initiativen und Vereinen gesprochen werden: Sie gelten in den Altbundesländern vielerorts als ein selbstverständlicher Bestandteil der Sozial- und Jugendhilfe sowie des Gesundheitswesens, werden öffentlich gefördert und sind in Kommunalausschüssen sowie Kinder- und Jugendringen vertreten.

Selbstorganisierte Initiativen und Vereine sind im Sinne der oben genannten Definition Fremdhilfezusammenschlüsse, die Leistungen für Dritte erbringen. Sie

---

17 In der sogenannten "Staatsknetedebatte" brachten VertreterInnen selbstorganisierter Initiativen und Vereine Anfang der 80er Jahre ihre Ablehnung gegenüber staatlichen Mitteln und entsprechenden Reglementierungen zum Ausdruck. Gleichzeitig waren Politiker und leitende Verwaltungsmitarbeiter befremdet über die der Anliegen der Alternativbewegung.

erfüllen ebenso wie die Spitzenverbände der Freien Wohlfahrtspflege und deren Mitgliedsorganisationen verschiedene Funktionen:
(1) Sie sind Vereine, mit persönlichen Mitgliedern, die den Beteiligten Identifikations-, Mitwirkungs- und Mitbestimmungsmöglichkeiten bieten (*Assoziationen*),
(2) sie vertreten Mitgliederinteressen oder sozialanwaltschaftlich die antizipierten Anliegen ihres Klientels (*Interessenorganisationen*), und
(3) sie bieten öffentlich ihre sozialen Leistungen an (*Leistungsanbieter*).

Selbstorganisierte Initiativen und Vereine stehen als multifunktionale Organisationen ebenso wie die Spitzenverbände der Freien Wohlfahrtspflege und ihre Mitgliedsorganisationen vor der eingangs beschriebenen Herausforderung, Mitgliedschafts- und Einflußlogik miteinander in Einklang zu bringen. Aufgrund ihrer geringen formalisierten Organisationsstrukturen haben selbstorganisierte Initiativen und Vereine im Unterschied zu Wohlfahrtsverbänden zunächst einmal Bestandsprobleme zu bewältigen. In vielen neu gegründeten Initiativen und Vereinen unterscheiden die Beteiligten nicht zwischen ihrer Rolle als Mitglied, Mitarbeiter oder Klientel. Durch dieses Motivgemenge entsteht in der Gründungsphase ein besonderes Potential für unentgeldliches Engagement, "übertarifliche" Betätigung und treue Stammkunden. Gleichzeitig bildet die hohe Identifikation der Beteiligten mit ihrer Organisationen, die geringe Mitgliederzahl und der latente Mangel an öffentlichen Ressourcen die Achillesferse dieser Organisationen, da die Initiative schon durch den Austritt einzelner Aktivisten scheitern kann.

Vor dem Hintergrund fragiler Organisationsstrukturen gewinnt die Balance zwischen Mitgliedschafts- und Einflußlogik an besonderer Dynamik. Zwei Beispiele mögen die besonderen Anforderungen für selbstorganisierte Initiativen und Vereine verdeutlichen:
(1) Versucht eine Initiative oder ein Verein die Interessen der Mitglieder und Klienten zu vertreten und fordert entsprechende Fördermittel ein, so müssen sich die Beteiligten auf politische und administrative Spielregeln und Vorstellungen einlassen. Insbesondere wenn Initiativen öffentliche Fördermittel in Anspruch nehmen, bedeutet dieses in der Regel, daß die Antragsteller ihre originären Organisationsziele modifizieren müssen. Damit sind die Mitglieder möglicherweise nicht einverstanden und entziehen der Initiativen ihre Unterstützung. Die Diskrepanz zwischen sozialstaatlichen Anforderungen und Mitgliederinteressen wird zum Organisationsproblem.
(2) Selbstorganisierte Initiativen und Vereine eröffnen ihren Mitarbeitern und Mitgliedern weitreichende Beteiligungs- und Mitentscheidungsmöglichkeiten. Basisdemokratische Entscheidungsverfahren fordern jedoch die Geduld und Kompromißbereitschaft der Mitglieder und führen zu langwierigen Entscheidungsprozessen, die ein effektives und verbindliches handeln der Organisation erschweren.

3. Der fürsorgliche Sozialstaat: Soziale Dienste in der DDR

Mit der staatlichen Vereinigung wurde mittels rechtlicher Regelungen, öffentlicher Förderinstrumente und korporativer Unterstützung auch die Institution der freien Wohlfahrtspflege in die neuen Bundesländer übertragen. Dieses Institutionenmodell trifft dort auf eine Gesellschaft, die in vierzig Jahren real-existierendem Sozialismus von völlig anderen Institutionen, Organisationen und normativen Vorstellungen geprägt wurde. Der Aufbau der Institution der freien Wohlfahrtspflege erfolgt in den neuen Ländern somit unter fremdartigen politischen, sozialen und kulturellen Umweltbedingungen:

- In der DDR waren staatsunabhängige Formen der sozialen Selbstorganisation verboten oder an den Rand der Gesellschaft gedrängt,
- Jugendarbeit sollte zur Verwirklichung des sozialistischen Erziehungsideals beitragen, und
- das Angebot an sozialen Diensten und Einrichtungen sollte eine flächendeckende und einheitliche Grundversorgung - vor allem der erwerbstätigen Bevölkerung - sicherstellen. In "unproduktiven" Bereichen, wie etwa der Altenhilfe, erfolgte allenfalls eine Minimalversorgung.

In den alten Bundesländern hingegen bilden eine freie Vereinstätigkeit sowie eine weltanschaulich plurale und staatlich unabhängige Jugend- und Sozialarbeit die Grundpfeiler freier Wohlfahrtspflege. Die freie Wohlfahrtspflege gründet in den Altbundesländern in sozialen Milieus, die trotz gewandelter Bedeutung und abnehmender Bindungskraft eine wichtige soziale Ressource darstellen (vgl. Sachße/-Tennstedt 1988, Mooser 1983, Kühr 1985, Roth/Rucht 1987). Zu diesen Milieus der freien Wohlfahrtspflege zählen sowohl die inzwischen modifizierten traditionellen Großgruppenmilieus, wie etwa das proletarische, das katholische oder das protestantische Milieu, als auch kleinräumige soziale Milieus und Szenen,[18] die im Kontext der neuen sozialen Bewegungen entstanden sind. Somit stellt sich die Frage, ob und inwiefern vergleichbare Milieustrukturen sowie entsprechende Handlungspotentiale, Ressourcen und Orientierungen in den neuen Bundesländern vorhanden sind, auf die die Organisationen der freien Wohlfahrtspflege bei ihrem Aufbau zurückgreifen können.

Die Institution der freien Wohlfahrtspflege trifft in den neuen Bundesländern auf die kulturellen, sozialen und organisatorischen Hinterlassenschaften der DDR-

---

18 Als Szene definiert Schulze "ein Netzwerk von Publika, das aus drei Arten der Ähnlichkeit entsteht: partielle Identität von Personen, von Orten und von Inhalten" (Schulze 1993: 463). Szenen bieten Orientierungsmöglichkeiten, indem sie kollektive Deutungen der sozialen Wirklichkeit herausbilden, sinnstiftende Funktionen erfüllen und eine "Gemeinschaftsleistung" von Publikum und erlebnisorientierten Einrichtungen, wie z.B. Kneipen, Theatern und Stadtteilzentren, darstellen.

Gesellschaft. Hierbei handelt es sich einerseits um fortbestehende Organisationen, soziale Dienste und Einrichtungen und um MitarbeiterInnen mit spezifischen Qualifikationen, und anderseits um die in der DDR und im Vereinigungsprozeß erworbenen Wissensbestände, Deutungen und Vorstellungen des heutigen Personals der freien Wohlfahrtspflege. Diese Erfahrungen und Kompetenzen dienen den Beteiligten im Prozeß des Institutionenaufbaus als Folie für ihre eigenen Vorstellungen von "Normalität" oder "Richtigkeit" (vgl. Angerhausen/Pabst/Schiebel 1997).

Im folgenden sollen die strukturellen und ideellen Hinterlassenschaften der DDR-Gesellschaft anhand des Selbstverständnisses und der Rolle des Staates (Abschnitt 3.1), der politischen Bedeutung und rechtlichen Stellung von quasi-staatlichen und nicht-staatlichen Organisationen (Abschnitt 3.2) sowie der sozialen Versorgung in der Alten- und Jugendhilfe (Abschnitt 3.3) skizziert werden.

3.1 Selbstverständnis und Rolle des Staates in der DDR

Das Staatssystem der DDR orientierte sich am sowjetischen Modell des "demokratischen Zentralismus" (vgl. AfSR 1984), dessen Grundprinzipien dem föderalistischen System der Bundesrepublik Deutschland entgegengesetzt sind (vgl. König 1991). So kennt das Modell des demokratischen Sozialismus beispielsweise weder eine Gewaltenteilung zwischen Exekutive, Legislative und Judikative noch eine demokratische Willensbildung durch Parteienkonkurrenz und Mehrheitsentscheidungen, und es verzichtet auf einen föderalen Staatsaufbau und eine kommunale Selbstverwaltung. Statt dessen war die Führungsspitze der Staatspartei das alleinige Entscheidungszentrum.

Die Struktur des DDR-Staatsapparates bildete sich erst in einem mehrjährigen Prozeß heraus, in dem staatliche und politische Strukturen vereinheitlicht und zentralisiert wurden (vgl. zum folgenden Bernet 1991 und die Beiträge in König 1991). Bereits in der Verfassung der DDR vom 7. Oktober 1949 wurde der Staatsaufbau als einheitlich im Sinne von nicht föderalistisch bestimmt. Die kommunale Selbstverwaltung war bereits 1947 mit den sogenannten "Dresdener Beschlüssen" abgeschafft worden, während noch bis 1952 relativ eigenständige Länder bestanden.[19] Die fünf Länder löste die DDR-Führung schließlich mit dem "Gesetz über die weitere Demokratisierung des Aufbaus und der Arbeitsweise der staatlichen Organe in den Ländern" auf und schuf statt dessen 1952 vierzehn Bezirke, die als reine Staatsorgane ohne jegliche Selbstverwaltungsfunktionen wirkten.

---

19 Mit den "Dresdner Beschlüssen" des kommunalpolitischen Beirats der SED wurden 1947 grundlegende kommunale Hoheitsrechte, wie die Finanzhoheit und das Recht auf Kommunaleigentum, auf die Länder übertragen. Die letzten Selbstverwaltungselemente innerhalb des DDR-Staates wurden 1957 mit dem "Gesetz über die örtlichen Organe der Staatsmacht" abgeschafft, das die kommunale Ebene zur untersten staatlichen Vollzugsinstanz ohne eigene verfassungsrechtlich garantierte Gestaltungsmöglichkeiten erklärt.

Die Sozialistische Einheitspartei Deutschlands (SED) legte die Staatsziele fest, entschied über deren Umsetzung und erteilte den staatlichen Organen entsprechende Weisungen. Der Staatsapparat basierte nicht auf einer Fach-, sondern auf einer Kaderverwaltung, in der politisch wichtige Positionen mit Parteifunktionären der SED besetzt wurden (vgl. Glaeßner 1993). Es fehlte sowohl eine eigenständige Verwaltung, ausgestattet mit einem entsprechend qualifizierten Personal und rechtlich festgelegten Handlungsspielräumen, als auch eine Verwaltungsgerichtsbarkeit, die Bürgern Rechtsschutz bei staatlichen Willkürakten hätte bieten können (vgl. Pitschas 1991).

Unter dem Primat des "demokratischen Zentralismus" gab es keine demokratische Form der Meinungsbildung und Interessenvermittlung, die es staatsunabhängigen Verbänden und Vereinen ermöglicht hätte, an politischen Entscheidungen mitzuwirken. In der Ideologie des real-existierenden Sozialismus wurden staatliche und gesellschaftliche Interessen gleichgesetzt. Organisationen, wie die sogenannten Bündnis- und Massenorganisationen, hatten somit nicht in erster Linie die Aufgabe, die Interessen gesellschaftlicher Gruppen gegenüber dem Staat zu artikulieren, sondern staatliche Entscheidungen in der Gesellschaft durchzusetzen (vgl. Abschnitt 3.2.1). Personengruppen, die ihre Anliegen den staatlichen Interessen nicht unterordneten, sollten durch die sogenannten Bündnis- und Massenorganisationen unter Führung der SED politisch geschwächt und aus der Gesellschaft ausgegrenzt werden (vgl. Meuschel 1991, Pollack 1990). Der DDR-Staatsapparat zeichnete sich folglich durch eine Gleichsetzung von gesellschaftlichen und staatlichen Interessen, eine Zentralisierung von Entscheidungen und eine politische Steuerung durch die SED aus.

In dieser sogenannten "Zentralverwaltungswirtschaft" waren die örtlichen Staatsorgane als unterste staatliche Vollzugsinstanzen dafür zuständig, die Bevölkerung mit Gütern und Dienstleistungen zu versorgen: Es fiel in ihre Zuständigkeit, Konsumgüter sowie stadt- und hauswirtschaftliche Leistungen bereitzustellen, Wohnungen instand zu halten und zu verteilen sowie die örtliche Versorgungswirtschaft, das kommunale Verkehrswesen, das kulturelle Leben, das Gesundheits- und Sozialwesen und die Naherholung zu organisieren (vgl. Neugebauer 1988). Die Funktion der örtlichen Staatsorgane reduzierte sich auf eine schlichte Ressourcenverwaltung ohne eigenständige politische Entscheidungskompetenzen.

3.2 Quasi-staatliche und nicht-staatliche Organisationen in der DDR

Unter den skizzierten Bedingungen eines staatlichen Politik- und Organisationsmonopols gab es in der DDR keine freien bzw. nicht-staatlichen Organisationen, die sich uneingeschränkt betätigen konnten (vgl. Pollack 1990, Lepsius 1994). Die einzigen Organisationen, die weitgehend ihre Unabhängigkeit gegenüber Staat und

Partei wahren konnten, waren die beiden Kirchen (vgl. Abschnitt 3.2.2). Es gab allerdings eine Vielzahl sogenannter gesellschaftlicher Organisationen, die einer starken staatlichen Kontrolle unterlagen und permanent ihre Systemkonformität und -loyalität beweisen mußten (vgl. Abschnitt 3.2.1). Schließlich entstanden in den 80er Jahren außerhalb von Partei- und Massenorganisationen zahlreiche Jugendgruppen sowie sozialethische und gesundheitsbezogene Gruppen, die zumindest teilweise der oppositionellen Bürgerbewegung zugerechnet werden können (vgl. Abschnitt 3.2.3). Im folgenden werden zunächst die rechtlichen Regelungen zur Verhinderung von Selbstorganisationsprozessen in der DDR dargestellt, um dann näher auf die einzelnen Organisationsformen einzugehen.

Im Unterschied zu anderen Ostblockländern gab es in der DDR kein gesetzlich geregeltes, ausdrückliches Assoziationsverbot. In der ersten DDR-Verfassung vom 7. Oktober 1949, die sich in ihren Grundzügen nur wenig von "bürgerlich-demokratischen" Verfassungen unterscheidet (vgl. Weber 1991), war in Artikel 12 die uneingeschränkte Assoziationsfreiheit verankert: "Alle Bürger haben das Recht zu Zwecken, die den Strafgesetzen nicht zuwiderlaufen, Vereine oder Gesellschaften zu bilden" (im folgenden zitiert nach Roggemann 1989: 455). Allerdings enthielt diese Verfassung den "später bekannt-berüchtigt gewordenen Artikel 6, der neben Bekundung von Glaubens-, Rassen- und Völkerhaß sowie Kriegshetze auch 'Boykotthetze gegen demokratische Einrichtungen und Organisationen (...) und alle sonstigen Handlungen, die sich gegen die Gleichberechtigung richteten', als 'Verbrechen im Sinne des Strafgesetzbuches' definierte" (vgl. Weber 1991: 43). Die Leerformel der "Boykotthetze" ermöglichte der SED die strafrechtliche Verfolgung jeglicher - auch mutmaßlicher - oppositioneller Betätigung. In den Jahren 1968 und 1974 wurde die Verfassung der DDR modifiziert und der "Boykottparagraph" abgeschafft (vgl. Weber 1991). Das in Artikel 29 der Verfassung der DDR gewährleistete Recht auf Vereinigung wurde aber mit dem Zusatz versehen, daß die Zielsetzungen und die Interessen eines Vereins nicht in Widerspruch zu anderen Grundsätzen der Verfassung, wie etwa dem Führungsanspruch der SED, stehen dürfen. Außerdem waren alle Parteien und Organisationen entsprechend Artikel 3 der Verfassung der DDR von 1968 "zum gemeinsamen Handeln für die Entwicklung der sozialistischen Gesellschaft" verpflichtet, so daß selbst "unpolitische", geselligen Zwecken dienende Organisationen, wie z.B. Skatvereine oder Kegelclubs, im Rahmen der Nationalen Front[20] in staatliche Aktivitäten, wie etwa Ernteeinsätze und

---

20 Die Nationale Front ging 1949 als "Nationale Front des demokratischen Deutschlands" aus der 1947 von der SED initiierten Volkskongreßbewegung als Bündnisorganisation zur "Rettung der deutschen Nation" hervor (vgl. Zimmermann 1988) und erhielt 1972 ihren heutigen Namen. In der Nationalen Front sind alle Parteien und Massenorganisationen unter "Führung der SED" zusammengeschlossen. Parteien und gesellschaftliche Organisationen sollten dadurch in die politische Arbeit eingebunden und in den Staat integriert werden. Die Hauptaufgaben der Nationalen Front waren die "Mobilisierung staatsbürgerlicher Aktivität und Verantwortung der Bürger bei der Vorbereitung und Durchführung der Gesetze der Volkskammer und der Beschlüsse

Propagandaaktivitäten, eingebunden wurden. Schließlich wurde im Jahre 1976 das "Vereinigungsgesetz" der DDR verabschiedet, das dem Staat die Möglichkeit zur Kontrolle von freiwilligen Zusammenschlüssen gab.[21] So ist in diesem Gesetz festgelegt, daß Vereinigungen zur Ausübung ihrer Tätigkeit eine staatliche Anerkennung benötigen, daß ihre Zielsetzungen der sozialistischen Gesellschaftsordnung nicht widersprechen dürfen und daß das Innenministerium und die Volkspolizei mit der politischen Kontrolle beauftragt sind.

3.2.1 Gesellschaftliche oder quasi-staatliche Organisationen

Mit dem Begriff der gesellschaftlichen Organisation wurden in der DDR Verbände bezeichnet, "mit deren Hilfe die SED versuchte, alle sozialen Gruppen und Schichten der Gesellschaft, anknüpfend an deren spezifische soziale Situation, Interessen und Aktivitäten zu organisieren. (...) [Die gesellschaftlichen Organisationen; d.A.] sollen ihre Mitglieder sowohl für das Erreichen der von der Partei in deren Beschlüssen und in den Volkswirtschaftsplänen gesetzten Ziele mobilisieren, als auch diesen die Möglichkeit bieten, ihre spezifischen Interessen organisiert und kontrolliert vertreten zu können" (BMiB 1985: 876).

Die Mehrzahl dieser Organisationen entstand bereits vor Gründung der DDR (1949) als parteiübergreifende Bündnisorganisationen. Derartige Zusammenschlüsse wurden unmittelbar nach Kriegsende mit einem "antifaschistischen Konsens" begründet. Vor allem die Kommunistische Partei Deutschlands (KPD) unterstützte derartige Bündnisse, da sich nach ihrem Politikverständnis alle gesellschaftlichen Kräfte unter Führung der KPD zusammenschließen sollten. In der Sowjetischen Besatzungszone wurde daraus der Zwang zur Zusammenarbeit aller "antifaschistischen" Kräfte unter Führung der KPD abgeleitet.

Mit dem Zwangszusammenschluß von KPD und SPD zur SED sowie deren Entwicklung zur stalinistischen "Partei neuen Typus" wurden die nichtkommunistischen Organisationen und Akteure aus diesen Bündnissen verdrängt (vgl. Süss 1988). Zudem wurden zwischen 1949 und 1953 zahlreiche "unpolitische" Organisationen in Massenorganisation umgewandelt oder eingegliedert. Mit dieser Strategie versuchte die SED ihre politischen Gegner zu bekämpfen, bzw. zu verhindern, daß sich in Kunst-, Kultur- oder Freizeitorganisationen die "Feinde der neuen

---

der örtlichen Volksvertretungen; Propaganda und Agitationsarbeit auf breiter Basis; rechtzeitiges Erkennen von neuen Problemen; Benennung der Kandidaten für Wahlen auf allen Ebenen" (vgl. Zimmermann 1988: 929).

21 Der politische Hintergrund für die Verabschiedung dieses Gesetzes war die Unterzeichung der KSZE-Schlußakte von Helsinki durch die DDR-Regierung im Jahre 1975, die zur Folge hatte, daß DDR-BürgerInnen öffentlich die Gewährleistung der Menschenrechte in der DDR, insbesondere des Rechtes auf Freizügigkeit, forderten (vgl. Zimmermann 1988: 541, Pollack 1990).

demokratischen Ordnung" organisieren.²² Gleichzeitig mit dieser innenpolitischen "Zwangsvereinheitlichung" versuchte die DDR, ihre staatliche Eigenständigkeit gegenüber der Bundesrepublik Deutschland hervorzuheben und die innerdeutschen Kontakte zwischen Organisationen zu unterbinden, indem die entsprechenden ostdeutschen Parallelorganisationen verboten oder anderen Organisationen eingegliedert wurden.

Die staatlichen Institutionen hatten weitreichende Möglichkeiten, um direkten Einfluß auf gesellschaftliche Organisationen auszuüben: Sie bestimmten zum einen die Führungskräfte bzw. Leitungskader der Organisationen und entschieden zum anderen über die Zuteilung finanzieller und materieller Ressourcen. Der DDR-Staat wies den gesellschaftlichen Organisationen eine Monopolstellung in klar definierten Aufgabenbereichen zu.

Die staatliche Steuerung und Kontrolle der gesellschaftlichen Organisationen wurde mit der ideologischen Formel von der "wesensmäßigen Einheit zwischen Staatswillen und gesellschaftlichem Willen" begründet (vgl. Abschnitt 3.1). Formen gesellschaftlicher Selbstorganisation und pluralistischer Interessenartikulation waren demzufolge politisch unzweckmäßig und unzulässig (vgl. Süss 1988). Gesellschaftlichen Organisationen wurde von der politischen Führung die Funktion eines "Transmissionsriemens" zugewiesen, der den Willen der Partei in das Volk vermitteln sollte.

In offizieller Lesart hingegen galten die gesellschaftlichen Organisationen als Foren der Interessenartikulation für Bürger: Sie sind "freiwillige Vereinigungen von Bürgern zur Wahrnehmung ihrer politischen, ökonomischen, kulturellen, sportlichen und beruflichen Interessen und zur Verwirklichung ihrer staatsbürgerlichen Rechte und Pflichten" (Wörterbuch zum sozialistischen Staat 1974: 118). Faktisch entschied jedoch allein die SED unter Verweis auf ihren Avantgardeanspruch[23] darüber, welche Interessen Berücksichtigung fanden. Die gesellschaftlichen Organisationen waren also keine Interessenvertreter in einem demokratischen Sinne, sondern "kanalisierten" allenfalls die Interessen der BürgerInnen.

Mitte der achtziger Jahre (1985) gab es nach Angaben des Statistischen Jahrbuchs der DDR rund 80 gesellschaftliche Organisationen, die Süss (1988) folgendermaßen klassifiziert:

(1) Massenorganisationen, die bestimmte Klassen oder Schichten umfaßten: der Freie Deutsche Gewerkschaftsbund (FDGB), die Vereinigung der gegenseitigen Bauernhilfe (VdgB), der Kulturbund (KB) oder die Kammer der Technik (KDT),

---

22 Vgl. "Ausführungsbestimmungen zur Verordnung und Überführung von Volkskunstgruppen und volksbildenden Vereinen in die bestehenden Massenorganisationen", vom 12. Januar 1949, in: Zentralverordnungsblatt 1949: 68.

23 "Die Partei begründet ihren fortdauernden Führungsanspruch (...) mit der allein bei ihr versammelten Einsicht in den gesetzmäßigen Verlauf des historisch-sozialen Gesamtprozesses, wie sie der Marxismus-Leninismus für sich reklamiert" (Zimmermann 1988: 221).

(2) Massenorganisationen großer sozialer Gruppen, wie die Freie Deutsche Jugend (FDJ) oder der Demokratischer Frauenbund Deutschlands (DFD),
(3) Massenorganisationen mit spezifischen politischen und sozialen Zielsetzungen: Gesellschaft für Deutsch-Sowjetische Freundschaft (DSF), Volkssolidarität (VS), Deutsches Rotes Kreuz (DRK), Deutscher Turn- und Sportbund (DTSB), Gesellschaft für Sport und Technik (GST),
(4) Genossenschaften,
(5) Berufsvereinigungen und
(6) Vereinigungen einzelner Wissenschaftsdisziplinen.

Nach Zimmermann (1988) hatten die 11 größten gesellschaftlichen Organisationen (ohne die SED) im Jahre 1986 zusammen etwa 28 Millionen Mitglieder bei insgesamt 16 Millionen Einwohnern der DDR.[24] Sogenannte "gesellschaftlich nützliche Tätigkeiten" sowie die Mitgliedschaft und Mitarbeit in Massenorganisationen und Parteien sollten - so die politische Erwartung - die Systemloyalität stärken, waren eine wesentliche Voraussetzung für sozialen Aufstieg, die Teilnahme an der beruflichen Aus- und Weiterbildung sowie den Zugang zu besonderen Reise- und Konsummöglichkeiten (vgl. Zimmermann 1988: 265).

Die staatlichen Eingriffe in das öffentliche Leben, die Unterordnung gesellschaftlicher Organisationen und Parteien unter die Staatsdoktrin der DDR, die Unterdrückung jeglicher politischer Opposition und die Ausgrenzung der Kirchen schränkten die Lernfähigkeit der DDR-Gesellschaft ein und trugen zur Erosion tradierter Sozialmilieus in der DDR bei. So wurde im traditionell protestantischen Ostdeutschland das protestantische Milieu aus der Gesellschaft in die Kirchengemeinden zurückgedrängt (vgl. Abschnitt 3.2.2) und das sozialdemokratisch-proletarische Milieu seiner Integrations- und Artikulationsfähigkeit beraubt. Der Avantgardeanspruch der SED, die sozialen und politischen Interessen aller Werktätigen zu vertreten, und die staatliche Heroisierung der Arbeiter als führende Klasse eines "Arbeiter- und Bauernstaates" entfremdeten das traditionelle proletarische Milieu in einem langjährigen Prozeß von seinen ursprünglichen Wertbezügen (vgl. Hofmann 1995a und b, Segert 1995). Außerdem verlor das proletarische Milieu mit der Auflösung sozialdemokratischer Organisationen an Mobilisierungsfähigkeit und öffentlichem Einfluß. Heute bestehen regional unterschiedliche Arbeiter- bzw. Arbeitnehmermilieus, die nach Vester (1995) in einer Art Moratorium "gesellschaftspolitisch entaktiviert und auf ihre vorpolitische 'Festung Alltag' zurückgeworfen sind" (Vester 1995: 43). Er weist jedoch darauf hin, daß sich gleichzeitig Alltagsmilieus in ihren Kernen "als Zusammenhänge der Vergemeinschaftung und des Überdauerns älterer Grundsätze der Lebensführung" (Vester 1995: 43) rekonstruieren könnten.

---

24 Diese Zahlen sind nur bedingt aussagekräftig, da die Massenorganisationen unter dem politischen Druck standen, jährlich eine Steigerung ihrer Mitgliederzahlen zu erreichen. Es ist daher anzunehmen, daß die tatsächlichen Mitgliederzahlen deutlich niedriger lagen.

3.2.2 Kirchen

Einzig die Kirchen unterlagen keiner direkten staatlichen Kontrolle.[25] In der Verfassung der DDR wurden ihr Bestand und ihre Eigenständigkeit garantiert.[26] Da die DDR kein Rechtsstaat war und die "Rechtsauslegung" letztlich der SED oblag, konnten sich die Kirchen in Konfliktfällen nicht auf Verfassungsgarantien berufen. "Die Kirchen waren statt dessen auf dauernde politische und kirchenpolitische Gespräche und Verhandlungen angewiesen, die aber verläßliches Recht nicht ersetzen konnten", kommentiert Neubert (1994: 395) das Verhältnis zwischen Staat und Kirchen. Nach dem Zweiten Weltkrieg wurden die Kirchen in der Sowjetischen Besatzungszone und später in der DDR durch Staat und Partei systematisch aus allen wichtigen gesellschaftlichen Bereichen ausgegrenzt und verloren somit immer weiter an sozialer Bedeutung und politischem Einfluß (vgl. Henkys 1988, Neubert 1994). Lediglich in der Kranken-, Alten- und Behindertenhilfe wurden ihnen staatlicherseits begrenzte Betätigungsmöglichkeiten eingeräumt (vgl. Lemke 1991). Außerdem war es ihnen erlaubt, Kinder, Jugendliche und Erwachsene in Religionsfragen zu unterrichten. Während die Kirchen mehr und mehr aus dem öffentlichen Leben zurückgedrängt wurden, sank die Anzahl der Kirchenmitglieder - auch unter dem Einfluß säkularisierender Modernisierungsprozesse - erheblich: Während 1950 noch 80,6 Prozent der Bevölkerung der evangelischen und 11 Prozent der katholischen Kirche angehörten, waren es 1989 nur noch 30 bzw. 6 Prozent (vgl. Winkler 1990).

Die katholische und die protestantische Kirche verfolgten in dieser Situation unterschiedliche politische Strategien: Während sich die katholische Kirche als Minderheitenkirche bis in die 80er Jahre hinein stark im Hintergrund hielt, versuchte die evangelische Kirche, eine aktivere gesellschaftliche Rolle einzunehmen und mit der DDR-Führung zu verhandeln (vgl. Pollack 1993). Die evangelische Kirche und die SED führten jahrelang Auseinandersetzungen um die soziale Bedeutung und den politischen Einfluß der Kirchen, bei denen die evangelische Kirche zunächst unterlag (vgl. Pollack 1993). Erst Ende der sechziger Jahre entspannte sich die Situation leicht. Die ost- und westdeutsche Kirche trennten sich organisatorisch voneinander. In Ostdeutschland wurde der "Bund der evangelischen Kirchen in der DDR" gegründet, der sich zumindest offiziell zu seiner Aufgabe als "Kirche im Sozialismus" bekannte (vgl. Henkys 1988, Leich 1994).[27] Die Ablösung Walter Ulbrichts und die Wahl Erich Honeckers zum Ersten Sekretär der SED im Jahre

---

25 Vgl. Lepsius 1994 und Neubert 1994.
26 "Die Kirchen und andere Religionsgemeinschaften ordnen ihre Angelegenheiten und üben ihre Tätigkeiten aus in Übereinstimmung mit der Verfassung und den gesetzlichen Bestimmungen der Deutschen Demokratischen Republik" (Artikel 39 der Verfassung von 1969 und 1974, zitiert nach Roggemann 1989: 405). Ähnlich lautet Artikel 39 der Verfassung von 1949.
27 Neubert geht davon aus, daß die evangelische Kirche in der DDR dem politischen Druck von seiten der SED nachgeben mußte (vgl. Neubert 1994: 398).

3. Der fürsorgliche Sozialstaat

1970 führten dazu, daß sich die Beziehungen zwischen Staat und Kirche weiter "normalisierten" (vgl. Lemke 1991) und daß schließlich durch das sogenannte "Grundsatzgespräch" zwischen Honecker und dem Vorstand des evangelischen Kirchenbundes am 6. März 1978 zumindest einige formale Erleichterungen für die kirchliche Arbeit erreicht werden konnten (vgl. Henkys 1988, Neubert 1994).[28] Diese Verhandlungen hatten zum Ergebnis, daß die evangelische Kirche auch "in den Bereichen der ökumenischen Friedensarbeit und der Unterstützung der staatlichen Friedenspolitik sowie der humanitären Hilfe für notleidende und um ihre Befreiung kämpfende Völker" (Lemke 1991: 173) eigenständig tätig werden konnte und die Diakonie als Wohlfahrtsorganisation der evangelischen Kirche staatlich anerkannt wurde. Den Kirchen war es allerdings weiterhin verboten, sich in Politikbereichen, wie etwa Menschenrechte und Bildungspolitik, zu engagieren und zu äußern. Die veränderte Haltung der DDR-Führung wird von Neubert (1994) damit begründet, daß die SED-Führung aufgrund innenpolitischer Schwierigkeiten auf die gesellschaftliche Integrationsfähigkeit der Kirchen angewiesen gewesen sei.[29]

Da das Gebiet der DDR traditionell protestantisches Kernland war, gab es dort nie ein ausgedehntes sozial-katholisches Milieu. Nur in wenigen Regionen - wie etwa im thüringischen Eichsfeld - bestanden und bestehen auch heute noch katholische Enklaven. In dieser Nischensituation differenzierte sich das katholische Milieu aus: Während ein Teil der Katholiken bestrebt war, sich weiterhin an den traditionellen katholischen Grundsätzen privater Lebensführung zu orientieren, bildeten sich aber auch Gruppen heraus, die versuchten, alternative Konzepte der Lebensführung umzusetzen. Aber auch "idealtypische Ausprägungen eines (...) protestantischen Gesamtmilieus (...) gab es in der SBZ/DDR, vom Erzgebirge abgesehen, nicht, wohl aber vielfältige Teilmilieus" (Kleßmann 1993: 31; Hervorhebung d. A.). Unter dem politischen Druck, dem die Kirche in der DDR ausgesetzt war, sowie infolge gesellschaftlicher Säkularisierungsprozesse verkleinerte sich dieses Milieu quantitativ beträchtlich, stabilisierte sich aber gleichzeitig in sogenannten Kern-

---

28 Dieses Grundsatzgespräch wird von verschiedenen Autoren unterschiedlich bewertet: Während beispielsweise Henkys (1988) davon ausgeht, daß die SED durch dieses Gespräch die Grundposition der evangelischen Kirchen anerkannt, die Konfrontation zwischen Staat und Kirche beendet und durch zunehmende Kooperation ersetzt habe, schreibt Neubert, daß dieses Spitzengespräch "nichts an der grundsätzlichen Situation der Kirchen, Gemeinden und einzelnen Christen in der DDR" (Neubert 1994: 401) geändert habe.

29 Gleichzeitig versuchte die SED Anfang 1989 durch die Gründung der "Union der Freidenker" den Einfluß der Kirchen zurückzudrängen. Mit dieser Organisation sollte eine humanistisch orientierte Alternative zu den Kirchen ins Leben gerufen werden, um deren Bedeutung zu schmälern: "Dem Verschwinden der Religion muß also durch die bewußte Gestaltung der objektiven gesellschaftlichen Verhältnisse und auch durch zielstrebiges systematisches und planmäßiges ideologisches Wirken nachgeholfen werden" (aus einer Notiz des Parteisekretariats zur Bildung des Verbandes der Freidenker der DDR, zitiert nach Neubert 1994: 395) Die Union der Freidenker bot eine Reihe sozialer Dienste, wie z.B. Sorgentelefone oder Lebens- und Krisenberatungen, an. Die Gründung dieser Organisation ist als deutlicher Legitimierungs- und Stabilisierungsversuch der DDR-Führung angesichts einer wachsenden Opposition "im Schutz der Kirche" zu verstehen.

gemeinden, überzeugten Kleingruppen und informellen Bekenntniszirkeln (vgl. Kleßmann 1993).

3.2.3 Jugendgruppen, sozialethische Gruppen und Selbsthilfegruppen

Bis in die 80er Jahre hinein konnte die SED ihre Führungsrolle und die Monopolstellung quasi-staatlicher Organisationen erfolgreich durchsetzten und die Entstehung einer Opposition und von Formen der Selbstorganisation weitgehend unterbinden. Das staatliche Organisations- und Politikmonopol wurde nur in Einzelfällen öffentlich in Frage gestellt, wie z.B. 1975, als DDR-BürgerInnen aufgrund der Unterzeichnung der KSZE-Schlußakte von Helsinki durch die DDR-Regierung die Gewährleistung der Menschenrechte und des Rechtes auf Freizügigkeit in der DDR forderten (vgl. Pollack 1990, Lepsius 1994).

Auch die Versuche der SED, eine soziale Homogenisierung und politisch-moralische Einheit der Bevölkerung herzustellen, waren nicht durchweg erfolgreich. Die Politisierung des Bildungs- und Erziehungssystems im Sinne sozialistischer Ideale und der politische Wille, eine soziale Ausdifferenzierung der DDR-Gesellschaft zu unterbinden (vgl. Geißler 1992, Lötsch 1992 und 1993), konnten sozialen Wandel etwa im Sinne einer Pluralisierung von Lebensstilen nicht verhindern. Die zunehmende gesellschaftliche Erstarrung der DDR hatte in den 80er Jahren zur Folge, daß Einzelpersonen und Gruppen versuchten, sich von den herrschenden Sitten und Normen abzugrenzen und sich Gegen- oder Subkulturen bzw. neue Milieus und Szenen herausbildeten (vgl. Rink 1995, Rink/Hoffmann 1992, Ritschel 1992, zur Subkultur vgl. Hradil 1992).

So entstanden in den 80er Jahren aus derartigen kulturellen und politischen Abgrenzungs- und Oppositionsbestrebungen zahlreiche Gruppen, die sich in jugendspezifische, sozialethische und gesundheitsbezogene Gruppen unterscheiden lassen:
(1) Vor allem in größeren Städten der DDR bildeten sich *jugendpezifische Gruppierungen*, die durch einen bestimmten Kleidungsstil, gruppentypische Symbole und alternative Lebensanschauungen ihre Distanz zum offiziell proklamierten und vom Bildungs- und Erziehungssystem vermittelten "Jugendideal" der DDR ausdrückten. Hierzu zählen Gruppen wie Punks, Heavys, Skinheads und Grufties, die jedoch in der Regel außer der Namensgleichheit keine größeren inhaltlichen Übereinstimmungen mit den entsprechenden Jugendszenen in der alten Bundesrepublik aufweisen (vgl. Otto/Wenzke 1992). Ein Teil dieser Jugendgruppen bildete sich im Schutz der evangelischen Kirche. Insgesamt wurden diese Gruppen von der DDR-Regierung weitgehend toleriert, um einerseits den Zugang zu und die Kontrolle über systemkritisch eingestellte Gruppierungen nicht zu verlieren und um andererseits die aufgrund der ökonomischen Stagnation und zunehmenden staatlichen Repres-

sionen entstehenden Legitimationsprobleme - insbesondere bei Jugendlichen - zu bewältigen. Zum Teil versuchte die FDJ auch Mitglieder von Jugendgruppen abzuwerben, indem sie einige ihrer Symbole und Themen übernahm.

(2) Etwa zeitgleich entstanden zahlreiche *sozialethische Gruppen*, die - vergleichbar mit den neuen sozialen Bewegungen in den Altbundesländern in den 80er Jahren - globale Risiken (militärische Aufrüstung, Umweltzerstörung, Ausbeutung der sogenannten Dritten Welt) sowie patriarchalische Geschlechterbeziehungen und die "Marginalisierung von Minderheiten zu 'Randgruppen'" (vgl. Wielgohs/Schulz 1991: 223, Knabe 1988) thematisierten. Außerdem traten sie für eine uneingeschränkte Vereinigungsfreiheit und das Recht auf freie Meinungsäußerung und Informationsfreiheit ein. Im Umfeld dieser Gruppen bildeten sich in den 80er Jahren vor allen in den Städten heterogene und fragile Szenen und Milieus mit entsprechenden Lebensstilen und Wertvorstellungen heraus (vgl. Vester 1995b, Rink 1995). Ein Großteil dieser Gruppen wies deutliche Bezüge zu bildungsbürgerlich-protestantischen Milieutraditionen auf (vgl. Vester 1995b).

(3) Seit Mitte der 80er Jahre gründeten sich - neben den bestehenden gesellschaftlichen Organisationen der Blinden und Sehschwachen sowie der Gehörlosen und Schwerhörigen - zahlreiche *gesundheitsbezogene Selbsthilfegruppen*, insbesondere von Personen mit chronisch-degenerativen Erkrankungen. Diese Selbsthilfegruppen, die überwiegend an gegenseitiger Unterstützung und Erfahrungsaustausch interessiert waren, gewannen schnell an Mitgliedern und sozialer Akzeptanz. Als reine Präventions- und Nachsorgeinstitutionen erfüllten sie eine sinnvolle Funktion im staatlichen Gesundheitssystem und konnten dementsprechend auch mit politischer Akzeptanz rechnen (vgl. Schulz 1991).

Diesen Formen der Selbstorganisation setzte die DDR-Regierung enge Grenzen. Gruppen, die aufgrund ihres Lebensstils und/oder ihrer politischen Ansichten als systemkritisch galten, konnten sich eigentlich nur im Umfeld der evangelischen Kirche frei von staatlichen Repressionen entwickeln (vgl. Pollack 1990). Die evangelische Kirche wurde so in der DDR zu einem Sammelbecken für politisch-alternative, kritische und oppositionelle Gruppen. Sie wirkte dabei in zwei Richtungen: Einerseits schützte sie diese Gruppierungen vor staatlichen Zugriffen und andererseits wirkte sie mäßigend auf deren politische Forderungen und Aktionen ein. Als Freiraum für Minoritäten, oppositionelle Gruppen und soziale Bewegungen erlebten die Kirchen in der DDR in den 80er Jahren eine deutliche Aufwertung in der Bevölkerung, selbst bei denjenigen, die dem christlichen Glauben und der evangelischen Kirche nicht nah standen (vgl. Lemke 1991). Die staatliche Repression von freien Vereinigungen endete in der DDR erst 1990 mit der Verabschiedung des neuen Vereinigungsgesetzes.

Die politische Wirkung dieser Gruppen wird von wissenschaftlichen Beobachtern unterschiedlich bewertet. So kommt Hubertus Knabe zu dem Schluß, daß "alle diese Bewegungen und Strömungen (...) trotz eigenständiger Profile und teilweise tiefgreifender Differenzen eine vielfach miteinander verzahnte Gegenkultur in der DDR" (Knabe 1988: 557) darstellten. Ein Indiz für die politische Bedeutung dieser Gegenkultur sieht er darin, daß die SED und die gesellschaftlichen Organisationen zumindest symbolisch auf politische Forderungen einzelner Gruppen Bezug nehmen, indem beispielsweise der DDR-Jugendverband FDJ bei öffentlichen Kundgebungen populäre Parolen von Ökologiegruppen aufgriff. Detlef Pollack hingegen vertritt die Auffassung, daß diese Gruppen nur in Ausnahmefällen über den engen Kirchenkreis eine gesellschaftliche Wirkung entfalteten (vgl. Pollack 1990).

3.3 Staatliche Sozialpolitik und soziale Versorgung

Die Grundsätze der Sozialpolitik wurden von der SED-Führungsspitze entschieden. Sozialistische Sozialpolitik sollte dem Anspruch nach weder Wohlfahrts- noch Fürsorgepolitik sein, die die sozialen Notlagen kapitalistischer Gesellschaften kompensiert (vgl. Ruß 1979). Derartige soziale Probleme, wie etwa Armut, galten mit der "Überwindung des Kapitalismus" als überwunden. Sozialistische Sozialpolitik zielte vielmehr auf die "Neugestaltung der sozialen Verhältnisse unter entscheidender Mitwirkung des arbeitenden Menschen und seiner Organisationen" (Thalmann 1948, zit. nach Ruß 1979: 8) ab. Sozialpolitik wird mit allgemeiner Gesellschaftspolitik gleichgesetzt und "meinte zuletzt die Gesamtheit der Gestaltung der sozialen Lebensverhältnisse" (Hockerts 1994: 520).

Vor diesem ideologischen Hintergrund wurde der sozialen Versorgung eine randständige Bedeutung in der Sozialpolitik zugewiesen. Sie sollte dazu beitragen, den Sozialismus zu verwirklichen und "differenzierte Maßnahmen der Anerkennung, Förderung und Sicherung" bereitzustellen, die für "ausgewählte soziale Gruppen", wie etwa Kinder und Jugendliche, Behinderte und alte Menschen, notwendig sind (vgl. BMiB 1985: 1215). Die soziale Versorgung war sozialistischen Vorstellungen von Normalität und Erwerbstätigkeit untergeordnet. So diente die Kinder- und Jugendhilfe in erster Linie der politischen Erziehung und intervenierte in Fällen von "abweichendem Verhalten". Die Aufgabe von Kinderbetreuungseinrichtungen bestand in erster Linie darin, in einer ineffizienten Wirtschaft den kostengünstigen Einsatz des Faktors Arbeit durch eine hohe Frauenerwerbsquote zu gewährleisten. Unter den Prämissen einer sozialistischen Sozialpolitik wurde insbesondere die Behindertenhilfe stark vernachlässigt, da geistig behinderte Menschen nicht in das Bild von einer "allseitig entwickelten sozialistischen Persönlichkeit" paßten und als "schulbildungsunfähig" galten (vgl. BAGFW 1994b).[30]

---

30 In der Heimunterbringung geistig behinderter Menschen gab es eine hohe Fehlbelegungsquote: Entweder waren sie in stationären Einrichtungen der Altenhilfe oder in einer Einrichtung - ohne Berücksichtigung der jeweiligen Behinderungsart - gemeinsam untergebracht. In den stationären

3. Der fürsorgliche Sozialstaat

Die konkrete soziale Versorgung war Bestandteil der staatlich gelenkten und verwalteten sozialistischen Sozialpolitik (vgl. Hockerts 1994, Schönebeck 1994) und wurde durch die staatlichen Organe vor Ort geregelt, während die Betriebe und Massenorganisationen für die Leistungserbringung durch soziale Dienste und Einrichtungen zuständig waren. Die sozialen Dienste und Einrichtungen waren größtenteils in das Gesundheitssystem der DDR einbezogen, und die Bezirks- und Kreisärzten auf kommunaler Ebene waren dafür zuständig, die medizinische und soziale Grundversorgung der Bevölkerung sicherzustellen. In ihre Zuständigkeit fielen so unterschiedliche Dienste und Einrichtungen wie etwa Krankenhäuser, Ambulatorien, Polikliniken, Gemeindeschwesternstationen, das Impfwesen, Betriebsgesundheitsdienste, Beratungsstellen, Alten- und Pflegeheime, Krippen und Heime für Kinder bis zu drei Jahren sowie Sozialdienste. Darüber hinaus waren sie in einigen Regionen für sogenannte ehrenamtliche Sozialkommissionen zuständig, in denen unter Mitarbeit der regionalen Gliederungen des Deutschen Roten Kreuzes der DDR und der Volkssolidarität die verschiedenen sozialen Dienste vor Ort koordiniert werden sollten (vgl. Schönebeck 1994).

Im folgenden werden anhand zweier zentraler Bereiche der sozialen Versorgung, d.h. die Altenhilfe (Abschnitt 3.3.1) und der Jugendhilfe (Abschnitt 3.3.2), die Grundprinzipien und -strukturen der sozialen Versorgung in der DDR beschrieben.

3.3.1 Altenhilfe

Die staatliche Sozialpolitik der DDR war auf Erwerbsarbeit ausgerichtet, so daß auch die Altenhilfe über viele Jahre in erster Linie darauf abzielte, die Beteiligung von "Veteranen der Arbeit" am Erwerbsleben und an "freiwilligen" Aktivitäten zu erhöhen. Den Rentnern wurde in der DDR nur ein relativ geringer Anteil an den sozialen Leistungen zur Verfügung gestellt (vgl. Mrochen 1980, Kohnert 1990). Alte Menschen konnten sich allenfalls auf das staatliche Versprechen verlassen, daß für sie im Bedarfsfall eine fürsorgliche und umfassende Betreuung vorhanden sein würde, wenn auch - gemessen an den Altenhilfeleistungen in der Bundesrepublik Deutschland - auf geringerem Niveau.

Wie in Westdeutschland, so gab es auch in der DDR stationäre und ambulante Angebote für ältere Menschen. In der DDR waren (relativ) mehr Menschen in stationären Einrichtungen der Altenhilfe, d.h. in sogenannten Feierabend- und Pflegeheimen, untergebracht als in Westdeutschland. Es ist daher zunächst über-

---

Einrichtungen wurde allenfalls der körperliche und medizinische Bedarf Behinderter gedeckt; eine gezielte Betreuung und Förderung war die Ausnahme. So gab es in den staatlichen Einrichtungen - unter Bedingungen eines allgemeinen Personalmangels - keine MitarbeiterInnen mit einer sonder- oder heilpädagogischen Ausbildung (vgl. BAGFW 1994b).

raschend, daß 1989 zusätzlich zu den bestehenden Altenheimplätzen 159.650 Anträge auf Pflege- und Altenheimplätze vorlagen, darunter 103.065 Anträge auf einen Pflegeplatz, von denen 12 Prozent dringender Aufnahme bedurften. Die Nachfrage überstieg das Angebot um mehr als 100 Prozent (Schwitzer 1990: 348). Als Grund für diesen "Heimsog" sind erstens die schlechten Wohnbedingungen älterer Menschen zu nennen, die häufig eine selbstständge Lebensführung schon im Falle einer leichten körperlichen Beeinträchtigung nicht mehr ermöglichten; zweitens war das Leben in einem Feierabend- oder Pflegeheim für viele ältere Menschen preiswerter als das Leben in der eigenen Wohnung. Schließlich gab es in der stationären Altenhilfe eine hohe Fehlbelegungsquote. So waren in den Altenheimen der DDR auch pflegebedürftige Menschen unter 60 Jahren, Rollstuhlfahrer, Seh- und Hörgeschädigte sowie Diabetiker, aber auch geistig Behinderte und psychisch Kranke untergebracht (vgl. SfSGF 1994, Winkler 1990).[31]

Die Feierabend- und Pflegeheime befanden sich überwiegend in der Trägerschaft der örtlichen Staatsorgane; konfessionelle Träger verfügten nur über eine kleine Anzahl von Einrichtungen.[32] Die stationäre Versorgung in diesen Einrichtungen wurde größtenteils aus staatlichen Mitteln finanziert, so daß den Betreuten - anders als in Westdeutschland - nach Abzug ihrer Kostenbeteiligung noch ein Großteil der Rente zur freien Verfügung stand (vgl. Kohnert 1990). Im stationären Bereich fehlte es vor allem an qualifiziertem Altenpflegefachpersonal, einer hinreichenden Ausstattung und geeigneten und sanierten Gebäuden. So waren beispielsweise in Altenhilfeeinrichtungen überwiegend ungelernte Hilfskräfte und Mitarbeiterinnen mit medizinischen Qualifikationen beschäftigt. Dabei wurde unterstellt, daß eine medizinische Ausbildung in hinreichendem Maße gerontologisches und geriatrisches Wissen beinhaltet (vgl. Kuhlmey/Michel/Pinquart 1995).

In letzter Instanz mußten die ambulanten sozialen Dienste die unzureichende Zahl altengerechter Wohnungen und zielgruppengerechter Angebote, beispielsweise für geistig Behinderte oder Seh- und Hörgeschädigte, kompensieren. Das Angebot an ambulanten sozialen Diensten war unzureichend. Dieses gilt insbesondere für hauswirtschaftliche Hilfen, die notwendig waren, um älteren und behinderten Menschen die selbständige Lebensführung im eigenen Haushalt zu ermöglichen. Das Leistungsspektrum ambulanter sozialer Dienste umfaßte außerdem Mittagessenversorgung, häusliche Krankenpflege, kulturelle Angebote sowie Einkaufs- und Transportleistungen.

---

31 1989 waren 16 Prozent aller Bewohner in Alten- und Pflegeheimen der DDR pflegebedürftige Menschen unter 60 bzw. 65 Jahren, 4 Prozent waren Rollstuhlfahrer, 9,5 Prozent Blinde und Sehschwache, 9,6 Prozent Gehörlose und Schwerhörige und 21,7 Prozent Diabetiker (vgl. Ziesemer 1990: 62).
32 So verfügten die Diakonie und die Caritas in der DDR nur über 13 Prozent der Plätze in Alten- und Pflegeheimen, während sich 87 Prozent der Plätze in staatlichen Einrichtungen befanden (vgl. Kohnert 1990: 31).

Ambulante soziale Dienste wurden von verschiedenen gesellschaftlichen Organisationen mit je spezifischen Aufgabenschwerpunkten erbracht (vgl. Backhaus-Maul/Prengel/Schwitzer 1991, Kohnert 1990, Koltzenburg 1991, Mrochen 1980, Schwitzer 1990). Ein Großteil der ambulanten sozialen Hilfen und kulturellen Angebote wurde von der Volkssolidarität erbracht. Eine häusliche Krankenpflege alter Menschen wurde nur ansatzweise durch die Arbeit der relativ wenigen, zumeist staatlich angestellten Gemeindeschwestern gewährleistet.[33] Betriebliche Sozialeinrichtungen waren ergänzend in der Altenbetreuung tätig, indem sie beispielsweise Mittagessen zur Verteilung durch die Volkssolidarität bereitstellten oder kulturelle Angebote für ihre "Veteranen der Arbeit" organisierten (vgl. Al-Masarweh 1991). Andere Massenorganisationen, wie das Deutsche Rote Kreuz der DDR und die Freie Deutsche Jugend, boten gelegentlich ergänzende Transport-, Hilfs- und Pflegedienste an.

Sowohl in der ambulanten als auch in der stationären Altenhilfe waren überwiegend staatlich ausgebildete Krankenschwestern und -pfleger, Gesundheits- und Sozialfürsorger sowie Gemeindeschwestern tätig. Diese wurden in erster Linie in medizinisch-technischer Akutkrankenpflege unterwiesen; gerontologisches, pädagogisches und psychologisches Wissen wurde kaum vermittelt (vgl. Garms-Homolová 1992: 18). Auch die beiden Kirchen bildeten - in geringem Umfang - Personal in Krankenpflege- und Fürsorgeberufen aus, wobei die Ausbildungsinhalte weitgehend an westdeutschen Vorbildern orientiert waren. Die kirchliche Ausbildung vermittelte in besonderem Maße Wissen über die Arbeit mit Menschen in schwierigen sozialen Situationen, wie etwa Alkoholiker, ehemalige Strafgefangene und psychisch Kranke (vgl. Garms-Homolová 1992). Diese Ausbildung stand nur Kirchenmitgliedern mit einschlägigen Berufserfahrungen offen (vgl. Garms-Homolová 1992, Galuske/Rauschenbach 1994). In Einzelfällen wurde kirchlich ausgebildetes Personal auch in der staatlichen Altenhilfe eingesetzt.

3.3.2 Jugendhilfe

Die Jugendhilfe sollte in der DDR dazu beitragen, "eine positive Entwicklung im Sinne des sozialistischen Erziehungsziels zu sichern" (BMiB 1985: 669). Die SED erklärte dieses Ziel zur gesamtgesellschaftlichen Angelegenheit und übertrug entsprechende Aufgaben an Schulen und Betriebe sowie Massenorganisationen, wie die Freie Deutsche Jugend (FDJ), die Pionierorganisation "Ernst Thälmann" und den Freien Deutschen Gewerkschaftsbund (FDGB), erbracht werden sollte. Damit oblag der gesamte Bereich der Jugendarbeit gesellschaftlichen Organisationen, während sich die staatlichen Organe der Jugendhilfe im wesentlichen auf Eingriffe

---

33 Es gab in der DDR etwa 7.000 Gemeindeschwestern, die in Zusammenarbeit mit den Polikliniken für die ambulante Versorgung älterer Menschen zuständig waren (vgl. Kohnert 1990).

in die familiale Erziehungen sowie auf Vormundschafts- und Unterhaltsfragen konzentrierten. In der Jugendarbeit und -politik wurden der FDJ staatlicherseits eine umfassende Zuständigkeit und weitreichende Entscheidungsmöglichkeiten in allen Jugendangelegenheiten sowie eine Monopolstellung als Interessenvertreter von Jugendlichen zugewiesen. Daneben konnten sich allenfalls die Kirchen als freie Träger in staatlich limitierten Bereichen der Jugendhilfe betätigen und mußten ihre Arbeit auf Kirchenmitglieder und Randgruppen der staatlichen Jugendpolitik, wie etwa behinderte Jugendliche, beschränken.

Die staatlichen Organe der Jugendhilfe übernahmen diejenigen Fälle, in denen die Erziehung, Entwicklung oder Gesundheit von Jugendlichen gefährdet schien, eine vormundschaftsrechtliche Klärung in Fällen von "Familiengelöstheit" oder "Elternlosigkeit" notwendig war sowie Vaterschafts- und Unterhaltsfragen zu klären waren. In § 1 Abs. 1 der Jugendhilfeverordnung der DDR[34] wurden diese Aufgaben folgendermaßen definiert: "Jugendhilfe umfaßt die rechtzeitige korrigierende Einflußnahme bei Anzeichen der sozialen Fehlentwicklung und die Verhütung und Beseitigung der Vernachlässigung von Kindern und Jugendlichen, die vorbeugende Bekämpfung der Jugendkriminalität, die Umerziehung von schwererziehbaren Jugendlichen und straffälligen Minderjährigen sowie die Sorge für elternlose und familiengelöste Kinder und Jugendliche". Das Aufgabenspektrum der staatlichen Jugendhilfe beschränkte sich somit auf den klassischen Fürsorgebereich, während die gesamte Jugendarbeit anderen Institutionen und Organisationen oblag. Neben den fürsorgerischen Maßnahmen, die Familien stabilisieren und die sozialistische Erziehung von Kindern und Jugendlichen gewährleisten sollten, wurden häufig Heimunterbringungen und strafvollzugsähnliche Maßnahmen angeordnet, wie etwa die Einweisung in die berüchtigten Jugendwerkhöfe.

Die Jugendhilfe in der DDR war in den zentralistischen Staatsapparat integriert und fiel in den Zuständigkeitsbereich des Ministeriums für Volksbildung (vgl. Olk/Bertram 1994). Dieses Ministerium legte die politische Ausrichtung der Jugendhilfe fest; die nachgeordneten Jugendhilfeorgane hatten den entsprechenden Weisungen Folge leisten (vgl. Seidenstücker 1990: 39, Münder 1990: 62). Die Organe der Jugendhilfe waren den jeweiligen Räten der Bezirke, Kreise und Gemeinden unterstellt und ihnen gegenüber rechenschaftspflichtig. Als staatliche Organe der Jugendhilfe galten u.a. die Referate Jugendhilfe, die Jugendhilfeausschüsse und die Vormundschaftsräte (vgl. Hoffmann 1990, Münder 1990, Seidenstücker 1990). Die Referate Jugendhilfe waren den Räten der Bezirke und Kreise als Fachorgane untergeordnet und mit hauptamtlich tätigen Jugendfürsorgern besetzt, die mit der administrativen Bearbeitung von Jugendhilfeaufgaben befaßt waren. Die Jugendhilfeausschüsse der Bezirke und Kreise beschäftigten sich mit Erziehungshilfefällen und hatten die damit zusammenhängenden Entscheidungen zur Abwehr von Gefährdungen zu treffen. Die Ausschüsse

---

34 Jugendhilfe-Verordnung der DDR von 3.3.1966, GBl II: 215.

konnten rechtsmittelfähig ausgestaltete Erziehungsprogramme beschließen, die Durchführung der Heimerziehung anordnen und den betroffenen Eltern bestimmte Pflichten auferlegen. Die auf Kreisebene angesiedelten Vormundschaftsräte hatten die Aufgabe, insbesondere für elternlose und "familiengelöste" Kinder und Jugendliche zu sorgen.

Die Mehrzahl der MitarbeiterInnen der staatlichen Organe der Jugendhilfe übte diese Funktion nicht haupt-, sondern nebenamtlich aus. So standen 1989 den 26.582 nebenberuflichen nur 1.536 hauptamtliche MitarbeiterInnen gegenüber (vgl. Münder 1990: 242, Seidenstücker 1990: 240). Das hauptamtliche Personal in den staatlichen Einrichtungen und Organen hatte in der Regel einen staatlichen Ausbildungsgang für Fürsorger und Fürsorgerinnen absolviert. Diese Ausbildung erfolgte in der DDR auf Fachschulniveau; darüber hinaus gab es nur einen akademischen Ausbildungsgang an der Humboldt-Universität in Berlin. Die Teilnahme an der Fachschulausbildung war zumeist langjährigen Mitarbeiterinnen von sozialen Einrichtungen vorbehalten, die sich dort "verdient gemacht hatten". Die MitarbeiterInnen wurden von ihrer Einrichtung in diese Weiterqualifizierungsmaßnahme delegiert (vgl. Bock 1992, Reinicke 1990). Am Ende der Ausbildung mußte nicht nur eine staatliche Anerkennung, sondern auch eine staatliche Erlaubnis zur Berufsausübung erworben werden, die nur dann erteilt wurde, wenn eine "vom sozialistischen Humanismus geprägte innere Haltung" (Reinicke 1990) des Bewerbers oder der Bewerberin bestätigt werden konnte. Neben der staatlichen Ausbildung unterhielten beide Kirchen Ausbildungsgänge für kirchliche FürsorgerInnen, die staatlicherseits nicht anerkannt waren und nur Kirchenmitgliedern offenstanden. In ihrer inhaltlichen Ausrichtung orientierten sich die kirchlichen Ausbildungsgänge an westdeutschen Lehrinhalten (weiterführend Galuske/Rauschenbach 1994).

Festzuhalten bleibt, daß im Mittelpunkt der Arbeit der örtlichen Organe der Jugendhilfe fürsorgerische Aufgaben (erzieherische Maßnahmen, Vormundschafts- und Unterhaltsregelungen) standen, während Jugendarbeit als Aufgabe von Schulen, Betrieben und Massenorganisationen angesehen wurde. Freie Träger in Form der beiden Kirchen wurden günstigenfalls in unpolitischen Randbereichen der Jugendhilfe geduldet; die Gründung anderer freier Träger war verboten.

3.4 Zusammenfassung

Abschließend läßt sich festhalten, daß es in der DDR weder freigemeinnützige Wohlfahrtsverbände noch selbstorganisierte Initiativen und Vereine gab, da unter den dortigen Bedingungen Formen sozialer und politischer Selbstorganisation nahezu keine politische Chance hatten bzw. in der Regel verboten wurden. Die Erbringung sozialer Versorgungsleistungen war in der DDR staatlich garantiert und bestand in einer Grundversorgung auf einem - gemessen an westdeutschen Standards - quantitativ und qualitativ niedrigem Niveau (vgl. Backhaus-Maul/Olk 1993). Soziale Versorgungsaufgaben wurden nicht nur durch die örtlichen Staatsorgane, sondern auch durch Betriebe und quasi-staatliche Massenorganisationen, wie die in der ambulanten Altenhilfe tätige Volkssolidarität (VS), das auf das Rettungswesen spezialisierte Deutsche Rote Kreuz der DDR (DRK) und die in der Jugendarbeit tätige Freie Deutsche Jugend (FDJ), erbracht. In einem staatlich limitierten Aufgabenbereich sozialer Arbeit waren zudem die katholische Caritas und die evangelische Diakonie tätig. Die konfessionellen Organisationen hoben sich deutlich von staatlichen und quasi-staatlichen Organisationen ab, da sie sich an den fachlichen Standards ihrer Parallelorganisationen in Westdeutschland orientierten.

Die staatliche soziale Versorgung sollte in der DDR dazu beitragen, sozialistische Gesellschaftsvorstellungen umzusetzen. So stand beispielsweise in der Jugendhilfe die Erziehung zu einer sozialistischen Persönlichkeit und in der Familienhilfe das Bestreben, die Erwerbsbeteiligung von Frauen zu erhöhen, im Vordergrund. In der Altenhilfe hatten die sozialen Dienste nicht zuletzt die Funktion, politische Fehlsteuerungen, insbesondere im Wohnungsbau, zu kompensieren.

Da es auf dem Gebiet der DDR seit 1933 keine freie Wohlfahrtspflege mehr gab, bestehen die entsprechenden traditionsreichen Großgruppenmilieus allenfalls noch in rudimentärer Form. So gibt es im kirchlichen Bereich zwar noch lokal begrenzte Milieus, aber es ist davon auszugehen, daß das, was als "katholisch" oder "proletarisch" angesehen wird, deutliche Unterschiede zu den namensgleichen Milieus in den Altbundesländern aufweist. Ähnliches gilt auch für die Milieus und Szenen, in denen sich in Ostdeutschland seit den 80er Jahren selbstorganisierte Initiativen und Vereine gründeten. Dabei verweisen deren Themen und Argumente durchaus auf die neuen sozialen Bewegungen in Westdeutschland, gleichzeitig gibt es deutliche Unterschiede in der sozialen Zusammensetzung, Organisationsweise, politischen Bedeutung und nicht zuletzt der Größe der entsprechenden ost- und westdeutschen Milieus. Die freie Wohlfahrtspflege kann folglich im Prozeß des Institutionenaufbaus in Ostdeutschland nicht einfach an die ihr aus den Altbundesländern vertrauten sozialen Milieus sowie die entsprechenden fachlichen und politischen Vorstellungen und Diskurse anknüpfen (vgl. Angerhausen/Backhaus-Maul/-Schiebel 1994).

4. Die politische Steuerung des Aufbaus der freien Wohlfahrtspflege durch Bund, Länder und Kommunen

Im folgenden werden die Befunde über die politische Steuerung des Aufbaus der freien Wohlfahrtspflege in den neuen Bundesländern präsentiert. Nach Abschluß der beiden Staatsverträge und dem Beitritt der DDR wurde der Aufbau der freien Wohlfahrtspflege zunächst durch exogene bundespolitische Akteure in Form einer Politik des Institutionentransfers gesteuert. Vor diesem Hintergrund sind die Prozesse der dezentralen Institutionenbildung in den ostdeutschen Ländern und Kommunen von besonderem Interesse: Welche Vorstellungen haben politisch-administrative Akteure in ostdeutschen Ländern und Kommunen vom Sinn und Zweck einer freien Wohlfahrtspflege?

Im ersten Abschnitt (4.1) wird zunächst herausgearbeitet, mit welchen Zielen und Instrumenten die bundespolitischen Akteure den Aufbau der freien Wohlfahrtspflege gesteuert haben. Anschließend wird die Förderpolitik der Sozialministerien in Fürstenberg und Lummerland (Abschnitt 4.2) sowie der Großstädte Salzstetten und Neu-Brühl und der Landkreise Frankenstein und Bärenklau diskutiert (Abschnitt 4.3).

4.1 Konservativer Institutionentransfer: "Bewährtes bewahren"

Die Entscheidung der DDR für einen Beitritt zur Bundesrepublik Deutschland nach Artikel 23 des Grundgesetzes hatte zur Folge, daß der Geltungsbereich der bestehenden bundesdeutschen Institutionen - im Sinne eines Institutionentransfers (vgl. Lehmbruch 1993) - auf das Gebiet der DDR räumlich ausgedehnt wurde. Die Institution der freien Wohlfahrtspflege wurde durch Entscheidungen und Maßnahmen der Bundesregierung, des zuständigen Bundesministeriums für Familie und Senioren (BMFuS) und der Bundesorganisationen der Spitzenverbände der Freien Wohlfahrtspflege in Form eines "top-down-Prozesses" auf die neuen Bundesländer übertragen. Im Mittelpunkt steht dabei die Frage der sozialrechtlichen und förderpolitischen Privilegierung der Spitzenverbände der Freien Wohlfahrtspflege.

Die deutsche Vereinigung stellte - nicht nur in der freien Wohlfahrtspflege - eine besondere und völlig neuartige Herausforderung für die beteiligten Akteure dar. Für die "Durchführung eines geordneten Systemwechsels" konnte weder auf Erfahrungen noch auf erprobte Konzepte zurückgegriffen werden. Die bundespolitischen Akteure hatten somit unter hohem Zeitdruck und völlig unerwartet weitreichende Prozesse des Systemwandels zu steuern (vgl. Lehmbruch 1994b). Unter diesen riskanten Bedingungen neigten die entscheidungsrelevanten Vertretern der politischen Elite stark zu "Problemvereinfachungen" und strebten - nach einer anfänglichen Blockierung in den bestehenden Politiknetzwerken - an, sich durch den Einbezug nicht-staatlicher Organisationen und Akteure vom Entscheidungs- und Problemdruck partiell zu entlasten (vgl. Wiesenthal 1993b). Ganz in diesem Sinne hatte die Bundesregierung bereits bei der Formulierung von Artikel 32 des Einigungsvertrages die besondere Bedeutung der Verbände der Freien Wohlfahrtspflege für die Bewältigung des ostdeutschen Transformationprozesses anerkannt: "Die Verbände der Freien Wohlfahrtspflege und die Träger der Freien Jugendhilfe leisten mit ihren Einrichtungen und Diensten einen unverzichtbaren Beitrag zur Sozialstaatlichkeit des Grundgesetzes. Der Auf- und Ausbau einer Freien Wohlfahrtspflege und einer Freien Jugendhilfe in dem in Artikel 3 genannten Gebiet wird im Rahmen der grundgesetzlichen Zuständigkeiten gefördert". Dieser Vorgang ist insofern bemerkenswert, als es den Spitzen der Wohlfahrtsverbänden damit gelungen ist, die besondere Bedeutung der Freien Wohlfahrtspflege und die entsprechende öffentliche Förderverpflichtung an herausragender Stelle festzuschreiben und zugleich eine Debatte über den Sinn und Zweck sowie notwendige Veränderungen der Freien Wohlfahrtspflege zu vermeiden. Die Beteiligung der Spitzenverbände war vermutlich nur möglich, weil die Bundesregierung erkannt hatte, daß die Umgestaltung des Systems der sozialen Versorgung auf dem Gebiet der DDR als "rein staatliche Veranstaltung" ohne die Mitwirkung der in dieser Hinsicht erfahrenen und ressourcenstarken Wohlfahrtsverbände wohl kaum zu bewältigen sein würde und die Verbände ihrerseits bereits 1990 auf "erste Erfolge im Osten" verweisen konnten.

Demgemäß zielte die politische Strategie bundespolitischer Akteure, d.h. sowohl der Bundesregierung als auch des zuständigen Bundesministeriums für Familie und Senioren (BMFuS), darauf ab - wie es ein leitender Ministeriumsmitarbeiter im Interview formulierte -, das "im Westen aus unserer Sicht bewährte System des Zusammenspiels freier und öffentlicher Träger (...) auch im Osten lebendig werden zu lassen". Angesichts der angestrebten politischen Kontinuität des westdeutschen sozialpolitischen Institutionensystems wurde weitgehend darauf verzichtet, Sinn und Zweck der zu übertragenden Institution fachlich, politisch und normativ zu begründen, sondern man beschränkte sich darauf, die Institution der Freien Wohlfahrtspflege als *"bewährt"* zu kennzeichnen. Für das BMFuS war dabei die Vorstellung handlungsleitend, daß das System der sozialen Versorgung in Ostdeutschland nach dem Vorbild der Altbundesländer zügig aufzubauen sei. Beim bestehenden Gewährleistungsauftrag der öffentlichen Träger sollte die konkrete Leistungserbringung - wie in den Altbundesländern - primär durch freie Träger erfolgen. Die Anteile freigemeinnütziger Träger an den Einrichtungen und Diensten einzelner Versorgungsbereiche in den Altbundesländern sollten - so die interviewten Ministeriumsmitarbeiter - als Orientierungsrahmen für die als ordnungspolitisch notwendig erachteten "Marktanteile" freier Träger in den neuen Bundesländern dienen. Ange-

4. Die politische Steuerung des Aufbaus der freien Wohlfahrtspflege

sichts der völlig andersartigen Trägerstrukturen in der DDR war es das vorrangige Ziel des BMFuS, öffentliche Einrichtungen und Dienste auf freigemeinnützige Träger zu übertragen.

Um diese bundespolitischen Ziele umsetzen zu können, wurden verschiedene Steuerungsinstrumente und Förderprogramme eingesetzt. In diesem Zusammenhang ist zunächst auf Artikel 32 des Einigungsvertrages und die einschlägigen Subsidiaritätsregelungen im Bundessozialhilfegesetz sowie im Kinder- und Jugendhilfegesetz zu verweisen. Mit dem Beitritt der DDR zur Bundesrepublik Deutschland galten die rechtlichen Regelungen eines "bedingten Vorranges" freigemeinnütziger vor öffentlichen Trägern im System der sozialen Versorgung auch in den neuen Bundesländern. Eine rein rechtliche Regelung dieses Verhältnisses hätte allerdings keineswegs ausgereicht, um die freie Wohlfahrtspflege und die institutionalisierte Subsidiarität mit Leben zu erfüllen, da die entsprechenden verbandlichen Akteure nicht vorhanden waren. Vielmehr war es erst einmal erforderlich, durch entsprechende bundespolitische Strategien und Programme den Aufbau freigemeinnütziger Wohlfahrtsverbände in Ostdeutschland zu fördern. Um den institutionellen Aufbau einer verbandlichen Wohlfahrtspflege zu ermöglichen und um die entstehenden Träger in die Lage zu versetzen, soziale Einrichtungen und Dienste vor Ort zu übernehmen, wurden seit 1989 verschiedene Bundesprogramme aufgelegt. Zum einen wurde im Rahmen der institutionellen Förderung der Aufbau von Organisationsstrukturen in den neuen Bundesländern gefördert. Zum anderen hat der Bund aufgabenbezogene Programme zur Finanzierung des Aufbaus von sozialen Diensten und Einrichtungen aufgelegt, wobei in der Regel die Gewährung der Fördermittel mit der Bedingung verknüpft war, daß sich die Einrichtungen und Dienste in freigemeinnütziger Trägerschaft befinden. Als Beispiele für die institutionelle Förderung in Ostdeutschland sind die "Anschubfinanzierung für die Spitzenverbände der Freien Wohlfahrtspflege" sowie das "Modellprogramm zur Förderung der sozialen Selbsthilfe" zu nennen. Die Anschubfinanzierung für die Verbände belief sich 1991 auf 30 Millionen DM und 1992 auf 17 Millionen DM. Die Gesamtsumme wurde anhand eines Bevölkerungsschlüssels auf die neuen Bundesländer verteilt, so daß für die Spitzenverbände in Fürstenberg 1991 rund 9 Millionen DM und in Lummerland 5,5 Millionen DM zur Verfügung standen. Demgegenüber nehmen sich die Mittel zur Förderung der sozialen Selbsthilfe in den neuen Bundesländern eher bescheiden aus: Im Rahmen dieses Modellprogramms wurden für den Zeitraum von 1991-1995 insgesamt 10 Millionen DM bereitgestellt.

Während die institutionelle Förderung für den Aufbau von Organisationsstrukturen gedacht war, gab es eine breite Palette maßnahmebezogener Förderprogramme, aus denen Investitions-, Sach- und Personalkosten sozialer Einrichtungen und Dienste in freigemeinnütziger Trägerschaft finanziert werden sollten. In diesem Zusammenhang sind etwa die Soforthilfeprogramme für Alten- und Pflegeheime, ambulante soziale Dienste und Sozialstationen zu nennen. Die Soforthilfeprogramme im Altenhilfebereich hatten 1990 ein Mittelvolumen in Höhe von 150 Millionen DM, wovon ca. 130 Millionen DM allein für stationäre Altenhilfeeinrichtungen bereitgestellt wurden. Darüber hinaus ist die staatliche Förderung des Personals der freien Wohlfahrtspflege durch Arbeitsbeschaffungsmaßnahmen (ABM) zu erwähnen. In den neuen Bundesländern standen in den Jahren 1991-1992 zur Finanzierung von ABM insgesamt 8,2 Milliarden DM zur Verfügung, davon wurde ein nicht näher zu spezifizierender Teil in der freien Wohlfahrtspflege eingesetzt. Die Förderkonditionen für ABM waren bis zum 31.12.92 äußerst günstig, da neben einer Vollfinanzierung der Lohnkosten noch ein Sachkostenzuschuß von bis zu einem Drittel der Personalkosten möglich war. Die günstige Finanzierungsregelung ermöglichte es somit auch kleinen ressourcenschwachen Trägern, im Rahmen von ABM befristet Personal einzustellen. Insgesamt betrachtet zielten die institutionelle und ebenso die aufgabenbezogene Förderung durch das Bundesministerium für Familie und Senioren in erster Linie darauf ab, den Aufbau der freien Wohlfahrtspflege als Träger öffentlicher Aufgaben zu fördern.

Neben der Bundesregierung und dem zuständigen Bundesministerium sind vor allem die Bundeszentralen der Spitzenverbände der Freien Wohlfahrtspflege als bundespolitischer Akteur zu nennen. Die politische Situation der Spitzenverbände war zu Beginn der deutschen Vereinigung alles andere als unproblematisch: Die Inkorporierung der verbandlichen Wohlfahrtspflege in die bundesdeutsche Sozialpolitik hatte insbesondere in den 70er Jahren zu einer erheblichen Expansion der Anzahl der Einrichtungen und Dienste sowie des hauptamtlichen Personals der freien Wohlfahrtspflege geführt. Dieser Expansionsschub hat sowohl dem Wachstum innerverbandlicher Verwaltungsstäbe Vorschub geleistet als auch die verbandliche Flexibilität gemindert. Die Schere zwischen steigenden Aufgabenverantwortlichkeiten und sinkender Anpassungsgeschwindigkeit an neue Anforderungen und Problemlagen sowie Defizite in den innerverbandlichen Teilnahme- und Mitentscheidungsmöglichkeiten haben insgesamt zu einem spürbaren Imageverlust der freien Wohlfahrtspflege im Urteil der Bevölkerung beigetragen (vgl. Hegner 1992). Auch hat die Vielzahl sozialer Projekte, Vereine und Initiativen, die sich im Zuge der neuen sozialen Bewegungen in den 70er und 80er Jahren rasch ausbreiteten, den etablierten Wohlfahrtsverbänden ihre ehedem "marktbeherrschende" Position im kommunalen Sozialsektor streitig gemacht (vgl. Boll/Olk 1987).

Die Bundesverbände verfügen aber traditionell über gute Kontakte zur Bundesregierung und dem zuständigen Bundesministerium für Familie und Senioren. Sie nutzen diese Einflußpositionen zur Artikulation ihrer Interessen und Sichtweisen im Prozeß der Formulierung von Gesetzen, Verordnungen und Förderprogrammen des Bundes. Dementsprechend waren sie auch bei den Verhandlungen über Art. 32 des Einigungsvertrages und die entsprechenden Förderprogramme beteiligt. Die Bundeszentralen der westdeutschen Verbändewohlfahrt begannen in der Regel bereits 1989, den Um- und (Wieder-) Aufbau ihrer jeweiligen Parallelorganisationen in

Ostdeutschland durch geeignete Unterstützungsmaßnahmen zu fördern. Zu diesem Zweck berieten sie die Partnerverbände, entsandten Beauftragte sowie Führungs- und Leitungspersonal, halfen mit finanziellen und sachlichen Ressourcen und führten Fort- und Weiterbildungsveranstaltungen für das ostdeutsche Führungs- und Fachpersonal durch. Ferner organisierten sie in den neuen Bundesländern zentrale Informationsveranstaltungen, mit deren Hilfe sie insbesondere Landespolitiker, Vertreter aus öffentlichen Sozialverwaltungen und die Fachöffentlichkeit über Sinn und Zweck der freien Wohlfahrtspflege sowie das von ihnen bevorzugte Subsidiaritätsverständnis unterrichten wollten (vgl. BAGFW 1993, DV 1992).

Zwischen der Bundesregierung bzw. dem BMFuS einerseits und den Spitzenverbänden der Freien Wohlfahrtspflege andererseits bestand in der politischen Beurteilung der freien Wohlfahrtspflege eine weitgehende Übereinstimmung: Über die Prioritätensetzung in der Förderpolitik des Bundes zugunsten von Wohlfahrtsverbänden gab es daher - nach den Interviewaussagen leitender Ministeriumsmitarbeiter - zwischen den Verhandlungspartnern "keine fachlichen und ideologischen Auseinandersetzungen". Es ging beiden bundespolitischen Akteuren darum, das System der freien Wohlfahrtspflege, insbesondere die "partnerschaftliche Zusammenarbeit zwischen Staat und Verbänden" nach dem Vorbild der Altbundesländer, nun auch in den neuen Bundesländern einzuführen. Damit wurde das Subsidiaritätsprinzip in der entscheidenden Aufbauphase, in der die Grundstrukturen des sozialen Versorgungssystems geschaffen wurden, in einer traditionellen, die etablierten Großverbände bevorzugenden Variante auf die neuen Bundesländer übertragen. Die bundespolitischen Strategien zielten darauf ab, die Bundes- bzw. Spitzenverbände der Freien Wohlfahrtspflege als Träger öffentlicher Aufgaben bevorzugt zu fördern, während andere freigemeinnützige Organisationen, d.h. verbandsunabhängige Vereine und Initiativen, in der Förderpolitik des BMFuS - sieht man vom "Modellprogramm zur Förderung sozialer Selbsthilfe" ab - nicht berücksichtigt wurden.

4.2 Landespolitischer Eigensinn

Vor dem Hintergrund dieser bundespolitischen Prioritätensetzung stellt sich die Frage, ob auf Landesebene unterschiedliche Vorstellungen über freie Wohlfahrtspflege und Subsidiarität bestehen. Diese Frage ist anhand der Förderpolitik der Sozialministerien in Fürstenberg und Lummerland untersucht worden.

Die Förderpolitik des Sozialministeriums in Fürstenberg wies zu Beginn eine deutliche ordnungspolitische Präferenz zugunsten konfessioneller Wohlfahrtsverbände auf. Diese Prioritätensetzung fand sogar Eingang in die Landesverfassung, in der - so ein leitender Ministeriumsmitarbeiter - die "Kirchen als Maßstab für die Tätigkeit der Wohlfahrtsverbände genommen werden". In diesem

Sinne präsentierte sich das Sozialministerium in Fürstenberg als Protagonist eines *traditionellen katholischen Subsidiaritätsverständnisses*, wie es insbesondere in der Weimarer Republik und in der Bundesrepublik bis Anfang der 60er Jahre prägend war. Im Mittelpunkt dieses Subsidiaritätsverständnisses steht die enge politische Zusammenarbeit zwischen Staat einerseits und Kirchen bzw. konfessionellen Spitzenverbänden der Freien Wohlfahrtspflege andererseits. Nicht zuletzt aufgrund der geringen Leistungskapazitäten der konfessionellen Verbände in den neuen Bundesländern, insbesondere der Caritas, und der Forderung nach Gleichbehandlung seitens der nicht-konfessionellen Spitzenverbände der Freien Wohlfahrtspflege ließ sich diese historisch "ehrwürdige" Fassung des Subsidiaritätsprinzips nicht durchhalten. Nach Einschätzung des zuständigen Ministeriumsmitarbeiters des Sozialministeriums in Fürstenberg werden daher seit 1993 alle Wohlfahrtsverbände zumindest in der Förderpolitik gleichberechtigt berücksichtigt.

Im Unterschied zur Subsidiaritätspolitik in Fürstenberg wurde vom Sozialministerium in Lummerland von Beginn an keine ordnungspolitische Präferenz zugunsten einzelner, insbesondere konfessioneller Wohlfahrtsverbände vertreten. Im Mittelpunkt der Politik steht hier bereits von Anfang an das pragmatische Bemühen um eine finanzielle und aufgabenbezogene Staatsentlastung durch die Übertragung öffentlicher Aufgaben auf freigemeinnützige Träger. In diesem Zusammenhang wird den Spitzenverbänden ein Vorrang eingeräumt, weil sie aufgrund traditionell eingespielter Kooperationsbeziehungen zu den öffentlichen Sozialverwaltungen und innerverbandlicher Verwaltungsroutinen am ehesten die Gewähr dafür zu bieten scheinen, daß öffentliche Aufgaben verläßlich und nach Maßgabe haushaltsrechtlicher Regelungen zweckgemäß und nachprüfbar erledigt werden.

In einer frühen Phase des Transformationsprozesses gab es also durchaus unterschiedliche ordnungspolitische Konzepte und Strategien in den ostdeutschen Bundesländern. Diese Unterschiede haben sich allerdings unter dem Druck anstehender Versorgungsaufgaben, der Notwendigkeit einer Konsolidierung von Kommunalhaushalten und angesichts einer weitverbreiteten politischen Präferenz zugunsten einer pragmatisch-ressourcenpolitischen Version des Subsidiaritätsverständnisses angeglichen. In diesem Sinne mußte das Sozialministerium in Fürstenberg die Erfahrung machen, daß es mit dem traditionell katholisch geprägten Subsidiaritätsverständnis eine historisch obsolet gewordene Institution etablieren wollte, die gerade angesichts des weitgehenden Fehlens konfessioneller Milieus unter den spezifischen Bedingungen Ostdeutschlands kaum funktionsfähig werden konnte.

Somit zeigt sich in der Förderpolitik beider Sozialministerien im Verlauf der Untersuchung, daß sich bis Ende 1993 eine übereinstimmende Grundposition herausgebildet hat: Um finanzielle, personelle und auch politische Entlastungseffekte zu erzielen, sollen öffentliche Aufgaben auf verläßliche, bewährte und leistungsfähige freie Träger übertragen werden. Diese Ausrichtung der Länderpolitik am bundespolitischen Subsidiaritätsverständnis hat die bereits auf Bundesebene beobachtete Tendenz verstärkt, daß relativ ressourcenstarke Verbände begünstigt wurden, während neu gegründete Verbände, Vereine und Initiativen sowie privatgewerbliche Träger in ihren Aufbau- und Entwicklungschancen eher benachteiligt wurden.

4.3 Der Aufbau freigemeinnütziger Träger in ostdeutschen Kommunen

Der politischen Steuerung des Aufbaus der freien Wohlfahrtspflege auf kommunaler Ebene kommt im Sinne einer dezentralen Institutionenbildung besondere Bedeutung zu. Hierbei war es von besonderem Interesse, zu untersuchen, inwiefern kommunale Sozialverwaltungen von ihrem Selbstverwaltungsrecht Gebrauch machen. Die in Art. 28 des Grundgesetzes geregelte Selbstverwaltungsgarantie gibt den Kommunen z.B. im Sozialbereich das Recht und die Pflicht, eigene sozialpolitische Schwerpunktsetzungen vorzunehmen, Prioritäten bei der Förderung freigemeinnütziger Träger zu setzen, die Zusammenarbeit zwischen öffentlichen und freigemeinnützigen Träger zu institutionalisieren und eine kommunale Sozialplanung durchzuführen (vgl. Backhaus-Maul 1998). Unter diesem Blickwinkel stellt sich die Frage, ob kommunale Akteure die auf der Bundes- und Landesebene entwickelten ordnungspolitischen Prämissen und Konzepte auf örtlicher Ebene lediglich umsetzen oder ob sie eigenständige Prioritäten und Konzepte verfolgen, die sie unter Umständen sogar gegen die erklärte Zielsetzung überörtlicher Akteure unter den Bedingungen einer föderalen Politikverflechtung vertreten und durchsetzen.

Im Mittelpunkt kommunaler Förderpolitik stand die Übertragung öffentlicher sozialer Dienste und Einrichtungen auf Wohlfahrtsverbände. Die Erbringung öffentlicher Aufgaben ist für Wohlfahrtsverbände von entscheidender ressourcenpolitischer Bedeutung. Übernimmt ein Wohlfahrtsverband beispielsweise ein Altenheim, so werden bei der Vereinbarung von Pflegesätzen, die mit den öffentlichen Kostenträgern ausgehandelt werden, u.a. Verwaltungskosten des Einrichtungsträgers berücksichtigt. Damit erhalten Wohlfahrtsverbände die Möglichkeit, durch den Betrieb von Einrichtungen Verwaltungs- und Verbandsstrukturen aufzubauen und dauerhaft zu finanzieren. Durch die Übertragung oder Übernahme ressourcenstarker Einrichtungen und Dienste kann somit der Aufbau von Wohlfahrtsverbänden in den neuen Bundesländern nachhaltig stimuliert und stabilisiert werden.

Da sich die Spitzenverbände der Freien Wohlfahrtspflege in den neuen Bundesländern 1989 erst im Aufbau befanden, boten sie sich nicht sogleich als funktions- und leistungsfähige Träger öffentlicher Aufgaben an (vgl. Backhaus-Maul/Olk 1992). Anfangs waren sie vielmehr selbst in hohem Maße unterstützungs- und förderungsbedürftig. Dieses bedeutet vor allem, daß (auch) kommunale Investitionen in die freie Wohlfahrtspflege weniger zur kurzfristigen Entlastung beitragen konnten, sondern zunächst vor allem als eine Investition in die Zukunft zu betrachten waren. Wer aber in eine institutionelle Entwicklung investiert, muß ein Bild davon haben, wie diese Institution idealerweise funktionieren könnte, muß also deren Vorzüge und Leistungspotentiale entweder aus eigenen Erfahrungen oder zumindest aus Schilderungen Dritter kennen - eine Voraussetzung, die die Mehrzahl der ostdeutschen kommunalen Entscheidungsträger in dieser frühen Phase des Umbruchprozesses nicht erfüllen konnte.

Im folgenden werden die empirischen Befunde über die kommunale Förderung des Aufbaus freien Wohlfahrtspflege anhand von lokalen Fallstudien dargestellt. Dabei stehen die ordnungspolitischen Prioritätensetzungen politisch-administrativer Entscheidungsträger, insbesondere von Sozialdezernenten und Amtsleitern, im Mittelpunkt der Darstellung.

4.3.1 Administrativ forcierter Verbändepluralismus: Salzstetten

In der Stadt Salzstetten ist die Mehrzahl der Dezernentenstellen - so auch im Sozialbereich - mit Mitarbeitern aus den Altbundesländern besetzt. Der Sozialdezernent, Herr Overbeck, hat früher bereits in der öffentlichen Verwaltung und zuletzt bei einem Wohlfahrtsverband gearbeitet. Das von ihm verfolgte ordnungspolitische Konzept von freier Wohlfahrtspflege läßt sich als administrativ forcierter und inszenierter Verbändepluralismus kennzeichnen: "Ich halte überhaupt nichts von einer überwiegend staatlichen Trägerschaft von irgendwelchen Vereinen oder so, ich halte allerdings genauso wenig, oder sagen wir anders, ich bin gegen Monopolisierung, d.h. das Monopol, was z.B. die traditionellen Verbände, die katholischen Verbände, die sie in Bayern haben, finde ich schlichtweg zum Kotzen, da haben wir nicht mehr die staatliche, sondern eben halt die katholische Kirche, hat da durch ihre Verbände und die ganzen Stiftungen so absolut das Sagen, so daß die öffentliche Hand überhaupt nichts mehr sagt, ohne das grüne Licht des Verbandes zu bekommen, das halte ich für genauso schädlich wie umgekehrt, ich bin eigentlich wirklich im wahrsten Sinne für eine pluralistische Struktur, (...) mir ging es wirklich um eine rasche Übertragung dieser Einrichtungen und durch die Tafeln, die dann am Eingang stehen, auch deutlich zu machen, hier, wir haben eine pluralistische Wohlfahrtspflege" (Interview Overbeck). Diesem Konzept folgend wird die Förderung und Unterstützung des Aufbaus der traditionellen wohlfahrtsverbandlichen Strukturen öffentlichkeitswirksam "ins Bild" gesetzt, indem die Politik des Verbändepluralismus durch den Sozialdezernenten - im wahrsten Sinne des Wortes - zum Aushängeschild der kommunalen Sozialpolitik gemacht wird: Hinweisschilder an den Diensten und Einrichtungen freigemeinnütziger Träger sollen die Verbände in der Stadt bekannt machen. Herr Overbeck, der Dezernent, ist bestrebt, den Aufbau der Spitzenverbände der Freien Wohlfahrtspflege durch die Übertragung von Diensten und Einrichtungen gezielt zu unterstützen. Durch die relativ zügige Übertragung eines großen Anteils der in öffentlicher Hand befindlichen sozialen Dienste und Einrichtungen auf die Spitzenverbände der Freien Wohlfahrtspflege wurde der institutionelle Aufbau einer begrenzten Anzahl etablierter Wohlfahrtsverbände gefördert. Die Größe der Stadt und die entsprechend hohe Anzahl der zu übertragenden Dienste und Einrichtungen garantierte, daß für jeden Verband bei der Übertragung "etwas dabei war" (Interview Overbeck). Die Strategie eines administrativ forcierten Verbändepluralismus wird am Beispiel der Arbeiterwohlfahrt (AWO) deutlich, die als neuer, erst aufzubauender Verband innerhalb eines Jahres zu einem der wichtigsten Wohlfahrtsverbände in dieser Stadt expandierte, nachdem Herr Overbeck den Verbandsaufbau durch die Übertragung ressourcenpolitisch wichtiger stationärer Einrichtungen (Altenheime) förderte. Zudem wirkte sich die enge personelle Verflechtung zwischen Arbeiterwohlfahrt und Sozialverwaltung, die bis zu einer Ämterdopplung im verbandlichen Vorstands- und öffentlichen Verwaltungsbereich reicht, günstig auf den Verbandsaufbau aus.

Die Strategie eines administrativ forcierten Pluralismus von Spitzenverbänden der Freien Wohlfahrtspflege kommt allerdings selbstorganisierten Vereinen und Initiativen kaum zugute, da ihnen als potentiellen Trägern öffentlicher Aufgaben vom Sozialdezernenten keine nennenswerte Bedeutung beigemessen wird. Dementsprechend bestand in den ersten Jahren kein eigenes kommunales Förderprogramm für selbstorganisierte Initiativen und Vereine. Statt dessen wurden diese lediglich im Bereich der Kinder- und Jugendhilfe gefördert, wobei gerade diejenigen Vereinigungen besonders erfolgreich waren, denen es gelang, tragfähige Beziehungen zur örtlichen Sozialverwaltung aufzubauen und dadurch ihren Anliegen politischen Nachdruck zu verleihen. Insgesamt betrachtet ist die kommunalpolitische Bedeutung von selbstorganisierten Initiativen und Vereinen aber gering, wenn man zudem bedenkt, daß sie nicht einmal indirekt über den Paritätischen Wohlfahrtsverband als potentieller Dachverband in politisch-administrative Entscheidungsprozesse ein-bezogen sind, da die örtliche Gliederung des Paritätischen Wohlfahrtsverbandes im kommunal- und förderpolitisch wichtigen Jugendhilfeausschuß nicht vertreten ist. Der Geschäftsführer des Paritätischen Wohlfahrtsverbandes kennzeichnet die Situation seines Verbandes als die einer "zu spät gekommenen" Organisation, die sich somit nur als Dachverband bereits bestehender Organisationen, wie etwa die Volkssolidarität, die Lebenshilfe und der Arbeiter-Samariter-Bund, und nicht auf der Grundlage von selbstorganisierten Initiativen und Vereinen konstituieren konnte. Dem Paritätischen Wohlfahrtsverband ist es - nach Aussagen seines Geschäftsführers - trotz entsprechender Bemühungen nicht einmal gelungen, die Trägerschaft für die örtliche Selbsthilfekontaktstelle zu übernehmen.

In Salzstetten ist die kommunalpolitische Gestaltung der Aufgabenteilung und Kooperation zwischen öffentlichen und verbandlichen Trägern durch ein verbändezentriertes Subsidiaritätsverständnis geprägt. Der aus den Altbundesländern stammende Dezernent, Herr Overbeck, der über eigene Erfahrungen in der freien Wohlfahrtspflege verfügt, setzt seine subsidiaritätspolitischen Präferenzen gezielt als Organisations- und Konsolidierungshilfen zugunsten der etablierten Spitzenverbände der Freien Wohlfahrtspflege ein. Das Interesse an der Entwicklung einer begrenzten Verbändepluralität ist sowohl fachlich als auch pragmatisch begründet: Durch die gesteuerte Übertragung ehemals in öffentlicher Trägerschaft befindlicher sozialer Dienste und Einrichtungen auf eine Mehrzahl verbandlicher Träger sollen leistungsfähige und verläßliche Partner für die örtliche Sozialverwaltung aufgebaut werden, um sowohl die fachlichen Defizite einer verbandlichen Monostruktur zu vermeiden als auch die öffentliche Verwaltung von bestimmten Aufgaben und Kosten zu entlasten. Von insbesondere in der Anfangszeit des Transformationsprozesses beobachtbaren fachlichen, personellen und organisatorischen Schwächen der Verbändewohlfahrt läßt sich der Sozialdezernent nicht irritieren, weil er aufgrund eigener beruflicher Vorerfahrungen ein klar umrissenes Bild funktionierender Subsidiaritätsbeziehungen auf kommunaler Ebene besitzt. Insofern verläuft die "Inszenierung" des begrenzten Verbändepluralismus nach dem Muster einer "self-fulfilling prophecy": Weil der Sozialdezernent von der Leistungsfähigkeit und Machbarkeit geregelter Kooperationsbeziehungen zwischen öffentlichen und nichtöffentlichen Akteuren auf kommunaler Ebene überzeugt ist, schafft er günstige Rahmenbedingungen für den Aufbau und die Konsolidierung der Verbändewohlfahrt und erreicht damit sein politisch intendiertes Ziel.

4.3.2 Planvolle Aufgabendelegation: Neu-Brühl

In der Stadt Neu-Brühl kam es im Gegensatz zu Salzstetten erst relativ spät, d.h. im Jahre 1992, in nennenswertem Umfang zur Übertragung von öffentlichen sozialen Diensten und Einrichtungen auf Wohlfahrtsverbände. Der wesentliche Grund für diese Verzögerung ist in der Politik des ersten Sozialdezernenten zu sehen, der die Erbringung öffentlicher Aufgaben als "staatliche Angelegenheit" definierte. Da öffentliche soziale Dienste und Einrichtungen in seiner Amtszeit nicht auf Wohlfahrtsverbände übertragen wurden, verzögerte sich ihr Verbandsaufbau erheblich. Sein Amtsnachfolger, Herr Höll, hingegen legt besonderen Wert auf eine Übertragung öffentlicher Aufgaben auf Dritte: "Weil ich als einer, der hier gelebt hat, bemüht bin, auch Werte zu haben und Normen, und dort sehe ich also die Frage des Subsidiaritätsprinzips als eine wichtige Norm an, ich unterstütze sehr das Bemühen, Aufgaben dorthin zu delegieren, wo die besten Voraussetzungen sind, das heißt also in dem Fall, daß wir gut beraten sind, Aufgaben zu delegieren auf freie Träger, und die Frage ist, wenn es darum geht, einen Trägerschaftswechsel überhaupt bei

Alten- und Pflegeheimen vorzunehmen, dann sind wir ja eh schon vom BSHG veranlaßt, zunächst an die Wohlfahrtsverbände und dann erst privatisieren".

In der Amtszeit beider Dezernenten ist die Abteilung Sozialplanung des Sozialamtes federführend bei der Planung und Steuerung der Zusammenarbeit zwischen öffentlichen und freigemeinnützigen Trägern. Für die Sozialplanerin, Frau Fuchs, ist die Vorstellung von einem öffentlichen Versorgungsauftrag handlungsleitend, demzufolge nur eine begrenzte und planvolle Aufgabendelegation möglich ist. Ihrer Meinung nach ist "immer noch das Bestreben da, soviel wie möglich Heime bei der Kommune zu belassen. Dieses ist auch zu respektieren, ausgehend vom Versorgungsauftrag". Die Definition des öffentlichen Versorgungsauftrages im Sinne einer staatlichen Versorgungsgarantie weist Bezüge zur wohlfahrtskulturellen Tradition der DDR auf, derzufolge die soziale Versorgung vom Staat zu erbringen sei. Frau Fuchs äußert zudem eine generelle Skepsis bezüglich der Effektivität und Effizienz von Wohlfahrtsverbänden.

Die zeitlich verzögerte und sachlich begrenzte Übertragung öffentlicher sozialer Dienste und Einrichtungen auf Wohlfahrtsverbände hatte nachhaltige Auswirkungen auf die Entwicklung der Verbändelandschaft in Neu-Brühl: Bestehende Verbände konnten diese "Durststrecke" durch den Einsatz eigener Ressourcen sowie mit Hilfe der Unterstützung durch die westdeutschen Stammorganisationen überbrücken, während neu entstandene Verbände in den ersten Jahren mangels öffentlicher Übernahmeangebote "nicht Fuß fassen konnten". Die Sozialplanerin, Frau Fuchs, vertritt dazu folgende Position: "Ich hatte, nebenbei gesagt, ganz persönlich auch gar kein Anliegen, diesen Prozeß zu beschleunigen, wenn ich mal davon ausgehe, der Versorgungsauftrag ist ja erstmal gesichert, weil die Einrichtungen sind da, es wird also betreut, und jeder Trägerwechsel bindet eine Menge Kapazitäten, alleine um das Verfahren in Gang zu bringen, da wir nur beschränkte Mitarbeiterzahlen hatten, nicht beschränkte Mitarbeiter, aber wenig Leute, war es eigentlich von mir aus gesehen nicht sehr sinnig, hier soviel Druck zu machen, das war überhaupt das Liga-Interesse, die wollten an Grund und Boden ran, die wollten Kapital im Hintergrund haben, sie wollten kreditfähig werden bei den Banken, für sie war das also ein ganz großes Politikum, diese Einrichtungen zu bekommen". Nach Ansicht von Frau Fuchs werden durch die Delegation von öffentlichen Aufgaben auf verbandliche Akteure lediglich deren Partikularinteressen befördert sowie Steuerungsprobleme und unabsehbare Folgekosten erzeugt.

Dennoch wurden in Neu-Brühl - wenn auch mit erheblicher zeitlicher Verzögerung - öffentliche Dienste und Einrichtungen auf freigemeinnützige Träger der Wohlfahrtspflege übertragen. Die Gründe hierfür sind im Wechsel an der Spitze des Dezernates, den entsprechenden Forderungen seitens der örtlichen Wohlfahrtsverbände sowie vor allem in den Anreizstrukturen der entsprechenden Fördermaßnahmen des Landes zugunsten von Wohlfahrtsverbänden und deren Einrichtungen zu sehen. Nach Meinung von Frau Fuchs "kommt ja noch die moderate Variante

'Land' mit hinein, die auch ihre Richtlinien, Vorstellungen haben, die so überhaupt nicht zusammengehen mit dem, was momentan da ist, oder was wir als nötig empfinden, davon hängt aber letztlich das Fördergeld ab, und auch die haben sich so gestellt, daß die Kommune gar keine Chance hat, was dann auch wieder ein beschleunigender Faktor war".

Die zentralen Akteure an der Spitze der Sozialverwaltung verfolgten also ein ordnungspolitisches Konzept, wonach der öffentliche Versorgungsauftrag sehr umfassend verstanden wurde. Dieses hatte zur Folge, daß sich wohlfahrtsverbandliche Strukturen nur mit erheblichen Verzögerungen entfalten konnten. Hinzu kommt, daß auch lokale Initiativen und Vereine - zumindest zu Beginn - aus dem Blickwinkel der strategisch relevanten Akteure im Sozialamt verdrängt wurden. Allerdings hat sich gerade in Neu-Brühl in einem innerstädtischen Stadtteil ein soziales Milieu herausgebildet, das die Entwicklung und Verbreitung eines breit gefächerten Spektrums selbstorganisierter Initiativen und Vereine begünstigte. Solche selbstorganisierten Initiativen und Vereinigungen haben grundsätzlich die Wahl, sich hinsichtlich möglicher Förderung und Unterstützung direkt an die örtliche Sozialverwaltung oder an einzelne Wohlfahrtsverbände zu wenden. So gesehen könnte insbesondere der Paritätische Wohlfahrtsverband aufgrund des verbandspolitischen Selbstverständnisses vieler seiner Landesverbände ("Dachverband von Initiativen und Vereinen") ein geeigneter Ansprechpartner sein.

Tatsächlich sieht der Geschäftsführer der für Neu-Brühl zuständigen Regionalstelle des Paritätischen Wohlfahrtsverbandes die Funktion seines Verbandes in erster Linie darin, ein Dachverband für selbstorganisierte Initiativen und Vereine zu sein. Da sich der Paritätische Wohlfahrtsverband in Neu-Brühl aber erst im Aufbau befindet, sind Initiativen und Vereine bisher nur punktuell über diesen Verband in die institutionalisierten Entscheidungsprozesse zwischen Verbänden und Sozialverwaltung einbezogen worden. In Neu-Brühl sind weder selbstorganisierte Initiativen und Vereine noch der Paritätische Wohlfahrtsverband im Jugendhilfeausschuß vertreten. Die Sozialverwaltung in Neu-Brühl legte Ende 1993 immerhin ein eigenes, von der institutionellen Förderung der Spitzenverbände der Freien Wohlfahrtspflege unabhängiges kommunales Förderprogramm für Vereine und Initiativen vor. Der Förderzweck ist dabei relativ offen definiert und umfaßt alle Bereiche der Sozial- und Jugendhilfe sowie sozio-kulturelle Aufgaben. Das Jugendamt, das nicht dem Sozialdezernenten Horst Höll, sondern einem von Bündnis 90 nominierten Dezernenten zugeordnet ist, legte bereits zwei Jahre früher ein derartiges, explizit fachlich begründetes Förderprogramm zugunsten von selbstorganisierten Initiativen und Vereinen auf.

In der Sozialpolitik der Stadt Neu-Brühl steht ein ordnungspolitisches Konzept im Vordergrund, demzufolge dem öffentlichen Träger die Hauptverantwortung sowohl für die Steuerung als auch für die Planung und Umsetzung sozialpolitischer Programme zukommt. Für die öffentliche Förderung und Unterstützung des Aufbaus einer Verbändewohlfahrt gibt es aus der Sicht der politisch-administrativen Akteure weder fachpolitische noch pragmatisch-wirtschaftliche Gründe. Wenn in dieser Stadt überhaupt Einrichtungen und Dienste auf freie Träger übertragen werden, dann widerstrebend als Vollzug der Förderprioritäten von Bund und Ländern. Im Gegensatz zur Förderpolitik in Salzstetten werden selbstorganisierte Projekte und Initiativen frühzeitig durch ein eigenes Programm gefördert. Diese Förderpolitik des Sozialdezernates ist aber weniger Ausdruck einer intendierten Strategie "neuer Subsidiarität", sondern vielmehr Ergebnis der relativen Durchsetzungskraft einer in dieser Stadt gut verankerten Initiativen- und Projekteszene.

4.3.3 "Raus aus der Verwaltung, hin zu den bekannten Fachleuten": Frankenstein

Im Landkreis Frankenstein wurde die Personal- und Organisationsstruktur des Landratsamtes bereits 1990 grundlegend umgestaltet. So betont der Dezernent, Herr Feldkirch, daß "am Anfang, wo man einfach dazu auch noch mehr Kraft hatte, die schmerzhaften Dinge, wie Personalabbau und Umstrukturierung, [haben wir; d.A.] relativ schnell hinter uns gebracht, also Weihnachten '90 war das geklärt, da haben andere noch nicht mal drüber nachgedacht, wie man es machen könnte, gerade unsere Nachbarkreisverwaltung (...), die ist jetzt dort, wo wir Weihnachten '90 waren, und beim Stellenabbau noch nicht".

Bei der Übertragung öffentlicher sozialer Dienste und Einrichtungen lautet die Devise des Dezernenten "raus aus der Verwaltung, hin zu den bekannten Fachleuten" (Interview Gottlieb Feldkirch). In der DDR leitete Herr Feldkirch eine Einrichtung der Diakonie. Vor dem Hintergrund dieser Erfahrung begründet er sein besonderes Interesse an fachlicher sozialer Arbeit in Trägerschaft von Wohlfahrtsverbänden: "Ich bin also persönlich dafür, soviel wie möglich raus aus den Verwaltungen und hin zu den freien Trägern (...), es ist mir eigentlich egal, ob das der Verein 'freundliche Nase' ist oder das DRK [Deutsches Rotes Kreuz; d.A.], wichtig ist, daß es gut gemacht wird und gut heißt für mich, daß dort Leute sind, die ein fachliches Wissen haben, die über das know-how Bescheid wissen, und die persönlich sich dort einsetzen, die in ihrem Hinterkopf und in ihrem Herzen Werte haben, die sie befähigen, all das vorher Genannte auch umzusetzen" (Interview Gottlieb Feldkirch). Bei der Vergabe von Einrichtungen und Diensten wurden die der Verwaltung bekannten und als fachlich qualifiziert eingestuften Verbände begünstigt. Dabei hatte ein Verband wie die Diakonie, der politisch nicht diskreditiert war und bereits in der Anfangszeit über einen informellen Zugang zur Sozialverwaltung verfügte, günstige Ausgangsbedingungen. Die relativ große Einwohnerzahl des Landkreises (100.000) und die entsprechend hohe Anzahl an Einrichtungen und Diensten machten es möglich, daß allen Verbänden Einrichtungen und Dienste übertragen werden und sich die Verbände aufgrund dieser Ressourcenzufuhr konsolidieren konnten.

Unabhängig von der Förderpolitik des Sozialdezernenten des Kreises gibt es im Jugendhilfebereich der größten kreisangehörigen Stadt eine eigene administrative Förderung selbstorganisierter Initiativen und Vereine. Nicht der Kreis als örtlicher Träger der Jugendhilfe, sondern der Leiter des städtischen Jugendförderungsamtes bemüht sich um die Initiierung und Förderung von selbstorganisierten Initiativen und Vereinen im Jugendhilfebereich. Dabei wird die administrative und sozialarbeiterische Kompetenz des aus den Altbundesländern stammenden Amtsleiters gezielt eingesetzt, um Mittel aus dem "Aktionsprogramm gegen Aggression und Gewalt"[35] und dem "Programm zum Aus- und Aufbau von Trägern der freien Jugendhilfe in den neuen Bundesländern"[36] des Bundesministeriums für Frauen und Jugend abzurufen. Aufgrund der geringen Einwohnerdichte und der ländlichen Strukturen ist das Spektrum selbstorganisierter Initiativen und Vereine relativ klein. Mit Ausnahme konfessioneller Organisationen und des Vereins "Frau und Familie", einer Organisation, die in der Tradition der ehemaligen Massenorganisation Demokratischer Frauenbund Deutschlands (DFD) steht, sind alle anderen selbstorganisierten Initiativen und Vereine Mitglied im Paritätischen Wohlfahrtsverband. Der Paritätische Wohlfahrtsverband unterhält in seinen Räumen zudem eine Verwaltungsaußenstelle der Selbsthilfekontaktstelle des Nachbarkreises, die im Rahmen des Bundesprogrammes zur Förderung der sozialen Selbsthilfe in den neuen Bundesländern[37] finanziert wird.

Im Landkreis Frankenstein wird ein ordnungspolitisches Konzept verfolgt, das die bevorzugte Förderung und Unterstützung von Wohlfahrtsverbänden fachpolitisch legitimiert. Freigemeinnützige Träger der Wohlfahrtspflege werden - im Vergleich zu anderen Trägern - als fachlich besonders qualifiziert eingestuft. Deshalb wird die örtliche Wohlfahrtspflege durch eine frühzeitige Übertragung von Einrichtungen und Diensten intensiv gefördert. Dabei werden insbesondere diejenigen Träger begünstigt, mit denen bereits in der Zeit vor 1989 positive Erfahrungen gemacht wurden und die aus Sicht der entscheidungsrelevanten Akteure die Gewähr bieten, eine fachlich kompetente Arbeit zu leisten.

4.3.4 Gesetzesvollzug - möglichst ohne zu entscheiden: Bärenklau

Die Verwaltung im Landkreis Bärenklau ist durch eine bemerkenswerte Kontinuität gekennzeichnet: Seit 1989 erfolgte nur bei der Besetzung der Stelle des Sozialdezernenten eine Rekrutierung außerhalb des Personalbestandes des ehemaligen

---

35 Vgl. Bundesministerium für Familie, Senioren, Frauen und Jugend 1994: 629.
36 Vgl. Bundesministerium für Familie, Senioren, Frauen und Jugend 1994: 628-629.
37 Vgl. Bundesanzeiger, Nr. 113 vom 22.6.91, 4098.

4. Die politische Steuerung des Aufbaus der freien Wohlfahrtspflege

Rates des Kreises bzw. des heutigen Landratsamtes. So verweist der Sozialdezernent, Herr Doktor, auf "einen leitenden Mitarbeiter, wirklich qualifiziert, der hat verschiedene politische Systeme erlebt, ist seit 1943 im Sozialbereich". Angesichts dieser personellen Kontinuität verfügt der Sozialdezernent - als Neuling und Außenstehender - nicht über eine Machtposition innerhalb des Landratsamtes. Aus der Sicht von Verbandsvertretern wird er als nicht entscheidungsfreudig und seine Position als äußerst schwach beschrieben. Für Herrn Doktor ist die Vorstellung handlungsleitend, daß es sich bei der Übertragung öffentlicher sozialer Dienste und Einrichtungen auf Dritte um Akte des Gesetzesvollzuges handeln würde: "Na, ja, das Subsidiaritätsprinzip ist ja genau gesetzlich festgelegt, und das wenden wir auch so an". Dieses entscheidungsvermeidende Vollzugshandeln hat zur Folge, daß vor allem aus der DDR vertraute Altorganisationen gefördert werden. So hat sich das fortbestehende Deutsche Rote Kreuz als ressourcenstarker und auch der Landrätin vertrauter Verband im Zuge der begrenzten und verzögerten Übertragung öffentlicher sozialer Dienste und Einrichtungen in diesem Landkreis zum - mit Abstand - größten Wohlfahrtsverband entwickelt, während etwa die Diakonie und die Caritas nur über wenige soziale Einrichtungen und Dienste verfügen. Besonders schwierig stellt sich die Situation für neue Verbände, wie die Arbeiterwohlfahrt (AWO) und den Paritätischen Wohlfahrtsverband sowie selbstorganisierte Initiativen und Vereine, dar. So befindet sich die AWO in dieser Untersuchungsregion auf dem Organisationsniveau eines ehrenamtlich geführten Vereins ohne soziale Einrichtungen und Dienste, und der Paritätische Wohlfahrtsverband ist vor Ort gar nicht vertreten. Auch gibt es in diesem Landkreis im Sozialbereich keine selbstorganisierten Initiativen und Vereine, wenn man von einem Arbeitslosentreff des überregionalen Arbeitslosenverbandes und einem Verein von "Lebensschützern" absieht, der bemerkenswerterweise eine öffentlich geförderte Schwangerschaftskonfliktberatungsstelle betreibt.

Hervorzuheben ist aber, daß sich die Stadtverwaltung der Kreisstadt als Gegengewicht zum Landratsamt und zum Deutschen Roten Kreuz versteht. Der örtliche Sozialdezernent und seine persönliche Referentin gehörten 1989 zu den Gründungsmitgliedern des Neuen Forums in der Kreisstadt. Beide sind bestrebt, in Bärenklau "Alternativen zum Bestehenden" aufzubauen. So geht die Gründung der Arbeiterwohlfahrt und die Initiierung der offenen Jugendsozialarbeit auf ihr Engagement zurück. Da aber das Landratsamt und nicht die lokale Sozialverwaltung der örtlich zuständige Träger der Sozial- und Jugendhilfe ist, sind die Fördermöglichkeiten des städtischen Sozialdezernenten und seiner Mitarbeiter gegenüber der freien Wohlfahrtspflege erheblich eingeschränkt.

Im Landkreis Bärenklau wird die Politik gegenüber nicht-öffentlichen Trägern und Akteuren durch nachwirkende Traditionen aus der DDR bestimmt. Über ein ordnungspolitisches Konzept, das eine aktive Gestaltung von Aufgabendefinitionen und Verantwortlichkeitsabgrenzungen zwischen öffentlichen und freigemeinnützigen Trägern überhaupt erst ermöglichen würde, verfügen die entscheidungsrelevanten Akteure nicht. Ihr Handeln ist von dem Leitbild des möglichst präzisen Vollzugs zentraler Handlungsanweisungen, wie sie im zentralistischen DDR-Staatsapparat vorherrschten, geprägt. Aus dieser Vollzugsorientierung folgt, daß die einschlägigen Subsidiaritätsregelungen im BSHG und KJHG nicht als Aufforderung zum gestalterischen Handeln, sondern vielmehr zum gesetzeskonformen Vollzug fehlgedeutet werden. Da auch in diesem Landkreis ein staatszentriertes Verständnis öffentlicher Aufgaben vorherrscht, werden Einrichtungen und Dienste nur sehr zögerlich und widerstrebend auf freigemeinnützige Verbände übertragen. Dabei werden solche Verbände bevorzugt, die den entscheidungsrelevanten Akteuren bereits aus der Zeit von vor 1989 vertraut sind. Die Konsolidierung der freien Wohlfahrtspflege verläuft dabei auch hier nach dem Modell einer "self-fulfilling prophecy" - allerdings genau anders als in Salzstetten: Da von seiten des Landratsamtes nicht-öffentlichen Trägern - mit Ausnahme des DRK - keinerlei Relevanz bei der Erledigung anstehender Versorgungsaufgaben zugebilligt wird, unternehmen sie auch keine Anstrengungen, um Organisierungs- und Konsolidierungsprozesse im Bereich der freien Wohlfahrtspflege zu unterstützen. Dieses führt - im Sinne eines "Teufelskreises" - dann auch zu einer vergleichsweise ressourcenschwachen, wenig leistungsfähigen und fragilen freien Wohlfahrtspflege.

4.4 Gestaltungsspielräume kommunaler Subsidiaritätspolitik im Föderalismus

Die Befunde über den Verlauf der denzentralen Institutionenbildung machen deutlich, daß es auch unter den Bedingungen eines staatlichen Institutionentransfers erhebliche Gestaltungsspielräume in der kommunalen Sozialpolitik in Ostdeutschland gibt. Die überörtlichen Akteure, wie die Bundesregierung, das Bundesministerium für Familie und Senioren sowie die Bundeszentralen der Wohlfahrtsverbände, haben bereits mit Beginn der staatlichen Vereinigung versucht, eine gemeinsame ordnungspolitische Zielsetzung umzusetzen. Diese bundespolitischen Akteure präferierten den Aufbau einer verbandlichen Wohlfahrtspflege nach westdeutschem Vorbild sowie subsidiärer Kooperationsbeziehungen zwischen öffentlichen und verbandlichen Trägern auf Landes- und insbesondere Kommunalebene. Diese ordnungspolitische Option war ressourcenpolitisch-pragmatisch begründet: Dem Bund ging es letztlich darum, mit den etablierten und "bewährten" Wohlfahrtsverbänden leistungsfähige, ressourcenstarke und verläßliche Partner für den Aufbau des Systems der sozialen Versorgung in den neuen Bundesländern zu fördern. Die bundespolitischen Akteure waren bestrebt, mit rechtlichen Regelungen, finanziellen Anreizen, Beratungen, Schulungen und öffentlichkeitswirksamen Informationsveranstaltungen ihre subsidiaritätspolitischen Vorstellungen in den neuen Bundesländern durchzusetzen bzw. ihnen auf der Landes- und Kommunalebene die erforderliche Geltung zu verschaffen.

Faktisch lief diese Option auf die exklusive Förderung und Unterstützung der etablierten Wohlfahrtsverbände hinaus. Sieht man vom "Modellprogramm zur Förderung sozialer Selbsthilfe in den neuen Bundesländern" mit seinem sehr geringen Mittelvolumen in Höhe von 10 Millionen DM für die gesamte Laufzeit von 5 Jahren einmal ab, dann gab es in den wichtigen ersten Jahren (1989-1991) keine öffentlichen Förderprogramme für verbandsunabhängige bzw. selbstorganisierte Vereine und Initiativen. Für derartige Organisationen wurden - insofern sie in der Jugendhilfe tätig waren - erst 1992 zeitlich befristete Sondermittel des Bundesministeriums für Frauen und Jugend zur Verfügung gestellt. Im gleichen Jahr wurde in einigen Großstädten damit begonnen, eigene kommunale Fördertöpfe für selbstorganisierte Initiativen und Vereine einzurichten. Diese Förderlücke hatte zur Folge, daß viele der in der Gründungseuphorie der Jahre 1989-1990 entstandenen Vereine und Initiativen nicht zuletzt mangels öffentlicher Unterstützung scheiterten. Das Entstehen einer derartigen Förderlücke wird verständlich, wenn man in Rechnung stellt, daß es den überörtlichen sozialpolitischen Akteuren zunächst weniger um die Demokratisierung der ostdeutschen Gesellschaft, die Einbeziehung unterschiedlicher gesellschaftlicher Gruppen in soziale Aufgaben und auch nicht um "Qualität" durch fachpolitischen Wettbewerb zwischen verschiedenen Anbietern ging, sondern der Aufbau leistungsfähiger Trägerstrukturen zur Sicherung einer sozialen Grundversorgung im Vordergrund stand. Diese ordnungspolitische Präferenz begünstigte die großen, etablierten westdeutschen Wohlfahrtsverbände sowie ihre ostdeutschen Parallel- und Mitgliedsorganisationen und vernachlässigte zugleich selbstorganisierte Initiativen und Vereine ostdeutscher Provenienz.

In der Repräsentationsdichte wohlfahrtsverbandlicher Strukturen lassen sich in den einzelnen Gebietskörperschaften erhebliche Unterschiede nachweisen. So besteht in einzelnen Kommunen ein recht breites Spektrum verbandlicher Akteure mit einer entwickelten Organisationsstruktur, während sich in anderen Kommunen lediglich einzelne Spitzenverbände bzw. eine eher schwache Präsenz wohlfahrtsverbandlicher Strukturen nachweisen lassen. In allen untersuchten Regionen war das Spektrum selbstorganisierter Vereine und Initiativen nicht besonders ausgeprägt und hatte mit erheblichen Bestandsproblemen zu kämpfen. In diesem Zusammenhang wurde der Frage nachgegangen, wie solche kommunalen Differenzierungen zu erklären sind. Um diese Frage beantworten zu können, müssen allgemeine, für alle untersuchten Kommunen mehr und weniger zutreffende Rahmenbedingungen von lokal spezifischen Konstellationen unterschieden werden. In dieser Hinsicht wurde herausgearbeitet, daß in sämtlichen Kommunen ein starker situativer Anreiz zur Delegation öffentlicher Aufgaben bzw. Einrichtungen und Dienste auf nichtöffentliche Träger gegeben war. Alle Kommunen und Landkreise mußten im Sozialsektor mit Problemen, wie einem hohen Nachfragedruck nach sozialen

Leistungen, knappen öffentlichen Mitteln, dem Zusammenbruch der bisherigen Trägerstrukturen und einer erst im Aufbau befindlichen kommunalen Sozialverwaltung umgehen. Angesichts dieser Schere zwischen hohem Aufgabendruck und vergleichsweise gering entwickelten Problembearbeitungskapazitäten lag es nahe, nach Möglichkeiten und Wegen zur Entlastung der Kommunen zu suchen. Solche Entlastungen sind aber nicht allein in der Auslagerung von Einrichtungen und Diensten auf nicht-öffentliche Träger zu sehen. Denn aus der Diskussion um die Definition von Staatsaufgaben und die Auslagerung öffentlicher Aufgaben auf nicht-öffentliche Träger ist bekannt, daß die Aufgabendelegation neben Vorteilen auch Nachteile, wie etwa den Verlust direkter Steuerungs- und Kontrollmöglichkeiten sowie die Zunahme von Koordinations- und Kooperationsproblemen im Sozialsektor, in sich birgt.

Auf kommunaler Ebene wurden die Entscheidungsspielräume in unterschiedlicher Art und Weise genutzt. Die Politik der Delegation von Einrichtungen und Diensten auf nicht-öffentliche Träger unterscheidet sich in den untersuchten Städten und Landkreisen in ihrem "Tempo" bzw. zeitlichen Verlauf und in den "Marktanteilen" freigemeinnütziger Träger im Verhältnis zu denen des öffentlichen Sektors. Deutliche Unterschiede lassen sich auch hinsichtlich der relativen Bevorzugung oder Benachteiligung einzelner Trägergruppen - wie Verbände oder selbstorganisierte Initiativen und Vereine - oder einzelne freigemeinnützige Träger, etwa im Sinne einer Bevorzugung westdeutscher Verbandsneugründungen oder ostdeutscher Altorganisationen feststellen.

Die untersuchten vier Regionen lassen sich nach ihren ordnungspolitischen Konzepten und Strategien in zwei Gruppen einteilen: Während in Neu-Brühl und im Landkreis Bärenklau der Versuch unternommen wurde, öffentliche Aufgaben möglichst umfassend zu definieren und einen möglichst hohen Anteil an sozialen Einrichtungen und Diensten in kommunaler Hand zu halten, wurde in Salzstetten und im Landkreis Frankenstein eine gezielte Politik der Übertragung öffentlicher Aufgaben auf verbandliche Akteure verfolgt. Eine nähere Betrachtung der Entscheidungsverläufe zeigt, daß in den ersten Jahren des gesellschaftlichen Transformationsprozesses denjenigen Persönlichkeiten, die die Gelegenheit hatten in leitenden Positionen wichtige Entscheidungen zu fällen, eine phasenspezifisch hohe Bedeutung zukommt. Sie sind die "Pioniere" bzw. "politischen Unternehmer" des Transformationsprozesses. Es ist nicht überraschend, daß zu Beginn weitreichender Umbruchprozesse bzw. eines Systemwandels das Spektrum möglicher Entscheidungsoptionen und damit auch der Gestaltungsspielraum für neue Entscheidungsträger bzw. "neue Eliten" außergewöhnlich groß ist. Im weiteren Verlauf solcher Prozesse engen sich diese Entscheidungsspielräume durch die bindende Wirkung vergangener Entscheidungen immer stärker ein, so daß am (vorläufigen) Ende solcher Entscheidungsketten die "Verwaltung vorgefundener Strukturen" und das "Lob der Routine" übrig bleiben.

4. Die politische Steuerung des Aufbaus der freien Wohlfahrtspflege

Die entscheidende Frage lautet daher: Was waren das für kommunalpolitische Akteure, die in "der ersten Stunde" die grundlegenden Entscheidungen treffen konnten? Bemerkenswert ist zunächst einmal, daß wir es in den Sozialdezernaten in der Mehrzahl der Fälle, d.h. in Neu-Brühl, Frankenstein und Bärenklau, mit ostdeutschem Führungspersonal zu tun haben. Die Analyse der Entscheidungsprozesse in allen vier Untersuchungsregionen hat zudem deutlich gemacht, daß die gewählte subsidiaritätspolitische Option entscheidend davon abhängt, ob die "politischen UnternehmerInnen der ersten Stunde" über eigene bzw. zumindest persönlich bedeutsame mittelbare Erfahrungen mit nicht-öffentlichen Trägern, insbesondere mit der verbandlichen Wohlfahrtspflege, verfügen oder nicht. In diesem Sinne hat sich in denjenigen Untersuchungsregionen, in denen es nach 1989 auf der Leitungs- und Führungsebene der öffentlichen Sozialverwaltung keine grundlegenden personellen Veränderungen gab, der Aufbau nicht-öffentlicher Träger, insbesondere der Spitzenverbände der Freien Wohlfahrtspflege, deutlich verzögert. Dieser Entwicklungsverlauf resultiert aus fehlenden Erfahrungen der entscheidungsrelevanten Akteure mit Formen nicht-öffentlicher Aufgabenerledigung und deren Überzeugung, daß die Erbringung sozialer Aufgaben primär eine staatliche Aufgabe sei. Grundlegend anders stellt sich die Situation hingegen dort dar, wo die Führungs- und Leitungspositionen mit ostdeutschem Personal aus dem Kontext der Bürgerbewegungen, mit Personen, die bereits vor 1989 bei der Diakonie tätig waren, und/oder mit westdeutschem Personal besetzt wurden. In diesen Fällen bewerten die Entscheidungsträger die Mitwirkung nicht-öffentlicher Träger an der Umsetzung sozialpolitischer Maßnahmen und Programme positiv und verfügen zudem über ein Bild von funktionierenden Wohlfahrtsverbänden, auch wenn dieses Idealbild mit der "rauhen Wirklichkeit" des Transformationsprozesses noch nicht übereinstimmt. Aber auch im Falle eines derart ausgewiesenen Subsidiaritätsverständnisses zeigen sich noch bedeutsame Ausdifferenzierungen, wenn es etwa darum geht, ob die etablierten Spitzenverbände insgesamt, nur einige ausgewählte von ihnen oder auch selbstorganisierte Vereine und Initiativen in die kommunale Förderpolitik einbezogen werden (sollen).

Bei allen Differenzen zwischen den untersuchten Kommunen ist festzuhalten, daß eine Beteiligung freigemeinnütziger Träger - wenn auch auf höchst unterschiedlichem Niveau - in allen untersuchten Kommunen erfolgt. Hierin wird auch der Einfluß der bundes- und landespolitischen Institutionenpolitik deutlich. Die Interviewaussagen der entscheidungsrelevanten Akteure in denjenigen Kommunen und Landkreisen, in denen anfangs keine Präferenz zugunsten der freien Wohlfahrtspflege bestand, machen deutlich, daß diese die bundespolitischen Förderprogramme und Richtlinien als "staatliche Vorgaben" empfinden, die sie zu ungewollten Aktivitäten zwingen. Die institutionellen und aufgabenbezogenen Förderprogramme des Bundes und des jeweiligen Landes waren in der Regel - so diese kommunalpolitischen Akteure - exklusiv auf Wohlfahrtsverbände ausgerichtet, so daß es aus finanzpolitischen Gründen gar nicht möglich gewesen sei, auf eine Auslagerung sozialer Dienste und Einrichtungen auf nicht-öffentliche Träger zu verzichten. Unter derartigen Rahmenbedingungen greifen diese kommunalpolitischen Akteure dann in erster Linie auf die ihnen vertrauten ostdeutschen Altorganisationen, wie etwa die Volkssolidarität und das Deutsche Rote Kreuz, zurück.

Als Gegenbeispiel lassen sich diejenigen Kommunen anführen, in denen die Führungspositionen in der öffentlichen Sozialverwaltung mit ehemaligen Mitarbeitern der Diakonie und der evangelischen Kirche oder mit Personen aus den alten Bundesländern besetzt waren. In diesen Fällen wird die Übertragung öffentlicher Aufgaben auf freigemeinnützige Träger als eine fach- und ordnungspolitisch sinnvolle Strategie bewertet. Die Übertragung öffentlicher Aufgaben auf freigemeinnützige Verbände wird daher nicht als "unabdingbares Übel" bewertet, sondern als eine politisch zweckmäßige und fachlich sinnvolle Maßnahme angesehen.

Berücksichtigt man die herausgearbeiteten situativen Entscheidungsprämissen kommunaler Subsidiaritätspolitik und die ordnungspolitischen Konzepte und Präferenzen der kommunalpolitischen Akteure, so zeichnen sich zukünftig mehrere Entwicklungsvarianten in der Aufgabenteilung und in den Kooperationsbeziehungen zwischen öffentlichen und freigemeinnützigen Trägern auf kommunaler Ebene in Ostdeutschland ab:

- *"Die Strategie der residualen Subsidiarität"*: Kennzeichnend für diese Entwicklungsvariante ist eine stark ausgeprägte Präferenz der kommunalen Entscheidungsträger zugunsten einer weitgefaßten Definition öffentlicher Aufgaben. Eine Delegation von Verantwortlichkeiten sowie von Einrichtungen und Diensten auf verbandliche Träger erfolgt nur, wenn diese unumgänglich ist, etwa weil überörtliche Förderprogramme finanzielle Zuwendungen an die Bedingung einer Übertragung der fraglichen Aufgabe auf nicht-öffentliche Träger knüpfen. Da verbandliche Akteure nicht gezielt und planmäßig in die öffentliche Aufgabenerbringung einbezogen werden, können sie sich kaum entfalten, und ihnen wird ein residualer Status im kommunalen Sozialsektor zugewiesen.
- *"Die Strategie der pragmatischen, ressourcenpolitisch motivierten Kooperation"*: Kennzeichnend für diese Entwicklungsvariante ist ein finanzpolitisch motiviert restriktives Verständnis öffentlicher Aufgaben; die eigentliche Verantwortung des öffentlichen Sozialsektors wird in einer Gewährleistungsverpflichtung im Sinne eines ausreichenden und flächendeckenden Angebotes sozialer Dienste und Einrichtungen sowie einer Verantwortlichkeit für die Regulierung von Kooperationsbeziehungen zwischen den beteiligten Akteuren gesehen. Die *Durchführung* öffentlicher Aufgaben soll dementsprechend möglichst auf nicht-öffentliche Träger übertragen werden; verbandliche Akteure werden aus dieser Perspektive vornehmlich als Ressource bzw. Ressourcenträger angesehen.

- *"Die Strategie der Optionserweiterung und des Qualitätswettbewerbs durch plurale Anbieterstrukturen"*: Gemäß dieser Entwicklungsvariante besteht die vornehmliche Aufgabe sozialpolitischer und administrativer Akteure primär darin, gesellschaftliche Gruppen und Akteure an der Erbringung von Aufgaben im Sozialbereich zu beteiligen, um im Bereich sozialer Dienste und Einrichtungen eine Pluralität von Wertvorstellungen, fachpolitischen Konzepten und ordnungspolitischen Vorstellungen zur Geltung bringen zu können und die Wahlmöglichkeiten für die (potentiellen) Adressaten bzw. Klienten zu erhöhen. Während diese Vorstellung bei Sozialdezernenten und Kommunalpolitikern allenfalls erst in Ansätzen erkennbar ist, wurden von Vertretern der Fachämter, insbesondere der Jugendämter, die im weitesten Sinne dem Kontext der Bürgerbewegungen zuzurechnen sind, durchaus bereits solche Positionen vertreten. Diese kommunalpolitischen Akteure sind aus fachpolitischen Gründen bestrebt, neben den etablierten Wohlfahrtsverbänden auch selbstorganisierte Initiativen und Vereine im Jugend- und Sozialbereich zu fördern. Die Option für nichtöffentliche Träger und Vereinigungen ist hier nicht ausschließlich pragmatisch-finanzpolitisch, sondern vor allem auch demokratie- und fachpolitisch legitimiert.

5. Der Caritasverband in der Diaspora: Die Umstrukturierung eines kleinen konfessionellen Wohlfahrtsverbandes

Die Caritas war der kleinste nicht-staatliche Anbieter sozialer Dienste in der DDR, der den Zusammenbruch des real-sozialistischen Staates überdauert hat. Sie hat sich dabei aus der direkten organisatorischen Anbindung an die katholische Kirche gelöst und steht nun vor der Aufgabe, sich in einer Diasporasituation zu einem Spitzenverband der Freien Wohlfahrtspflege zu entwickeln.

Im ersten Abschnitt wird zunächst ein Überblick über die Gründung und historische Entwicklung des Deutschen Caritasverbandes (DCV) gegeben (5.1). Im Anschluß daran steht die Beschreibung der organisatorischen Strukturen und des Aufgabenspektrums der Caritas in der DDR im Vordergrund (5.2). Der dritte Abschnitt (5.3) widmet sich den Gründungs- und Umstrukturierungsverläufen von Kreis- und Diözesancaritasverbänden in Lummerland und Fürstenberg. Nach einer Rekonstruktion des Aufbaus der örtlichen Verbandsgliederungen in Salzstetten, Frankenstein, Bärenklau und Neu-Brühl (Abschnitt 5.4) werden abschließend die Ergebnisse diskutiert (Abschnitt 5.5).

5.1 Gründung und historischer Verlauf

Ende des 19. Jahrhunderts (1897) wurde der "Caritasverband für das katholische Deutschland" auf Initiative des damaligen erzbischöflichen Hofkaplans Lorenz Werthmann gegründet, um die bis dahin lokal organisierten caritativen Einrichtungen und Fachverbände zusammenzufassen (vgl. Wollasch 1989, Flierl 1992, Kaiser 1989a). Diese seit den 30er und 40er Jahren des 19. Jahrhunderts entstandenen katholischen Ordensgemeinschaften, Vereine, Stiftungen und Einrichtungen nahmen vor allem Aufgaben in der Krankenpflege, Kleinkindbetreuung, Familienhilfe, Heimerziehung und Behindertenhilfe wahr (vgl. Wollasch 1989). Als "organisierte Hilfstätigkeit" des Katholizismus wollten sie soziale Probleme und Notlagen umfassend lindern, die dabei vornehmlich religiös-moralisch definiert wurden (vgl. Gabriel 1992). Darüber hinaus sollte soziale Arbeit auch der politischen Einflußmöglichkeit dienen: "Eine starkgemachte, durch Wirksamkeit vorzeigbare caritative Sozialarbeit war eines von vielen Mitteln, dem politischen und sozialen Katholizismus im deutschen Kaiserreich nach Abbau des Kulturkampfes zu Positions- und Profilverbesserung zu verhelfen" (Wollasch 1989).[38]

---

[38] Zu den zeitgeschichtlichen Umständen der Gründung des Caritasverbandes siehe auch Kaiser 1989a und 1993.

Bis zum Jahre 1915 vergrößerte sich die verbandliche Caritas nur geringfügig (vgl. Flierl 1992: 219), und erst nach dem Ersten Weltkrieg konsolidierte sich die in "Deutscher Caritasverband" (DCV) umbenannte Organisation. Wie das Deutsche Rote Kreuz und die Innere Mission konnte sich auch die Caritas während der Zeit des Nationalsozialismus in einem Teil ihres Aufgabenfeldes weiter betätigen. Sie betreute vor allem chronisch Kranke, Behinderte und entsprechend der nationalsozialistischen Ideologie als "gemeinschaftsfremd" definierte Gruppen und Personen und betrieb ein flächendeckendes Netz an Krankenhäusern und Gemeindepflegestationen (vgl. Landenberger 1992, Kaiser 1991).

Der Deutsche Caritasverband ist die "institutionelle Zusammenfassung und Vertretung der katholischen Caritas in Deutschland" (DCV 1992) und wurde durch einen entsprechenden Beschluß der deutschen Bischofskonferenz 1916 in dieser Form anerkannt. Der Caritasverband als Träger sozialer Dienste und Einrichtungen ist einerseits rechtlich selbständig und hat damit Handlungsautonomie gegenüber der katholischen Kirche, bleibt dieser andererseits neben der weltanschaulichen Bindung sowohl personell als auch organisatorisch eng verbunden und versteht sich als "Ausdruck kirchlich-diakonischen Handelns" (DCV 1992). So steht der Verband unter der Aufsicht der deutschen Bischöfe: Der Vorsitzende der Bischofskommission hat das Recht, an Sitzungen der Verbandsorgane teilzunehmen, und auf der Ebene der Diözesanverbände werden in der Regel der Vorsitzende und der geschäftsführende Direktor des Caritasverbandes durch den Bischof bestätigt. Darüber hinaus sind Kirchenvertreter Mitglieder im Vorstand der jeweiligen Verbandsgliederungen der Caritas, und der Bischof ist zumeist selbst Verbandsvorsitzender des Diözesanverbandes.

Nach 1945 weiteten sowohl der Staat als auch die Wohlfahrtsverbände das Angebot an sozialen Dienstleistungen aus. Diese Entwicklung war für den Deutschen Caritasverband auf zwei Ebenen folgenreich: Auf der einen Seite waren Expansions- und Professionalisierungsbestrebungen der Wohlfahrtsverbände zu verzeichnen, auf der anderen Seite kam es zu einer zunehmenden Säkularisierung sowie kontinuierlich steigenden Erosionstendenzen des katholischen Milieus (vgl. Kühr 1985). Insbesondere seit Anfang der 80er Jahre wurde die Rolle des Caritasverbandes im Verhältnis zur katholischen Amtskirche und zum Staat ein zentrales Thema innerverbandlicher Debatten. Dabei wurden zwei Positionen vertreten: Erstens, so wurde argumentiert, habe sich die katholische Kirche im bundesdeutschen Sozialstaat in zwei Bereiche, einen seelsorgerisch-pastoralen und einen caritativen Teil ausdifferenziert, wobei letzterer hauptsächlich von der verbandlichen Caritas übernommen werde (vgl. Gabriel 1992). Zweitens wurde dafür plädiert, eine "spezifische Identität" bzw. ein Proprium katholischer Sozialarbeit innerkirchlich neu zu definieren: "Es galt zu begründen, was dieses breite, nahezu flächendeckende soziale Engagement des Caritasverbandes noch mit Kirche und Evangelium zu tun hat" (Manderscheid 1990: 59).

Trotz dieser internen Diskussionen über die Position und Funktion des Caritasverbandes in einer säkularisierten Umwelt bleibt er einer der großen freien Träger sozialer Dienste und Einrichtungen. In den alten Bundesländern ist der Deutsche Caritasverband nach wie vor der größte Spitzenverband der Freien Wohlfahrtspflege. So befinden sich im Jahre 1991 in den alten Bundesländern mehr als 25.000 soziale Dienste und Einrichtungen in Trägerschaft der Caritas und ihrer korporativen Mitglieder, wobei Tageseinrichtungen der Jugendhilfe fast 10.000 und ambulante Einrichtungen und Beratungsdiensten der Altenhilfe ca. 4.500 Einrichtungen den größten Anteil haben (vgl. Caritas Korrespondenz 1993).

Der Caritasverband ist in den alten Bundesländern in allen sozialen Aufgabenbereichen tätig. Der organisatorische Aufbau des Caritasverbandes, dessen Verbandszentrale in Freiburg angesiedelt ist, gliedert sich in drei Hauptvertretungen in Berlin, Bonn und München, 22 Diözesancaritasverbände sowie 444 Caritasverbände auf regionaler und lokaler Ebene. Ferner sind 36 caritative Fachverbände und 260 caritative Genossenschaften und Vereinigungen dem Deutschen Caritasverband angegliedert. Nach Flierl (1992: 208) haben der Deutsche Caritasverband und seine Fachverbände 2 Millionen Mitglieder.

5.2 Caritas in der DDR

Da es in der DDR aufgrund des staatlichen Organisations- und Politikmonopols keine freiwilligen nicht-staatlichen Organisationen gab bzw. geben durfte (vgl. Pollack 1990, Lepsius 1994), war die Caritas in der DDR nicht verbandlich strukturiert, d.h. sie hatte keinen juristisch eigenständigen Vereinsstatus. In der Verfassung der DDR wurde den Kirchen eine formale Eigenständigkeit zugestanden und bei kirchenpolitischen Entscheidungen weitgehend gewährt. Daher war die Caritas organisatorisch in die katholische Kirche eingebunden und wurde als "caritative Grundfunktion" der katholischen Kirche verstanden. Mit dieser Verflechtung war die Caritas als Teil der katholischen Kirche "unter den ausdrücklichen Schutz des Bischofs gestellt" (Puschmann 1990b: 37) und konnte somit "durch die kirchliche Legitimation bestehen" (Puschmann 1990a: 161). Aufgrund des geringen Katholikenanteils an der Bevölkerung in der DDR befand sich die katholische Kirche in einer Diaspora-Situation,[39] die sich auf die Aufgaben und die Strukturierung der Caritas entscheidend auswirkte, wie im folgenden näher erläutert werden wird.

---

39 In 40 Jahren atheistisch ausgerichtetem "real-existierenden Sozialismus" nahm die Zahl der Mitglieder der katholischen Kirche von 10 Prozent im Jahre 1950 auf unter 6 Prozent der Bevölkerung im Jahre 1991 ab. Die evangelische Kirche hatte allerdings viel stärkere Mitgliedsverluste: Während 1950 noch 80 Prozent der ostdeutschen Bevölkerung der evangelischen Kirche angehörten, waren es im Jahre 1991 nur noch 27 Prozent. Demgegenüber gehörten im Jahre 1991 in den alten Bundesländern jeweils etwas mehr als 40 Prozent der Bevölkerung der katholischen bzw. evangelischen Kirche an (vgl. Statistisches Bundesamt 1992).

Die Struktur der Caritas in der DDR gliederte sich in Gemeinde-, Stadt- und Dekanatscaritas sowie in Caritas im sogenannten Jurisdiktionsbezirk.[40] Auf gemeindlicher Ebene gab es keine einheitlichen Strukturen (Puschmann 1990a: 161), meist waren dort jedoch ehrenamtliche Caritashelferkreise in enger Zusammenarbeit mit den örtlichen Pfarrern eher seelsorgerisch tätig. In den meisten - flächenmäßig sehr weit ausgedehnten - Dekanaten, war in der Regel ein kirchlich ausgebildeter Fürsorger tätig, der allgemeine soziale Beratung (Lebensberatung) und/oder Beratung für Personen in besonderen Lebenslagen, wie z.B. körperlich und geistig Behinderte, Alkoholabhängige, Schwangere oder Alleinerziehende, durchführte. Die sozialen Beratungsdienste und Einrichtungen waren vornehmlich auf die Bedarfe der katholischen Gemeindemitglieder ausgerichtet, darüber hinaus seien sie wenig bekannt gewesen - formuliert Günther Ehrlicher, ein ehemaliger Dekanatsfürsorger - im Interview. Auf Wunsch hätten jedoch die sozialen Dienste prinzipiell jedem offengestanden. Gertrud Weißkopf, ebenfalls eine ehemalige Dekanatsfürsorgerin, führt aus, daß in den Kinderheimen vornehmlich nicht-katholische Kinder untergebracht waren, und betont ausdrücklich den offenen Charakter dieser Einrichtungen: "Also wer zu uns kommen wollte, konnte kommen, [es; d.A.] wurde auch nicht gefragt woher er kommt, gefragt wurde, wer ihn schickt".

Die Aufgaben der Caritas in den Juristiktionsbezirken beschreibt Puschmann (1990a: 163) folgendermaßen: "geistliche Anregung, die Akzentuierung und Koordinierung der Caritasarbeit, die Weiterbildung und die Strukturierung caritativen Tuns sowie die Vertretung der Caritas zum Staat hin, die ökumenische Zusammenarbeit - dies alles sind einige Aufgaben dieser Dienststellen der Caritas." Die Verknüpfung der Jurisdiktionscaritas mit der katholischen Kirche war zumeist so weitreichend, daß die Geschäftsstelle der Caritas eine Unterabteilung des bischöflichen Ordinariates bildete, wobei der Caritasdirektor zugleich als Abteilungsleiter fungierte, wie sich ein Verbandsgeschäftsführer im Interview ausdrückte (Interview Domke).

Als Teil der katholischen Kirche bestanden für die Caritas entsprechende Handlungsspielräume: Erstens unterhielt sie eigene soziale Dienste und Einrichtungen, wie etwa Krankenhäuser, Einrichtungen für alte Menschen und für geistig und körperlich Behinderte, Erholungs- und Kurheime sowie Wohnheime für Jugendliche, Kindergärten und Kinderheime. Im Jahre 1988 betrieb die Caritas in der DDR wenige Kindergärten, Gemeindeambulanzen sowie Alten- und Pflegeheime (vgl. Tabelle 1).

---

40 Die Gliederung der Caritas in Jurisdiktionsbezirke kann als Anpassung der vormaligen grenzübergreifenden Diözesanverbände an die politischen Bezirke der DDR verstanden werden. Damit sollte nicht die Einheit der Bistümer aufgehoben werden, sondern es "mußten im Dienst einer geordneten Seelsorge kirchliche Strukturen geschaffen werden, die den politischen Realitäten Rechnung trugen" (Puschmann 1990a).

Tabelle 1: **Soziale Einrichtungen und Dienste in Trägerschaft der Caritas in der DDR 1988**

Art der Einrichtung	Anzahl
Kindergärten	149
Gemeindeambulanzen	106
Alten- und Pflegeheime	102
Krankenhäuser	32
Krankenhausambulanzen	32
Erholungsheime	24
Kinderheime	12
Beratungsstellen	10

Quelle: Puschmann 1990a: 166.

Zweitens hatte die Caritas als Kirchenorganisation in begrenztem Umfang die Möglichkeit, eigenes Fachpersonal in 48 kircheneigenen Ausbildungsstätten auszubilden; dafür standen pro Jahr je nach Ausbildungsgang folgende Kapazitäten zur Verfügung (vgl. Tabelle 2):

Tabelle 2: **Ausbildungsplätze pro Jahr in katholischen Fachschulen der DDR 1990**

Art der Ausbildung	Plätze pro Jahr
Kranken- und KinderkrankenpflegerIn	750
KindergärtnerIn	130
SozialpädagogIn	24
FürsorgerIn	23
ErzieherIn	16

Quelle: Deutscher Caritasverband 1992.

Die Ausbildungsinhalte orientierten sich an bundesdeutschen Standards und erfolgten weitgehend ohne Beeinflussung durch das DDR-Regime (vgl. Bock 1992,

Galuske/Rauschenbach 1994, Reinicke 1990, Puschmann 1990a). Da diese Qualifikationen - mit Ausnahme des Abschlusses zum/zur KrankenpflegerIn - in der DDR staatlich nicht anerkannt wurden, kam die persönliche Entscheidung, eine solche Ausbildung aufzunehmen, einem religiösen und politischen Bekenntnis gleich. Obwohl die katholische Kirche in der DDR nicht im gleichen Maße wie die evangelische eine politische Oppositionsfunktion wahrnahm, sondern eher zurückgezogen in einer gesellschaftlichen Nische wirkte, wird in den Interviews - neben der katholischen Grundüberzeugung - die Möglichkeit zur Abgrenzung gegenüber dem DDR-Regime als eines der entscheidenden Motive zur Aufnahme einer kirchlichen Ausbildung thematisiert. So führt beispielsweise Herr Ehrlicher, ein Verbandsvertreter auf örtlicher Ebene, aus: "Ich bin auch ganz bewußt zur Caritas gegangen, weil ich katholisch bin, das war für mich eine ganz klare Entscheidung, wobei die Entscheidung auch darin lag, politisch Opposition sein zu können".

Die Diasporasituation der katholischen Kirche und die Abgrenzung beider Kirchen gegenüber den ideologischen Inhalten des DDR-Regimes führte zu einer intensiven Zusammenarbeit zwischen den Kirchen und dazu, daß Gemeinsamkeiten betont und Unterschiede vernachlässigt wurden. So wurde Wert auf gegenseitige Beratungen gelegt und ein Austausch von Referenten bei Aus- und Weiterbildungsangeboten sowie von Fachpersonal in Diensten und Einrichtungen organisiert.

Aufgrund der wenigen Kirchenmitglieder in der DDR und der Tatsache, daß "Kirchensteuern" nicht - wie in der alten Bundesrepublik - als Steuern erhoben, sondern als freiwillige Beiträge (Spenden) gezahlt wurden, waren die Kirchen und ihre caritativen Einrichtungen auf finanzielle Unterstützung durch westliche Kirchengemeinden angewiesen (vgl. Blandow/Tangemann 1992). Zudem wurde von den Vertretern der katholischen Kirche der DDR die Verbindung zur Weltkirche sowohl gesucht als auch gepflegt. Auf Caritasebene blieben weiterhin Kooperationsbeziehungen zu Caritasgliederungen in den alten Bundesländern bestehen, was sich auf der einen Seite darin ausdrückte, daß die "Einheit der Bistümer Berlin, Osnabrück, Paderborn, Hildesheim, Fulda und Würzburg grenzüberschreitend gewahrt wurde" (Puschmann 1990a: 160) und auf der anderen Seite Kontakte - zumindest auf Diözesanebene - zu beratenden Partnerdiözesen aus den alten Bundesländern bestanden (Interview Domke/Mattfeld). Darüber hinaus wurde eine Zentralstelle des Deutschen Caritasverbandes in Ostberlin eingerichtet, deren Hauptaufgaben in der Koordinierung der Caritasaktivitäten, der Kontaktpflege zur Bischofskonferenz und der Pflege grenzüberschreitender Kontakte sowie in Verhandlungen mit dem DDR-Gesundheits- und Sozialministerium über Pflegesätze in katholischen Krankenhäusern und Heimen bestanden, wie Herr Kaiser, ein leitender Mitarbeiter dieser Zentralstelle berichtet. Einzelnen "geistlichen Caritasdirektoren" wurde zudem die Ausreise zu Caritastagungen in die Bundesrepublik gewährt (Interview Bosse).

5.3 Der Umbau der Diözesanverbände

Im folgenden werden die Vorstellungen der Diözesanverbände zum Selbstverständnis der Organisation, zur Einrichtungsübernahme und zum Dienstleistungsprofil sowie zur möglichen Ausdehnung des verbandlichen Leistungsangebots beschrieben.[41] Nach der deutschen Vereinigung standen die Diözesancaritasverbände vor der Herausforderung, sich aus ihrer engen organisatorischen Verflechtung mit der katholischen Kirche zu lösen und sich zu einem Spitzenverband der Freien Wohlfahrtspflege zu entwickeln. Die interviewten Geschäftsführer der Caritas auf Diözesanebene waren auch schon in der DDR als Caritasdirektoren tätig und verfügen somit über langjährige Erfahrungen mit caritativer sozialer Arbeit unter den Bedingungen einer atheistisch geprägten Umwelt.

5.3.1 "Wir sind klein": Lummerland[42]

Den Prozeß der Umstrukturierung der Caritas zu einem Spitzenverband der Freien Wohlfahrtspflege beschreibt Wilhelm Schwarze, Caritasdirektor im Diözesanverband, nicht als gravierende Veränderung. Er meint: "im Grunde [genommen; d.A.] hat sich für uns nicht viel geändert". Herr Schwarze vertritt die Auffassung, der Caritasverband in den neuen Bundesländern solle nicht so viele Einrichtungen übernehmen: "Wir sind gedrängt worden, neue Einrichtungen zu übernehmen, obwohl wir da unsere Probleme haben, denn wir sind nur ein kleiner Verband, eine kleine Kirche, die dahintersteht (...) wir sind klein und wir werden immer klein bleiben". Diese "Bedrängnis" der Caritas bezieht Herr Schwarze sowohl auf politisch-adminstrative als auch auf innerverbandliche Akteure. Die Kommunen, so beschreibt er im Interview, wollten nach der zweijährigen Neustrukturierungs- und Konsolidierungsphase der Sozialverwaltung weitere Einrichtungen an die Caritas übertragen, dazu sei er jedoch nicht bereit: "Jetzt müssen wir schon sagen, bei uns nicht mehr" (Interview Schwarze). Auch innerorganisatorisch sei durch Caritasvertreter aus den alten Bundesländern für den Ausbau des Leistungsangebots plädiert worden, um sich die Chance nicht entgehen zu lassen, Einfluß zu gewinnen: "Alles was im Angebot war, sollten wir übernehmen" (Interview Schwarze). Wilhelm Schwarze schildert, er habe jedoch nur wenige Einrichtungen

---

41 Der regionale Zuständigkeitsbereich der Diözesancaritasverbände richtet sich nach den kirchlichen Grenzen einzelner Diözesen und Bistümer und entspricht nicht den politischen Landesgrenzen. Zur besseren Vergleichbarkeit der einzelnen Verbändestudien untereinander wurde als Bezugsgröße das entsprechende Bundesland gewählt.

42 Obwohl die Entscheidung, dieses bischöfliche Amt im Bundesland Lummerland in einen Diözesancaritasverband umzustrukturieren, zum Zeitpunkt der empirischen Interviewerhebung noch nicht getroffen war, sondern erst im Juli 1994 erfolgte, wird im folgenden von "Diözesanverband" gesprochen, wenn die übergeordnete Verbandsgliederung thematisiert wird.

neu übernommen und bekäme für seine Zurückhaltung nun, nachdem die Diasporasituation der Caritas in den neuen Bundesländern bekannt sei, anerkennende Worte: "Weil die nicht wußten, daß hier wirklich keine Christen zu finden sind, daß wir Einrichtungen haben, wo zu 90-95 Prozent Nichtchristen tätig sind" (Interview Schwarze).

Innerorganisatorische Entscheidungen auf Diözesanebene, die die Übernahme (bzw. Nicht-Übernahme) von Einrichtungen betreffen, scheinen im Kompetenzbereich von Herrn Schwarze zu liegen: "Der Caritasdirektor muß an den Verhandlungen teilnehmen, wenn es um die Übernahme von Einrichtungen geht, um Neuordnung der Arbeit, wenn es um Beratungsstellen geht, da ist er derjenige, der die Entscheidungen zu fällen hat, was wird gemacht, was wird nicht gemacht, und das natürlich in Absprache mit dem Vorstand des Caritasverbandes, aber ich bin der Geschäftsführer (...) und insofern in weiten Gebieten selbständig" (Interview Schwarze). In dieser Vorstellung über seine Aufgaben schwingt eine gewisse Form der "Weisungsbefugnis" mit, die eventuell ein Fortwirken von Kompetenzverteilungen innerhalb der Caritas aus der 40jährigen DDR-Zeit darstellt. Vor diesem Hintergrund verblüfft zunächst die marginale Bedeutung einer klaren Zielsetzung des Verbandes. Dies kann jedoch auch ein Problem des Umstrukturierungsprozesses sein, wie in der folgenden Beschreibung Herrn Schwarzes zum Ausdruck kommt: "Wir haben bei den Sitzungen [des Vorstandes; d.A.] der letzten drei Jahre soviel Programmpunkte gehabt, die zu entscheiden waren, daß wir zu einer Zielstellung, einer neuen Zielstellung, überhaupt nicht gekommen sind, so daß also das für uns noch aussteht, daß wir für den Caritasverband neue Gedanken einbringen, und das kann immer nur so kurz mal angedeutet werden, das schieben wir immer ein Stückchen vor uns her, um da mal klare Aussagen zu treffen, allgemein steht es ja in der Satzung drin, was wir wollen, wozu wir da sind, aber es muß ja jeweils neu formuliert werden, und das ist schon ein Problem, daß man dazu kaum die Zeit findet".

5.3.2 "Die eigentlichen Träger wieder einsetzen": Fürstenberg

Mit dem Prozeß der Umstrukturierung der Caritas waren im Diözesanverband im Bundesland Fürstenberg auch Veränderungen in der innerorganisatorischen Kompetenzverteilung verbunden: Bis zur "Wende" seien sie weisungsbefugt gewesen, jetzt jedoch seien sie in der Aushandlungsphase darüber, welche Rechte und Pflichten jeweils jeder Verbandsebene zukommen sollte, schildern Victor Domke und Walter Mattfeld die Situation.[43] Darüber hinaus bestehen allerdings

---

43 Dieses Interview wurde mit dem ehemaligen Caritasdirektor Herrn Domke und dem amtierenden Caritasdirektor Herrn Mattfeld gemeinsam geführt, da Herr Domke erst 1992 aus Altersgründen aus dem Amt ausschied.

viele organisationsstrukturelle Ähnlichkeiten zum zuvor dargestellten Diözesanverband in Lummerland: Personelle Entscheidungen bzw. Stellenpläne und Haushaltspläne müssen durch den Diözesancaritasverband genehmigt werden, ebenfalls besteht eine finanzielle Abhängigkeit der untergeordneten Verbandsgliederungen hinsichtlich der Verteilung von Kirchensteuergeldern sowie bei der Festsetzung der Gehaltskosten für die örtlichen GeschäftsführerInnen.

Das vordringlichste Thema innerhalb dieses Diözesanverbandes war im Jahr 1992 die Frage, welche Verbandsebene (Diözesan- oder Orts- bzw. Kreiscaritasverband) Träger von Einrichtungen sein sollte; 1992 befanden sich die meisten Einrichtungen in Trägerschaft des Diözesanverbandes; die örtlichen Verbandsgliederungen hatten dagegen ihren Schwerpunkt bei Beratungsdiensten. In diesem Zusammenhang steht auch die Frage der Trägerschaft durch die örtlichen katholischen Gemeinden zur Debatte. Nach der Wende wurde versucht, "die eigentlichen Träger wieder einzusetzen", denn, so wird betont "uns liegt noch was an der Subsidiarität" (Interview Domke/Mattfeld). In diesem Verständnis von Subsidiarität, als einer Bevorzugung der kleinsten Einheit, werden die örtlichen katholischen Gemeinden als zentraler Bezugspunkt gedeutet, und zwar sowohl hinsichtlich der Trägerschaft von sozialen Diensten und Einrichtungen als auch im Sinne einer sozialen Basis der Verbandsaktivitäten.

5.4 Umbau der kommunalen Caritasverbände

In den vier kommunalen Untersuchungsregionen besteht lediglich der Ortscaritasverband in Salzstetten als eingetragener Verein, die anderen drei Verbandsgliederungen sind "Außendienststellen" der jeweiligen übergeordneten Verbandsebenen. In allen vier örtlichen Caritasverbänden sind GeschäftsführerInnen beschäftigt, die zu DDR-Zeiten als kirchliche SozialarbeiterInnen ausgebildet wurden und von denen drei schon in der DDR langjährig als CaritasdekanatsfürsorgerInnen tätig waren. Mit Ausnahme von Salzstetten bestehen daher bei den heutigen Verbandsakteuren sowohl Erfahrungen mit caritativer sozialer Arbeit als auch eingespielte Routinen und Formen des innerorganisatorischen sowie innerkirchlichen Umgangs miteinander, da die personelle Besetzung auf Orts- und Diözesanebene eine hohe Kontinuität aufweist. In den Interviews mit den örtlichen GeschäftsführerInnen liegt der thematische Fokus der Darstellung der Umstrukturierungsprozesse seit 1989/1990 auf "alten", im Verlauf der DDR generierten Mustern und Inhalten sowie deren Veränderungen im Sinne einer Fortführung der Organisation unter veränderten Umweltbedingungen. Diese Modifikationen betreffen sowohl die Organisationsstruktur als auch das Dienstleistungsprofil des Verbandes. Hierbei zeigte die Analyse, daß die Vorstellungen der einzelnen örtlichen GeschäftsführerInnen das Selbstverständnis der kommunalen Verbandsgliederung prägen. Infolge unterschiedlicher Auffassungen über verbandliche Zielsetzungen und das "Profil der Organisation" kann es in der Beziehung zur Diözesanebene zu verbandsinternen Spannungen oder gar zu Konflikten kommen.

5.4.1 "Wo Hilfe über materielle Versorgung hinausgeht": Salzstetten

Markus Liebling, Geschäftsführer in Salzstetten, beschreibt sowohl seinen eigenen Zugang zur Caritas und seine heutige berufliche Position als auch die Vereinsgründung des Caritasverbandes in Salzstetten als "Zufall". Seine Vorgängerin sei "einfach überfordert" gewesen, so daß aus diesem Grund verbandlicherseits "ganz dringend jemand gesucht wurde", berichtet er im Interview. Der gesuchte neue Stelleninhaber sollte ein kirchlich ausgebildeter Sozialarbeiter sein, und da Herr Liebling die entsprechende fachliche Berufsqualifikation in der DDR erworben hatte, entschied er sich 1992, den Posten des Geschäftsführers in Salzstetten zu übernehmen. Allerdings betont er, daß er eigentlich dem Zivildienst entgehen wollte und nicht das Ziel hatte, "den Caritasverband aufzubauen". So habe er anfänglich vorgehabt, lediglich ein Jahr dort zu arbeiten und dann ein Studium zu beginnen.

Erst allmählich - im Prozeß der Umstrukturierung der Caritas zum Wohlfahrtsverband - kristallisierte sich bei Herrn Liebling eine Identifikation mit dem Caritasverband (im Osten) heraus, da er bemerkte, daß seine Ideen und konzeptionellen Vorstellungen praktische Folgen hatten und wirksam wurden. Die zentrale Aufgabe des Caritasverbandes sieht Herr Liebling darin, die christliche Wertauffassung in der konkreten sozialen Arbeit umzusetzen: "Wo Hilfe über materielle Versorgung hinausgeht, wirds für mich katholisch" (Interview Liebling). Innerhalb der alltäglichen Arbeit habe er gemerkt, daß es wichtig sei, Strukturen aufzubauen, um Ziele verwirklichen zu können. Erst aus diesen Überlegungen heraus kam es im Mai 1992 zur Gründung eines rechtlich eigenständigen Vereins in Salzstetten. In der Gründungsversammlung, deren 50 geladene Gäste sich aus Mitgliedern ehrenamtlicher Helferkreise und aus Pfarrern verschiedener Gemeinden zusammensetzten, wurde der Vorstand gewählt, der wie folgt personell zusammengesetzt ist: Von der Satzung vorgegeben sind der Geschäftsführer und der Dechant; ansonsten wurden Personen ausgewählt, die die Verbandsarbeit fachlich unterstützen können.

Trotz der rechtlichen Eigenständigkeit auf örtlicher Ebene bleibt eine enge organisatorische Anbindung an den übergeordneten Diözesanverband bestehen: Einerseits werden die Personalkosten für den Geschäftsführer und eine Verwaltungskraft zu 50 Prozent aus Mitteln des Diözesancaritasverbandes finanziert, andererseits ist der Ortscaritasverband auch wegen des geforderten fünfprozentigen Eigenmittelanteils bei der Übernahme von Einrichtungen und Diensten auf Gelder des Diözesanverbandes angewiesen, "was natürlich auch die entsprechenden

5. Der Caritasverband

Abhängigkeitsverhältnisse mit sich bringt", wie sich Herr Liebling ausdrückt. Diese Abhängigkeiten werden bei der Entwicklung eines Dienstleistungsprofils des Caritasverbandes besonders deutlich. So schildert Herr Liebling, daß alle stationären Einrichtungen in Salzstetten bei der Gründung des Caritasverbandes im Jahre 1992 "schon verteilt" gewesen seien. Daher bietet der Caritaskreisverband hauptsächlich Beratungsleistungen an; eine Sozialstation und eine Behindertenwerkstatt sind kooperative Mitglieder des Verbandes, und die Bahnhofsmission wird gemeinsam mit dem Diakonischen Werk betrieben. Herr Liebling hatte angeregt, eine Beratungsstelle für Familien, Jugendliche und Kinder gemeinsam mit der evangelischen Stadtmission aufzubauen, ein Versuch, der dann allerdings scheiterte. Dieses Scheitern sieht Herr Liebling in Befürchtungen des übergeordneten Diözesancaritasverbandes begründet, die Caritas würde im Verhältnis zur evangelischen Stadtmission in Salzstetten zu "leichtgewichtig"; der Caritasverband hätte bis zu diesem Zeitpunkt noch keine nennenswerte Bedeutung in Salzstetten und bekäme so auch keine. Markus Liebling bewertet diese Argumente als "verbandspolitische Interessen", die als eine Folge des Umstrukturierungsprozesses der Caritas zum Spitzenverband der Freien Wohlfahrtspflege auftreten. Er argumentiert: "Die große Schwierigkeit besteht darin, daß dort [im Diözesanverband; d.A.] eigentlich alles entschieden werden soll, wen wir einstellen, was wir machen sowieso" (Interview Liebling). Die übergeordnete Verbandsgliederung ist nach Ansicht von Herrn Liebling mit den neuen Aufgaben "völlig überlastet", so daß es an Innovationen, Anregungen und Informationen mangelt.

Die konzeptionellen Vorstellungen von Herrn Liebling über die Rolle des Caritasverbandes im System der freien Wohlfahrtspflege decken sich weitgehend mit denen seines Kollegen in Frankenstein, Herrn Ehrlicher, und werden daher im folgenden gemeinsam beschrieben.

5.4.2 "Wenn jemand ein Anliegen hat, sind wir auf den Plan gerufen": Frankenstein

In Frankenstein wird von Günther Ehrlicher, einem "Sozialarbeiter mit geschäftsführenden Tätigkeiten", wie er seine Funktion selbst bezeichnet, die Hoffnung geäußert, zukünftig auch eigene Verbandsstrukturen auf Landkreisebene aufbauen zu dürfen, die er für wesentlich hält, um "umsetzen zu können, was man praktisch als soziale Problematik erfährt vor Ort". Die auf Diözesanebene gesetzten Prioritäten werden von Herrn Ehrlicher als die adäquate soziale Arbeit "vor Ort" hemmend bewertet. Er führt dazu aus: "Ein Handikap (...) ist die Zuordnung an die zuständige Stelle in Hasselbach, wenn die sagen, das machen wir nicht, dann können sie vor Ort auch nichts tun, da ist man einfach weisungsgebunden" (Interview Ehrlicher).

Herrn Ehrlichers 11jährige Erfahrung als Dekanatsfürsorger in der DDR (Sozialarbeiter) prägt sein heutiges Verständnis der Zielsetzung des Caritasverbandes: "Wenn jemand ein Anliegen hat, im sozialen, im gesundheitlichen Bereich sind wir auf den Plan gerufen", betont er im Interview. Nach wie vor liegt der Dienstleistungsschwerpunkt der Caritas in Frankenstein - mit Ausnahme eines Altenheims außerhalb des Kreisgebietes - auf Beratungsleistungen, wie Ehe- und Familienberatung, allgemeiner Sozialberatung, Schuldnerberatung oder der Vermittlung von Kuren. Günther Ehrlicher plant, weitere Beratungen anzubieten; der Ausbau des Angebots ist jedoch aus zwei Gründen begrenzt: Erstens habe er die Auflage des Diözesanverbandes, sich aufgrund der geringen Katholikenzahl nicht über das bestehende soziale Angebot hinausgehend zu engagieren, und zweitens sei mit der zwei Personen umfassenden Caritas-Dienststelle kaum mehr leistbar, bemerkt der Geschäftsführer Herr Ehrlicher. Der Klient steht im Vordergrund der Caritasarbeit im Landkreis Frankenstein. Dieser ausgeprägte Klientenbezug sowie eine deutliche Wahrnehmung sozialer Probleme stellten auch den Beurteilungsmaßstab für "gute und schlechte" Aspekte der caritativen sozialen Arbeit zu DDR-Zeiten sowie für Veränderungen im Zuge der Umstrukturierung dar. Eindeutig ablehnend steht der Befragte betriebswirtschaftlichen Überlegungen gegenüber: "Dieses geflügelte Wort, rechnet sich das, ich kann es nicht mehr hören" (Interview Ehrlicher). In diesem Zusammenhang kritisiert er sowohl die als unzureichend wahrgenommene Unterstützung durch die Bundeszentrale des Caritasverbandes, vor allem im Hinblick auf Rechts- und Fördermittelfragen, als auch mangelnden fachlichen Austausch zwischen den freien und öffentlichen Trägern. Günther Ehrlicher zieht die Bilanz: "Wir treffen uns kaum noch (...) früher war man am Thema interessiert, hat man fachlich sich miteinander ausgetauscht, war am Klienten sehr interessiert und heute erlebe ich viel, daß man erstmal gucken muß, wie halte ich mich über Wasser, jeder guckt wo er (...) seine Pfähle einschlägt, wo er seine Finanzen sichert, und ich glaube, auch oft zu Lasten der Klientel".

5.4.3 Gemeinsamkeiten der örtlichen Caritasgliederungen in Salzstetten und Frankenstein

Sowohl Herrn Lieblings als auch Herrn Ehrlichers Vorstellungen von den Zielsetzungen und Aufgaben des Caritasverbandes in den neuen Bundesländern knüpfen an die Rolle der Caritas in der DDR an. So argumentiert Herr Ehrlicher, Geschäftsführer in Frankenstein, es würde für ihn zunehmend klarer, daß sie zu DDR-Zeiten schon recht gute Sozialarbeit geleistet hätten. Aus dieser Zeit entwickelt er sein persönliches Verständnis von Sozialarbeit und Caritas: "Mein persönliches Verständnis von Sozialarbeit ist, daß ich erstmal grundsätzlich für jeden da bin, der zum Beispiel in meine Sprechstunde kommt, ob ich dann mit ihm selber weiter arbeite, oder ob ich ihn dann vermittele, gut, das entscheidet denke ich so der Verlauf (...) des miteinander Arbeitens und bis eben hat sich der Caritasverband auch so verstanden, also wir haben niemanden vor die Tür gesetzt, egal, wer das war (...) und ich erlebe es heute als Dilemma, (...) daß Kirchenpolitik da auch mit reinspielt, daß dort ja auch manche Positionen dann halt nicht mehr möglich sind" (Interview Ehrlicher). Auch Herr Liebling, Geschäftsführer in Salzstetten, betont den offenen Charakter der Caritasarbeit: "Kirche [sollte; d.A.] ein Ziel darin haben, daß sie auch immer mahnt und was einklagt, einfordert, ein menschliches Leben zu ermöglichen in einer Gesellschaft (...) für eine möglichst breite Schicht in einer Gesellschaft, die ja eigentlich bloß den, so erlebe ich es jedenfalls, zum großen Teil bloß den Großen und Kräftigen eine Chance gibt, also wer sich schnell anpaßt, hat jetzt eine Chance und kann Fuß fassen, und ich denke, daß Kirche auch, also für mich auch immer für die, also hauptsächlich für die unangepaßten Leute da ist (...), ich denke, daß Caritas eine Chance hat, durch diese Denkweise auch andere Angebote zu schaffen als ein anderer Wohlfahrtsverband" (Interview Liebling). Herr Liebling differenziert weder zwischen den Aufgaben der Kirche und dem Caritasverband noch zwischen den Konfessionen. Damit rekurriert er zum einen auf die Oppositionsfunktion der Kirche in der DDR, und zum anderen nimmt er keine eindeutige Abgrenzung zwischen Caritas und Diakonie vor, sondern verweist auf deren gemeinsame christliche Weltanschauung, die sie von anderen Trägern sozialer Leistungen unterscheidet.

Beide Geschäftsführer - in Salzstetten und in Frankenstein - kritisieren die Haltung der jeweiligen übergeordneten Verbandsgliederung. So argumentiert Herr Ehrlicher aufgrund seines eher sozialarbeiterisch ausgerichteten organisatorischen Selbstverständnisses: "Auf Zukunft hin, so wie ich das sehe von Hasselbach her [Sitz des entsprechenden Diözesanverbandes; d.A.], wird sich der Caritasverband hier (...) nicht sehr groß ausbreiten, die Begründung ist nach meinem Dafürhalten zwar nicht geeignet, zum Beispiel zu sagen, wir sind halt nur knapp 3 Prozent Katholiken (...) ist für mich als Sozialarbeiter keine Begründung".

Als das Typische der Caritas in den neuen Bundesländern formulieren diese beiden Geschäftsführer in Salzstetten und Frankenstein den Anspruch, der Verband solle Fürsprecher für Arme und sozial Schwache sein. Das Leistungsangebot des Caritasverbandes sollte sich ihrer Ansicht nach nicht an Katholikenzahlen oder verbandspolitischen Bestandsinteressen ausrichten, sondern praktischen, klienten- und problemzentrierten Kriterien folgen und läßt sich als eine "weltoffene" Sozialarbeit oder katholisch-undogmatische Orientierung beschreiben.

5.4.4 "Die Kapazitäten sind erschöpft": Bärenklau

In Bärenklau wird die Zuordnung der Dienstelle zur übergeordneten Verbandsebene nicht in der Weise wie bei den beiden zuvor dargestellten örtlichen Verbandsgliederungen problematisiert. Gertrud Weißkopf, Geschäftsführerin in Bärenklau, bemerkt zwar, daß sie, wenn sie die Entscheidungsbefugnis dazu hätte, "manches schneller" machen und "mehr wagen würde" - insbesondere was Personaleinstellungen betrifft -, jedoch stimmt sie mit dem übergeordneten Diözesanverband in der Einschätzung überein, daß die Caritas in den neuen Bundesländern "Dinge übernommen hätte, die nicht der Verhältnismäßigkeit" des geringen Katholikenanteils in der Bevölkerung entsprächen. Zwar würde der Kreiscaritasverband vielfach von den politisch-administrativen Akteuren "gedrängt", neue Angebote zu übernehmen, wenn nicht sogar "angegriffen", sofern sie sich nicht zur Übernahme entschließen könnten, doch sei die Kapazität erschöpft (Interview Weißkopf). Die organisatorische und rechtliche Zuordnung der Dienststelle in Bärenklau zum übergeordneten Diözesanverband beurteilt Frau Weißkopf zwar als "Hemmung für schnelle Entscheidungen", jedoch hält sie es für notwendig, hauptsächlich wegen finanzieller Abhängigkeiten, "am Mutterkuchen dranzubleiben", wie sie sich im Interview ausdrückt.

Gertrud Weißkopf arbeitet seit 1966 als Dekanatsfürsorgerin im Landkreis Bärenklau. Das Dienstleistungsangebot des Caritasverbandes in Bärenklau hat sich gegenüber DDR-Zeiten nicht maßgeblich verändert; lediglich die Schuldnerberatung und die Schwangerschaftskonfliktberatung sind neu entstanden, ansonsten besteht die Trägerschaft von drei kleineren Altenheimen (allerdings auf Dekanats- und nicht auf Landkreisebene) sowie eines Kindergartens und -heims. Dabei unterscheidet Frau Weißkopf nicht klar zwischen einer kirchlichen und einer verbandlichen Trägerschaft der sozialen Angebote. Eine deutliche Anbindung an die örtlichen katholischen Gemeinden bleibt bestehen; ebenso an die Amtskirche. Im Unterschied zum Leistungsspektrum veränderte sich die Arbeit der Caritas in Bärenklau seit der deutschen Vereinigung nach Ansicht von Frau Weißkopf sehr grundsätzlich: "Bis dahin [bis zur deutschen Vereinigung; d.A.] konnte ich, jetzt vom Inhalt der Arbeit, machen, was ich wollte". Seitdem die Caritas sich zum Wohlfahrtsverband entwickelt, sieht sich Frau Weißkopf mit neuen Anforderungen konfrontiert: Sie muß die Finanzierung der sozialen Dienste und Einrichtungen sichern, Verhandlungen mit der öffentlichen Seite und mit anderen Kostenträgern führen, den Verband nach außen vertreten und in verschiedenen Gremien der freien Wohlfahrtspflege in der Region mitarbeiten. Einerseits empfindet sie einige dieser Verbandsaufgaben als "bürokratischen Aufwand", zugunsten dessen vieles an inhaltlicher Arbeit "den Bach runter" gehe (Interview Weißkopf). Andererseits sieht sie sich seit der deutschen Vereinigung als Protagonistin der freien Wohlfahrtspflege in ihren fachlichen Vorstellungen von sozialer Arbeit bestätigt.

In ihrer Arbeit als Dekanatsfürsorgerin in der DDR war die Abgrenzung gegenüber staatlichen Einrichtungen, Akteuren und deren "Maßnahmen" konstitutiv. Frau Weißkopf hebt die Differenz der Herangehensweise, des Umgangs, der Methoden und des Menschenbildes zwischen Caritas und staatlichen Einrichtungen der DDR deutlich hervor. Sie schildert, daß dieser Unterschied auch 1992 noch entscheidend nachwirke. Bei den kommunalen Akteuren der Sozialverwaltung sei das "alte Denken" noch verankert, und die Rechte der Klienten würden nicht sachgerecht behandelt. Weder das Subsidiaritätsprinzip noch dessen "Ursprung" in der katholischen Soziallehre können ihrer Ansicht nach bei den Mitarbeitern der kommunalen Sozialverwaltung als bekannt vorausgesetzt werden. Weiterhin herrsche sowohl auf öffentlicher Seite als auch bei verbandlichen Akteuren nahezu völlige Unkenntnis über Wohlfahrtsverbände, deren Geschichte und Zielsetzungen vor. "Die denken ja alle, das ist jetzt eine Sache, die mit der neuen DDR [mit dem Ausdruck "neue DDR" sind die fünf neuen Bundesländer gemeint; d.A.] gekommen ist", berichtet Gertrud Weißkopf. Vor diesem Hintergrund nimmt die Geschäftsführerin ihre selbstgewählte Rolle als Protagonistin der freien Wohlfahrtspflege intensiv wahr: "Da jubele ich richtig Dinge unter (...), das mache ich ganz bewußt (...), wie willst du sonst was bewegen (...), ohne daß ich jetzt überheblich werde, woher sollen sie es wissen" (Interview Weißkopf).

5.4.5 "Das ist uns schon wichtig, dieses Profil": Neu-Brühl

Gerhard Kirchhoff, Geschäftsführer in Neu-Brühl, beschreibt den Umstrukturierungsprozeß von einer Kirchenorganisation zu einem Spitzenverband der Freien Wohlfahrtspflege in Neu-Brühl als "relativ chaotische Phase", in der im "unkomplizierten Gespräch" zwischen den beteiligten Akteuren auf örtlicher und Diözesanebene versucht worden sei, zukünftige Strukturen zu entwickeln und dringenden sozialen Problemen rasch zu begegnen. Dabei standen die "gewachsenen Traditionen" der Caritas in der DDR im Zentrum der Aufmerksamkeit: "Wir haben uns als wirklicher Caritasverband aus diesem sogenannten Caritassekretariat entwickelt, was eine Dienststelle des Diözesanverbandes mal war zu DDR-Zeiten, und das prägt einfach unser Verhältnis noch (...), wir sind im Moment in einer Phase, wo wir überlegen, welche Dinge vom Ortsverband übernommen werden, das wird sich sicher noch über ein paar Jahre hinziehen, weil es tut jetzt keinem weh, daß die Trägerschaft so oder so ist" (Interview Kirchhoff).

Im Jahr 1992 befanden sich die Beratungsangebote und ambulanten sozialen Dienste in Trägerschaft des Ortscaritasverbandes, während die stationären Einrichtungen beim Diözesanverband angesiedelt waren. Herr Kirchhoff plädiert beim Ausbau des Dienstleistungsspektrums in Neu-Brühl für Mäßigung: "Mit diesem geringen Prozentsatz von Leuten, auf die wir uns stützen, haben wir nicht so das

Bestreben, irgendwo flächendeckend uns auszubreiten, sondern wir wollen auch dem Grundsatz getreu werden (...), dort wo wir Schwerpunkte sehen [aktiv zu werden; d.A.]" (Interview Kirchhoff). Zunächst sollten seiner Meinung nach vorhandene Dienste und Einrichtungen ausgebaut werden, was z.B. auch bauliche Modernisierung von Gebäuden einschließt. Auch hier wird - wie insgesamt - ein enger Bezug zu den örtlichen Gemeinden beibehalten, die teilweise auch Träger kleinerer Einrichtungen, wie etwa Kindergärten, sind. Diesen engen Gemeindebezug leitet Herr Kirchhoff aus der "DDR-Tradition" ab: "Man sieht immer noch den Bereich seiner Gemeinde, wo man sagt, für die Gemeinde mache ich was, tue ich was, und eigentlich was geht mich draußen, auch das so mit dem draußen, diese Kategorie, die Gesellschaft an oder so" (Interview Kirchhoff). Die Ausdehnung der Zielgruppe über den klar definierten Gemeindekreis hinaus - welche eigentlich angestrebt werden müsse, wie er betont - begründet er mit dem "kirchlichen Auftrag". Allerdings sieht er dem Engagement durch öffentliche Finanzierung Grenzen gesetzt und betont, durch diese Finanzierungsmodalitäten würden Möglichkeiten der sozialen Arbeit eingeschränkt.

Herr Kirchhoff legt Wert auf eine eindeutige katholische Prägung der sozialen Dienste und Einrichtungen und wählt auch das Fachpersonal entsprechend aus. Er hebt hervor, insbesondere im pädagogischen Bereich "da ist uns schon wichtig, daß also auch katholische Mitarbeiter da sind, weil da gibt es doch Abweichungen einfach zur evangelisch theologischen Auffassung". Ansonsten sei, beispielsweise beim Pflegepersonal, die Motivation und eine "christliche Grundhaltung" entscheidender als die Zugehörigkeit zur katholischen Kirche, bemerkt Gerhard Kirchhoff im Interview. Diese Überlegungen deuten auf einen Prozeß der Organisationsprofilbildung hin. Herr Kirchhoff betont, "das ist uns also schon wichtig, dieses Profil, denn sonst bräuchten wir nur unser Schild hinhängen und es könnte auch was anderes sein".

5.5 Diskussion der Ergebnisse

Die Bedeutung der Caritas als Leistungsanbieter ist in den neuen Bundesländern deutlich geringer als in den alten: 97 Prozent aller sozialen Einrichtungen und Dienste der Caritas befinden sich in den alten und nur 3 Prozent in den neuen Bundesländern. Die Caritas befindet sich in Ostdeutschland aufgrund des geringen Anteils von Katholiken an der Gesamtbevölkerung (6 Prozent) in einer Diaspora-Situation. Traditionell bezieht sich die Caritas als katholische Wohlfahrtsorganisation auf Katholiken als primäre Zielgruppe. In der DDR war die Caritas nicht als Wohlfahrtsverband organisiert, sondern bot als Teil der katholischen Kirche soziale Leistungen an. Dabei wurde ein enger Gemeindebezug sowie eine intensive Zusammenarbeit mit der Diakonie praktiziert.

5. Der Caritasverband

Vor diesem Hintergrund der in der DDR "gewachsenen Traditionen" der Caritas ist der Umbauprozeß der Organisation zu einem Spitzenverband der Freien Wohlfahrtspflege - bei hoher personeller Kontinuität - von verbandsinternen Spannungen geprägt, die im folgenden erläutert werden. Vom Generalsekretariat des Deutschen Caritasverbandes wird gegenüber der Caritas in den neuen Bundesländern die Erwartung formuliert, eine Ausweitung der Leistungspalette anzustreben, damit die Caritas der Position eines Spitzenverbandes der Freien Wohlfahrtspflege gerecht werden kann. Der seit 1991 amtierende Präsident des Deutschen Caritasverbandes, Josef Heldt, selbst aus Ostdeutschland stammend und dort langjährig sowohl als Caritasdirektor in einem Diözesanverband als auch als Leiter der Zentralstelle Ostberlin tätig, plädiert für mehr Wagnis und Aktivität bei neuen Aufgaben. Zwar sei ein flächendeckendes Angebot aufgrund der fortwirkenden Diaspora-Situation nicht leistbar, jedoch müsse der enge Gemeindebezug modifiziert werden, da dieser der spezifischen DDR-Situation geschuldet gewesen sei und nach der deutschen Vereinigung nicht mehr - als ausschließlicher Bezugspunkt - angebracht erscheint, führt Herr Heldt im Interview aus. Hinzu kommt, daß die Caritas auch von seiten der Sozialverwaltungen zur Übernahme von sozialen Diensten und Einrichtungen aufgefordert wird. Die organisationsinterne Diskussion läßt sich unter dem Motto: "Selbstbeschränkung auf katholische Dienstleistungen für Katholiken versus Expansion der Dienstleistungspalette" zusammenfassen.

Die Deutung des Selbstverständnisses der verbandlichen Caritas durch die Verbandsgeschäftsführer der neuen Bundesländer beinhaltet zwei Aspekte, die im Verlauf des 40jährigen Bestehens der DDR-Gesellschaft entwickelt worden waren und von Abgrenzungsbemühungen gegenüber staatlichen Einrichtungen und Diensten der DDR zeugen. Als Besonderheit wird einerseits die Atmosphäre in Einrichtungen der Caritas erwähnt, die das spezifisch christlich-katholische Menschenbild im Umgang mit den Klienten deutlich werden lasse. Ferner wird der katholisch-kirchliche Charakter der Einrichtungen durch Teilnahmemöglichkeiten an Andachten und Beichten beschrieben. Es wird betont, daß diese Merkmale katholischer Einrichtungen mit den Erwartungen der Klienten an die Caritas übereinstimmten. Andererseits wird der offene, unkonventionelle Umgang mit schwierigen Lebenssituationen und das Verständnis und Zuhörenkönnen, welches Caritas und katholische Kirche als "Alternative" zu staatlichen Institutionen der DDR kennzeichnete, als im Interesse der Klienten Erhaltenswertes gedeutet.

Der innerverbandliche Konflikt zeigt sich insbesondere zwischen den Orts- bzw. Kreisverbänden und den Diözesanverbänden. Da auf der Ebene der Diözesanverbände der Einfluß des Bischofs maßgeblich ist und die Kircheninteressen durch Kirchenvertreter in den Vorständen intensiv wahrgenommen werden, vertreten die Diözesanverbände gegenüber den örtlichen Caritasverbänden nachhaltig die Interessen der katholischen Kirche. Neue soziale Einrichtungen und Dienste sollen diesem Verständnis zufolge nur dann von der Caritas angeboten werden, wenn der ausdrückliche Rückhalt bzw. das Interesse seitens der örtlichen katholischen Gemeinden formuliert wird (Interview Domke/Mattfeld).

Die zu DDR-Zeiten kirchlich ausgebildeten SozialarbeiterInnen sind maßgeblich in den örtlichen Caritasverbänden aktiv und zumeist als GeschäftsführerInnen für den Aufbau der örtlichen Verbandsstrukturen verantwortlich. Innerhalb dieser Personalgruppe der Caritas wird eine Differenz deutlich, die für das "Verbandsprofil" in den neuen Bundesländern prägend ist. Von allen SozialarbeiterInnen werden professionspolitische Formulierungen sozialarbeiterischer Grundprinzipien geäußert, denen jedoch ein unterschiedliches Verständnis des Sinns und der Zielsetzung der Caritas zugrunde liegt: Eine Gruppe der "älteren" SozialarbeiterInnen präferiert eine eindeutig katholisch (kirchlich) orientierte Sozialarbeit, bei der sich das Leistungsspektrum des Caritasverbandes an dem Katholikenanteil in der Bevölkerung bemessen soll. Die örtlichen katholischen Gemeinden, die vielfach auch Träger von Einrichtungen - hauptsächlich Kindergärten - sind, werden von Caritasvertretern in den neuen Bundesländern als soziale Basis bezeichnet. Die Vorstellungen dieser Gruppe von KreisgeschäftsführerInnen stimmen mit denen der Caritasdirektoren auf Diözesanebene überein. Die zweite Gruppe der "jüngeren" Sozialarbeiter, die sich als "weltoffen" bezeichnen lassen, orientiert sich demgegenüber an einem katholisch-undogmatischen Verständnis sozialer Arbeit. In dieser Orientierung wird der Anspruch formuliert, Fürsprecher für Arme und sozial Schwache zu sein. Die Caritas, so wird betont, sei auch Ansprechpartner und Interessenvertreter für oppositionell eingestellte und humanistisch orientierte Bevölkerungsgruppen. Sofern ein fachlicher - also sozialpädagogisch begründeter - Bedarf vorliegt, sollte nach Ansicht dieser Personengruppe das Leistungsspektrum der Caritas erweitert werden. Von den "weltoffenen-undogmatischen" Sozialarbeitern geht außerdem der personalpolitische Impuls aus, daß die fachliche Qualifikation ein wichtigeres Kriterium bei der Personalrekrutierung sei als die Zugehörigkeit zur und das aktive Engagement in der katholischen Kirche.

Trotz dieser Unterschiede innerhalb der Orientierungen der örtlichen GeschäftsführerInnen herrscht bei allen Caritasverbandsebenen in den neuen Bundesländern das Selbstverständnis als "Ost-Organisation" vor. In dieser Perspektive ist die Fortführung des Verbandes als "Kirchenorganisation" konstitutiv. Dabei wird der organisatorische Einfluß des Bischofs nicht nur formal nach der Satzung gedeutet, sondern findet seinen Niederschlag in verbandsinternen Entscheidungsprozessen. Desweiteren ist ein enger Bezug zu den örtlichen katholischen Gemeinden, ehrenamtlichen Helfergruppen und zur sozialen Basis deutlich erkennbar (vgl. dazu auch Baldas u.a. 1994). Insgesamt ist bei der Personalauswahl aller Caritasverbandsgliederungen in den neuen Bundesländern feststellbar, daß nicht nur katholische MitarbeiterInnen eingestellt werden. Die Akzeptanz katholischer Grundsätze sowie die Bereitschaft, diese in der konkreten Arbeit und im Umgang mit Klienten deutlich werden zu lassen, ist dabei ausschlaggebend und nicht die (formale) Zugehörigkeit zur katholischen Kirche. So wurde vor allem beim Aufbau von Sozialstationen auch nicht-christliches Fachpersonal eingestellt, das zu DDR-Zeiten im staatlichen Gesundheits- bzw. Fürsorgewesen tätig war. Demgegenüber werden betriebswirtschaftliche Aspekte der Verbandsführung eher skeptisch bis ablehnend beurteilt. Formen der parteipolitischen Einflußnahme auf den Caritasverband wird - anders als bei kirchlichen Einflußnahmen von seiten der Organisationselite in den neuen Bundesländern - im Gegensatz zu Caritasvertretern in den Altbundesländern - mit deutlicher Skepsis, wenn nicht gar Ablehnung begegnet. "Hemmungen", gegenüber Akteuren des politisch-administrativen Systems als vehementer Verhandlungspartner aufzutreten, werden in allen Interviews angesprochen. Insofern wirkt die zu DDR-Zeiten entstandene Staatsferne der Organisation auch nach der deutschen Vereinigung in den neuen Bundesländern weiter fort.

Aufgrund der dargestellten Situation des Caritasverbandes in den neuen Bundesländern läßt sich folgender zwei Facetten umfassender Organisationstypus entwickeln:
Der Caritasverband knüpft an "Traditionen" an, die sich zu DDR-Zeiten herauskristallisierten.
(1) Dabei wird einerseits der Schwerpunkt auf Caritas als Teil und caritative Grundfunktion der katholischen Kirche gelegt. In diesem Zusammenhang wird für ein begrenztes Leistungsangebot plädiert, das sich am Katholikenanteil der Bevölkerung ausrichten solle. Die Ausgestaltung der sozialen Arbeit der Organisation ist kirchlich, katholisch-religiös motiviert. Verbandliches Engagement, z.B. die Trägerschaftsübernahme einer Einrichtung/eines Dienstes, setzt erst auf ausdrücklichen Wunsch der örtlichen Gemeinden ein.
(2) Hier wird an der Funktion der Caritas als Alternative zu staatlichen Diensten angeknüpft. Dabei ist ein christliches, jedoch katholisch-undogmatisches Verständnis sozialer Arbeit prägend, das für Arme, Schwache und oppositionell eingestellte Personen offen sein soll. Um eine möglichst breite Klientel mit dieser wertgeprägten sozialen Arbeit erreichen zu können, wird eine bedarfsorientierte und fachlich begründete Ausweitung des Leistungsangebots angestrebt.

Durch die aus den Altbundesländern formulierten verbandspolitischen Erwartungen an eine Strategie der Ausweitung der Dienstleistungspalette empfinden sich die Caritasverbände in den neuen Bundesländern "bedrängt" oder mißverstanden, da sie bei einer intensiven Ausweitung des Angebote die Gefahr sehen, die kirchliche Begründung der eigenen Arbeit würde "hintenangestellt", wie sich ein Mitarbeiter der Zentralstelle Ostberlin, Bernhard Kaiser, im Interview ausdrückt. Diese Zentralstelle sieht sich ihrem Selbstverständnis zufolge in einer "Dolmetscherfunktion", indem sie die Interessen der Ost-Caritasverbände gegenüber dem Bundesverband vertritt. Die aus den Interviews gewonnene Einschätzung einer in den neuen

Bundesländern noch immer kirchlich eingebundenen Caritas, die eine deutliche, aus der DDR-Zeit herrührende "Feindschaft zum Staat" entwickelt hat und daher heute Schwierigkeiten mit einer engen Zusammenarbeit sowohl mit politischen Vereinen als auch mit öffentlichen Verwaltungen hat, wird auch in der Caritaszentrale in Freiburg geteilt (Interview Bosse).

Während mögliche Rückwirkungen der deutschen Vereinigung und damit auch der Vereinigung der Caritas auf den Gesamtverband von den VertreterInnen der Verbände in den neuen Bundesländer skeptisch beurteilt werden, sehen VertreterInnen der Bundeszentrale des Deutschen Caritasverbandes durchaus die Notwendigkeit, sich auf die "Ost-Perspektive" einzulassen, welche zu einer Neubestimmung der Organisation führen müßte, vor allem im Hinblick auf die Arbeits- und Personalrichtlinien (vgl. auch Puschmann 1992 und 1993). Insofern seien auch die Caritaskonferenzen durch Ost-Kolleginnen und Kollegen bereichert worden, indem über grundsätzliche Fragen des Selbstverständnisses caritativer Arbeit erneut nachgedacht und diskutiert werde, wie Rainer Bosse, ein leitender Mitarbeiter der Bundeszentrale des Deutschen Caritasverbandes, berichtet.

Es kann davon ausgegangen werden, daß die deutsche Vereinigung und damit die Vereinigung von östlicher und westlicher Caritas den verbandsinternen Diskursen zum politischen Stellenwert und Selbstverständnis der verbandlichen Caritas neue Impulse gegeben hat, insbesondere wenn man etwa an die Diskussion um das Leitbild der Caritas und ihr sozialpolitisches Engagement in der Armutsfrage denkt (vgl. aus der Fülle der Publikationen zur Leitbilddiskussion beispielsweise Becker 1993a, Huber 1993, Kloos 1993, Schavan 1993 sowie zur Armutsuntersuchung der Caritas Becker 1993b, Hauser 1993).

6. Die Diakonie zwischen christlicher Liebestätigkeit und politischem Alltag

Die Diakonie[44] wurde 1848 gegründet und ist der älteste Wohlfahrtsverband in Deutschland. Als traditionsreiche Organisation, die rechtlich eigenständig, aber vielfach mit der evangelischen Kirche verbunden ist, war die Diakonie in ihrer wechselvollen Geschichte um Kontinuität bemüht. In Ostdeutschland steht sie wieder einmal vor der Aufgabe, sich an veränderte Umweltbedingungen anzupassen, indem sie sich von einer Kirchenorganisation zu einem Spitzenverband der Wohlfahrtspflege entwickelt. Damit stellt sich die Frage, welche Vorstellungen sich im Prozeß des Organisationsumbaus in Ostdeutschland über das Verhältnis von Kirche und Verband, eine fachliche und wertbezogene soziale Arbeit und die Rolle der Diakonie als Spitzenverband der Freien Wohlfahrtspflege herauskristallisieren.

Im folgenden wird eingangs kurz die historische Entwicklung der Diakonie skizziert (Abschnitt 6.1). Anschließend werden die Situation der Diakonie in der DDR (Abschnitt 6.2) und ihr Umbau von einer Kirchenorganisation zu einem Spitzenverband der Freien Wohlfahrtspflege in den neuen Bundesländern untersucht (Abschnitt 6.3).

6.1 Vom Milieuverein zum Wohlfahrtsverband: Die Entwicklung der Diakonie in Deutschland

Mit der zunehmenden Industrialisierung im ausgehenden 17. und beginnenden 18. Jahrhundert lösten sich traditionelle soziale Strukturen auf und ganze Bevölkerungsgruppen verelendeten. Angesichts dieser Entwicklung bemühten sich engagierte Christen darum, Formen der sozialen Unterstützung zu organisieren, um die entstehende Not zu lindern. Axel von Campenhausen beschreibt diese Aktivitäten folgendermaßen: "Oft sammelte eine charismatische Persönlichkeit eine erweckte Mitarbeitergemeinschaft und einen helfenden Freundeskreis, oft mit hochgestellten Helfern um sich" (Campenhausen 1982: 17). Die Herausbildung einer freien, staatsunabhängigen "christlichen Liebestätigkeit" wurde aufgrund des sogenannten Reichsdeputationshauptschlusses von 1803 möglich, mit dem u.a. die Trennung von Staat und Kirche eingeleitet wurde. Im Revolutionsjahr 1848 rief der Theologe Wichern auf dem Kirchentag in Wittenberg dazu auf, einen "Centralausschuß für die Innere Mission der Deutschen Evangelischen Kirche" zu gründen. In diesem Centralausschuß sollten die bisher vereinzelten genossenschaftlich und vereinsrechtlich organisierten "Werke der freien Liebestätigkeit"

---

44 Im folgenden wird der Begriff Diakonie als Oberbegriff zur Kennzeichnung der verschiedenen Formen diakonischer Arbeit verwandt.

zusammengefaßt werden. Die evangelische Kirche hoffte damit, einerseits breitere Bevölkerungskreise missionieren und unterstützen zu können und andererseits die Entfremdung der Arbeiterschaft von der Kirche sowie eine politische Radikalisierung zu verhindern (vgl. auch Olk/Heinze 1981).

Nach dem 1. Weltkrieg wurde die Trennung von Kirche und Staat in der Weimarer Reichsverfassung verankert. Infolgedessen verloren die evangelische und die katholische Kirche ihren Status als "Staats-Kirchen", und die Innere Mission wurde zu einem staatsunabhängigen, freigemeinnützigen Träger sozialer Arbeit. Gleichzeitig war das Reichsarbeitsministerium bestrebt, die freie Wohlfahrtspflege als Leistungsträger und Verhandlungspartner massiv zu fördern (vgl. Kapitel 2). Die Innere Mission entwickelte sich seitdem als Spitzenverband der Freien Wohlfahrtspflege in einem Spannungsfeld zwischen staatlichen und kirchlichen Einflüssen. So wurden die Spitzenverbände der Freien Wohlfahrtspflege, insbesondere die konfessionellen Verbände, einerseits vom Reichsarbeitsministerium an der Politik- und Gesetzesformulierung beteiligt sowie von den kommunalen Sozialverwaltungen verstärkt mit öffentlichen Aufgaben betraut (vgl. Sachße/Tennstedt 1988). Andererseits bestand eine enge Kooperation zwischen der Inneren Mission - die nach wie vor rechtlich eigenständig war - und der evangelischen Kirche. Je mehr öffentliche Aufgaben die Innere Mission übernahm, desto größer wurde ihr Bedarf an finanzieller Unterstützung und damit der Einfluß der evangelischen Kirche als "Geldgeber". Im Nationalsozialismus wurde eine noch intensivere Anbindung der Inneren Mission an die Kirchen erzwungen, da ihr Fortbestand nur unter dem Schutz bzw. als Werk der evangelischen Kirche gewährleistet werden konnte (vgl. Campenhausen 1982: 22). Die "Nationalsozialisten" verboten die bestehenden Spitzenverbände der Freien Wohlfahrtspflege oder ordneten sie der Nationalsozialistischen Volkswohlfahrt "als führende und zuständige parteiamtliche Organisation für das Gebiet der Wohlfahrtspflege und Fürsorge im Deutschen Reich" (Flierl 1992: 159) unter, während die Kirchen fortbestanden.

Nach Kriegsende gründeten die Evangelische Kirche in Deutschland (EKD) und die Landeskirchen das sogenannte Evangelische Hilfswerk als kirchenamtliche Einrichtung. Dieses Hilfswerk und die im Centralausschuß zusammengeschlossenen freien Werke und Einrichtungen der Inneren Mission bestanden zunächst nebeneinander, so daß die Entwicklung der organisierten diakonischen Arbeit in Deutschland bis Mitte der 60er Jahre durch eine duale Struktur von sozialer und seelsorgerisch-missionarischer Arbeit gekennzeichnet war. Dieses "organisatorische Nebeneinander" wurde in der Bundesrepublik Deutschland erst 1965 durch den Zusammenschluß von Innerer Mission und den sogenannten Hilfswerken unter dem Namen "Diakonisches Werk - Innere Mission und Hilfswerk - der evangelischen Kirche in Deutschland" beendet.

In den 50er und 60er Jahren prägte die Kontroverse über die jeweiligen Zuständigkeiten von Staat und Kirche die Entwicklung der freien Wohlfahrtspflege in der

6. Die Diakonie

Bundesrepublik Deutschland. Im Mittelpunkt stand dabei der sogenannte Subsidiaritätsstreit zwischen christdemokratischer Bundesregierung und konfessionellen Wohlfahrtsverbänden einerseits und sozialdemokratisch geführten Landesregierungen und Großstädten andererseits. Anlaß der Auseinandersetzung waren die beiden 1961 in Kraft getretenen Sozialgesetze, d.h. das Bundessozialhilfegesetz und das Jugendwohlfahrtsgesetz. Die Bundesregierung verfolgte mit beiden Gesetzen das Ziel, freigemeinnützigen gegenüber öffentlichen Trägern einen bedingten Vorrang bei der Schaffung neuer sozialer Einrichtungen einzuräumen. Diese besondere staatliche Förderung konfessioneller oder allgemein freigemeinnütziger Verbände wurde mit der Wertgebundenheit sozialer Arbeit sowie der Spenden- und Engagementbereitschaft zugunsten einer freien Wohlfahrtspflege begründet (vgl. Campenhausen 1982). Die freigemeinnützigen Träger, die verstärkt öffentliche Aufgaben erbrachten, wurden dadurch jedoch zum Gegenstand staatlicher Entscheidungen, Planungen und Finanzierungsmaßnahmen. Der bedingte Vorrang und die praktisch-organisatorische Arbeitsteilung zwischen öffentlichen und freigemeinnützigen Trägern wurden 1967 im sogenannten Subsidiaritätsurteil des Bundesverfassungsgerichts bestätigt und durch die Sozialgesetzgebung von Bund und Ländern in den 70er und 80er Jahren fortgeschrieben.

Unter den günstigen politischen Rahmenbedingungen expandierten die Spitzenverbände der Freien Wohlfahrtspflege, insbesondere die konfessionellen Verbände, durch die Übernahme öffentlicher Aufgaben erheblich. Diese Entwicklung kommt bei der Diakonie darin zum Ausdruck, daß 1990 ihre Mitgliedsorganisationen 27.400 selbständige Einrichtungen unterschiedlicher Größe und Rechtsformen leiteten, was gegenüber 1970 eine Steigerung um 33 Prozent bedeutet. Im gleichen Zeitraum stieg die Anzahl der MitarbeiterInnen von 125.000 auf 262.600 (vgl. DW 1994). Die Diakonie bietet in allen Bereichen sozialer Arbeit sowohl ambulante Dienste als auch stationären Einrichtungen an. Dabei will sie ihrem Selbstverständnis zufolge nicht nur professionelle Dienstleistungen bereitstellen, sondern verfolgt mit ihrer wertgebundenen sozialen Arbeit außerdem ein "missionarisches" Interesse. Gemessen an der Zahl der Beschäftigten ist die Diakonie - nach der Caritas - der zweitgrößte Wohlfahrtsverband in der Bundesrepublik Deutschland.

Die Diakonie ist entsprechend der evangelischen Kirchenstrukturen gegliedert. Hierbei handelt es sich um eigene kirchliche Verwaltungsgliederungen, die nicht überall deckungsgleich sind mit politisch-administrativen Strukturen auf Kommunal-, Landes- und Bundesebene. Da die kirchlichen Gliederungen in der Regel kleiner sind als die jeweiligen politischen Landesgrenzen, müssen die Landesregierungen häufig mit mehreren Diakonischen Werken verhandeln. Zumeist haben sich die diakonischen Einrichtungen auf kommunaler Ebene freiwillig zu Arbeitsgemeinschaften zusammengeschlossen, während auf Landeskirchen- und Bundesebene die Gründung Diakonischer Werke mit formalen Strukturen satzungsgemäß verpflichtend vorgeschrieben ist. Die Diakonischen Werke der 24 Landeskirchen der EKD, die 9 Freikirchen mit ihren diakonischen Einrichtungen sowie die rund 100 Fachverbände sind wiederum Mitglieder des Diakonischen Werkes auf Bundesebene. Die stimmberechtigten Mitglieder der jeweiligen Entscheidungsgremien der Diakonie auf Kommunal-, Landes- und Bundesebene werden entsprechend dem Delegationsprinzip von unten nach oben gewählt. Die Diakonischen Werke sind zwar rechtlich eigenständig, zwischen evangelischer Kirchenleitung und Diakonie bestehen aber weitreichende personelle, sachliche und finanzielle Verflechtungen. So sind Repräsentanten der jeweils zuständigen Kirchenleitung in den Entscheidungsgremien diakonischer Einrichtungen vertreten, zwischen Diakonie und evangelischer Kirche gibt es einen intensiven inhaltlichen Austausch, und die Diakonie erhält erhebliche finanzielle Zuwendungen aus dem Kirchensteueraufkommen. In ihrer Satzung ist darüber hinaus verbindlich festgelegt, daß die Diakonie den evangelischen Charakter ihrer Einrichtungen wahren, sich einer Rechnungsprüfung durch die Kirche unterziehen und die Einhaltung des kirchlichen Arbeitsrechtes gewährleisten muß.

Es läßt sich zusammenfassen, daß die Entwicklung der Diakonie zu einer rechtlich eigenständigen - evangelischen - Organisation in einem Spannungsverhältnis zwischen einerseits staatlichen und kommunalen und andererseits kirchlichen Einflüssen erfolgte. Dieses Spannungsverhältnis kommt in der deutlichen Scherenentwicklung zwischen gewachsenen "kirchlichen" Personal- und Organisationsstrukturen sowie einer rasanten Expansion als Träger öffentlicher Aufgaben zum Ausdruck. Derartige Spannungen werden virulent, wenn religiöse und professionelle Anforderungen miteinander in Konflikt geraten bzw. wenn die Diakonie versucht, sowohl "volksmissionarisch" im Sinne der evangelischen Kirche zu wirken als auch die professionellen Standards sozialer Arbeit und die betriebswirtschaftlichen Anforderungen beim Management sozialer Einrichtungen zu erfüllen. In den Altbundesländern wurde daher über viele Jahre diskutiert, ob Pastoren oder Betriebswirte geeigneter sind, eine große soziale Einrichtung zu leiten.

Vor diesem Hintergrund stellt sich die Frage, inwiefern es der Diakonie in ihrer Entwicklung von einer Kirchenorganisation zu einem Spitzenverband der Freien Wohlfahrtspflege in Ostdeutschland gelingen wird, eine relative Autonomie gegenüber der evangelischen Kirche, ein wertbezogenes Organisationsprofil sowie moderne Organisationsstrukturen zu entwickeln.

6.2 Unter dem Dach der evangelischen Kirche: Die Diakonie in der DDR

Die Stellung der evangelischen Kirche in der DDR wurde insbesondere durch zwei Entwicklungen beeinflußt: Zum einen grenzte die Regierung der DDR die Kirchen systematisch aus allen gesellschaftspolitisch wichtigen Bereichen aus. Zum anderen traten zahlreiche Mitglieder aus der evangelischen Kirche aus, so daß der Bevölkerungsanteil der evangelischen Christen im traditionell protestantisch geprägten Ostdeutschland von 80,6 Prozent (1950) auf knapp 30 Prozent im Jahre 1989 zurückging (vgl. Winkler 1990) (vgl. Kapitel 3).

Die politische Ausgrenzung erfolgte gerade auch im Sozialbereich. Lediglich in Bereichen, die staatlicherseits als "nicht produktiv" und "politisch randständig" eingestuft wurden, wie in der Alten- und Behindertenhilfe, konnte sich die Diakonie engagieren. Die Kinder- und Jugendarbeit wurde der Diakonie im Laufe der Jahre unter Verweis auf das staatliche Bildungs- und Erziehungsmonopol sukzessive entzogen. Dennoch war sie Ende der 80er Jahre Träger von 290 Kindertagesstätten.[45] Diese Kindereinrichtungen wurden nach Aussagen von leitenden Verbandsvertretern aus Fürstenberg offiziell als "Kleinkindkatecheten" deklariert, da sie so als Orte der religiösen Unterweisung galten und als Form kirchlicher Religionsausübung geduldet wurden (Interview Engelhard/Voigt).

Die evangelische und die katholische Kirche waren mit ihren Sozialorganisationen die einzigen nicht-staatlichen Träger sozialer Arbeit in der DDR. Ihre Einrichtungen und Dienste hatten unterschiedliche Rechtsformen, wie etwa Stiftungen und Vereine, oder waren rechtlich unselbständige Teile der Kirche. Die konkrete Rechtsform war "jedoch in der tatsächlichen und der rechtlichen Behandlung und Betrachtung in der DDR unerheblich (...). Beide Seiten - Staat und Kirche - gingen davon aus, daß die Tätigkeit der diakonischen und caritativen Einrichtungen eine Form der 'Religionsausübung' der Kirchen sei. Nach dem Prinzip der Trennung von Staat und Kirche unterlagen deshalb die kirchlichen Sozialeinrichtungen nicht der Lenkung, Leitung und Kontrolle des staatlichen Sozialwesens" (Koltzenburg 1991: 59). Die stationären Einrichtungen, überwiegend Krankenhäuser, Altenheime und Heime für geistig Behinderte, waren zumeist rechtlich selbständige Stiftungen. Ambulante soziale Dienste, insbesondere in den Bereichen Seelsorge, Suchtarbeit und Sozialberatung, wurden dagegen entweder von Pfarrern und kirchlichen Mitarbeitern im Nebenamt als Leistungen für die Kirchengemeinden und Kirchenkreise betrieben oder von den 141 Kreisstellen für Diakonie (auch Innere Mission oder Stadtmission) als offenes Angebot organisiert (vgl. Petran 1990: 160). Ende 1988 verfügte die Diakonie in der DDR über 44 Krankenhäuser, 187 Feierabendheime, 47 Altenpflegeheime, 127 Einrichtungen für geistig behinderte Kinder, Jugendliche und Erwachsene, 190

---

45 Zum Vergleich: In den alten Bundesländern hatte das Diakonische Werk 1991 insgesamt 7.867 Kindergärten und -tagesstätten (vgl. DW 1991).

Kindertagesstätten, 315 Gemeindepflegestationen und 114 Erholungsheime mit einer Gesamtkapazität von rund 40.000 Betten (vgl. Petran 1990: 160). Damit hatte die Diakonie in der DDR beispielsweise im Bereich der stationären Altenhilfe einen Anteil von 10 Prozent an der Gesamtbettenkapazität (vgl. Neukamm 1987: 618).

Neben der Möglichkeit, eigene soziale Dienste und Einrichtungen zu betreiben, konnten die Kirchen im Rahmen der "Religionsausübung" in begrenztem Umfang eigenes Fachpersonal ausbilden. So gab es 1985 beispielsweise 312 Ausbildungsplätze für Krankenschwestern bzw. -pfleger und 60 Ausbildungsplätze für Kinderkrankenschwestern in 18 Einrichtungen des Diakonischen Werkes.[46] Desweiteren gab es eine Ausbildungsstätte für kirchliche Sozialarbeit und Sozialpädagogik, fünf evangelische Fachschulen für Heilerziehungspflege, drei Fachschulen für Altenpflege, zwei Ausbildungsstätten für Wirtschaftsdiakonie und ein fächerübergreifendes Aus- und Weiterbildungszentrum. Nicht zuletzt diese eigenen Ausbildungskapazitäten mit ihren staatsunabhängigen Lehrplänen und die - im Vergleich mit staatlichen Einrichtungen - bessere Ausstattung der diakonischen Einrichtungen trugen mit dazu bei, daß die sozialen Angebote und Leistungen der Diakonie in der DDR nach Aussagen von Interviewpartnern als qualitativ hochwertig eingestuft wurden.

Von entscheidender Bedeutung für die Entwicklung der Diakonie in der DDR war das Verhältnis zwischen evangelischer Kirche und Staat. Die evangelische Kirche in der DDR versuchte, in politischen Aushandlungsprozessen eigene Handlungsspielräume zu erhalten und sich neue Einflußmöglichkeiten zu eröffnen. In ihrer Rolle als akzeptierte politische Verhandlungspartner der Sozialistischen Einheitspartei Deutschlands (SED) waren die evangelische Kirche und die Diakonie in der Lage, oppositionellen Gruppen und Systemkritikern zumindest eine "Nischenexistenz" unter dem Dach der Kirche zu ermöglichen. Somit konnten sich die führenden MitarbeiterInnen der evangelischen Kirche und der Diakonie 1989 als politisch erfahrene, systemkritische und fachlich kompetente Akteure präsentieren. Dieser Qualifikationsmix prädestinierte diesen Personenkreis nach dem Zusammenbruch der DDR für Spitzenpositionen in Verwaltungen, Ministerien, Parteien und Wohlfahrtsverbänden.

Die Arbeit der Diakonie in der DDR wurde von der Evangelischen Kirche in Deutschland (EKD) finanziell und fachlich unterstützt. Erbrachte die Diakonie in der DDR staatliche Aufgaben, wurden ihr zwar die "laufenden Kosten" aus dem Staatshaushalt erstattet, aber darüber hinausgehende Leistungen und Investitionsausgaben wurden aus Transferzahlungen der westdeutschen Evangelischen Kirche finanziert. So erinnert sich Herr Schleyer, Vorsitzender der diakonischen Arbeitsgemeinschaft in Frankenstein: "Wenn wir hier etwas bauen wollten als nichtstaatliche Einrichtung, also da kam vom Staat kein Stein rüber oder ein Dachziegel oder

---

46 Diese Angaben sind aus bisher unveröffentlichen Dokumenten des Archivs des Diakonischen Werkes entnommen.

irgend etwas, was an Materialien erinnerte, das kam über das Diakonische Amt, durch die Möglichkeiten mal ab und zu an Westmittel (...) heranzukommen oder sogar für die Kirchen (...) Werkstoff oder Material zu besorgen". Zwischen den verschiedenen diakonischen Einrichtungen entwickelten sich angesichts des ständigen Mangels an Baumaterialien florierende Tauschringe: "Hast du einen Stein für mich, dann kriegst du eine Fuhre Sand, hast du mal irgendwie ein paar Wasserhähne, die du von drüben gekriegt hast, dann kriegst du von mir vielleicht ein paar Dachziegel", erinnert sich Herr Schleyer. Nach seiner Einschätzung war das Verhältnis zwischen diakonischen Einrichtungen vor Ort und den hierarchisch übergeordneten diakonischen Ämtern der Landeskirchen nicht durch sachliche Kontrollen und Weisungen, sondern durch die Verteilung von West-Mitteln und die Organisation von Tauschgeschäften geprägt. In dieser Perspektive war das Diakonische Amt eher Tauschbörse als übergeordnete und eingreifende Fachverwaltung.

Das Verhältnis zwischen Kirche und Diakonie war unter den repressiven politischen Bedingungen in der DDR eng. In der kirchlich geschützten Nische unterstützten sich die Beteiligten politisch, moralisch, finanziell und materiell. So stellt Herr Pflüger, Geschäftsführer des Diakonischen Werkes in Neu-Brühl, fest: "Diakonie war ganz eindeutig Diakonie der Kirche". Innerhalb von Kirche und Diakonie verfügten die diakonischen Einrichtungen vor Ort dennoch über eine beachtliche Eigenständigkeit. Die evangelische Kirche schien hierbei eher die Diakonie zu schützen als deren Arbeit zu kontrollieren.

In allen vier Untersuchungsregionen gab es in der DDR diakonische Einrichtungen, die sich in der Trägerschaft deutlich unterscheiden. Entweder war der jeweilige Kirchenkreis, eine selbständige Stiftung oder ein eingetragener Verein Träger der Einrichtung. Nur in der Großstadt Neu-Brühl waren alle diakonischen Einrichtungen und Dienste zu einem Diakonischen Werk zusammengeschlossen. Dieses "Diakonische Werk - Stadtmission" existierte schon vor Gründung der DDR. Seit 1948 war es nicht mehr rechtlich eigenständig, sondern in das landeskirchliche Amt eingebunden. Das Diakonische Werk in Neu-Brühl hatte auch zu DDR-Zeiten eine größere Anzahl stationärer Einrichtungen, wie Krankenhäuser, Alten- und Behindertenheime sowie verschiedene ambulante (Beratungs-)Dienste.

In der zweiten großstädtischen Untersuchungsregion (Salzstetten) existierten bis 1989 verschiedene diakonische Träger, insbesondere das Diakoniewerk und die Stadtmission. Die Stadtmission war im Bereich der offenen Sozialarbeit, vor allem in der Suchtberatung, tätig. Bis Anfang der 80er Jahre bestand die Stadtmission als rechtlich selbständiger eingetragener Verein. Sie löste sich dann auf Anraten der Kirche auf und wurde in die evangelische Kirche eingegliedert. Dieser Schritt war möglicherweise eine Reaktion auf das 1976 in Kraft getretene Vereinigungsgesetz der DDR, das den Bezirksbehörden des Inneren (Volkspolizei) weitgehende Eingriffsmöglichkeiten in die Vereinsarbeit eröffnete (vgl. Abschnitt 3.2). Beim Diakoniewerk handelt es sich um eine Stiftung, zu der u.a. ein Diakonissenkrankenhaus, ein Altenheim und ein Kindergarten gehören. Außerdem gibt es in Salzstetten ein christliches Hospiz und eine Jugendwerkstatt. Diese verschiedenen Träger haben sich in Salzstetten bisher nicht zu einem Diakonischen Werk zusammengeschlossen, sondern koordinieren ihre Arbeit in einer diakonischen Arbeitsgruppe.

Auch im Landkreis Frankenstein bestand kein Diakonisches Werk. Es gab dort eine rechtlich eigenständige diakonische Behinderteneinrichtung, ein kirchliches Altenheim, kirchliche Kindergärten und ein Ordenskrankenhaus.

Im Landkreis Bärenklau existierten zu DDR-Zeiten nur einzelne soziale bzw. seelsorgerische Dienste des Kirchenkreises, die von Pfarrern und kirchlichen Mitarbeitern quasi nebenamtlich erbracht wurden. Erst 1991 wurde auf Initiative eines Pfarrers das Diakonische Werk als eingetragener Verein gegründet. Es übernahm einen Kindergarten und eine Altenbegegnungsstätte und bietet jetzt soziale Dienste in den Bereichen Gehörlosenarbeit, Seelsorge und Beratung von Asylbewerbern an.

6.3 Der Umbau der Diakonie in den neuen Bundesländern

Die Entwicklung der Diakonie soll im folgenden anhand der rechtlich eigenständigen diakonischen Träger, d.h. der Stadtmission und des Diakoniewerkes in Salzstetten, der Diakonischen Werke in Neu-Brühl und Bärenklau und einer diakonischen Einrichtung in Frankenstein untersucht werden. Im Mittelpunkt der Darstellung stehen die Organisationsstrukturen, das Verhältnis der diakonischen Einrichtungen zu übergeordneten Verbandsgliederungen und zu politisch-administrativen Akteuren sowie die Herausbildung eines spezifischen diakonischen Organisationsprofils.

6.3.1 Die Organisationsstruktur

Die diakonischen Träger haben in den Untersuchungsregionen in der Regel die Rechtsform eines eingetragenen Vereins. In die Vorstände dieser Vereine werden zum einen Vertreter der Kirchenkreise als sogenannte "geborene" Mitglieder entsandt und zum anderen gewählte Vereinsmitglieder und VertreterInnen der Mitarbeiterschaft. So sieht beispielsweise die Satzung des Diakonischen Werkes in Neu-Brühl vor, daß sich der Vorstand aus Vereinsmitgliedern, dem zuständigen Superintendenten sowie Vertretern der Kirchenbezirke, der großen Einrichtungen und der Mitarbeiterschaft zusammensetzt. In der Regel ist auch der jeweilige Geschäftsführer Mitglied des Vorstandes. Der Vorstand entscheidet allein über die Grundsätze der Verbandstätigkeit, die Besetzung der Stelle des Geschäftsführers, den Haushalts- und den Stellenplan sowie über größere finanzielle Transaktionen. Vereinzelt gibt es Kritik an den unzureichenden Erfahrungen und Kenntnissen von

Vorstandsmitgliedern. So ist Marion Sonne, die Geschäftsführerin des Diakonischen Werkes in Bärenklau, der Ansicht, Vorstände seien für dringende Entscheidungen (z.B. Personalentscheidungen) nicht geeignet, da sie selten tagen, "und es sind wirklich von heute auf morgen auch kurzfristig radikale Entscheidungen zu treffen, und darum mache ich sozusagen im Vorfeld ein bißchen, daß der Vorstand so entscheiden wird, (...) da bin ich auch nicht glücklich drüber, weil man ja eigentlich auch die Entscheidungsebenen dadurch relativiert, ja ich hatte schon ein paar solche Geschichten, wo ich sagen muß, eigentlich ist die Struktur unbefriedigend, es müßte dann noch mehr Leitungskompetenz abgegeben werden auf die zweite Ebene". Erich Schleyer, Vorsitzender der diakonischen Arbeitsgemeinschaft in Frankenstein, vermißt vor allem fachliche und betriebswirtschaftliche Kompetenzen bei kirchlichen Vorstandsmitgliedern: "Und das fällt der Kirche ungleich viel schwerer, sie tut sich unfaßbar schwer, Einrichtungen zu leiten, aus ökonomischer Sicht ist die beinahe zu diesen Dingen gar nicht in der Lage, die ist also so in ihren alten Denkstrukturen verhaftet, die hat es nicht gelernt, mit dem Zug der Zeit auch in die Marktwirtschaft hineinzugleiten und eben beispielsweise soziale Einrichtungen zu leiten, zu führen und davon letztendlich einen kleinen Obolus hinüber zu bringen". Dieses Problem kann nicht nur in Vorständen, sondern auch bei Geschäftsführungen bestehen, wenn theologisch-seelsorgerische Kompetenzen vorhanden sind, aber betriebswirtschaftliche und pädagogische fehlen.

Die Angebote diakonischer und kirchlicher Träger lassen sich in stationäre Einrichtungen und ambulante soziale Dienste unterscheiden. Dieser Unterschied kommt insbesondere in der Finanzierungsstruktur zum Ausdruck. Während die finanzielle Ausstattung im stationären Bereich im Untersuchungszeitraum kalkulierbar und kostendeckend ist, haben die ambulanten Dienste in der Regel Finanzierungsschwierigkeiten. Eva Küster, Geschäftsführerin der Stadtmission in Salzstetten, schildert das Problem folgendermaßen: "Die gesamte offene Arbeit ist nicht abgesichert, überhaupt nicht abgesichert, die Diakonie-Sozialstation ist (...) durch die mangelhafte Finanzierung, auch durch (...) den mangelhaften Personalschlüssel ungesichert, das rechnet sich nicht, die Diakonie-Sozialstation arbeitet nicht wirtschaftlich (...), weil wir zum Beispiel in dem Personalschlüssel keine Sozialarbeiter drin haben, (...) [außerdem ist; d.A.] der Pflegeaufwand in den neuen Bundesländern (...) ein ganz anderer als in den Altbundesländern (...), die offene Arbeit ist finanziell überhaupt nicht abgesichert, es gibt ja noch nicht einmal Förderrichtlinien für den Suchtbereich".

Grundlegend anders stellt sich für Frau Küster die Situation im stationären Bereich dar, weil die EinrichtungsleiterInnen aufgrund der Pflegesatzfinanzierung die Möglichkeit haben, mit einem festen Budget zu kalkulieren: "Die sagen auch, daß sie mit dem Geld nicht hinkommen, aber sie (...) wissen wieviel Geld reinkommt". Erich Schleyer bestätigt diese Einschätzung: "Durch diesen [Pflegesatz;

d.A.] werden wir finanziert, und der ist für uns sehr auskömmlich, muß ich sagen, weil wir es ja gewohnt waren, doch nach strengen Grundsätzen von Sparsamkeit, ökonomisch zu wirtschaften (...), wir hatten nie Not, auch jetzt nicht, im Gegenteil, wir konnten uns noch nie vorher soviel leisten wie derzeit".

Die Situation der Diakonie als Träger von Diensten und Einrichtungen ist in den Untersuchungsregionen sehr unterschiedlich. Während sich die Diakonie in den großstädtischen Regionen um eine Ausweitung ihres Angebotes an ambulanten sozialen Diensten und die Modernisierung der stationären Einrichtungen im Kranken-, Alten- und Behindertenbereich bemüht, ist der Bestand an Diensten und Einrichtungen in den Landkreisen wesentlich kleiner. Im Landkreis Frankenstein steht eine Einrichtungen für geistig Behinderte im Mittelpunkt des diakonischen Leistungsangebotes, und im Landkreis Bärenklau befinden sich nur ambulante Beratungsdienste und ein Kindergarten in Trägerschaft der Diakonie.

6.3.2 "Der gegenseitige Argwohn von Kirche und Diakonie "

In den Untersuchungsregionen, in denen es auf lokaler Ebene kein Diakonisches Werk gibt, erfolgt die Koordination und Außenvertretung der Interessen durch Kreisdiakonieausschüsse oder diakonische Arbeitsgemeinschaften. Die einzelnen diakonischen Einrichtungen (oder Werke) auf lokaler Ebene sind wiederum Mitglied im jeweiligen diakonischen Werk auf Landesebene. Der Einfluß der evangelischen Kirche ist durch die Entsendung von Kirchenvertretern als "geborene Mitglieder" in die Vorstände von Diakonischen Werken und Einrichtungen zwar formal geregelt, in der alltäglichen Praxis betonen die Einrichtungen und Werke nach wie vor ihre Eigenständigkeit.

Die örtlichen VerbandsvertreterInnen sehen einen ausgeprägten inhaltlichen Bezug zwischen Diakonie und Kirche. Die Nähe zur Kirche bedeutet nach ihren Aussagen vor allem eine Nähe zu den jeweiligen Kirchengemeinden und -kreisen, während das Verhältnis zur Landeskirche eher lose sei. So vertritt Erich Schleyer die Meinung, daß die Kirche für ihn Partner, nicht aber Vorgesetzter sei. Er wolle kein Organ der Kirche sein und nicht der Synode Rechenschaft ablegen müssen (Interview Schleyer). Von einigen Verbandsvertretern wird der Kirche Mißtrauen gegenüber den diakonischen Einrichtungen nachgesagt. So stellt Eva Küster, die Geschäftsführerin der Stadtmission in Salzstetten, fest, daß die evangelische Kirche Probleme mit den Unabhängigkeitsbestrebungen der Diakonie hat: "Es ist uns übelgenommenen worden, daß wir wieder e.V. geworden sind, wir waren greifbarer, als wir ein Werk der Kirche waren, obwohl wir nicht greifbarer waren, also das kann ich nicht ganz nachvollziehen, das kann ich nur so emotional nachvollziehen, und ich denke, die Sorge besteht darin, daß wir mächtig werden und ich denke (...), es ist eine Frage der Macht". Hinzu kommt ihres Erachtens ein gewisser Neid der Kirche gegenüber der Diakonie, da die Kirche in Ostdeutschland unter einem geringen Kirchensteueraufkommen leidet, während es der Diakonie finanziell relativ gut geht. Der Direktor des Diakoniewerkes in Salzstetten, Alfred Weber, geht ebenfalls auf die Macht- und Geldfrage ein: "Der gegenseitige Argwohn von Kirche und Diakonie (...) kommt immer wieder hoch, das war das erste, was für mich der Schock des Lebens fast war, ich war im November hier und dann war der Konvent des Kirchenkreises hier und tagte, und ich mußte mich fast rechtfertigen, warum ich als Pfarrer hier arbeite, ja also das ist ein Dauerbrenner, wie weit Diakonie Kirche ist und umgekehrt Kirche Diakonie, (...) da ist auch so ein Stück, daß wir zu mächtig werden irgendwo (...), ja eventuell auch so ein Stück Neid, daß es uns zu gut geht, wir haben eben bessere Geräte, oder wenn die sehen, Kirche hat nur so ein bißchen Geld und ihr habt hier eine tolle Orgel oder eine tolle Funkanlage, und die Kirche ist renoviert und unsere ist nicht renoviert, (...) oder die Gehälter waren mal zu DDR-Zeiten ein ganz großes Thema, daß die Gehälter der Diakonie größer und höher waren als die kirchlicher Mitarbeiter".

Die VerbandsvertreterInnen kritisieren die formalen Einflußmöglichkeiten der Kirche in den Einrichtungen und diakonischen Werken nicht: Da es sich zumeist um Vertreter der örtlichen Kirchenkreise handele, schaffe deren Mitwirkung eher einen positiven Gemeindebezug. Demgegenüber ist das Verhältnis der Diakonie zu den Landeskirchen eher distanzierter. Da in den Interviews nicht auf Eingriffe der Landeskirche in die Arbeit der Diakonie hingewiesen wurde, gab es im Untersuchungszeitraum anscheinend keine diesbezüglichen offenen Konflikte.

6.3.3 "Selbst im eigenen Bundesverband Diakonie versuchen wir unser Profil selbst zu finden": Zusammenarbeit mit den Diakonischen Werken auf Landes- und Bundesebene

Das Diakonische Werk auf Landesebene hat nach Aussagen von VerbandsvertreterInnen in erster Linie die Funktion, die diakonischen Einrichtungen über Förderprogramme, rechtliche Regelungen und Finanzierungsmöglichkeiten zu informieren und zu beraten. In Einzelfällen wurden aus Eigenmitteln von Landesverbänden Anschubfinanzierungen für Sozialstationen gewährt. Eva Küster, Geschäftsführerin der Stadtmission in Salzstetten, meint, "(...) daß das Diakonische Werk [auf Landesebene; d.A.] selbst mit Strukturieren beschäftigt ist, daß das, was läuft, schon sehr intensiv ist, also da geht nicht viel Kritik in diese Richtung, ich denke, da ist auch viel an Selbstfindung erforderlich jetzt (...), ich denke es ist einfach so, daß wir sehr eigenständig sein müssen, wir müssen auf eigenen Füßen stehen, auch unser eigenes Profil finden und auch unsere eigenen Entscheidungen fällen".

Von größerer Bedeutung scheinen die jeweiligen Partnerverbände aus den Altbundesländern zu sein, die die Diakonie beim Aufbau in den neuen Bundesländern unterstützt haben. Allerdings wird hier sorgfältig abgewogen, inwiefern die Unterstützung hilfreich ist und wann eine unzulässige Einflußnahme zurückgewiesen werden muß. Eva Küster faßt ihre Erfahrungen folgendermaßen zusammen: "Ich habe Menschen kennengelernt, bei denen ich gemerkt habe, daß sie sehr für und mit uns gedacht haben, und ich habe Menschen kennengelernt, die groß sein wollen und rüberbringen wollen und wirklich überstülpen wollten und auch fast nichts von dem, was wir getan haben, akzeptiert haben".

Die Kontakte zum Bundesverband, d.h. zum Diakonischen Werk der Evangelischen Kirche in Deutschland mit Sitz in Stuttgart, sind nach Darstellung von Verbandsvertretern dagegen eher spärlich und von deutlichen Unabhängigkeitsbestrebungen seitens der örtlichen Gliederungen der ostdeutschen Diakonie gekennzeichnet. Nur Konrad Pflüger meint: "Ich habe das Diakonische Werk Stuttgart erlebt als einen ganz hilfreichen Verband, der sich mit uns freut, daß was losgeht, (...) und insofern hatte ich auch keine Probleme immer Geld zu kriegen, das heißt nicht Unmassen". Er betont jedoch gleichzeitig - aus der Sicht eines auf örtlicher Ebene tätigen Geschäftsführers - die Unabhängigkeit gegenüber dem Bundesverband: "Ich denke, sie merken auch an der Stelle, selbst im eigenen Bundesverband Diakonie versuchen wir unser Profil selbst zu finden und uns da auch durchzusetzen" (Interview Pflüger).

Eine andere Verbandsvertreterin spricht sogar von einer Distanz zum Bundesverband: "Stuttgart ist überhaupt sehr weit weg, Stuttgart spielt für mich keine Rolle" (Interview Küster). Ähnlich äußert sich auch Marion Sonne, die Geschäftsführerin des Diakonischen Werkes in Bärenklau, über das Diakonische Werk in Stuttgart. Sie schildert ihre Erfahrungen am Beispiel einer diakonischen Beratungsstelle, deren Finanzierung über das Diakonische Werk in Stuttgart erfolgte: "Das ist halt nur, daß die [das Diakonische Werk Stuttgart; d.A.] uns das Geld überweisen und Berichte dann haben wollen über die (...) Arbeit und auch eine Qualifikation anbieten für die Mitarbeiter, und sonst haben wir mit denen eigentlich nichts zu tun, außer daß wir ab und zu mal einen Brief kriegen mit irgendwelchen Erklärungen oder sowas, naja, was eben von ganz oben kommt".

Insgesamt sind die Kontakte innerhalb des eigenen Verbandes von einem starken Willen zur Eigenständigkeit auf der örtlichen Ebene gekennzeichnet. Das Verhältnis der Kreisverbände zu den jeweiligen Landesverbänden und zum Bundesverband ist lose und unverbindlich, während zu den jeweiligen Partnerverbänden aus den Altbundesländern intensive Kontakte im Untersuchungszeitraum bestehen.

6.3.4 Pragmatismus und strategische Kompetenz: Zusammenarbeit mit politisch-administrativen Akteuren

In der Zusammenarbeit mit politisch-administrativen Akteuren erweisen sich die VertreterInnen der Diakonie als strategisch und pragmatisch denkende Verhandlungspartner, deren diesbezügliche Kompetenzen den Verbandsaufbau wesentlich befördern. So schildert der Direktor des Diakoniewerks in Salzstetten, Alfred Weber, daß er in wichtigen Fällen den Dienstweg der Verwaltung (vom Amtsleiter über den Dezernenten an den Oberbürgermeister) vermeide und den direkten Kontakt mit dem Oberbürgermeister suche: "Mit dem OB [Oberbürgermeister; d.A.] bin ich auch öfter mal zusammen, die große Marschlinie abzusprechen, wenn es unten nicht funktioniert, das habe ich leider öfters jetzt erleben müssen, daß die Verwaltung nicht funktioniert (...) zum Beispiel neues Pflegeheim, da verhandeln wir schon über ein Jahr um den Erbpachtvertrag, und die Investition wäre fast gescheitert, möchte ich sagen, weil der Erbpachtvertrag nicht funktioniert, und wir haben sozusagen die Investition jetzt aufs Gleis bekommen, nur weil der OB gesagt hat, ich sichere zu, daß das und das dann und dann passiert, aber das ist schon letztlich irgendwo illegal, ja das kann er eigentlich nicht machen". Hierin kommt zum Ausdruck, daß der Verbandsvertreter bei entscheidenden Fragen seine Anliegen nicht auf "den Dienstweg" bringt, sondern persönliche Netze nutzt, um organisationsbezogene Interessen durchzusetzen.

Erich Schleyer, Vorsitzender der diakonischen Arbeitsgemeinschaft in Frankenstein, macht am Beispiel der Übernahme eines Kindergartens deutlich, daß man das vielgliedrige politisch-administrative System verbandsstrategisch nutzen kann, vorausgesetzt, man kennt die Spielregeln und verfügt über entsprechende Kompetenzen: "Ich habe wirklich einen Kindergarten übernommen (...), das Land fördert mit 60 Prozent die Personalkosten, 20 Prozent durch Elternbeiträge, und der Träger muß 20 Prozent bringen, diese 20 Prozent der pädagogischen Personalkosten habe ich nicht (...), ich bin also der Stadt (...) so die Bude eingelaufen, dem Kämmerer so auf die Nerven gegangen und dem zuständigen Referenten und Leitern, bis die pro Kind und Belegungstag mir 5 Mark hinüberreichen, und das sind die 20 Prozent, die der Träger haben muß, und schon kann ich einen Kindergarten übernehmen, (...) und das ganze melde ich an unter integrativem Modell, und als die Stadt nicht gleich sagte, hurra, da freuen wir uns, da habe ich die beschimpft in der Presse" (Interview Schleyer). Im Landkreis Frankenstein bestehen personelle Verflechtungen zwischen kommunaler Sozialverwaltung und der diakonischen Einrichtung. So verweist Herr Schleyer darauf, daß der Sozialdezernent des Kreises Vorstandsmitglied des Trägervereins der Einrichtung ist und er - Erich Schleyer - dem Sozialamtsleiter "freundschaftlich verbunden" sei.

Diese Situation im Landkreis Frankenstein, in der es der Vertreter der Diakonie versteht, sich "sicher auf dem politischen Parkett zu bewegen" und persönliche Netze zu nutzen, um die Interessen der Organisation durchzusetzen, stellt eine häufiger vorzufindende Konstellation während der Aufbauphase in Ostdeutschland dar. Es gibt auch andere Erfahrungen. So kritisiert der Geschäftsführer des Diakonischen Werkes in Neu-Brühl, Konrad Pflüger, das Verhältnis zur Sozialverwaltung in der ersten Zeit. Er habe erhebliche Schwierigkeiten gehabt, die Sozialverwaltung davon zu überzeugen, daß die Diakonie ein verläßlicher Verhandlungspartner und Einrichtungsträger sei. In diesem Zusammenhang verweist Konrad Pflüger insbesondere auf das fehlende Subsidiaritätsverständnis im Sozialamt: "Ich denke, daß wir als freie Wohlfahrtsverbände zunächst den Auftrag haben, gegenüber dem Sozialamt, was wesentlich noch mit Mitarbeitern (...) bestückt ist, die schon früher da waren, das Prinzip der Subsidiarität überhaupt begreiflich zu machen, deutlich zu machen, daß das Sozialamt nicht alles denken muß, sondern daß sie im wesentlichen andere doch auch mit teilhaben lassen müssen, an dem was an sozialen Aufgaben wahrgenommen werden muß". Die Stadtverwaltung und die Mitglieder des Parlamentes hätten - so Konrad Pflüger - die Vorstellung gehabt, daß die Kommune möglichst viele Alten- und Pflegeheime behalten müsse, daß man sich daran "gesundstoßen könne". Konzeptionelle Überlegungen hätten seiner Meinung nach keine Rolle gespielt. Fast alle Mittel aus dem Förderprogramm "Aufschwung Ost" seien daher in städtische Heime investiert worden. Herr Pflüger schildert in einer weiteren Interviewpassage seine Verhandlungsbemühungen: "Durchsetzung von Subsidiarität heißt zum Beispiel, begreiflich zu machen den Parlamentariern, dem Sozialamt, daß wir uns jetzt um Altenpflegeheime nicht deswegen kümmern, weil wir uns bereichern wollen, oder weil wir nun die allerbesten sind, sondern daß in der Vielfalt der Träger sowohl für die Bewohner als auch für die Entwicklung der Einrichtung wesentlich optimaler gearbeitet werden kann, als dies bis jetzt der Fall war". Obwohl zwischen Konrad Pflüger, dem Geschäftsführer des Diakonischen Werkes in Neu-Brühl, und der öffentlichen Sozialverwaltung offenkundig Differenzen bestehen, gelingt es ihm nach eigener Einschätzung als politisch versiertem Akteur und als "Mann des öffentlichen Lebens", seine Vorstellungen von Subsidiarität weitgehend durchzusetzen, nicht zuletzt durch seinen persönlichen Kontakt zum Sozialdezernenten.

6.3.5 Das diakonische Profil: Ethisch und fachlich anspruchsvoll

Mit dem Zerfall der DDR stand die fortbestehende Diakonie vor den beiden Aufgaben, sich als Spitzenverband im neuen politischen Koordinatensystem zu verorten sowie ihre Dienste und Einrichtungen den veränderten Rahmenbedingungen anzupassen. Das Organisationsprofil und das Selbstverständnis diakonischer Arbeit bilden folglich einen thematischen Schwerpunkt in den Interviews. Die InterviewpartnerInnen erläutern, welche Anforderungen an einen Spitzenverband der Freien Wohlfahrtspflege gestellt werden, welche fachlichen Standards gelten und was das spezifische diakonische Profil von Einrichtungen und Diensten ist.

Eine zentrale Herausforderung der Anfangszeit bestand darin, sich mit der Institution der Freien Wohlfahrtspflege vertraut zu machen. Eva Küster, die Geschäftsführerin der Stadtmission in Salzstetten, erinnert sich: "Ich weiß, als ich ihn [den Begriff freie Wohlfahrtspflege; d.A.] zum ersten Mal gehört habe, habe ich gedacht, was soll dieses antiquierte Zeug, Begriffe, die für mich nicht lebendig waren und völlig ohne Inhalt und einfach so, die rochen ja nach Mottenpulver, und ich hab mich, das muß ich auch sagen, sehr widerstrebend damit auseinandergesetzt (...), ich habe in dieser Zeit begonnen, mich zu beschäftigen, was ist Wohlfahrtspflege, was sind Wohlfahrtsverbände, habe in der Zeit auch mich erstmalig (...) damit auseinandersetzen müssen, verfaßte Kirche, Diakonie, das ist also vor der Wende für mich überhaupt kein Thema gewesen, für mich war Kirche Diakonie und Diakonie Kirche". Diese Begriffe waren auch für Erich Schleyer neu: "Hier war Wohlfahrtspflege nicht bekannt, der Staat war der große soziale Träger aller Maßnahmen und organisierte das entsprechend auch, also für mich waren Wohlfahrtsverbände weder ein Begriff, noch kannte ich sie von der Struktur her". Für ihn waren sowohl der Begriff des Wohlfahrtsverbandes als auch die Unterschiede und "Grenzziehungen" zwischen den Verbänden neu. So engagierte sich Herr Schleyer - Leiter einer diakonischen Einrichtung - bedenkenlos beim Aufbau der "konkurrierenden" Lebenshilfe: "Als ich zur Lebenshilfe stieß, wie die Jungfrau zum Kinde kommt, war (...) mir überhaupt nicht bekannt oder deutlich, daß ich als Leiter einer diakonischen Einrichtung eigentlich bei der Lebenshilfe [falsch bin; d.A.], ein Konkurrenzgedanke kam mir überhaupt nicht auf, weil ich gar nicht ahnte, daß es da irgendwie zwei Dächer gibt, zwei Wohlfahrtsverbände gibt, die so teilweise auch konkurrieren (...), das war mir natürlich nicht klar, erst im Verlaufe, man könnte so sagen eines halben Jahres, wurden meine Leute hier aus dem Diakonischen Amt stutzig, was macht der (...) bloß bei der Lebenshilfe (...) permanent, der hat sich eigentlich doch vorgenommen (...) eine Einrichtung unter dem Dach der Diakonie auszubauen, fragten die sich natürlich, (...) aber da war den meisten Leuten hier bei den Diakonischen Ämtern (...) auch nicht klar, daß das im Prinzip was vom Wohlfahrtsverband her völlig getrennt, also von (...) der Diakonie was völlig getrenntes ist, das war schon putzig, (...) da lache ich heute noch manchmal drüber, aber das wurde damals nicht ganz unkritisch aufgenommen".

Beeinflußt wurde dieser Selbstfindungsprozeß außerdem durch die Frage, welchen Stellenwert Diakonie als Träger sozialer Dienste und Einrichtungen angesichts der geringen Anzahl evangelischer Christen überhaupt haben soll. Nach derartigen Orientierungsversuchen standen die VertreterInnen der Diakonie vor der

Aufgabe, ihrem Verband Einfluß in der Liga der Freien Wohlfahrtspflege sowie gegenüber der Sozialverwaltung zu verschaffen.

Mit der verstärkten Übernahme öffentlicher Aufgaben rückt die Frage der fachlichen Standards in den Mittelpunkt der Diskussion zwischen Diakonie und öffentlichen Kostenträgern. So ist die Stadtmission in Salzstetten Träger einer großen Einrichtung, in der Behinderte aller Altersgruppen mit unterschiedlichen Behinderungen untergebracht sind. Eine Mischstruktur, die von der Geschäftsführerin als konzeptionell richtig bewertet wird: "Wir halten unsere Struktur für die sehr viel bessere" (Interview Küster). Nach den Förderrichtlinien des Sozialministeriums müßte diese Einrichtung aufgegliedert werden, da dieses wirtschaftlicher sei und außerdem aus unterschiedlichen Förderprogrammen finanziert würde. Sozialpädagogisch begründete Einwände habe es seitens des Ministeriums nicht gegeben, so Eva Küster. Sie resümiert die Situation folgendermaßen: "Wir sind jetzt in der mißlichen Situation, daß wir nicht leben können, wenn wir nicht gefördert werden, und wenn wir gefördert werden wollen, müssen wir uns an Richtlinien halten, das ist also etwas, was ich als bedrückend, demütigend und (...) was sonst noch alles finde, das ist also schlimm (...), wir wehren uns, wir gehen den schweren Weg, wir werden einzeln beantragen (...) und werden doch weitgehendst versuchen, diese Struktur, die wir haben, aufrecht zu erhalten, das ist natürlich in der Arbeit, in der Abrechnung mühevoller, aber wir wollen doch diese Erfahrung, die wir gemacht haben, nutzen" (Interview Küster).

Allen diakonischen Trägern ist das Bemühen gemeinsam - trotz der Heterogenität des Leistungsangebots -, ein spezifisches diakonisches Profil zu vermitteln. Sowohl in den großen Einrichtungen als auch in den Stadtmissionen, die in der Regel von Pfarrern oder Theologen geleitet werden, haben die Nähe zur Kirche und eine spezifische Ethik des Handelns eine große Bedeutung. Der Geschäftsführer des Diakonischen Werkes in Neu-Brühl, Konrad Pflüger, stellt fest, daß "das Profil des Diakonischen Werkes in den sozialen Dimensionen wirkliche Fortsetzung der Liebestätigkeit der ersten Christen ist, und das möchte ich eigentlich ganz gerne auch erhalten, (...) das einfach die Atmosphäre an der qualifizierten Pflege, an dem Menschenbild, das die Mitarbeiter haben, erkennbar ist, daß sie etwas vom Glauben wissen, und zwar jetzt nicht aufgesetzt im Sinne, daß sie Jesus Leiden permanent auf der Zunge tragen, sondern daß in der Haltung am Krankenbett, in der Begleitung von Besuchern der Sozialstation, im Waschen des alten Mannes, (...) daran erkennt man, da ist einer, der diesen Menschen (...) liebt, das muß uns gelingen". Selbst Erich Schleyer, der als "Quereinsteiger" die Leitung einer diakonischen Einrichtung übernahm, betont die Bedeutung von Nächstenliebe und moralischem Handeln: "Ich bin ein mäßiger Kirchgänger, muß ich sagen, aber mich stört schon die leere Kirche, wenn ich überhaupt mal ginge, aber hier ist ein Feld da, daß ich gern betreibe, ich bin von der Gläubigkeit her nur halb so wild (...), aber ich kann schon Leute vom diakonischen Grundgedanken überzeugen, für mich ist, wenn ich

6. Die Diakonie

in der Satzung lese, wie die das vor hundert und noch was Jahren geschrieben haben, das Haus soll unter (...) dem christlichen Motto der Nächstenliebe geführt werden, das kann ich zur Not einem Nichtchristen sagen, das wirst du doch wohl akzeptieren, oder fällt dir was Besseres ein als Nächstenliebe, mir nicht".

Der Direktor des Diakoniewerkes in Salzstetten, Alfred Weber, sieht seine Hauptaufgabe darin den "Geist und den Frieden des Hauses zu wahren", was für ihn bedeutet, "daß Kirche hier präsent ist". Um diese Kirchennähe zu vermitteln, werden für MitarbeiterInnen und Klienten in den Einrichtungen Gottesdienste, Andachten, Bibelstunden und andere Veranstaltungen angeboten. Hierfür stehen im Diakoniewerk beispielsweise ein Kirchenmusiker, zwei Pastoren und ein Krankenhausseelsorger zur Verfügung. Herr Weber sieht die Einrichtungen des Diakoniewerkes als eine Kirchengemeinde an: "Daß wir uns hier auch als Kirchengemeinde verstehen und als Kirche, ja und so also die direkte Bindung auch brauchen, ja eigentlich identisch sind, möchte ist fast sagen". Darüber hinaus sieht er eine besondere Verpflichtung darin, sich für die sozialen Probleme der Stadt zu engagieren. Er möchte die "Bindung zu den sozialen Problemen der Stadt (...) gerne noch irgendwo deutlich machen".

Auch Konrad Pflüger hebt die Verknüpfung von sozialpolitischer und "missionarischer" Arbeit hervor: "Daß wir im wesentlichen zwei Beine versuchen dem ganzen Laden Stadtmission zu geben, nämlich einmal angesichts der immer stärker auseinanderklaffenden sozialen Schere die Sozialarbeit sowohl als Stadtmission als auch für Kirchenbezirke wahrzunehmen und zum anderen eben tatsächlich missionarische Arbeit zu leisten, weil die soziale Arbeit auch eine ethische Dimension braucht, und diese ethische Dimension zu definieren, zu formulieren und im Zusammenhang dem Gemeinwesen nahezubringen, das ist sozusagen unser Ziel". Die gemeindekirchliche und sozialpolitische Orientierung findet sich in den meisten Interviews wieder und ist zentraler Bestandteil des spezifischen diakonischen Profils.

Demgegenüber wird eine rein (betriebs-)wirtschaftlichen Ausrichtung der sozialen Arbeit von seiten der interviewten VerbandsvertreterInnen einhellig abgelehnt. Eva Küster, die Geschäftsführerin der Stadtmission in Salzstetten, betont: "Es kann nicht (...) nur nach den Finanzen gehen, daß der Zuschlag gegeben wird, sondern es kann nur nach dem Bedarf gehen". Und sie setzt fort: "Für mich ist der unmoralischste Satz, der nach der Wende gesprochen wurde, dieser Satz, das rechnet sich nicht, es ist für mich unmoralisch, und für mich ist der ganz große Druck und mein eigenes Dilemma, daß ich mich diesem unmoralischen Satz zum Teil beugen muß" (Interview Küster).

Die Umsetzung des diakonischen Profils wird in den kommunalen Gliederungen nicht zuletzt in Zusammenhang mit Fragen der Rekrutierung, Führung und Weiterbildung des Personals diskutiert. Die Mehrzahl der interviewten VerbandsvertreterInnen ist sich weitgehend darin einig, daß von MitarbeiterInnen eine Kirchenmitgliedschaft nicht verlangt werden kann. Frau Küster stellt fest: "Wir gehen sehr eigene Wege, wir nehmen katholische MitarbeiterInnen genauso gerne wie evangelische Mitarbeiter und ich verlange von keinem Mitarbeiter, der sich bewirbt, eine Kirchenzugehörigkeit". Die gleiche Position vertritt Konrad Pflüger: "Ich zwinge niemanden in die Kirche einzutreten, das darf uns nicht passieren, das wäre das dümmste, was uns passieren könnte, diese Nötigung, die ja in den diakonischen Einrichtungen der Altbundesländer ganz anders ist, wenn wir dies übernehmen, dazu bin ich nicht bereit". Dennoch sind sich beide Geschäftsführer darin einig, daß ihre MitarbeiterInnen den Idealen der Organisation gegenüber aufgeschlossen sein sollten und sich in gewisser Weise mit diesen identifizieren müssen. So ergänzt Eva Küster: "Ich frage aber nach der Stellung zur Kirche, ich frage sehr deutlich nach der Vergangenheit, nach der politischen Vergangenheit und frage auch, ob es Aversionen gegen Kirche gibt, ob es Interesse für Kirche gibt, und sage dann sehr deutlich die Erwartung, nämlich die, daß ich erwarte, daß sich der Mitarbeiter als Stadtmissionsmitarbeiter fühlt, das ist er auch, wenn er nicht zur Kirche gehört und daß er sich für kirchliche Dinge interessiert und daß es mit Sicherheit ein weiteres Gespräch geben wird". Konrad Pflüger hat weitergehende Erwartungen an seine MitarbeiterInnen: "Aber ich erwarte von den Mitarbeitern, die sich bei der Diakonie bewerben, daß sie zumindestens Mitglied beim diakonischen Werk werden, denn sie wollen von denen auch das Geld haben und dann müssen sie den Verein wenigstens mittragen, und nun will ich nicht nur das Geld von denen haben, also die Mitgliedsbeiträge, sondern ich möchte schon ganz gerne, daß sie den Trend des Betriebes begreifen und innerlich sich damit auseinandersetzen".

Die interviewten VerbandsvertreterInnen sehen es als ihre Aufgabe an, ihren Mitarbeitern und Mitarbeiterinnen christliche Werte und Verhaltensweisen näher zu bringen. Dazu werden Andachten, Vorträge und andere Veranstaltungen für die MitarbeiterInnen während der Arbeitszeit angeboten. Der Direktor des Diakoniewerks in Salzstetten, Alfred Weber, schildert seine Bemühungen folgendermaßen: "Die Identifikation, die wir uns wünschen, ist natürlich nicht bei allen Mitarbeitern da, muß man mal realistisch sehen, wir versuchen das, indem wir zum Beispiel drei bis fünf Mitarbeitertage, wir nennen es Bibelkurse, aber das ist nur der Oberbegriff, also daß wir drei Tage anbieten, wo sie bezahlten Urlaub kriegen, zusätzlichen Urlaub, um mit uns ins Gespräch zu kommen, mit biblischen Themen, mit zeitgenössischen Themen, wo also dieser Beheimatungsprozeß gepflegt werden soll, was hier und da gelingt und manchmal schiefgeht".

Auf kommunaler Ebene stehen somit die Weiterentwicklung der eigenen Dienste und Einrichtungen und die Etablierung der Diakonie als fachlich qualifizierten Spitzenverband der Freien Wohlfahrtspflege im Mittelpunkt der Verbandsaktivitäten. In dieser von organisatorischer Kontinuität und politischen Veränderungen geprägten Umbausituation erweisen sich die Diakonischen Werke,

Stadtmissionen und Einrichtungen als relativ unabhängige, religiös geprägte und sozialpolitisch orientierte Akteure.

6.3.6 Entwicklung der Diakonie in Ostdeutschland aus der Sicht der Landesverbände und des Bundesverbandes

Die Themenschwerpunkte in den Experteninterviews auf Landesebene sind die Organisationsentwicklung sowie das Verhältnis der Diakonie gegenüber Staat und evangelischer Kirche. Die Entwicklung der Diakonie in den neuen Bundesländern wird einhellig als Übergang von einer Kirchenorganisation zu einem Spitzenverband der Freien Wohlfahrtspflege beschrieben. Dabei betonen die VertreterInnen, daß die Diakonie sowohl eine organisatorische Eigenständigkeit gegenüber der evangelischen Kirche erlangen als auch den verstärkten Anforderungen von Staat und Kommunen Rechnung tragen muß. In diesem Zusammenhang verweisen sie sowohl auf die Notwendigkeit von organisatorischen Veränderungen als auch auf Kontinuitäten. So wird hervorgehoben, daß die religiösen Bezüge zwischen Diakonie und Kirche unverändert stabil und führende VertreterInnen der jeweils anderen Organisation in den kirchlichen und diakonischen Gremien vertreten seien. Diese Verbindungen und personellen Verflechtungen stehen für die InterviewpartnerInnen nicht zur Diskussion, sondern sind in ihren Augen vielmehr ein Ausdruck der "unverbrüchlichen Kontinuität" der Diakonie. Die VertreterInnen der Diakonie in Lummerland und Fürstenberg messen der Diakonie als Spitzenverband der Freien Wohlfahrtspflege sozial- und verbandspolitische Funktionen bei. Aufgrund ihrer Verhandlungserfahrungen und ihrer kritischen Haltung gegenüber der DDR-Regierung hat sich die Diakonie ihrer Meinung nach als ein wichtiger politischer Akteur für die Bewältigung der deutschen Vereinigung qualifiziert. Vor diesem Hintergrund ist es nicht überraschend, daß die Diakonie unter den geänderten politischen Bedingungen sozialpolitische Positionen in der Öffentlichkeit vertritt und bei Politik- und Gesetzgebungsprozessen auf Landesebene mitwirkt.

Mit der Entwicklung der Diakonie zu einem Spitzenverband der Freien Wohlfahrtspflege sind besondere Anforderungen an deren Organisationsstruktur und -identität gestellt. Von den Interviewpartnern auf Landesebene wird in diesem Zusammenhang darauf verwiesen, daß das Profil der Diakonie vor allem von den großen Einrichtungen und Werken geprägt wird, so daß von einer "Einrichtungsdiakonie" gesprochen werden kann. Mit dem Beitritt der DDR zur Bundesrepublik Deutschland sind gerade die großen Einrichtungen unter erheblichen Anpassungsdruck geraten, da die rechtlichen Regelungen der Bundesrepublik Deutschland andere Organisations- und Finanzierungsstrukturen als in der DDR erforderlich machen. Zudem werden von seiten der Sozialministerien und Kommunalverwaltungen in den neuen Bundesländern hohe Erwartungen an die Diakonie bei der Übernahme öffentlicher Aufgaben gerichtet, was innerhalb kürzester Zeit zu einem beachtlichen Organisationswachstum geführt hat.

Neben organisationsstrukturellen Fragen wird der zukünftigen Verbandsidentität eine herausragende Bedeutung für die Entwicklung der Diakonie beigemessen. InterviewpartnerInnen auf Bundes- und Landesebene heben einhellig die grundlegende Bedeutung eines protestantischen Verbandsprofils und einer entsprechenden Einstellung des Personals hervor. Sie befürchten jedoch, daß sich der soziale Zusammenhalt in diakonischen Einrichtungen, wie er sich unter Bedingungen einer "Nischengesellschaft" entfaltet habe, auflöse und daß sich der gesellschaftliche Wertewandel, den sie in verstärkter Konkurrenz und Individualisierung wahrnehmen, auch auf das diakonische Personal auswirke.

Für die Zukunft erachten sie es als notwendig, daß das protestantische Profil der Diakonie nicht mehr als gegeben vorausgesetzt wird, sondern neu geschaffen wird. Als Mindestgarantie zur Sicherung der diakonischen Identität sehen sie die Einhaltung der sogenannten ACK-Regelung an.[47] Dieser Regelung zufolge sollen bei der Stellenbesetzung ausschließlich BewerberInnen berücksichtigt werden, die Mitglied in einer dieser Arbeitsgemeinschaft angehörenden christlichen Kirche sind - eine Regelung, die in den Altbundesländern bisher bei allen Stellenbesetzungen zur Anwendung kam. Die interviewten VertreterInnen der Diakonischen Werke der Landeskirchen in den neuen Bundesländern wollen diese Regelung auch zukünftig nur auf Führungs- und Leitungspositionen anwenden.

Die interviewten Vertreter des Diakonischen Werkes der Evangelischen Kirche in Deutschland (EKD), d.h. des Bundesverbandes, verweisen darauf, daß der Prozeß des Umbaus der Diakonie in den neuen Bundesländern zu einem Spitzenverband der Freien Wohlfahrtspflege durch folgende Faktoren geprägt sei: Der Organisationsumbau wird dadurch verzögert, daß sich die kontinuitätsbehaftete Diakonie "vor Ort" mit Veränderungen schwer tut. Die - im Vergleich zu den Altbundesländern - starke Orientierung der Diakonie an der evangelischen Kirche wurzelt in einem "kirchlich bzw. evangelisch" geprägten Selbstverständnis der Diakonie. Gleichzeitig sei die Diakonie in den neuen Bundesländern aber in personalpolitischen Fragen offener und nicht so rigide wie in den Altbundesländern. Die "liberale" Personalpolitik erklärt sich vor allem aus den Erfahrungen mit sozialer Arbeit in einer atheistischen Umwelt (Interview Weißke).

6.4 Diskussion der Ergebnisse

Im Mittelpunkt der Umstrukturierung des Verbandes stehen die Veränderungen im Verhältnis zwischen Diakonie einerseits sowie Kirche und Staat andererseits. Die

---

47 Arbeitsgemeinschaft Christlicher Kirchen (ACK).

6. Die Diakonie

Entwicklung der Diakonie als fortbestehende Organisation ist kontinuitätsverhaftet und aufgrund der veränderten Rahmenbedingungen zugleich durch eine Zäsur bestimmt. Dieser Prozeß läßt sich als Umbau der Diakonie von einer Kirchenorganisation zu einem Spitzenverband der Freien Wohlfahrtspflege beschreiben. Dieser Umbau geht einher mit weitreichenden Erwartungen politisch-administrativer Akteure an die Diakonie, öffentliche soziale Aufgaben zu übernehmen und sich in sozialpolitischen Angelegenheiten zu engagieren. In politischen Belangen erweisen sich VertreterInnen der evangelischen Kirche und der Diakonie aufgrund ihrer Erfahrungen aus DDR-Zeiten als verhandlungsfähige und durchsetzungsorientierte Akteure. Unter Bedingungen eines grundlegenden sozialen und politischen Wandels ist ihr personenzentrierter Politikstil in den neuen Bundesländern besonders effektiv, da sich politisch-administrative Entscheidungsverfahren und -strukturen noch im Aufbau befinden.

Die Diakonie präsentiert sich in den neuen Bundesländern als ein schwach integrierter Zusammenschluß von größeren Einrichtungen und sozialen Diensten, dessen Zusammenhalt sich in erster Linie durch die Zugehörigkeit zur evangelischen Kirche erklärt. Die Einbindung in die Kirche erfolgt über personelle Verflechtungen, gesatzte Kooperationspflichten und geteilte religiöse Werte und Normen. Mit dem Übergang von einer Kirchenorganisation zu einem Wohlfahrtsverband bemüht sich die Diakonie verstärkt um organisatorische Eigenständigkeit gegenüber der evangelischen Kirche, dabei kommt der Entwicklung der eigenen Organisationsstruktur und -identität eine herausragende Bedeutung zu. Die Entwicklung der Diakonie als einheitlicher und klar identifizierbarer Verband wird (a) durch die fachliche und organisatorische Heterogenität der sozialen Dienste und Einrichtungen auf lokaler Ebene sowie (b) durch das Fehlen entscheidungsbefugter und effektiver Strukturen auf Landes- und Bundesebene erschwert, die die Diakonie öffentlich vertreten und innerorganisatorisch identitätsstiftend wirken könnten. Das Selbstverständnis der Diakonie als evangelische Kirchenorganisation ist im Prozeß sozialer, politischer und ökonomischer Veränderungen in den neuen Bundesländern brüchig geworden, zumal die sinnstiftenden Bedingungen einer gegenüber Umwelteinflüssen stabilen Nischenexistenz nicht mehr gegeben sind. Die Diakonie in den neuen Bundesländern kann nicht mehr als Kirchenorganisation von kirchlichem Personal allein geführt werden, sondern erfordert ergänzende professionelle Kompetenzen, etwa betriebswirtschaftlicher und sozialwissenschaftlicher Art. Die Weiterentwicklung einer entsprechenden Organisationsstruktur und -identität wird zur vordringlichen Aufgabe der Diakonie - nicht nur - in Ostdeutschland.

7. Soziale Heimat für ältere DDR-Bürger: Die Volkssolidarität[48]

Zu den wenigen "überlebenden" Organisationen aus DDR-Zeiten gehören - abgesehen von Betrieben und Parteien - die Freie Deutsche Jugend (FDJ), die Kammer der Technik, Teile des Freien Deutschen Gewerkschaftsbundes (FDGB), das Deutsche Rote Kreuz (DRK), die Diakonie, die Caritas, die Urania[49] und die Volkssolidarität.[50] Diese wurden überwiegend in Parallelorganisationen aus den Altbundesländern integriert (z.B. Gewerkschaften, DRK, Diakonisches Werk, Deutscher Caritasverband) oder sind zur Bedeutungslosigkeit geschrumpft (wie beispielsweise die FDJ). Aus "eigener Kraft", d.h. ohne die unmittelbare Unterstützung einer westdeutschen Parallelorganisation, haben nur die Kammer der Technik, die Urania und die Volkssolidarität den Umbruch überstanden.[51]

Mit dem Beitritt der DDR zur Bundesrepublik Deutschland stand die Volkssolidarität unvermittelt vor der Aufgabe, sich in sehr kurzer Zeit mit radikal veränderten rechtlichen, finanziellen, politischen und organisatorischen Geschäftsbedingungen vertraut zu machen und ihren Bestand nicht nur zu sichern, sondern auf eine völlig neue Grundlage zu stellen. Die Volkssolidarität wurde als Nicht-Spitzenverband in die Untersuchung mit einbezogen, weil sie der einzige originäre Ostverband ohne westdeutsche Partnerorganisation ist.

Im folgenden wird zunächst die Geschichte der Volkssolidarität von ihrer Gründung in der Sowjetischen Besatzungszone im Jahre 1945 bis zum Ende der DDR 1989 skizziert (Abschnitte 7.1 und 7.2). Im zweiten Teil der Darstellung werden anhand der Analyse von Interviews und Dokumenten die Verläufe der Umstrukturierungsphase bis 1990 und der daran anschließenden Konsolidierungsphase der Volkssolidarität rekonstruiert (Abschnitt 7.3).

---

48 Die Volkssolidarität ist kein Spitzenverband der Freien Wohlfahrtspflege, sondern seit 1990 eine Mitgliedsorganisation des Paritätischen Wohlfahrtsverbandes. Sie wurde in die Untersuchung mit einbezogen, weil sie sich als einzige ehemalige DDR-Massenorganisation innerhalb der freien Wohlfahrtspflege durchsetzen konnte und sich als originärer Ostverband ohne westdeutsche Partnerorganisation für einen empirischen Organisationsvergleich besonders eignet.
49 Die Urania organisierte als Gesellschaft zur Verbreitung wissenschaftlicher Kenntnisse insbesondere Bildungsveranstaltungen und Lichtbildervorträge.
50 Außerdem bestehen unter anderen verschiedene Kleingärtner-, Tierzüchter- und Hobbyvereine fort. Zu den fortbestehenden Verbänden Caritas, Diakonie und Deutsches Rotes Kreuz siehe auch die entsprechenden Beiträge in diesem Band (Kapitel 5, 6 und 8).
51 Inzwischen hat sich auch die Kammer der Technik, ein Berufsverband der Ingenieure, aufgelöst.

7.1 "Volkssolidarität gegen Wintersnot": Die Jahre 1945 bis 1949

Nach dem Zweiten Weltkrieg wurden in der Sowjetischen Besatzungszone (SBZ), zumeist auf Initiative von Funktionären der Kommunistischen Partei (KPD), Hilfswerke und Solidaritätsaktionen "antifaschistischer Bündnisse" ins Leben gerufen, um die aktuelle wirtschaftliche und soziale Not in Folge des Krieges zu lindern (vgl. zur Geschichte der Volkssolidarität in der SBZ Braun 1990).[52] Eine dieser Aktionen, die sich 1945 in Dresden gründete und "Volkssolidarität gegen Wintersnot" nannte, wurde zum organisatorischen Vorbild und Namengeber. 1946 beschlossen die Leiter der Hilfsorganisationen und Solidaritätsaktionen aus verschiedenen Ländern und Provinzen der Sowjetischen Besatzungszone gemeinsam mit Vertretern von Parteien, des Freien Deutschen Gewerkschaftsbundes (FDGB), der Kirchen und verschiedener zentraler Verwaltungsinstitutionen[53] den Zusammenschluß dieser Hilfswerke und damit die Gründung der Volkssolidarität in der gesamten Sowjetischen Besatzungszone.

Bis in die 50er Jahre wurde die Volkssolidarität von einem Bündnis verschiedener Organisationen getragen und geleitet: den zugelassenen Parteien,[54] dem FDGB, der Freien Deutschen Jugend (FDJ), dem Zentralen Frauenausschuß,[55] der evangelischen und der katholischen Kirche sowie der Vereinigung der gegenseitigen Bauernhilfe (VdgB). Außerdem wurden Vertreter verschiedener Deutscher Zentralverwaltungen in den Hauptausschuß der Volkssolidarität entsandt. Zu dieser Zeit hatte die Volkssolidarität noch keine persönlichen Mitglieder (vgl. Braun 1990).

In den ersten Jahren nach dem Zweiten Weltkrieg engagierte sich die Volkssolidarität bei der Linderung sozialer Not und half bei der Trümmerbeseitigung sowie beim Wiederaufbau von technischen Bauten (vgl. Mrochen 1980). Im sozialen Bereich wurden überwiegend die "Opfer des Nationalsozialismus", Umsiedler, Heimkehrer, Kriegsopfer sowie Kinder und Jugendliche betreut. Dazu unterhielt die Volkssolidarität 1949 insgesamt 1.475 Einrichtungen, wie z.B. Nähstuben und Werkstätten, 447 Heime zur Erholung und Kinderfürsorge, 149 Volksküchen und Bahnhofsdienste, 82 Tauschzentralen für Gegenstände des täglichen Bedarfs (z.B.

---

52 In Thüringen gründete sich die "Thüringen Aktion", in Mecklenburg-Vorpommern "Heim und Arbeit" und in Brandenburg die "Märkische Volkssolidarität".

53 Dazu gehörten je ein Vertreter folgender Deutscher Zentralverwaltungen in der SBZ: Arbeit und Sozialfürsorge, Gesundheitswesen, Umsiedler, Land- und Forstwirtschaft, Volksbildung sowie Industrie und Verkehr. Die Deutschen Zentralverwaltungen wurden 1945 von der Sowjetischen Militäradministration, deren Kommandanten in den ersten Wochen der Besetzung die Macht ausübten, als Instanzen der deutschen Selbstverwaltung gegründet. 1947 wurden sie der Deutschen Wirtschaftskommission unterstellt (vgl. BMiB 1985: 276).

54 Das waren die Sozialistische Einheitspartei (SED), die Christlich-Demokratische Union (CDU) und die Liberal-Demokratische Partei (LDPD) der DDR; nach 1948 kam die National-Demokratische Partei (NDPD) der DDR hinzu.

55 Der Zentrale Frauenausschuß ging 1947 im Demokratischen Frauenbund Deutschlands (DFD) auf.

Haushaltswaren oder Kleidungsstücke) sowie zahlreiche Einrichtungen der Kinder- und Jugendhilfe (vgl. Mrochen 1980, Braun 1990, Volkssolidarität o.J.). Die Einrichtungen und Dienste wurden ausschließlich über Spenden und Lotterieeinnahmen finanziert.

7.2 "Tätigsein, Geselligkeit, Fürsorge": Die Volkssolidarität in der DDR

Mit der Gründung der DDR stellte sich für die Regierung und die Organisation zunächst die Frage, welche Aufgaben und Funktionen die Volkssolidarität übernehmen sollte. Zum einen war die akute Nachkriegsnot überwunden und ein Teil der sozialen Dienste und Einrichtungen, die der Volkssolidarität bislang unterstanden, wurde nicht mehr gebraucht und daher aufgelöst; der Großteil der verbliebenen Einrichtungen wurde von staatlichen Institutionen übernommen (vgl. Braun 1990). Zum anderen entsprach es dem Selbstverständnis des neuen Staates, daß mit der Einführung einer sozialistischen Gesellschaftsordnung keine Notwendigkeit mehr für eine - "kapitalistische Wirtschaftsverhältnisse kompensierende" - Sozialpolitik und die entsprechende soziale Unterstützung der Bevölkerung bestand (vgl. BMiB 1985: 1213). Die DDR-Regierung wollte jedoch vermutlich nicht vollständig auf das ehrenamtliche Potential sowie die integrierende Funktion der Volkssolidarität verzichten und strukturierte sie in einem mehrjährigen Prozeß um (Abschnitt 7.2.1). Die Volkssolidarität erhielt ein neues Aufgabenfeld (Abschnitt 7.2.2), das sie nicht mehr ausschließlich mit ehrenamtlichen Mitarbeitern bearbeitete, sondern insbesondere mit hauptamtlichem Personal und Honorarkräften (Abschnitt 7.2.3).

7.2.1 Der Umbau zur staatlichen Massenorganisation

Die Volkssolidarität wurde nach der Gründung der DDR von einem Zusammenschluß verschiedener Organisationen mit Vereinsstatus zu einer staatlichen Massenorganisation für den Bereich Altenbetreuung umstrukturiert und dem Gesundheits- und Sozialwesen zugeordnet. Ihre Organisationsstruktur wurde entsprechend verändert: Die Leitung wurde hierarchisch und zentralistisch strukturiert und auf örtlicher, bezirklicher und zentralstaatlicher Ebene ehrenamtlichen Ausschüssen und daran angegliederten hauptamtlichen Sekretariaten übertragen.[56] Der Zentralausschuß in Berlin erhielt weitreichende Planungs-, Entscheidungs- und Kontrollkompetenzen. Als sich diese Veränderungen abzeichneten, traten die Kirchen aus dem Trägerbündnis aus. Zu dieser Zeit begann die Volkssolidarität Mitglieder zu

---

56 Die DDR-Führung löste Ende Juli 1952 die fünf Bundesländer auf und bildete 14 Bezirke (vgl. Weber 1991).

rekrutieren. In den 50er Jahren übernahmen immer mehr SED-Funktionäre die Positionen der Sekretäre sowie der Ausschußvorsitzenden und verdrängten Angehörige der ehemaligen Bündnisorganisationen. Außerdem trafen in zunehmenden Maße die hauptamtlichen Sekretäre die Entscheidungen, während die ehrenamtlichen Ausschüsse Kompetenzen einbüßten. Als Massenorganisation gehörte die Volkssolidarität der Nationalen Front an und hatte Vertreter in verschiedenen Ausschüssen und Komitees der örtlichen, bezirklichen und zentralstaatlichen Behörden. Ihr standen allerdings im Unterschied zu den sogenannten mandatstragenden Massenorganisationen und den Blockparteien keine Sitze in der Volkskammer zu.

Neben den haupt- und ehrenamtlichen Verwaltungsstrukturen wurden flächendeckend in der gesamten DDR sogenannte Ortsgruppen aufgebaut, in denen sich zunächst die ehrenamtlichen Helfer (Volkshelfer,[57] vgl. Abschnitt 7.2.3), später auch ältere Menschen zusammenschlossen. Diese lokalen Mitgliedergruppen trafen sich zum Teil in eigenen, zum Teil in Räumen von Betrieben zu geselligen Veranstaltungen, Vorträgen, Hobbyzirkeln oder zum Mittagessen bzw. koordinierten ehrenamtliche Tätigkeiten. Die Mitglieder wurden nicht zentral in den Kreis- oder Bezirksausschüssen erfaßt, sondern nur in den jeweiligen Ortsgruppen.

Die Zahl der Mitglieder und die Summe der eingeworbenen Spenden mußte regelmäßig an die übergeordneten Sekretariate gemeldet werden und mußte, wenn der entsprechende Sekretär pflichtversessen war, Steigerungsraten aufweisen. Außerdem wurde entsprechend den üblichen Staatsritualen zu Partei- oder besonderen Feiertagen die größte Zahl der neu geworbenen Mitglieder oder das "höchste Solidaritätsaufkommen" zumindest verbal prämiert, während unterdurchschnittliche Zuwächse gerügt wurden. Aufgrund dieses politischen Drucks auf die Funktionäre, jährlich steigende Mitgliederzahlen präsentieren zu müssen, kann davon ausgegangen werden, daß die Volkssolidarität weniger als 2,1 Millionen Mitglieder hatte, wie im Statistischen Jahrbuch der DDR für 1985 angegeben (vgl. SZfS 1986).

Die Personal- und Sachkosten der Volkssolidarität wurden überwiegend staatlich, z.T. vermittelt über die Haushaltspläne der Bezirke, der Kreise sowie der Städte und Gemeinden, finanziert. In jährlichen Verhandlungen zwischen VertreterInnen der Volkssolidarität und VertreterInnen der Ministerien für Finanzen und Gesundheit bzw. der entsprechenden Gremien auf Kreis- und Bezirksebene wurde ein Jahreshaushalt festgelegt; nachträglich konnten unter bestimmten Umständen infolge von "Planpräzisierungen" zusätzliche Mittel beantragt werden. Aufgrund der zentralistischen Struktur wurden die Mittel für die Sachkosten dem Zentralausschuß zugeteilt und von dort an die Bezirksausschüsse weitergeleitet. Jede größere Anschaffung mußte zusätzlich bei einer der örtlichen Behörden

---

57 Bei dem Begriff "Volkshelfer" wird im folgenden der DDR-Sprachgebrauch fortgesetzt, der nur die männliche Form kannte.

beantragt werden. Die Einnahmen aus Mitgliedsbeiträgen und Listensammlungen[58] wurden für die Finanzierung der Ortsgruppen und Altenclubs sowie die "internationale Solidaritätsarbeit" verwandt (vgl. Mrochen 1980).

7.2.2 Geselligkeit, Essenversorgung und Hauswirtschaftshilfe: Die neuen Aufgaben

Die formalen Grundlagen für die Arbeit der Volkssolidarität waren der 1969 verabschiedete Ministerratsbeschluß "Grundsätze und Maßnahmen zur Verbesserung der medizinischen, sozialen und kulturellen Betreuung der Bürger im höheren Lebensalter und zur Förderung ihrer stärkeren Teilnahme am gesellschaftlichen Leben sowie über die Hauptkomplexe der Alternsforschung"[59] sowie die entsprechende zentrale Rahmenvereinbarung zur Verwirklichung des Ministerratsbeschlusses aus dem gleichen Jahr. In der Rahmenvereinbarung wird insbesondere die Verpflichtung möglichst vieler "gesellschaftlicher Kräfte" und Organisationen zur Betreuung älterer Menschen betont: "Es kommt darauf an, die Initiative aller gesellschaftlichen Kräfte für ein System vielfältiger, koordinierter und ineinandergreifender Maßnahmen der praktischen Sorge unserer sozialistischen Gesellschaft um die Bürger im höheren Lebensalter sowie die pflegebedürftigen Bürger zu entwickeln" (Ministerium für Gesundheitswesen der DDR 1970: 55).

Die Hauptaufgabe der Volkssolidarität lag - im offiziellen Sprachgebrauch der DDR - darin, "im Bündnis mit allen anderen gesellschaftlichen Kräften durch ihre politisch-kulturelle und politisch-soziale Arbeit bei den älteren Menschen die Gewißheit zu verstärken, gleichberechtigte Mitglieder unserer (...) sozialistischen Menschengemeinschaft zu sein und sie an allen Errungenschaften unserer sozialistischen Gesellschaftsordnung teilhaben zu lassen" (Kern 1974). Unter dem Motto "Tätigsein, Geselligkeit, Fürsorge" organisierte sie (1) gesellige Veranstaltungen, (2) die Versorgung mit Mittagessen sowie (3) hauswirtschaftliche Hilfen.

(1) Die *geselligen Veranstaltungen*, zu denen Geburtstagsgratulationen und -feiern für ältere Menschen, Musikveranstaltungen, Vorträge, Weihnachtsfeiern und Hobbyzirkel zählten, fanden in Altenclubs oder Altenbegegnungsstätten statt. Diese Veranstaltungen wurden zumeist von festangestellten Clubleitern organisiert und fanden nach Aussagen von InterviewpartnerInnen nicht überall regelmäßig statt. Allein der stationäre Mittagstisch in den Begegnungsstätten wurde täglich angeboten und stellte die einzige Möglichkeit zur regelmäßigen Zusammenkunft für Mitglieder der Volkssolidarität dar. Das Programm der geselligen

---

58 Die Listensammlungen wurden von ehrenamtlichen Helfern durchgeführt, die einmal im Jahr systematisch jeden Haushalt einer bestimmten Region aufsuchten und dort um eine Spende baten, die dann gegebenenfalls in eine Liste eingetragen wurden.
59 Vgl. Ministerrat der DDR 1969.

Veranstaltungen war von der Volkssolidarität weitgehend vorgegeben und bot nur wenig Raum für Mitglieder, ihre Vorstellungen einzubringen und Programmteile selbst zu gestalten.

(2) Der *Mahlzeitendienst* für ältere Menschen war ein Teil der staatlichen Altenhilfe in der DDR. Großküchen aus Betrieben, Hotels, Schulen, Krankenhäusern und Gaststätten wurden verpflichtet, täglich eine bestimmte Anzahl warmer Mahlzeiten bereitzustellen. Ältere Menschen konnten zu günstigen Preisen ihr Mittagessen in ihrem ehemaligen Betrieb, einer Schule oder einer Gaststätte einnehmen, solange sie gesundheitlich dazu in der Lage waren, diese Orte aufzusuchen. Die Volkssolidarität verkaufte Essensmarken für die stationären Mittagstische und ihr oblag die Organisation der Essensverteilung in den Wohnbezirken. Älteren Bürgern, die ihre Wohnung nicht mehr verlassen konnten, wurde das Essen von den Volkshelfern und Volkshelferinnen gebracht - zu Fuß, mit dem Fahrrad oder anderen Hilfsmitteln, da die Volkssolidarität über keine Autos verfügte.

(3) Mit den von der Volkssolidarität angebotenen *hauswirtschaftlichen Hilfen* wurden ältere Menschen bei der Reinigung ihrer Wohnung, bei Einkäufen und beim Heizen der Wohnungen unterstützt. Ältere oder behinderte Menschen konnten diese Leistungen kostenlos oder, wenn ihre Rente 400 Mark im Monat überstieg, gegen ein geringes Entgelt erhalten.[60] Da der Bedarf älterer Menschen an diesen Leistungen das Angebot bei weitem überstieg, wurde die Regelung eingeführt, daß nur Personen mit einem entsprechenden ärztlichen Gutachten Anspruch auf Hauswirtschaftshilfe haben. Der Bedarf an hauswirtschaftlicher Unterstützung älterer Menschen war in der DDR aus folgenden Gründen sehr hoch: Die Wohnbedingungen waren insbesondere in Altbauten so beschaffen, daß ältere Menschen schon mit leichten gesundheitlichen Beeinträchtigungen nicht mehr in der Lage waren, sich selbst zu versorgen.[61] Viele ältere Menschen beantragten aus diesen Gründen die Aufnahme in ein Feierabend- und Pflegeheim.[62] Ein zusätzlicher Anreiz bestand darin, daß dort die Lebenshaltungskosten niedriger waren als die einer eigenen Haushaltsführung. Die Kapazitäten der Heime reichten jedoch bei weitem nicht aus, obwohl vergleichsweise mehr Plätze vorhanden waren als in den alten Bundesländern. Um allen Anträgen entsprechen zu können, hätte die Platzzahl in Feierabend- und Pflegeheimen verdoppelt werden müssen (vgl. Staaks 1990).

Die Volkssolidarität konnte diesen Bedarf aufgrund von Personalknappheit und hoher Personalfluktuation sowie fehlender technischer Ausstattung jedoch nicht decken. In einigen Regionen der DDR gab es ehrenamtliche "Sozialkommissionen", die medizinische Pflege und Hauswirtschaftshilfe koordinierten und die an

---

60 Die Kosten lagen in den 80er Jahren zwischen 1,50 Mark und 2,50 Mark pro Stunde.
61 So waren viele dieser Wohnungen nur mit Kohleöfen zu beheizen und hatten kein fließendes Warmwasser, und die Häuser waren nicht mit Aufzügen ausgestattet.
62 Die Aufgaben der Feierabend- und Pflegeheime in der DDR waren mit denen der Alten- und Pflegeheime in den alten Bundesländern vergleichbar.

das staatliche Gesundheits- und Sozialwesen angegliedert waren. In diesen Regionen wurde die hauswirtschaftliche Hilfe in Kooperation mit den Gemeindeschwestern der Polikliniken sowie dem Gesundheitswesen und zum Teil mit Personal des DRK durchgeführt. In allen anderen Regionen fehlte eine institutionalisierte Koordination und Kooperation zwischen den Anbietern medizinischer Pflege und hauswirtschaftlicher Hilfen völlig, wobei es durchaus informelle Absprachen zwischen Gemeindeschwestern und HauswirtschaftshelferInnen gab.

7.2.3 Die Personalstruktur

In der Volkssolidarität arbeiteten zum einen hauptamtliche MitarbeiterInnen in der Verwaltung, der Hauswirtschaftshilfe und den Altenclubs und zum anderen zahlreiche Honorarkräfte und ehrenamtliche MitarbeiterInnen.[63] Die sogenannten "politischen MitarbeiterInnen", deren Zahl von InterviewpartnerInnen auf 2.500 geschätzt wird und zu denen die MitarbeiterInnen der Sekretariate und die LeiterInnen der Altenclubs zählten, waren direkt beim Zentralausschuß eingestellt und wurden auch von diesem finanziert. In den Altenclubs und im Bereich der Hauswirtschaftshilfe waren zusätzlich schätzungsweise 10.000 hauptamtliche MitarbeiterInnen und ca. 30.000 Honorarkräfte tätig, die aus Mitteln der Kreise bezahlt wurden. Die HauswirtschaftshelferInnen wurden für ihre Tätigkeit vergleichsweise niedrig entlohnt.[64] Daher hatte die Volkssolidarität fast überall große Schwierigkeiten, Personal für diese Aufgabe zu rekrutieren bzw. vorhandenes Personal an die Organisation zu binden: Etwa 50 Prozent des haupt- und nebenamtlichen Personals in diesem Bereich wechselte jährlich. Außerdem war die Hauswirtschaftshilfe der Volkssolidarität nach Aussagen von Experten eine der wenigen Formen der Erwerbsarbeit, für die keine langjährige Ausbildung notwendig war und die Teilzeitbeschäftigung ermöglichte. Aus diesen Gründen rekrutierten sich die MitarbeiterInnen der Hauswirtschaftshilfe größtenteils aus folgenden Bevölkerungsgruppen: Alleinerziehende Mütter, die ihre Kinder nicht ganztägig in staatlichen Kinderkrippen betreuen lassen konnten oder wollten, "Aussteiger" und Ausreisewillige oder Personen, deren Leistungsfähigkeit eingeschränkt war. Durch eine geringfügige Tätigkeit bei der Volkssolidarität konnten diese Personen verhindern, als "Arbeitsverweigerer" eingestuft zu werden und damit ihren Sozialversicherungsschutz zu verlieren.

Neben dem hauptamtlichen Personal und den Honorarkräften waren in den Ortsgruppen ehrenamtliche "Volkshelfer" in verschiedenen Aufgabenbereichen

---

63 Für bestimmte Aufgaben, z.B. für ältere Menschen Kohlen aus dem Keller in die Wohnung zu tragen, wurden zusätzlich Schülergruppen (Pioniergruppen) verpflichtet.
64 Sie erhielten noch in den 80er Jahren einen Stundenlohn zwischen 2,10 Mark und 4,60 Mark.

tätig:[65] Sie vermittelten Nachbarschaftshilfe für ältere Menschen, z.B. bei Einkäufen oder kleinen Reparaturen im Haushalt, stellten Kontakte zu Polikliniken bzw. zum Gesundheitswesen her, etwa wenn Betreute medizinischer Pflege bedurften,[66] trugen Essensportionen aus, kassierten im Abstand von zwei Monaten persönlich die Mitgliedsbeiträge und überbrachten älteren Menschen Gratulationen zum Geburtstag. Die Volkshelfer waren in der Regel selbst RentnerInnen.[67] Außerdem waren, wie aus Interviews hervorgeht, MitarbeiterInnen der Volkssolidarität - insbesondere die HauswirtschaftspflegerInnen - zusätzlich ehrenamtlich tätig. Ähnlich wie bei den Mitgliedern gibt es auch über die Anzahl der bei der Volkssolidarität tätigen Volkshelfer und die Art sowie den Umfang der von ihnen erbrachten Leistungen keine zuverlässigen Angaben, da auch hier in einigen Regionen der politische Druck bestand, in regelmäßigen Abständen eine höhere Anzahl an Stunden "gesellschaftlich nützlicher Tätigkeiten" anzugeben. Nach eigenen Angaben erbrachte die Volkssolidarität 1984 über 32 Millionen Stunden "gesellschaftlich nützliche Tätigkeiten" und über 28 Millionen Stunden Nachbarschaftshilfe (vgl. Volkssolidarität 1985: 16).

Konnten keine ehrenamtlichen Volkshelfer gefunden werden, erteilten die Wohnparteigruppen einem Parteimitglied des Wohnbezirks den Auftrag, diese Aufgaben zu übernehmen. Nach Aussagen von Interviewpartnern übernahm die Volkssolidarität in einzelnen Wohnbezirken auch soziale Kontrollfunktionen, indem beispielsweise die Wahlbeteiligung überwacht und die Parteileitung über Nichtwähler informiert wurde. Ob und inwiefern die Volkssolidarität diese Funktionen wahrnahm, hing insbesondere von der Parteitreue und dem Aufgabenverständnis ihrer Sekretäre ab.

---

65 Vgl. Fußnote 57.
66 Über die Volkshelfer wurde auch staatliche Hilfe mobilisiert, wenn ältere Menschen nicht mehr in der Lage waren, sich vollständig selbst zu versorgen. So berichtet Frau Blasse, Kreisgeschäftsführerin der Volkssolidarität - aus heutiger Sicht: "Und jetzt sage ich es mal ein bißchen volkstümlich, wenn die Emma ihre Gardinen nicht aufgezogen hatte, da ging da unten der Volkshelfer vorbei, (...) und dann hat er faktisch diese staatliche Hilfe gerufen, er hat also dann gesagt, hier muß etwas passiert sein, wir klingeln, wir gucken jetzt mal, so, und dann, Hauswirtschaftshilfe eingesetzt oder Gemeindeschwester oder Essen auf Rädern, was weiß ich, also alles das, was nötig war".
67 Die Mobilisierung von RentnerInnen für ehrenamtliche Tätigkeiten entsprach den damaligen Vorstellungen von "Gerontohygiene", nach denen produktive Tätigkeiten für ein gesundes und erfülltes Altern notwendig seien (vgl. Mrochen 1980). So wurden beispielsweise Rentnerbrigaden zur Instandhaltung von Wohnungen gebildet, die Betreuung von Pflegebedürftigen durch RentnerInnen organisiert oder Stopf- und Nähbrigaden ("Omabewegung") gegründet.

7. Die Volkssolidarität

7.2.4 Zusammenfassung

Die Volkssolidarität war als staatliche Massenorganisation der DDR für die soziale und kulturelle Betreuung älterer Menschen in den Wohnbezirken zuständig und in die entsprechenden staatlichen Planungen einbezogen. Ihre Leistungen in der DDR werden von verschiedenen GesprächspartnerInnen aus Sozialverwaltungen und von anderen Verbänden als "unter den gegebenen Bedingungen engagiert und hilfreich für die älteren Menschen" bewertet, und sie waren unter den sozialpolitischen Gegebenheiten in der DDR für viele ältere Menschen notwendig. Verglichen mit anderen Massenorganisationen hatte die Volkssolidarität zwar eine geringere politische Bedeutung, wurde aber auf allen Ebenen staatlich kontrolliert und war insbesondere finanziell vom Staat abhängig. Je nach "Linientreue" der leitenden Kader nahm die Volkssolidarität in einzelnen Wohnbezirken politische und soziale Kontrollfunktionen wahr.

7.3 Die Volkssolidarität im Prozeß der deutschen Vereinigung

Mit dem Beitritt der DDR zur Bundesrepublik Deutschland wurden die gesetzlichen Regelungen und Institutionen der Bundesrepublik auf das Gebiet der ehemaligen DDR übertragen. Für die Volkssolidarität änderten sich damit die "Geschäftsgrundlagen". Um das Ausmaß der notwendigen Umstrukturierungsmaßnahmen deutlich zu machen, werden im folgenden die wichtigsten Herausforderungen beschrieben, mit denen sich die Volkssolidarität konfrontiert sah:
- Die Entscheidung über den Fortbestand der Organisation (Abschnitt 7.3.1),
- die Umstellung der finanziellen Grundlagen (Abschnitt 7.3.2),
- die Dezentralisierung der Organisationsstrukturen (Abschnitt 7.3.3) und
- der Aufbau eines veränderten Selbstverständnisses (Abschnitt 7.3.4).

7.3.1 Die Entscheidung über den Fortbestand

Zunächst mußte organisationsintern entschieden werden, ob die Volkssolidarität überhaupt fortbestehen sollte, und wenn ja, in welcher Form. Da der Kern ihres Aufgabenbereichs, personenbezogene soziale Dienste, nicht zur Disposition stand, war es notwendig, sich zumindest formal in die Institution der freien Wohlfahrtspflege zu integrieren, um beispielsweise an staatlichen Förderprogrammen partizipieren zu können. Schon 1989 hatte der AWO-Bundesverband Kontakt zur Volkssolidarität aufgenommen, und bei einem Treffen des Vorsitzenden der Volkssolidarität mit Vorstandsmitgliedern der Arbeiterwohlfahrt wurde über Kooperationsmöglichkeiten, beispielsweise in Form von gemeinsamen Seminaren, verhandelt. Auch auf lokaler Ebene gab es zu dieser Zeit Verbindungen zwischen Arbeiterwohlfahrt und Volkssolidarität. Die Verhandlungen zwischen den beiden Organisationen verliefen letztlich ergebnislos. Im Frühjahr 1990 nahm die Volkssolidarität außerdem Kontakt zum Paritätischen Wohlfahrtsverband auf, um über die Möglichkeit einer Mitgliedschaft zu verhandeln und trat schließlich als Mitgliedsorganisation diesem Spitzenverband der Freien Wohlfahrtspflege bei. Über die Gründe, die zu dieser Entscheidung führten, gibt es verschiedene Spekulationen und Darstellungen.

Herr Vater, Geschäftsführer des VS-Landesverbandes von Fürstenberg, schildert rückblickend die Überlegungen, die seiner Ansicht nach von Bedeutung waren: "Erstens mal, weil der Paritätische ein Verband ist, ein Dachverband, der parteipolitisch und konfessionell unabhängig arbeitet, ich glaube, das ist einer der wesentlichen [Gründe; d.A.], bei der Arbeiterwohlfahrt wäre man parteipolitisch gebunden gewesen, und die (...) Massenorganisationen waren ja parteipolitisch in der DDR gebunden, und ich glaube, daß es viele Mitglieder gab, bis hin zu führenden in den einzelnen Vorständen, die unbedingt eine politische Bindung vermeiden wollten (...) und das zweite (...) ist, daß bestimmt der Name eine entscheidende Rolle mitgespielt hat". Als Mitgliedsorganisation des Paritätischen Wohlfahrtsverbandes konnte die Volkssolidarität ihren nicht ganz unbelasteten alten Namen, der sie aber "identifizierbar" macht, sowie vor allem ihre organisatorische Eigenständigkeit behalten. Die Frage, ob der Name beibehalten werden solle oder nicht, war in den ersten Monaten Gegenstand heftiger innerverbandlicher Diskussionen. Während einige VertreterInnen der Ansicht waren, der Name sei diskreditiert, waren andere davon überzeugt, die "Volkssolidarität" könne ihren Bestand nur sichern, wenn sie die in ihrem Namen zum Ausdruck kommende Identität beibehalte.

Welche organisationspolitischen Motive auf seiten der Volkssolidarität letztlich ausschlaggebend für die Entscheidung waren, Mitglied im Paritätischen Wohlfahrtsverband zu werden, ließ sich aus den Interviews mit unterschiedlichen inner- und außerverbandlichen ExpertInnen nicht präzise rekonstruieren. Vermutlich waren jedoch in erster Linie die Chancen zur Bestandssicherung und die Beibehaltung der Eigenständigkeit der Organisation für die Entscheidung von Bedeutung, während Argumente der weltanschaulichen oder parteipolitischen Bindung - wie sie in dem oben genannten Zitat zum Ausdruck kommen - eher zweitrangig waren.

7.3.2 "Wir standen 1991 mit null Mark da": Die Umstellung der finanziellen Grundlagen

Während die meisten Teile der westdeutschen Sozialgesetzgebung - wie beispielsweise die Regelungen zur Renten- und Krankenversicherung - mit der deutschen

7. Die Volkssolidarität

Vereinigung in Kraft traten, wurde das Bundessozialhilfegesetz (BSHG) erst zum 1. Januar 1991 wirksam. Bis dahin galt eine Übergangsregelung der letzten DDR-Regierung, die eine organisationsbezogene Finanzierung sozialer Dienste ermöglichte. Zum Jahresbeginn 1991 mußten die einzelnen Gliederungen der Volkssolidarität infolgedessen die Finanzierung der Organisation umstellen, da jede direkte staatliche Subventionierung entfiel und die ursprünglich von der DDR-Regierung zugewiesenen Aufgaben nicht mehr ausreichten, um eine minimale Absicherung zu gewährleisten. Herr Vater, Landesgeschäftsführer in Fürstenberg, beschreibt diese Umstellungsphase: "Und jetzt war am 1.1.91, also bis Ende 90 wurde das übernommen, 1.1.91 der große Bruch, und zwar die Selbstfinanzierung, das Holen der Gelder aus den verschiedenen Töpfen, das war das Ungewohnte für uns, und das gab eine ganze Reihe von Problemen".

Frau Blasse, Geschäftsführerin eines Kreisverbandes, schildert diese Phase - in der die staatliche Finanzierung für die hauswirtschaftlichen Leistungen und die Arbeit in den Begegnungsstätten entfiel - aus ihrer Sicht: "Wir standen 1991 mit null Mark da, ja, und (...) die Mitarbeiter haben im Januar und Februar gearbeitet, ohne daß sie wußten, wer ihnen das Geld bezahlen wird, weil wir uns bemüht hatten, im Dezember noch, um ABM, das aber bis dahin nicht entschieden war, es wurde dann zum März entschieden, und für den Januar und Februar hat sich dann die Stadt dazu verpflichtet gefühlt, uns das Geld zu geben, aber erst einmal wurde weiter gearbeitet in einem, kann man sagen, vertragslosen Zustand".

Im Zuge dieser Umstrukturierung wurde allen MitarbeiterInnen eine Änderungskündigung zugestellt. Anschließend stellten die neu gegründeten Vereine der jeweiligen Gliederung - zunächst häufig über ABM-Förderung - das Personal wieder ein, wobei ein Teil des Führungspersonals auf Stadt- und Bezirksebene sowie im Generalsekretariat ausgewechselt wurde. Außerdem wurde der Personalbestand der Volkssolidarität auf den Ebenen des Fachpersonals und des administrativen Personals erheblich reduziert. So berichtet beispielsweise Frau Blasse, von ursprünglich 700 MitarbeiterInnen zu DDR-Zeiten würden jetzt noch 278 beschäftigt; die Belegschaft der drei ehemaligen Bezirksorganisationen in Fürstenberg wurde in der neuen Landesgeschäftsstelle von 70 auf 7 reduziert, und die Bundesgeschäftsstelle arbeitete 1992 nur noch mit 20 statt mit 100 MitarbeiterInnen. Ein Großteil der verbleibenden MitarbeiterInnen wurde zunächst über Arbeitsbeschaffungsmaßnahmen weiterbeschäftigt. Der Anteil der ABM-Stellen in sozialen Diensten, Einrichtungen und der Verwaltung wurde im Jahre 1992 von VerbandsvertreterInnen mit 70 bis 90 Prozent angegeben.

Der Organisationsbestand war nur zu sichern, wenn die kommunalen Einzelorganisationen neue Aufgaben im Bereich personenbezogener sozialer Dienste fanden. Dafür kamen in der ersten Phase hauptsächlich über Pflegesätze finanzierte öffentliche Aufgaben in Betracht (z.B. Pflegedienste in Sozialstationen und Altenheimen). Diese Aufgaben wurden jedoch nach 1989 nicht mehr staatlich zugeteilt, sondern mußten von der Volkssolidarität selbst akquiriert werden. Dazu mußten die interessierten Verbände die Sozialverwaltungen in den entsprechenden Verhandlungen nicht zuletzt von ihren fachlichen und organisatorischen Fähigkeiten überzeugen. Die MitarbeiterInnen der Volkssolidarität standen somit vor der Aufgabe, neue Finanzierungs- und Abrechnungsregelungen sowie neue Arbeitsmethoden und fachliche Standards sozialer Leistungen einzuführen. Nachdem die ABM-Förderung und die Gelder des Soforthilfeprogramms für den Aufbau von Sozialstationen zugeteilt wurden und die Regelförderung durch Pflegesätze einsetzte, war die große Finanzierungslücke zunächst geschlossen.

Die hohe Zahl von ABM-Stellen bei der Volkssolidarität ist nicht nur auf deren ohnehin großzügigen Vergabe in den neuen Bundesländern zurückzuführen, sondern außerdem darauf, daß die Volkssolidarität zumindest in einigen Regionen auf gute Kontakte ihres Führungspersonals zu den alten Eliten in den Arbeitsämtern zurückgreifen konnte. Für die Volkssolidarität stellte die Finanzierung von Personal durch ABM-Mittel eine der wichtigsten öffentlichen Förderungen in der Umstrukturierungsphase dar. Mit der Einrichtung von ABM-Stellen war allerdings die Verpflichtung verbunden, die betreffenden MitarbeiterInnen nach drei Jahren in ein festes Arbeitsverhältnis zu übernehmen. Die GeschäftsführerInnen der Volkssolidarität standen dann vor der Aufgabe, die stark auf ABM-Mitteln basierende Finanzierung des Personals in den Einrichtungen und der Verwaltung nach und nach auf eine dauerhafte Grundlage zu stellen. Diese Verpflichtung und die Kürzung der ABM-Förderung Ende 1992 bereitete einigen Kreisverbänden erhebliche Schwierigkeiten, wie Frau Behrens, Mitarbeiterin des Kreisverbandes der Volkssolidarität in Bärenklau, darstellt: "Wenn die ABM ausläuft, und das ist das große Problem, wir haben jetzt das dritte Jahr Verlängerung und müssen das garantieren, daß wir dann Festarbeitsplätze schaffen".

Anderen Kreisverbänden gelang es jedoch, die ABM-Förderung als Startchance zu nutzen und in die Aufbaustrategie des Verbandes zu integrieren. Frau Blasse: "Es ist uns ja auch gesagt worden, daß ABM maximal für drei Jahre möglich ist, und mit dieser Frist sind wir eigentlich in die Strategie [unseres Aufbaus; d.A.] gegangen". In diesem Verband gab es beispielsweise im Jahre 1991 500 ABM-Stellen, zum Zeitpunkt des Interviews (1992) waren es noch 200, und im Laufe des Jahres 1993 sollte diese Anzahl noch einmal halbiert werden. In diese Kalkulation ging allerdings die Erwartung ein, für ein weiteres Jahr ABM-Förderung zu bekommen. Sollte sich diese Erwartung nicht erfüllen, müßten nach Ansicht von Frau Blasse die Leistungen der Verbandes erheblich reduziert werden: "Ansonsten würde es, also wir würden nicht zugrunde gehen, aber wir würden einige Versorgungsaufträge nicht mehr erfüllen können, und es würde einen harten Einschnitt geben".

7.3.3 " Jetzt muß das Geld von unten nach oben fließen": Die Dezentralisierung der Organisationsstrukturen

Eine der folgenreichsten Aufgaben war es, die Organisationsstrukturen zu dezentralisieren und damit sowohl einer Bedingung des Paritätischen Wohlfahrtsverbandes für die Aufnahme als Mitglied zu genügen als auch sich den gegebenen föderalen Strukturen der politikfeldbezogenen Verhandlungssysteme anzupassen. Die Volkssolidarität weist heute die in der Bundesrepublik üblichen vereinsrechtlichen Strukturen auf: Auf Kommunal-, Landes- und Bundesebene bestehen jeweils rechtlich selbständige Vereine, deren Vorstände von der Delegiertenversammlung der jeweils untergeordneten Ebene gewählt werden. Die Kreisverbände sind Mitgliedsorganisationen der zugehörigen Landesverbände, und diese sind wiederum Mitglied des Bundesverbandes.

Die rechtlich selbständigen Stadt- und Kreisverbände in Fürstenberg und Lummerland wählten zwei unterschiedliche Wege, um sich als eingetragene Vereine neu zu gründen: Der Großteil der Organisationen konnte sich - ermöglicht durch eine Übergangsbestimmung im Vereinigungsgesetz der DDR von 1990[68] - ohne größere Formalitäten in das Vereinsregister eintragen lassen. Einzelne Kreisverbände entschieden sich dafür, neue Vereine zu gründen, um den Bruch mit der Massenorganisation Volkssolidarität nach außen hin zu demonstrieren. Zu dieser Gruppe zählt auch der Kreisverband Salzstetten, der das Datum seiner Gründung 1990 sogar in den Verbandsnamen integrierte. Nach der Neugründung mußten alle Mitglieder dem Verein neu beitreten. Frau Werken, die Geschäftsführerin des Salzstettener Kreisverbandes schildert die Verbandsgründung folgendermaßen: "Und dort haben dann die 84 anwesenden Mitglieder (...) beschlossen, den Verband neu zu gründen, als Salzstetten 1990 e.V., (...) [es gab; d.A.] null Mitgliedschaften, (...) dann ging die Neueinschreibung der Mitglieder los und jetzt sind wir beim Stand von 8.700, und das sind aber keine Karteileichen, das sind echte neu eingeschriebene Mitglieder seit '90, die sich also wirklich für den Verein interessieren, also auch mitmachen wollen, das haben andere Verbände leider versäumt, wir haben selbst in [anderen Städten; d.A.] (...) festgestellt, daß sie das nicht gemacht haben und heute noch immer von einer fiktiven Zahl ausgehen und sich damit irgendwo beruhigen, was aber absolut nicht stimmt".

Neben verschiedenen Rechtsformen weisen die Kreisverbände erhebliche Unterschiede in ihrer konzeptionellen Ausrichtung auf: Während einige Kreisverbände ausschließlich als Mitgliederorganisationen tätig sind und weder Träger

---

68 "Vereinigungen, die zum Zeitpunkt des Inkrafttretens dieses Gesetztes aufgrund staatlicher Anerkennung oder des Erlasses von Rechtsvorschriften rechtsfähig sind, haben sich bei dem für den Sitz der Vereinigung zuständigen Kreisgericht innerhalb von 6 Monaten nach Inkrafttreten dieses Gesetzes registrieren zu lassen." (Gesetz über Vereinigungen - Vereinigungsgesetz - vom 21. Februar 1990", GBl. der DDR I, 723).

von Einrichtungen sind noch hauptamtliches Personal beschäftigen, treten andere Kreisverbände überwiegend als Träger von Einrichtungen und damit auch als Arbeitgeber in Erscheinung. Frau Werken charakterisiert die Entwicklungsmöglichkeiten der lokalen Organisationen: "Und es blieb den einzelnen Kreisregionen mehr oder weniger selbst überlassen, wie sie sich jetzt formieren und in diese neue Zeit einbringen, und ich sage aus heutiger Sicht, (...) daß es vom einzelnen Menschen, von seinen Fähigkeiten, Fertigkeiten und auch den Möglichkeiten, sich fachlich einzubringen, abhing, wie das in den Kreisen unterschiedlich geschehen ist". Diese Schwerpunktsetzungen haben sehr unterschiedliche finanzielle Kapazitäten der Kreisverbände zur Folge. Kreisverbände mit eigenen Einrichtungen und Diensten sind finanziell weitgehend abgesichert, während reine Mitgliederorganisationen, deren Einnahmequellen ausschließlich Spenden und Mitgliedsbeiträge sind, große finanzielle Schwierigkeiten haben.

In einigen Regionen der neuen Länder lösten sich in dieser Umstrukturierungsphase Stadt- und Kreisorganisationen der Volkssolidarität auf, weil dem Leitungspersonal die notwendigen Qualifikationen fehlten, der Organisation die politische Unterstützung verweigert wurde oder das Leitungspersonal politisch diskreditiert war.

Der Aufbau von Organisationsstrukturen auf Stadt- und Kreisverbandsebene folgte keiner einheitlichen Konzeption: Der Gesamtverband sowie einige Landesverbände der Volkssolidarität rieten den sich konstituierenden Kreisorganisationen auf Empfehlung des Paritätischen Wohlfahrtsverbandes zur Gründung von rechtsfähigen Vereinen; andere Landesverbände hielten es für sinnvoller, wenn ein Teil der Kreisorganisationen als rechtlich unselbständige Gliederungen des Landesverbandes der Volkssolidarität bestehen würde. Diese unterschiedlichen Gründungsverläufe auf kommunaler Ebene sind sowohl Ergebnis unterschiedlicher verbandspolitischer Vorstellungen auf der Ebene der Landesverbände als auch der Handlungsorientierungen der jeweiligen Akteure vor Ort. Anhand der Landesverbände Fürstenberg und Lummerland sowie der untersuchten Kreisverbände sollen im folgenden verschiedene Vorstellungen der Verbandsakteure sowie deren organisatorische Umsetzung dargestellt werden:

(1) In Fürstenberg sieht Herr Vater die Aufgaben des Landesverbandes erstens in der Vermittlung von Interessen zwischen Kreisverbänden auf der einen Seite und den Landesregierungen, dem Paritätischen Wohlfahrtsverband und dem eigenen Bundesverband auf der anderen Seite.[69] Zweitens sieht er den Landesverband als

---

69 So beschreibt Herr Vater seine Vorstellungen von Interessenvertretung: "Auf Landesebene in erster Linie natürlich unser Dachverband, das ist der Paritätische, dort sind wir in den Gremien des Paritätischen vertreten, (...) dort können wir unsere Interessen vertreten, dort können wir auch vom Paritätischen als Spitzenverband fordern, unsere Interessen gegenüber der Regierung zu vertreten, (...) dort können wir uns aber auch in der fachlichen Arbeit einbringen bis hin zu Verhandlungen von Pflegesätzen, und weiter ist besonders die Ebene der Kreisverbände, wo die Kreisverbände Interessenvertretung in ihrer Kommune sind, und wir unterstützen dort unsere Kreisverbände,

7. Die Volkssolidarität

Dienstleistungsorganisation für die Stadt- und Kreisverbände an: "Also wir helfen vor Ort in erster Linie, indem wir an Konzepten mitarbeiten, Konzepte austauschen, indem wir Fort- und Weiterbildung mit unseren Kreisverbänden durchführen, (...) wir müssen alles, was arbeitsrechtlich ist, selbst bearbeiten, wir haben keinen Tarifvertrag mit der ÖTV, aber wir haben Arbeitsvertragsrichtlinien, demzufolge muß auch hier das Land alles den Kreisverbänden als Dach wiederum vorgeben". Diesem Selbstverständnis entsprechend und den Empfehlungen des Gesamtverbandes folgend, sind in Fürstenberg alle 32 Stadt- und Kreisorganisationen rechtlich selbständige Vereine und als solche Mitglied im Landesverband. Alle sozialen Dienste und Einrichtungen sind in Trägerschaft der Stadt- bzw. Kreisverbände.

(2) In Lummerland gibt es hingegen neben einigen rechtlich selbständigen Vereinen auf Kreisebene überwiegend unselbständige Untergliederungen des Landesverbandes. Der Landesgeschäftsführer, Herr Glaser, begründet die Organisationsentwicklung damit, daß in den entsprechenden Regionen kein Personal gefunden werden konnte, das seinen Vorstellungen von qualifiziertem Führungspersonal entsprochen hätte, um die Positionen in der Geschäftsführung und im Vorstand zu besetzen. Diese Gliederungen des Landesverbandes können, da ihnen der rechtlich selbständige Status fehlt, selbst keine sozialen Dienste und Einrichtungen übernehmen. Diese befinden sich folglich in Trägerschaft des Landesverbandes und können so - nach Ansicht des Landesgeschäftsführers - professioneller geleitet werden. Die Trägerschaft von Einrichtungen bedeutet für den Landesverband aber auch eine zusätzliche Einnahmequelle.

Nachdem sich die Stadt- bzw. Kreis- und Landesverbände gegründet hatten, wurde 1993 auch der Gesamtverband, der 1990 eine neue Satzung verabschiedet hatte, um den geänderten Bedingungen Rechnung zu tragen, in einen Bundesverband mit Sitz in Berlin umstrukturiert. Frau Heitzmann, leitende Mitarbeiterin der Bundesgeschäftsstelle, nennt als Aufgaben des Bundesverbandes in erster Linie die Interessenvertretung und Repräsentation der Volkssolidarität auf Bundesebene. Außerdem koordiniert der Verband die Aufgabenverteilung zwischen den einzelnen Gliederungsebenen, organisiert Fortbildungsmaßnahmen und Fachtagungen für MitarbeiterInnen.

In allen neuen Bundesländern beteiligten sich die neu gegründeten Kreis- und Stadtverbände als Gründungsmitglieder am Aufbau der Paritätischen Landesverbände. Auf örtlicher Ebene übernahmen VertreterInnen der Volkssolidarität in Salzstetten und Neu-Brühl in den ersten Monaten das Mandat des Paritätischen Wohlfahrtsverbandes in den lokalen Arbeitsgemeinschaften der freien Wohlfahrts-

---

indem wir auch Interessenvertretungen aufbereiten, d.h. ihnen Standpunkte des Landesvorstandes, Standpunkte des Gesamtverbandes übergeben, damit sie mit diesem Standpunkt auch gegenüber ihrer Kommune auch auftreten können, sei es jetzt beim Wohngeld, sei es bei Rentenansprüchen und so weiter".

pflege. Sobald die Kreis- und Regionalgeschäftsstellen des Paritätischen Wohlfahrtsverbandes personell besetzt waren, wurden die Vertreter der Volkssolidarität in den Arbeitsgemeinschaften abgelöst. Dabei entstanden offenkundig Konflikte zwischen der Volkssolidarität und den anderen Wohlfahrtsverbänden, da erstere sich weiterhin selbst in der Arbeitsgemeinschaft vertreten wollte. Es gab in den untersuchten Regionen aber keine direkten Hinweise auf diesbezügliche Auseinandersetzungen zwischen den VerterterInnen der Volkssolidarität und des Paritätischen Wohlfahrtsverbandes. Allerdings kritisieren VertreterInnen des Paritätischen Wohlfahrtsverbandes generell, daß der Sitz ihres Verbandes in den lokalen Arbeitsgemeinschaften von anderen Verbänden eingenommen wird, die hauptsächlich die Interessen ihrer eigenen Organisation vertreten würden. In einigen Fällen wurden die Konflikte durch einen Kompromiß gelöst: Neben dem Vertreter des Paritätischen Wohlfahrtsverbandes wurde ein gewählter Sprecher seiner Mitgliedsorganisationen - und dieser war häufig ein Vertreter der Volkssolidarität - in der Arbeitsgemeinschaft zugelassen.

Innerhalb der Landesverbände des Paritätischen war die Volkssolidarität schnell in den wichtigsten Gremien, z.B. den Vorständen, Beiräten und Strukturkommissionen sowie den Fachgruppen, vertreten. Die relativ starke Position in den Gremien des Paritätischen Wohlfahrtsverbandes ist nicht zuletzt der dezentralen Struktur der Volkssolidarität geschuldet, die dazu führt, daß der Verband - wie auch der Arbeiter-Samariter-Bund in den neuen Ländern - mehrere VertreterInnen in die Mitgliederversammlung des Paritätischen Wohlfahrtsverbandes entsendet. So sind z.B. in Lummerland 11 und in Fürstenberg 38 Kreisverbände der Volkssolidarität Einzelmitglieder im Paritätischen Landesverband. In den Altbundesländern sind - mit Ausnahme der Lebenshilfe - alle Mitgliedsorganisationen des Paritätischen Wohlfahrtsverbandes nur auf Landesebene rechtlich selbständig und folglich mit jeweils einer Stimme im Paritätischen Landesverband vertreten.

Infolge der Dezentralisierung wurden die innerorganisatorischen Entscheidungs- und Finanzierungsstrukturen praktisch umgedreht: Anstelle der hierarchisch-zentralistischen "top-down"-Anweisungen zu DDR-Zeiten, erfolgen nun Willensbildung und Mittelverteilung von unten nach oben. Die organisatorische Umstrukturierung hat zur Folge, daß sich die Entscheidungskompetenzen zwischen den Verbandsgliederungen verschieben: Weder der Bundesverband noch die Landesverbände haben Weisungsbefugnisse gegenüber den rechtlich selbständigen Kreisorganisationen, solange diese nicht satzungswidrig handeln. Die übergeordneten Gliederungen beraten in erster Linie die Kreisverbände und vertreten deren Interessen. Diese Veränderung wird von einigen Vertreterinnen und Vertretern der Landesverbände und des Bundesverbandes eindeutig als Verlust beschrieben, nicht zuletzt aufgrund der finanziellen Abhängigkeit der übergeordneten Gliederungen von den Kreisverbänden. So schildert Sigrid Heitzmann, eine Mitarbeiterin des Bundesverbandes, das Geld werde jetzt auf den Kreisebenen

7. Die Volkssolidarität

erwirtschaftet und müsse dann "von unten nach oben fließen"; die Beitragszahlungen von Kreisverbänden an die entsprechenden Landesverbände und darüber indirekt an den Bundesverband erfolgen jedoch nicht reibungslos. Auch von Vertretern der Landes- und Kreisverbände werden Konflikte zwischen den Verbandsebenen beschrieben, die sich an den veränderten Entscheidungskompetenzen und Finanzierungsmodalitäten entzündet haben.

Die veränderte Organisationsstruktur birgt nach Ansicht einiger VerbandsvertreterInnen außerdem die Gefahr, daß die Einheitlichkeit des Erscheinungsbildes und des Verbandsprofils der Volkssolidarität nicht mehr gewährleistet ist. Dieses Problem zeige sich schon bei der Verwendung des Verbandslogos, das einige Kreisverbände nach eigenen Ideen umgestaltet hatten. Es äußere sich aber auch in unterschiedlichen fachlichen Vorstellungen und in "sezessionistischen" Bestrebungen einzelner Kreisverbände, die sogar dazu führten, daß einzelne Kreisverbände aus dem entsprechenden Landesverband austraten. Diese Abspaltungen werden insbesondere mit der neu gewonnen Selbständigkeit der Kreisverbände begründet. So erklärt beispielsweise Frau Werken, warum ihr Kreisverband aus dem Landesverband der Volkssolidarität ausgetreten ist, folgendermaßen: "Die Entscheidung kam eigentlich dadurch zustande, daß wir (...) nichts von diesem Landesverband [hatten; d.A.], (...) die Entscheidungen, die hätten gefällt werden müssen, um den einzelnen Orts- und Kreisverbänden zu helfen, die hätten 1990 und 91 kommen müssen, und wir waren eigentlich immer schon drei Schritte weiter vorn, (...) und dann kamen halt diese äußeren Zwänge, daß da Organisationsstrukturen geschaffen wurden, die wieder hierarchisch (...) angeordnet waren, also wenns geht, Arbeitsverträge in Hasselbach schließen für *hier* [in Salzstetten; d.A.], Verhandlungen mit Ämtern Institutionen für Fördermitteln in Hasselbach für *hier*, und das ging nicht, rein organisatorisch, was *hier* passiert, das muß *hier* bestimmt und entschieden und sofort vollzogen werden, da kann ich also keine langen Verwaltungswege bis Hasselbach machen, (...) und hinzu kam dann, das war eigentlich der Knackpunkt, diese Finanzrichtlinie, warum soll ich für etwas bezahlen, ohne dafür eine Gegenleistung zu kriegen." Diese Bestrebungen einiger Kreisverbände stoßen auf Widerspruch bei den übergeordneten Verbandsgliederungen. Aufgrund ihrer formalen Eigenständigkeit, so kritisiert beispielsweise Frau Heitzmann, dächte eine Reihe von Kreisverbänden, sie seien völlig selbständig, sie bestimmten ganz alleine, und das gehe weder den Landesverband noch den Bundesverband etwas an. Sie würden dabei übersehen, daß sie Untergliederungen eines Verbandes seien und damit auch bestimmten Normen zu entsprechen hätten.

7.3.4 "Wir waren früher für die alten Menschen da, und sind es auch heute noch": Das Selbstverständnis

Schließlich mußte die Volkssolidarität sich ein neuartiges Verbandsprofil zulegen, eine den veränderten Umweltbedingungen angepaßte neue "Identität" ausbilden. Für diese Aufgabe gab es jedoch keine einfache Lösung, da unterschiedliche Umweltbereiche ganz unterschiedliche Anforderungen an die Organisation stellten. So mußte sich die Volkssolidarität, um von Politik und Verwaltung als Verhandlungspartner akzeptiert zu werden, als gewandelt und - im Hinblick auf ihre politische Vergangenheit - "geläutert" darstellen und gleichzeitig an ihre ursprüngliche "Mission" anknüpfen, um als eine Organisation erkennbar zu bleiben, die sozialen Traditionen der DDR-Gesellschaft verpflichtet ist und sich damit von anderen, vergleichbaren Organisationen abgrenzt. Sie stand vor der Aufgabe, einen Balanceakt zwischen "Bruch" und "Kontinuität" zu leisten, der sie gleichermaßen anschlußfähig an die eigene Organisationsgeschichte und an das veränderte politisch-institutionelle Umfeld macht. Im folgenden wird das Selbstverständnis der untersuchten Verbände der Volkssolidarität als Träger sozialer Aufgaben (1), als Verein (2) und als Interessenvertreter (3) dargestellt.

(1) *Die Volkssolidarität als Leistungsträger:* Nach der deutschen Vereinigung und der damit verbundenen Umstellung der sozialen Versorgung auf die Regelungen des BSHG konnte sich die Volkssolidarität mit ihren "traditionellen" Angeboten der Begegnungsstättenarbeit, der Hauswirtschaftshilfe und der Essensversorgung nicht mehr finanzieren. Für die Begegnungsstätten gibt es nach dem BSHG keine und für die Hauswirtschaftshilfe nur unzureichende öffentliche Mittel. Der Aufbau von Sozialstationen war daher eine Möglichkeit, die Finanzierung des Verbandes zu sichern, da deren Förderung relativ früh bewilligt wurde und über Pflegesätze auch die Verwaltungskosten des Verbandes abgedeckt werden konnten. In den untersuchten Städten gelang es der Volkssolidarität, jeweils mehrere Sozialstationen zu übernehmen: In Salzstetten befinden sich fünf von elf Sozialstationen in Trägerschaft der Volkssolidarität und in Neu-Brühl vier von vierzehn. Dieser Erfolg wird seitens der VerbandsvertreterInnen mit der "Gunst der Stunde" begründet. Direkt nach der deutschen Vereinigung standen der Volkssolidarität ausreichende personelle Ressourcen - zum Teil aus dem eigenen Personalbestand, zum Teil aus dem Pool der Gemeindeschwestern aus Polikliniken - zur Verfügung, um Sozialstationen aufbauen zu können. Im Unterschied dazu standen die anderen Wohlfahrtsverbände gerade erst am Beginn ihres Aufbaus (insbesondere die Arbeiterwohlfahrt und der Arbeiter-Samariter-Bund als direkte Konkurrenten) oder benötigten das vorhandene Personal dringend, um ihr Leistungsangebot in den bestehenden Einrichtungen und Diensten sicherzustellen. Auch die Sozialverwaltungen waren noch nicht vollständig umstrukturiert und damit nur eingeschränkt handlungsfähig. So lagen weder von den Wohl-

fahrtsverbänden noch seitens der Verwaltung konzeptionelle Überlegungen zur Trägerstruktur von Sozialstationen vor. Daraus ergaben sich gewisse Startvorteile der VS bei der Akquisition von Sozialstationen, die VertreterInnen des Verbandes rückblickend als "einmalige Gelegenheit" werten: "Ich denke, wenn heute das noch einmal zur Disposition stünde, würde sich die Verteilung vielleicht auch anders ergeben", sagt Frau Blasse. Und Frau Werken ist der Ansicht, daß dieses Ungleichgewicht "den anderen Verbänden damals wohl nicht so klar war, sonst hätten sie es nicht zugelassen, daß wir damit von elf Sozialstationen fünf haben".

Die Geschäftsführer der Volkssolidarität argumentieren in den Verhandlungen zur Übernahme von Sozialstationen mit der Notwendigkeit und der "moralischen Verpflichtung", die soziale Versorgung gewährleisten zu müssen[70] und die gewachsenen Beziehungen, die zwischen HauswirtschaftshelferInnen, Gemeindeschwestern und Betreuten bestanden, erhalten zu wollen. Frau Blasse meint dazu: "Und diese traditionellen Verbindungen zwischen den Gemeindeschwestern und HauswirtschaftshelferInnen, die Abstimmung, die gab es schon seit Jahrzehnten, das mußte doch auch so sein, das ging ja gar nicht anders, und dadurch war es natürlich so, nach der angestrebten Auflösung der Polikliniken, wollten wir auch diese Vertrauensverhältnisse, die einfach bestanden, das war auch in Abstimmung mit der Stadt so, die wollten wir eigentlich auch nicht zerstören, und deswegen haben wir ganze Gemeindeschwestern-Teams ja im Grunde genommen übernommen".

Insbesondere die Kontinuität der Betreuungsverhältnisse zwischen HelferInnen und Klienten sollte erhalten werden, so Frau Blasse: "Man wollte (...) so wenig wie möglich hier menschliche Verwirrung stiften, deswegen das so fließend übernehmen (...), daß auch die Arbeit weitergeht, und das ist eigentlich sehr gut gelungen (...), daß wir diese Vertrauensverhältnisse, da waren sich alle einig, nie zerstören wollten".

Diese Argumente gelten allerdings nur für die Regionen, in denen staatliche Beratungs- und Betreuungsstellen die Arbeit von Gemeindeschwestern und HauswirtschaftshelferInnen koordinierten (vgl. Abschnitt 7.2.2). In allen anderen Regionen - und dazu gehört zumindest Neu-Brühl - gab es nach Aussagen von Experten keine institutionalisierte Kooperation zwischen Gemeindeschwestern und HauswirtschaftshelferInnen. Mit ihren Vorstellungen stieß die Volkssolidarität - nach eigenen Angaben - zunächst auf weitgehendes Einvernehmen bei Sozialverwaltungen und Verbänden, die, so die Vertreter der Volkssolidarität, zu dieser Zeit noch nicht in der Lage gewesen seien, soziale Dienste in dem benötigten Umfang zu erbringen. Erst nachdem die Trägerschaften für Sozialstationen vergeben waren, äußerten die Vertreter anderer Verbände Kritik an dieser Verteilung. Eva Küster, Mitarbeiterin einer diakonischen Einrichtung in Neu-Brühl schildert die Verteilung

---

70 So äußert sich beispielsweise eine Interviewpartnerin: "Ja wir waren auch im Zwang, die Betreuung mußte ja weiterlaufen" (Interview Werken).

der Sozialstationen so: "Das war sehr ungeschickt, also das haben wir sehr blauäugig gemacht, wir haben jetzt, haben nach dem Kriterium, wer 'hier' gesagt hat, verteilt, und die Volkssolidarität hat fünfmal 'hier' gesagt, weil sie also Gebäude hatte, Geld hatte, Menschen hatte, Caritas hat einmal 'hier' gesagt und Diakonie einmal 'hier', damit war also eine (...) gute Verteilung nicht gegeben, und wir [haben; d.A.] dann ein Jahr oder anderthalb Jahre später (...) versucht nachzuziehen, indem wir gesagt haben, es muß noch einmal neu aufgeteilt werden (...) aber jetzt wird es problematisch, weil jetzt keiner mehr abgeben möchte". Die Verteilung der Sozialstationen führte in Salzstetten und Neu-Brühl zu Konflikten in den lokalen Arbeitsgemeinschaften der freien Wohlfahrtspflege. VertreterInnen verschiedener Verbände warfen der Volkssolidarität vor, sie wolle unbedingt ihre Monopolstellung verteidigen, während umgekehrt Vertreter der Volkssolidarität das große Mißtrauen beklagen, das ihnen von den anderen Verbänden entgegengebracht wurde.

Der Aufbau der Sozialstationen war in einigen Regionen der erste Baustein für ein erweitertes Dienstleistungsprofil der Volkssolidarität. Sie spezialisierte sich weiterhin als Verband der Altenhilfe, und Frau Blasse sieht dies auch als eigentliche Aufgabe des Verbandes an: "Es ist der Verband gewesen, der früher für die alten Menschen da war, und er ist es auch heute noch". Innerhalb dieses Hilfebereiches möchte sie das Angebot jedoch auf Einrichtungen und Dienste der gesamten ambulanten und stationären Altenhilfe ausdehnen: "Dann möchten wir gern in unserem Verband diese ganze geriatrische Strecke aufbauen, also von der ehrenamtlichen Arbeit bis hin zur stationären Arbeit".

In anderen Kreisen und Städten war die Volkssolidarität nach der Darstellung der Landesgeschäftsführer nicht so schnell handlungsfähig, weil engagiertes und qualifiziertes Personal auf der Leitungsebene fehlte, und verpaßte so "die Gunst der Stunde", Sozialstationen aufzubauen. Oder sie wurde bei den entsprechenden Entscheidungen aus politischen Gründen nicht berücksichtigt. In Fürstenberg beispielsweise ist die Volkssolidarität landesweit Träger von nur 11 Prozent der Sozialstationen, während das Diakonische Werk 38 Prozent und das DRK 21 Prozent der Sozialstationen trägt. In den Regionen, in denen die Volkssolidarität in der Anfangsphase keine oder nur wenige öffentliche Aufgaben in der Altenhilfe übernehmen konnte, gibt es nach Aussagen eines Landesgeschäftsführers erhebliche Schwierigkeiten, zu einem späteren Zeitpunkt überhaupt als Anbieter auf dem "Markt" sozialer Dienste aufzutreten.

Der zweite Schritt bei der Konsolidierung des Verbandes mit Hilfe von Einrichtungen und Diensten war die Übernahme von Altenheimen, da auch diese Einrichtungen günstige Finanzierungsbedingungen boten.[71] Die Übergabe von Altenheimen aus kommunaler in freie Trägerschaft erfolgte zeitlich nach dem

---

71 So waren in die Pflegesätze bis zur Einführung der Pflegeversicherung Verwaltungskosten pauschal eingerechnet.

Aufbau der Sozialstationen (vgl. Kapitel 4). Zu diesem späteren Zeitpunkt waren die kommunalen Sozialverwaltungen aufgebaut und die örtlichen Arbeitsgemeinschaften der freien Wohlfahrtspflege funktionsfähig. Es hat den Anschein, als ob die Volkssolidarität in den untersuchten Regionen bei der Vergabe der Altenheime eher nachrangig berücksichtigt worden sei, unter anderem, um das Verteilungsungleichgewicht bei der Vergabe der Trägerschaften für Sozialstationen zu kompensieren. In Neu-Brühl und Salzstetten erhielt die Volkssolidarität jeweils nur ein Altenheim. In allen fünf neuen Bundesländern zusammen ist die Volkssolidarität im Jahre 1992 Träger von insgesamt sechzehn Altenheimen.

Außer als Träger von Altenheimen und Sozialstationen ist die Volkssolidarität im Bereich der sozialen Beratung für ältere Menschen tätig - dazu zählen etwa Hilfen bei Antragstellungen und Behördengängen sowie Beratungen in Rentenrecht oder Mietangelegenheiten -, organisiert sie weiterhin die Arbeit in Begegnungsstätten und bietet Essen auf Rädern sowie mobile soziale Hilfsdienste an. Außerdem ist sie Gesellschafter eines Reiseunternehmens, das Seniorenreisen anbietet. Dieses Unternehmen hat für die Volkssolidarität die Funktion, die Arbeit des Bundesverbandes mitzufinanzieren, für den Verband zu werben und durch verschiedene Vergünstigungen (z.B. kostenlose Versicherungen) einen Anreiz für (potentielle) Mitglieder zu schaffen, im Verband zu bleiben bzw. ihm beizutreten.

Während die Finanzierung von Sozialstationen, Altenheimen und Essen auf Rädern weitgehend gesichert ist, bereitet die Finanzierung der Begegnungsstätten und der Hauswirtschaftshilfe große Schwierigkeiten. Nur in einzelnen Städten, wie z.B. in den Großstädten Neu-Brühl und Salzstetten, bekommt die Volkssolidarität Zuschüsse von der Kommune, um Miete und gegebenenfalls auch Personalkosten für die Begegnungsstätten zu finanzieren. Die Hauswirtschaftshilfe wird zu einem kleinen Teil über Pflegesätze nach dem BSHG abgegolten, den Restbetrag müssen die Betreuten selbst aufbringen. Die Verbandsvertreter sind der Ansicht, daß ihnen dadurch bis zu 50 Prozent der Klientel verloren gegangen ist.

Zusätzlich zum Bereich der Altenhilfe bietet die Volkssolidarität auch Leistungen in anderen Bereichen an und hat unter anderem Kindergärten und -horte (73), Kinder- und Jugendheime (3), Frauenhäuser (2), Asylbewerberheime (1) und Obdachlosenheime (2) übernommen (Zahlen für 1992/1993 nach Angaben des Bundesverbandes vom 13. Juli 1993). Nach Einschätzung einer Mitarbeiterin der Bundesgeschäftsführung haben Kreisverbände überwiegend dann Einrichtungen in anderen Aufgabenbereichen übernommen, wenn sie keine Altenhilfeeinrichtungen übernommen haben oder übernehmen konnten.

(2) *Die Volkssolidarität als Mitgliederorganisation:* Die Volkssolidarität versteht sich nicht nur als Träger sozialer Dienste und Einrichtungen, sondern immer auch als Mitgliederorganisation. Diesem Selbstverständnis entsprechend will Frau Blasse insbesondere die Ortsgruppen erhalten: "Und wir versuchen weiterhin [die Ortsgruppenarbeit; d.A.] aufrecht zu erhalten, (...) [obwohl es; d.A.] schwierig ist

oder schwierig wird, es zu finanzieren, (...) also den Anforderungen soweit wie möglich gerecht zu werden, die die Mitglieder an uns richten, die sie auch finanziell von uns erwarten, die sie aber auch moralisch von uns erwarten (...), so daß wir sagen, das haben wir jetzt auch in unserer Struktur, die wir neu gemacht haben, ausgedrückt, daß es ein eigenständiger Bereich ist, der genauso Priorität besitzt wie der professionelle hauptamtliche Bereich, daß wir also nicht nur sagen, wir spezialisieren uns auf diese Sache, die uns Geld bringt (...), sondern wir wollen eben gerne diese Arbeit auch weiterbetreiben und sehen das eigentlich als den (...) Schatz an, den wir haben und den wir hüten wollen".

Nach der deutschen Vereinigung ging die Anzahl der Ortsgruppen sowie die Zahl der Mitglieder der Volkssolidarität stark zurück. In Neu-Brühl beispielsweise bestehen heute noch 140 von 300 Mitgliedergruppen. Parallel dazu sank die Zahl der Mitglieder von 60.000 auf 20.000. In allen neuen Ländern sank die Mitgliederzahl um mindestens 50 Prozent. Aufgrund der Art der Mitgliederwerbung und des Drucks zu DDR-Zeiten, jährlich steigende Mitgliederzahlen präsentieren zu müssen (vgl. Kapitel 2), ist eine genaue Bestimmung der Mitgliederzahlen der Volkssolidarität allerdings nach wie vor schwierig, insbesondere weil nur einzelne Kreisverbände alle Mitglieder dem Verein neu beitreten ließen. So im Kreisverband Salzstetten, dem nach der deutschen Vereinigung ca. 8.700 Mitglieder beigetreten sind. Bei anderen Verbänden der Volkssolidarität werden die Mitglieder erst nach und nach neu aufgenommen, und die Erhebung des Beitrages wird - zum Teil widerstrebend und bedauernd - von der persönlichen "Kassierung" auf Banküberweisungen umgestellt.[72] Solange diese Umstellung andauert, werden weiterhin viele Verbände der Volkssolidarität fiktive Mitgliederzahlen angeben.

Neben den bestehenden Strukturen der Ortsgruppen in bestimmten Stadtteilen sind neue Mitgliedergruppen entstanden, die sich aufgrund gemeinsamer Interessen, wie z.B. Tanzen, Singen, Gymnastik oder Handarbeit, gründeten. Alle Gruppen haben eigene formale Strukturen, ohne rechtlich selbständig zu sein, und wählen jährlich einen eigenen Vorstand. Dieser ist für die Organisation von Veranstaltungen zuständig, aber auch für den Kontakt zwischen Ortsgruppen und Kreis- bzw. Stadtverband.

Wie zu DDR-Zeiten werden in den Mitgliedergruppen überwiegend gesellige Veranstaltungen, gemeinsames Essen und Kaffeetrinken oder Hobbyzirkel organisiert. Außerdem werden über die Gruppen soziale Beratungsdienste in den Begegnungsstätten angeboten. Im Unterschied dazu erfolgt die Organisation der Orts-,

---

72 So erörtert beispielsweise Herr Vater im Interview die Situation: "Die Höhe der [Mitglieds-; d.A.]Beiträge hat sich nicht viel verändert, sie ist im Durchschnitt eigentlich noch so geblieben wie zu DDR-Zeiten, es ist eines unserer härtesten Probleme, mit denen wir zu kämpfen haben." Und er führt aus: "Wenn wir jetzt einmal von dieser Mark vielleicht auf fünf oder zehn Mark gehen würden, das wäre heute ein Grund des Austrittes, und da wir uns für die älteren und vor allen Dingen die Schwächeren der Gesellschaft (...) verschrieben haben, möchten wir nicht auf der anderen Seite den Beitrag hochtreiben, um sie vor den Kopf zu stoßen".

7. Die Volkssolidarität

und Mitgliedergruppen nach Aussagen von Verbandsvertretern und -vertreterinnen jetzt stärker von den Mitgliedern selbst. Frau Blasse beschreibt den Unterschied: "Neu wäre vielleicht auch noch, (...) nicht vom Leistungsangebot, aber vielleicht vom Inhalt der Organisation, daß also, jetzt sagen wir mal, eine Themenvielfalt mehr sein kann, daß die Selbsthilfegruppen sich auch ausdenken können, nach ihren, was sie gerne wünschen, was sie gerne machen würden, daß viel mehr Ideen einfließen können, (...) so im Vergleich zu vorher, weil da vieles vorgegeben war, es war vieles vorgegeben, es wird *das* gemacht, es muß *das* Ziel erreicht werden, es muß *das* Ziel erreicht werden, jetzt ist das (...) dem Menschen gemäßer, also sie können mehr nach ihren eigenen Vorstellungen (...), und nach ihren eigenen Bedürfnissen (...) organisieren".

Nach wie vor beruht ein Teil der Arbeit der Volkssolidarität auf ehrenamtlichem Engagement sogenannter "Volkshelfer", wenn auch in geringerem Ausmaß als vor der deutschen Vereinigung. Herr Vater beschreibt seine Beobachtungen folgendermaßen: "Diese ehrenamtliche Arbeit hat sich sicher heute etwas gewandelt, ist nicht mehr in dem Umfang vorhanden, es gibt noch Volkshelfer, und es gibt noch ordentliche Ortsgruppenleitungen, die das wirklich mit demselben Umfang machen wie zu DDR-Zeiten, aber es ist zunehmend schwieriger geworden, die Leute dafür zu gewinnen, die meisten gehen davon aus, wenn ich heute etwas mache, muß es Geld bringen, also ich kenne die Probleme, auch selbst schon die Mitarbeit in den Vorständen, was ja auch eine ehrenamtliche Arbeit ist, schon da gibt es zunehmend Probleme, da die Leute nicht mehr so bereit sind". Herr Vater schätzt die Anzahl der Ehrenamtlichen in Fürstenberg, die als Volkshelfer, Ortsgruppenvorsitzende oder Vorstandsmitglieder tätig sind, auf etwa 10.000.

(3) *Die Volkssolidarität als sozialpolitischer Akteur:* Als dritter wichtiger Bereich zählt die Vertretung der Mitgliederinteressen explizit zum Selbstverständnis der Volkssolidarität: "Wir sind also nicht nur ein Wohlfahrtsverband, die Volkssolidarität, sondern wir sind auch noch Interessenvertreter", proklamiert Frau Blasse. Die Vertreter der Volkssolidarität engagieren sich beispielsweise auf Kommunal- und Landesebene für die Einrichtung von Seniorenbeiräten, und in einigen Kommunen hatte die Volkssolidarität in der ersten Legislaturperiode von 1990 bis 1994 eigene Vertreter in den Stadtverordnetenversammlungen. Mit den Neuwahlen 1994 ist die Volkssolidarität in vielen Stadtparlamenten nicht mehr vertreten, da Vereine nach dem neuen Wahlgesetz nicht mehr zugelassen waren. In Salzstetten stellte sie sich als eigene Wählergemeinschaft zur Wahl und erreichte in den drei Wahlbezirken zwischen 2.300 und 5.300 Stimmen (d.h. 1,8 bis 3,9 Prozent) und zwei Sitze in der Stadtverordnetenversammlung. Als Abgeordnete wurden Frau Werken, die Geschäftsführerin, und der Vorstandsvorsitzende in das Stadtparlament entsandt.

Das altenpolitische Engagement der Verbandsvertreter verschafft der Volkssolidarität einen indirekten Zugang zum politischen System. Legitimiert über die

Vertretung von Mitgliederinteressen kann sie auch verbandspolitische Interessen in das politisch-administrative System einbringen. Die Form ihrer Interessenvertretung wird allerdings von verschiedenen Seiten kritisch beurteilt. So meint etwa Barbara Fuchs, Mitarbeiterin der Sozialverwaltung in Neu-Brühl, daß die Mitgliederinteressen nicht angemessen vertreten werden, da die Repräsentanten der Mitgliedergruppen in den Begegnungsstätten sich überwiegend aus Mitarbeiterinnen und Mitarbeitern der Volkssolidarität zusammensetzen. Gleiches gilt für die Kandidatenliste der Wählergemeinschaft in Salzstetten.

Eine andere Zugangsmöglichkeit zum politischen System besteht für die Volkssolidarität möglicherweise über die PDS, und in der Presse wird immer wieder auf entsprechende personelle Verflechtungen zwischen den beiden Organisationen verwiesen.[73] Während sich diese Verbindungen beispielsweise für den Berliner Raum auch aufzeigen lassen (vgl. Wolpert 1996), gibt es in den untersuchten Regionen dieser Studie keine Hinweise darauf. Vertreter der Volkssolidarität in den Stadtverordnetenversammlungen haben sich nach Aussagen von Interviewpartnern und -partnerinnen den unterschiedlichsten Fraktionen - wie etwa der PDS, aber auch der FDP oder den Freien Wählergemeinschaften - angeschlossen. Die Volkssolidarität verfügt in Neu-Brühl und Salzstetten allerdings über gute und langjährige Kontakte zu Personal in den Sozialverwaltungen.

Die Vertretung der Mitgliederinteressen gegenüber dem politisch-administrativen System beschränkt sich überwiegend auf die kommunale Ebene. Da die Volkssolidarität nicht zu den Spitzenverbänden der Freien Wohlfahrtspflege gehört, kann sie diese Funktion auf Landes- und Bundesebene nur vermittelt über den Paritätischen Wohlfahrtsverband oder andere Institutionen, wie z.B. die Bundesarbeitsgemeinschaft der Seniorenorganisationen (BAGSO), wahrnehmen.

7.4 Diskussion der Ergebnisse

Der Volkssolidarität ist es nach der deutschen Vereinigung gelungen, ihren Bestand zu sichern und sich als Träger von Leistungen überwiegend im Bereich der Altenhilfe zu etablieren. Sie hat dabei ihre Organisationsstruktur von einer zentralistisch und hierarchisch strukturierten, staatlichen Massenorganisation mit Monopolstatus zu einem dezentralen, den föderalen Gegebenheiten angepaßten, freigemeinnützigen Wohlfahrtsverband in einer pluralistischen Organisationsumwelt umgebaut. Mit dieser Umstrukturierung ging außerdem eine Veränderung des Leistungsangebotes, eine völlige Umstellung der Finanzierungsmodalitäten und ein erheblicher Abbau des Personalbestandes einher, um den neuen gesetzlichen Regelungen und institutionellen Bedingungen gerecht zu werden.

---

73 Vgl. beispielsweise den Artikel "Volkssolidarität backt kleine Brötchen", Berlin, Tagesspiegel vom 30.4.1986.

7. Die Volkssolidarität

Die spezifischen Ausgangsbedingungen der Volkssolidarität wirkten sich - wie in der Studie beschrieben - sowohl fördernd als auch hinderlich auf die Konsolidierung des Verbandes aus:

So war es der Volkssolidarität mit Hilfe der bestehenden Organisationsstrukturen, des vorhandenen Personals und guten Kontakten zur alten Elite in den Arbeits- und Sozialverwaltungen möglich, die "Gunst der Stunde" als Organisation "vor Ort" zu nutzen und frühzeitig Einrichtungen und Dienste aus kommunaler Trägerschaft zu übernehmen bzw. Förderprogramme in Anspruch zu nehmen. Dazu mußten jedoch zunächst Organisationsstrukturen mit ihrem großen Verwaltungsapparat sowie ihrer zentralistischen und hierarchischen Organisationsweise radikal umgebaut werden.

Als sozialistische Massenorganisation konnte die Volkssolidarität im Vergleich zu anderen Verbänden auf eine große Mitgliederzahl und zahlreiche Ehrenamtliche verweisen und sich damit gegenüber politisch-administrativen Akteuren legitimieren. Gleichzeitig erschwerte jedoch das Image einer staatlichen Massenorganisation der DDR die Akzeptanz der Volkssolidarität bei den Vertretern der neuen politischen Elite.

Ende 1992 versteht sich die Volkssolidarität erstens als Leistungsträger, der sein Aufgabenspektrum auf die gesamte ambulante und stationäre Altenhilfe ausgeweitet hat, zweitens als sozialpolitischer Akteur, der sich für die Belange älterer Menschen einsetzt, und drittens als lokaler Verein, der auf der Ebene der Ortsgruppen assoziative Funktionen erfüllt, indem er über die "Pflege" einer DDR-Identität - im Sinne von geteilten Lebenserfahrungen, Wertvorstellungen und Weltdeutungen - gemeinschaftsstiftend wirkt. Die Organisation knüpft dabei an ihre Tradition als Massenorganisation in der DDR an und hat Teile der alten Mitgliederbestände übernommen. Sie hat den Übergang in ein neues Gesellschaftssystem überstanden und eine neue Position im System der freien Wohlfahrtspflege gefunden. Die Volkssolidarität mißt insofern allen drei Funktionen einer intermediären Organisation einen gleichmäßig hohen Stellenwert bei. Dieses Bemühen, möglichst zahlreiche und verschiedenartige Aufgaben zu erfüllen, kann als verbandspolitische Strategie verstanden werden,

- *erstens*, es möglichst allen externen Akteuren - wie z.B. den Mitgliedern oder der Sozialverwaltung - recht zu machen,
- *zweitens* dem Verband keine Entwicklungschancen zu verbauen und so zunächst "einen Fuß in möglichst viele Türen zu setzen",
- *drittens* in möglichst vielen gesellschaftlichen Bereichen (der Bevölkerung, der kommunalen Sozialverwaltung, der Stadtverordnetenversammlung) präsent zu sein und so politische Einflußchancen zu erhöhen und/oder
- *viertens* dem Verband in einer Phase großer Unsicherheit Zeit zu geben, sich seiner selbst zu vergewissern und eine Profilbildung zu ermöglichen.

8. Geschwindigkeit zahlt sich aus: Das Deutsche Rote Kreuz

In beiden deutschen Staaten gab es ein Deutsches Rotes Kreuz, allerdings mit unterschiedlichen Aufgaben: Während die Organisation in der Bundesrepublik zu den Spitzenverbänden der Freien Wohlfahrtspflege gehört, war sie in der DDR in erster Linie als nationale Hilfsorganisation tätig, die nur in geringem Maße soziale Leistungen erbrachte. Darüber hinaus stand das DRK der DDR als Massenorganisation unter staatlicher Aufsicht und Kontrolle. Nach der deutschen Vereinigung steht das Deutsche Rote Kreuz in den neuen Bundesländern vor der Aufgabe, sich von einer staatlichen Massenorganisation zu einem freigemeinnützigen Wohlfahrtsverband zu entwickeln.

Im folgenden wird zunächst ein kurzer historischer Überblick über die Entstehung des Verbandes und seiner Position im Nationalsozialismus (Abschnitt 8.1), in der Bundesrepublik Deutschland seit 1945 sowie in der DDR (Abschnitt 8.2) gegeben. Im Hauptteil des Kapitels werden sodann die Gründungsverläufe von Landes- und Kreisverbänden des DRK in Fürstenberg und Lummerland (Abschnitt 8.4) und die Änderungen der Organisations- und Leistungsstrukturen (Abschnitt 8.5) dargestellt. Abschließend folgt eine Diskussion der Ergebnisse (Abschnitt 8.6).

8.1 Geschichte und Struktur des Deutschen Roten Kreuzes

Das Deutsche Rote Kreuz (DRK) hat traditionell eine Doppelfunktion: Es ist sowohl eine nationale Rotkreuz- bzw. Hilfsgesellschaft als auch Spitzenverband der freien Wohlfahrtspflege. Als nationale Hilfsgesellschaft ist es in internationale Rotkreuz-Zusammenhänge eingebunden und unterliegt dem Rotkreuzrecht,[74] das mit dem Völkerrecht eng verknüpft ist, als deutscher Wohlfahrtsverband ist es Teil der Freien Wohlfahrtspflege.

Diese beiden Funktionen der Organisation gingen auf Initiativen zurück, die medizinische Versorgung von Kriegsverwundeten zu verbessern: In der zweiten Hälfte des 19. Jahrhunderts (1864) wurden auf die Bemühungen eines Kommission[75] hin internationale Standards der Betreuung von Soldaten und Kriegs-

---

74 Das Deutsche Rote Kreuz "steht damit unter dem internationalen Schutz der Staaten, der jedoch auch eine Anerkennung des jeweils zuständigen Staates für die einzelne Rotkreuzgesellschaft voraussetzt" (Flierl 1992: 258).
75 Dunant und Moynier, zwei Schweizer Bürger, waren maßgeblich an der Gründung des "Internationalen Komitees" beteiligt: Dunat verfaßte im Herbst 1862 nach der "Schlacht von Solferino" (1859) eine Publikation, die Beschreibungen seiner Kriegseindrücke und zugleich Verbesserungsvorschläge enthielt. Dieses Buch stieß damals auf internationale Aufmerksamkeit, insbesondere von dem damaligen Präsidenten - Moynier - der in Genf ansässigen 'Gemeinnützigen Gesellschaft'.

verletzten verabschiedet: die "Genfer Konventionen". Der Kernbestandteil dieser zehn Artikel umfassenden "Genfer Konventionen" war die Festlegung der "Neutralität der Feldlazarette und des Sanitätspersonals" sowie die "Bestimmung des Roten Kreuzes auf weißem Grund in Form von Flagge und Armbinde zum internationalen Kenn- und Neutralitätszeichen" (Dünner 1929, zit. n. Flierl 1992: 261). Damit wurde das Rote Kreuz als nationale Hilfsorganisation etabliert. Demgegenüber geht die Wohlfahrtsfunktion des DRK auf patriotische Frauenverbände[76] - insbesondere den "Verband der Schwesternschaften des Roten Kreuzes" - zurück, die als Krankenschwestern ihren Beitrag zur Versorgung der Kriegsverwundeten leisten wollten und sich zunehmend auch für krankenpflegerische Maßnahmen und den Ausbau einer "allgemeinen Wohlfahrt" einsetzten. Bis in das 20. Jahrhundert hinein bestanden die verschiedenen deutschen Vereine der Rotkreuzbewegung nebeneinander, die erst nach dem Ersten Weltkrieg, im Jahre 1921, mit der *Gründung des Deutschen Roten Kreuzes* als eingetragenem Verein organisatorisch zusammengefaßt wurden.

Während das DRK der 1919 in Paris gegründeten Liga der Rotkreuzgesellschaften - einem als Weltbund konzipierten Gremium - sogleich nach der Vereinsgründung des Deutschen Roten Kreuzes beitrat, erfolgte die Mitgliedschaft in der Deutschen Liga der freien Wohlfahrtspflege (1924 gegründet) erst verzögert und relativ unfreiwillig,[77] da das DRK befürchtete, seine Sonderstellung als Rotkreuzgesellschaft mit internationalen Verpflichtungen gemäß der Genfer Konventionen einzubüßen (vgl. zur Gründungsgeschichte auch DRK 1992: 24-31).

Im *nationalsozialistischen* Deutschland wurde dem DRK auf der Grundlage des "Gesetzes über das Deutsche Rote Kreuz" vom 9. Dezember 1937 die Selbständigkeit genommen: Die Organisation und deren Untergliederungen wurden zusammengeschlossen und dem "Reichsinnenministerium" unterstellt. Sowohl Satzungsfragen als auch Entscheidungen über die personelle Besetzung des Präsidiums oblagen dem "Reichsinnenminister" in Abstimmung mit dem "Reichskanzler" und dem "Führer". Die Einrichtungen des rechtlich aufgelösten DRK wurden in die

---

Auf einer Tagung dieser Gesellschaft wurde eine aus fünf Mitgliedern - darunter auch Dunant und Moynier - bestehende Kommission gegründet, die sich für die Verbesserung der medizinischen Versorgung von Kriegsverwundeten einsetzte (vgl. Flierl 1992: 260).

76 Zu diesen Frauenverbänden zählen unter anderem der "Frauenverein zum Wohle des Vaterlandes in Preußen", der "Frauenverein im Großherzogtum Baden zur Unterstützung kranker und verwundeter Krieger" sowie der "Gesamtverein bayrischer Frauen und Jugfrauen".

77 "Als im Jahre 1924 die 'Deutsche Liga der freien Wohlfahrtspflege' gegründet wurde, der das Deutsche Rote Kreuz auf Grund seiner internationalen Verpflichtungen und seines Sonderstatus zunächst nicht beizutreten beabsichtigte, wurde es in monatelangen Verhandlungen durch das Reichsarbeitsministerium gezwungen, sich im Jahre 1925 dieser 'Liga der freien Wohlfahrtspflege' anzuschließen. Im Falle einer Weigerung wollte man ihm alle Sonderzuschüsse für die Wohlfahrtsarbeit entziehen. Der Beitritt erfolgte mit dem ausdrücklichen Vorbehalt, "unbeschadet seiner Sonderstellung als Glied der Weltgemeinschaft des Roten Kreuzes und als Organ zur Erfüllung der Aufgaben der Genfer Konventionen" (Flierl 1992: 263) bestehen zu bleiben.

8. Das Deutsche Rote Kreuz

nationalsozialistische Volkswohlfahrt (NSV) überführt, dies betraf insbesondere Gemeindepflegestationen und Kindertagesstätten. Den DRK-Schwestern wurden weiterhin Arbeitsplätze in den NSV-Gemeindepflegestationen angeboten, sofern sie die staatliche Anerkennung zur Krankenschwester vorweisen konnten. Damit wurde das Deutsche Rote Kreuz zu einer Staatsorganisation, die keine Aufgaben der Wohlfahrtspflege ausführte, sondern lediglich als nationale Hilfsorganisation bestehen blieb, zumal die "Reichsregierung" im Jahre 1924 das Genfer Abkommen ratifizierte und damit den Genfer Konventionen verpflichtet war (vgl. zum DRK im Nationalsozialismus auch DRK 1992: 32-33).

8.2 Zwei deutsche Staaten - zwei Organisationen

Das Deutsche Rote Kreuz ist im Prinzip der einzige Wohlfahrtsverband, der in beiden deutschen Staaten als eigenständige Organisation bestand. Während es in der Bundesrepublik Deutschland als Spitzenverband in die Freie Wohlfahrtspflege integriert ist (Abschnitt 8.2.1), war es in der DDR als Massenorganisation dem SED-Regime untergeordnet (Abschnitt 8.2.2).

8.2.1 Das Deutsche Rote Kreuz in der Bundesrepublik Deutschland

Nach 1945 wurde das DRK in der französischen und sowjetischen Besatzungszone aufgelöst. In der britischen und amerikanischen Zone wurden Rotkreuz-Tätigkeiten fortgesetzt, so daß bereits im Jahre 1947 verschiedene wiedergegründete Landes-Rotkreuzorganisationen zu der Arbeitsgemeinschaft für die britische und amerikanische Besatzungszone zusammengeschlossen wurden (vgl. Bauer 1978: 300, Flierl 1992: 266).
    1951 gründete sich das Deutsche Rote Kreuz als eingetragener Verein wieder, trat der ebenfalls wiedergegründeten Liga der Freien Wohlfahrtspflege bei und wurde durch die Bundesregierung anerkannt.[78] Ein Jahr später (1952) erfolgte die Anerkennung durch das Internationale Komitee vom Roten Kreuz in Genf.
    Seitdem besteht das DRK in der Bundesrepublik als nationale Hilfsorganisation, die auf der Grundlage der Genfer Konventionen arbeitet, und als Spitzenverband der freien Wohlfahrtspflege. Diese Doppelfunktion prägt das Selbstverständnis des DRK und schlägt sich insbesondere in den von der Organisation erbrachten Aufgaben nieder:
(1) Als nationale Rotkreuzgesellschaft wirkt das DRK im Zivilschutz und im Sanitätsdienst der Bundeswehr, sucht nach vermißten Zivil- und Militärper-

---

78 Der Wortlaut der Anerkennung durch die damalige Bundesregierung ist nachzulesen bei Bauer (1978: 287).

sonen und unterstützt Kriegsopfer. Darüber hinaus bietet das DRK Unterrichtskurse über das Genfer Rotkreuzabkommen an.
(2) Als Wohlfahrtsverband bietet das DRK Leistungen in der Jugend-, Alten-, Behinderten- und Familienhilfe sowie im Krankenhauswesen an.[79]
(3) Folgende Aufgabenbereiche berühren in gleicher Weise beide Verbandsfunktionen: Rettungs- und Blutspendedienste, das Krankentransportwesen, Krankenpflege, Erste Hilfe bei Unglücksfällen und Veranstaltungen, Ausbildungen in Erster Hilfe und Ausbildung von Krankenschwestern, Katastrophenschutz sowie allgemeine Gesundheitsdienste.

In den alten Bundesländern war das DRK 1992 - nach eigenen Angaben des Verbandes - u.a. Träger von 260 Sozialstationen, 312 Altenheimen, 342 Kindertagesstätten und bot 396 Mahlzeitendienste auf Rädern an. Das DRK ist ein föderativ aufgebauter Verband, das heißt es gliedert sich in Landes-, Bezirks-, Kreis- und Ortsverbände, wobei in drei der alten Bundesländer jeweils zwei Landesverbände bestehen. Die Organisation wird vom Präsidium geleitet, das, verglichen mit den anderen Spitzenverbänden der Freien Wohlfahrtspflege, einen großen Kompetenzbereich hat, bei dem der Präsident des DRK den Vorsitz führt. Der Präsident vertritt den Verband und beruft u.a. das Präsidium sowie ein Geschäftsführendes Präsidium aus den Reihen der Präsidiumsmitglieder, welches als Vorstand anzusehen ist. Das Präsidium unterhält eine Geschäftsstelle, die vom Generalsekretariat des DRK geleitet wird. Mitgliedsverbände des Deutschen Roten Kreuzes sind die vierzehn Landesverbände in den alten und die fünf Landesverbände in den neuen Bundesländern sowie der Verband der Schwesternschaften des DRK (vgl. Bauer 1978, Flierl 1992).

8.2.2 Das DRK als Massenorganisation in der DDR

Im damaligen sowjetischen Sektor löste die dortige Militäradministration 1946 das DRK mit der Begründung auf, es habe als Staatsorganisation im Nationalsozialismus eine politische Funktion gehabt (vgl. Flierl 1992: 266). Erst 1952 wurde das "DRK der DDR" als Massenorganisation wieder neu gegründet. Die Erklärungen dafür gehen in der Literatur auseinander (vgl. BMiB 1985, Rotes Kreuz 1992); vermutlich gab die DDR-Regierung wachsendem Druck von außen nach, den die internationale Stellung des Roten Kreuzes erzeugte.

Dem neu gegründeten DRK der DDR wurden - in seiner Eigenschaft als Massenorganisation der DDR - nicht nur zivile, sondern auch politische und militärische Aufgaben der "Territorial- und Zivilverteidigung" zugewiesen, weswegen es dem Ministerium des Inneren der DDR und *nicht* dem Ministerium für Gesundheitswesen der DDR unterstellt war.

---

[79] Vgl. zu den Aufgabenbereichen Bauer (1978) sowie Flierl (1992).

8. Das Deutsche Rote Kreuz

Die Sanitätseinheiten und -züge des DRK wirkten in der Zivilverteidigung mit, zu dem auch der Katastrophenschutz als Bestandteil der Landesverteidigung der DDR gehörte (vgl. BMiB 1985). Die Bergungs-, Rettungs- und Sanitätseinheiten des Deutschen Roten Kreuzes der DDR zählten zu den Einsatzkräften der Zivilverteidigung, die neben den territorialen Stäben der Nationalen Volksarmee (NVA) oder den Grenztruppen der DDR - um nur einige hier zu nennen - zu den Streitkräften der Territorialverteidigung zählten. Die Aufgaben dieser Streitkräfte bestanden darin, im Kriegsfall die Etappensicherung mitzuübernehmen, die Zivilbevölkerung zu schützen und die "regulären Verbände von Nationaler Volksarmee und Warschauer Pakt sowie deren Versorgung vor Sabotageanschlägen zu schützen" (BMiB 1985: 1355). Ferner wurden sie im Rahmen der Notstandsgesetzgebung der DDR bei inneren Unruhen, Katastrophenfällen und sonstigen Notstandssituation eingesetzt.

Zu den *zivilen* Aufgabenbereichen des DRK zählten etwa Sanitätsdienste bei politischen und sportlichen Großveranstaltungen, der Gesundheitsschutz oder der "DRK-Pflege- und Sozialdienst", der insbesondere Hauspflege anbot (vgl. BMiB 1985, Friedrich-Ebert-Stiftung 1987). Außerdem bildete das DRK der DDR in Erster Hilfe aus, stellte Erholungsangebote bereit, organisierte Krankentransporte und Blutspenden. Da fast das gesamte Krankentransportwesen der DDR vom DRK erbracht wurde, entstand in den 70er Jahren zur Effektivierung der Arbeit die Unterabteilung "Schnelle Medizinische Hilfe" (SMH), die sowohl medizinische Versorgung und Krankentransporte als auch Hausbesuchs- und Pflegedienste übernahm. Diese Unterabteilung der Organisation war dem staatlichen Gesundheitswesen der DDR unterstellt (vgl. BMiB 1985).

Organisatorisch zeichnete sich diese Massenorganisation der DDR durch hierarchische Strukturen aus: Es gliederte sich in einen Zentralausschuß sowie Bezirks- und Kreiskomitees in jeder entsprechenden Verwaltungseinheit, deren Vorsitzende Funktionäre waren, die durch die SED bestätigt werden mußten. Das Zentralbüro und die Kreis- und Bezirksbüros als ausführende Organe des DRK unterstanden diesen übergeordneten politischen Komitees. Im Jahre 1982 gab es innerhalb der DDR 13.897 "Grundeinheiten" in Kreisen und Bezirken wie auch in Betrieben und Hochschulen mit insgesamt 651.356 Mitgliedern, die zu einem hohen Anteil aus medizinischen Berufen stammten (vgl. BMiB 1985: 279). Die Finanzierung des DRK in der DDR erfolgte nahezu ausschließlich staatlich, ergänzt durch Mitgliedsbeiträge von "Freunden und Förderern".

Damit erbrachte das DRK in der DDR fast ausschließlich Aufgaben als nationale Hilfsorganisation und als quasi-staatliche Organisation der DDR. Die Funktion eines Wohlfahrtsverbandes existierte nur rudimentär.

8.3 Die deutsche Vereinigung: Von der Massenorganisation zum Wohlfahrtsverband

Obwohl seit Mitte der 80er Jahre Kontakte beider deutschen Rotkreuzgesellschaften bestanden und ein Erfahrungsaustausch gepflegt wurde, waren jedoch die organisatorischen Strukturen und Aufgaben grundverschieden. Mit der deutschen Vereinigung sollte - so die organisationsinterne Entscheidung - aus dem west- und dem ostdeutschen Roten Kreuz eine einheitliche Organisation mit den beiden verbandlichen Funktionen als nationale Hilfsorganisation und als Spitzenverband der Freien Wohlfahrtspflege entstehen. Diese Umstrukturierung drückte sich für das DRK der DDR vor allem in den folgenden drei innerverbandlichen Anforderungen aus:

(1) Es war notwendig, entsprechend den föderalen politischen Entscheidungsebenen eine Äquivalenzstruktur aufzubauen, das heißt den Verband zu dezentralisieren. So wurden die insgesamt sechzehn Bezirksbüros des DRK der DDR zu fünf Landesverbänden des Deutschen Roten Kreuzes umgestaltet und eigenständige Kreis- und Ortsvereine gegründet.

(2) Da der wohlfahrtsverbandliche Bereich des DRK in der DDR nicht sehr ausgebildet war, mußten neue Aufgaben akquiriert werden. Um die Funktion eines Spitzenverbandes erfüllen zu können, ist es erforderlich, in allen sozialen Aufgabenbereichen Leistungen anzubieten. Doch nicht nur soziale Einrichtungen und Dienste mußten aufgebaut werden, sondern auch entsprechend qualifiziertes Personal eingestellt werden.

(3) Mit der institutionellen Einbindung in die freie Wohlfahrtspflege ist die Organisation mit einer neu entstehenden pluralen Trägerlandschaft konfrontiert und muß sich demnach mit konkurrierenden Anbietern arrangieren bzw. sich gegen Konkurrenz durchsetzen. Darüber hinaus mußten Mittel eingeworben und Finanzquellen erschlossen werden.

Der Zusammenschluß des westdeutschen mit dem ostdeutschen DRK erfolgte am 1. Januar 1991. Bemerkenswert ist, daß sich in den Interviews mit Verbandsvertretern des DRK in den neuen Bundesländern nahezu keine Auseinandersetzungen mit der Rolle und Funktion der Organisation in der DDR finden lassen.[80] Die "Vergangenheit" als Massenorganisation wird durchgängig in den Interviews entpolitisiert[81]

---

80 Dies ist insofern erstaunlich, als die Interviews mit Verbandsvertretern der Volkssolidarität, die ebenfalls als gesellschaftliche Organisation der DDR bestand, lange Argumentations- und zum Teil Rechtfertigungspassagen hinsichtlich ihrer "Organisationsvergangenheit" in der DDR enthalten (vgl. Kapitel 7).

81 Dazu bemerkt Herr Janus im Interview: "Das DRK hatte ja damals [in der DDR; d.A.] einen anderen Stellenwert, es war ja einer der (...) vom Stellenwert her einer der niedrigsten Verbände, die es überhaupt gab, wir kamen ja noch nach einem Anglerverein, so von der Wertigkeit her". Ein anderer Verbandsvertreter führt aus: "Das Rote Kreuz war eine Massenorganisation in diesem Staat DDR, war aber nicht systematisch wie eine Nationale Front (...), die für den Staat gearbeitet hat,

und gegenüber den als wichtig und notwendig bezeichneten Leistungen als Hilfsorganisation auf nationaler sowie auf internationaler Ebene verharmlost. Ein wesentlicher Grund für den "Erfolg" dieser Entpolitisierungsstrategie des DRK in den neuen Bundesländern ist darin zu sehen, daß die Organisation frühzeitig einen Legitimationsbonus erhielt: So wurde dem Bundesverband des Deutschen Roten Kreuzes im Jahre 1990 - noch vor dem 3. Oktober - der Auftrag seitens der Bundesregierung erteilt, die Verteilung sämtlicher Sachmittel des Soforthilfeprogramms für Alten- und Pflegeheime in den neuen Bundesländern vorzunehmen (Interview Hanisch/Jost/Zander). Auf eine entsprechende Frage im Interview mit dem Generalsekretariat wird dieser "Auftrag der Bundesregierung" mit den Erfahrungen der Organisation im Katastrophenschutz und den vorhandenen "logistischen Möglichkeiten des DRK" in der DDR begründet. Der Bundesverband des Deutschen Roten Kreuzes nutzt zur schnellen Verbesserung des Gesundheitswesens die in der DDR zu diesem Zeitpunkt bestehenden Gliederungen des Roten Kreuzes in ihren logistischen Funktionen und legitimiert diese gleichzeitig. Damit wurden die vormals in der DDR bestehenden sogenannten Grundeinheiten des DRK in den neuen Bundesländern als Gliederungen des Wohlfahrtsverbandes Deutsches Rotes Kreuz nicht nur nicht infrage gestellt, sondern per Bundesauftrag anerkannt und mit der Umsetzung sozialpolitischer Maßnahmen beauftragt. Etwaige Fragen der Auflösung der Organisation in den neuen Bundesländern oder der Auseinandersetzung mit der Vergangenheit einer DDR-Massenorganisation erlangten vor diesem Hintergrund der Nutzung der verbandlichen Leistungsvermögens organisationsintern eine untergeordnete Bedeutung.

Während es für die VerbandsvertreterInnen somit nicht notwendig war, sich eingehender mit der politischen Vergangenheit der Organisation in der DDR auseinanderzusetzen, äußerten insbesondere die konfessionellen Verbände und das Sozialministerium in Fürstenberg deutliche politische Vorbehalte gegenüber der ehemaligen Massenorganisation; zum Teil weigerten sie sich, mit dem DRK-Landesverband zusammenzuarbeiten. Als Hauptablehnungsgrund wurde genannt, daß leitende Mitarbeiter aus DDR-Zeiten weiterhin in Leitungsfunktionen des Deutschen Roten Kreuzes beschäftigt waren. Daraufhin setzten Gespräche des DRK-Präsidiums mit dem Sozialministerium Fürstenberg ein, die zwar einen personellen

---

natürlich konnten wir auch nicht von allein sagen, wir fahren jetzt nächste Woche nach Schweden, das ging eben nicht, das war nun mal an die Gesellschaftsstruktur politisch gebunden, da mußten wir genauso grimmen, und wir haben nur unsere Probleme gehabt Sturm zu laufen, daß das Rote Kreuz auch zu DDR-Zeiten eine richtige Anerkennung fand hier (...) wenn es um Gelder ging, wenn es um Investitionen ging, da waren wir immer ganz unten, die letzten (...) verbieten das ging nicht, ganz einverleiben das ging auch nicht, da war man an internationale Dinge ja gebunden (...) man mußte uns ja so arbeiten so akzeptieren lassen (...) wo hat man sich des Roten Kreuzes bedient, wenn irgendwelche großen Veranstaltungen waren, egal ob das nun politische Demonstrationen waren oder ein Parteitag da in Berlin abgelaufen ist (...) da wo das Rote Kreuz gefordert wurde, ihr habt die medizinische Sicherstellung zu machen" (Interview Lackner).

Wechsel in der obersten DRK-Funktionsträgerebene bewirkten, doch ansonsten kaum Veränderungen der Personalstruktur zur Folgen hatten: Die, "die plakativ SED waren, sind weg, aber Normale sind alles die Leute, die vorher auch dort waren (...) die da sind, sind ja gutwillig, rufen ja nicht nach Honecker" (Interview Hanisch/ Jost/Zander).

Durch den Auftrag der Bundesregierung zur Verteilung des Soforthilfeprogramms bekam die Organisation einen weiteren Startvorteil: Das DRK erhält einen Überblick über die Alten- und Pflegeheime sowie deren Ausstattung in den neuen Bundesländern und kann diese Kenntnisse bei der Übernahme von Einrichtungen verbandsstrategisch nutzen.

8.4 Neue Organisationsstrukturen: Die Gründung von Landes- und Kreisverbänden

Zeitgleich zu der Umsetzung und Verteilung des Soforthilfeprogramms durch das Rote Kreuz begann die Organisation schon im Jahre 1990 damit, ihre Organisations- und Leistungsstrukturen umzustrukturieren. Wie diese Veränderungen im einzelnen aussahen, wird im folgenden für die Länder Fürstenberg und Lummerland beschrieben.

In *Fürstenberg* wurde der Landesverband des DRK nicht explizit neu gegründet, sondern drei ehemalige Bezirksbüros wurden zu einem Landesverband des DRK zusammengefaßt, wie der heutige Landesgeschäftsführer, Dieter Anders, schildert: "Und es wurde also im Jahre 1990, am 19. Mai, eine erste Landesversammlung durchgeführt, in der die Zusammenlegung der drei bisher selbständigen Bezirke des Roten Kreuzes der DDR in einen Landesverband erfolgte, das war der Ausgangspunkt, und das ganze geschah, indem die Bezirkskomitees des Roten Kreuzes als Struktureinheiten bestehen blieben und mit diesen Struktureinheiten erstmal über das Jahr 1990 hinweg an dem (...) Umstrukturierungsprozeß gearbeitet wurde". Mit der Einrichtung einer Landesgeschäftsstelle wurde Dieter Anders deutlich, daß Entscheidungen des Verbandes nun - im Vergleich zur vormaligen Bezirksstruktur - "in einer anderen Reihenfolge" zu treffen seien. Als weitere Aufgaben des organisatorischen Umstrukturierungsprozesses beschreibt er die Neuorganisation der Vorstandsarbeit und die Notwendigkeit, die MitarbeiterInnen auf Landes- und Kreisebene für die "veränderte Aufgabenstellung" zu motivieren. Zu diesem Zeitpunkt wurden auch Beratungskontakte zu Partnerlandesverbänden in den alten Bundesländern aufgebaut und entsprechende Kooperationsverträge geschlossen. Diese Beratungen bezogen sich, nach der Darstellung von Herrn Anders, vor allem auf die neuen gesetzlichen Grundlagen und Rahmenbedingungen, auf die Finanzierung von sozialen Einrichtungen und Diensten, die in

Trägerschaft übernommen werden sollten, auf den Ausbau des Sozialbereichs sowie auf eine Verbesserung der Verwaltungs- und Organisationsstrukturen.

Die Umstrukturierung der ehemaligen Kreisbüros des DRK zu rechtlich eigenständigen eingetragenen Vereinen setzte ebenfalls im Jahre 1990 ein. In *Fürstenberg* gab es zum Untersuchungszeitpunkt (1992) 54 rechtlich selbständige Kreisverbände des DRK. Dieser Prozeß lief sowohl zeitgleich zu als auch nahezu unbeeinflußt durch den sich gründenden übergeordneten Landesverband ab. In Neu-Brühl und in Frankenstein waren die KreisgeschäftsführerInnen schon zu DDR-Zeiten beim DRK tätig. Als der übergeordnete Landesverband noch mit organisationsinternen Strukturänderungen befaßt war, etablierten sich bereits die Kreisverbände. Zwar werden vom Landesgeschäftsführer - Herrn Anders - die mit der Neugliederung entstandenen Schwierigkeiten thematisiert, z.B. die Kompetenzabgrenzungen zwischen den einzelnen Verbandsebenen, doch scheinen die Kreisebenen in Fürstenberg insgesamt relativ autonom gehandelt zu haben. Aus der Sicht von Dieter Anders stellte sich dieser Prozeß folgendermaßen dar: "Und die Kreise haben halt neben der Neuformung der Rotkreuzarbeit in ihrem Territorium begonnen, solche neuen Tätigkeitsfelder aufzubauen, und das ist also dann doch mit einer unheimlichen Geschwindigkeit geschehen, der Landesverband hat sich bemüht, das auch durch flankierende Maßnahmen in den Kreisverbänden zu unterstützen, indem also Übernahme von Objekten von uns fachlich abgeprüft wurde, unter Einbeziehung der Vertreter der Altbundesländer, auch des Generalsekretariats, [damit] wir den Kreisen dann in eine gewisse (...) Eingrenzung des Risikos schon bieten konnten". Darüber hinaus seien den Kreisverbänden über den Landesverband Mustersatzungen zur Verfügung gestellt und Hilfe bei der Wahl von Vorstandsmitgliedern oder Beratungen zum Bereich Sozialarbeit angeboten worden, betont Dieter Anders im Interview.

In *Lummerland* ging die Initiative zur Gründung des DRK-Landesverbandes entscheidend von Anton Lackner aus, der im DRK der DDR im Bezirk Salzstetten langjährig in einer leitenden Position beschäftigt war und heute als Landesgeschäftsführer tätig ist. Herr Lackner beschreibt, er habe sich noch vor der Bildung der politischen Landesstrukturen "dafür stark gemacht, einen DRK-Landesverband zu gründen". Zunächst sei er sogleich nach der "Maueröffnung", als die Zukunft der DDR noch ungewiß gewesen sei, aktiv geworden: Er fuhr in die alten Bundesländer, suchte sich Partner des Roten Kreuzes aus Nordrhein-Westfalen, von denen er "moralische, fachliche und materielle Hilfe" (Interview Lackner) erhielt und im Gegenzug personelle Unterstützung bei Kinderferien des Jugendrotkreuzes bereitstellte. "Besonders hat mich damals der Bereich Wohlfahrtsarbeit interessiert", betont Anton Lackner im Interview. Aufgrund seiner vorausschauenden Aktivitäten übernahm das DRK schon Anfang 1990 in verschiedenen Kreisen Altenheime: "Wir haben unmittelbar (...) Anfang '90 schon unsere damaligen Geschäftsführer der Kreise angerufen und haben gesagt, stellt sofort Anträge, daß wir Altenheime übernehmen, daß wir andere Einrichtungen übernehmen, wir wurden verlacht, wir wurden verspottet durch die damaligen Kreisärzte, ich bin ja Spießruten gelaufen, was das Rote Kreuz sich eigentlich nur einbildet, wieso das Rote Kreuz so etwas macht" (Interview Lackner).

Um die Gründung eines Landesverbandes voranzutreiben und die Leistungspalette im Sozialbereich auszubauen, führte der Geschäftsführer intensive Beratungsgespräche, unter anderem mit dem Präsidenten des westdeutschen DRK. Dieses Verfahren habe ihm viele Kritiken aus Berlin seitens der damaligen "Führung des DRK der DDR" eingebracht, wie sich Anton Lackner ausdrückt. Da die rechtlichen Grundlagen zur Auflösung des DRK der DDR sowie zur organisatorischen Vereinigung mit dem Deutschen Roten Kreuz der Bundesrepublik noch nicht geklärt waren, habe sich die Gründung des Landesverbandes bis Juni 1990 verzögert. Herr Lackner beschreibt, daß im Jahre 1991 auf einer Landesversammlung der offizielle Beitritt des Landesverbandes zum Bundesverband des Deutschen Roten Kreuzes erklärt worden sei: "[Da] wurden wir automatisch Spitzenverband der Freien Wohlfahrt, automatisch, aber keiner wußte was damit anzufangen" (Interview Lackner).

Im Jahre 1993 bestanden in *Lummerland* 38 DRK-Kreisverbände.[82] Herr Lackner, Landesgeschäftsführer des DRK in Lummerland, hebt seinen beratenden und finanziell fördernden Einfluß bei der Gründung und Umstrukturierung der Kreisverbände deutlich hervor. So betont er, er habe über 95 Prozent der Bundesmittel zur Förderung von Landesstrukturen in die Kreise investiert, indem er "für die Kreise Aufgaben wahrgenommen" habe, wie Qualifizierung und Weiterbildung der Mitarbeiter. Darüber hinaus seien die Landesmittel des Sozialministeriums und andere Mittel aus Stiftungen und Lotterien für die soziale Arbeit der Kreise verwendet worden, u.a. wurden davon Personalstellen mitfinanziert oder die Sachausstattung der Kreisgeschäftsstellen ergänzt (Interview Lackner). Neben der finanziellen scheint auch die konzeptionelle Einflußnahme des Landesverbandes intensiv wahrgenommen worden zu sein, indem die KreisgeschäftsführerInnen zur Übernahme von sozialen Einrichtungen und zum Aufbau von Sozialstationen "gedrängt" wurden. Nach Einschätzung von Anton Lackner wurden diese Beratungs- und Unterstützungsbemühungen seitens der Kreise jedoch nicht angemessen honoriert. Vielmehr, so führt er aus, würde dem Landesverband noch vielfach Mißtrauen seitens der KreisgeschäftsführerInnen entgegengebracht, vor allem was dessen Vermittlung von Fachwissen oder sonstigen Beratungen anbelangt. Für Herrn Lackner war die mit der organisatorischen Umstrukturierung des DRK entstandene Eigenständigkeit der Kreise zunächst problematisch: "Umgekehrt gab es für mich das Problem, mit dieser neuen föderalistischen Struktur klarzukommen, jeder Kreis ein eingetragener Verein, und unsere Kreisverbände haben aus dem e.V.

---

82 Im Jahre 1994 wurde eine Kreisgebietsreform durchgeführt, bei der einige vormals eigenständige Kreisverbände zusammengefaßt wurden.

nicht eingetragener Verein gemacht, sondern sie haben das interpretiert als eigenständiger Verein, jetzt spaßeshalber mal gesagt (...) und [waren; d.A.] der Meinung, sie könnten losgelöst alleine handeln" (Interview Lackner). Die Konstituierung von eingetragenen Kreisverbänden erfolgte in Salzstetten und in Frankenstein (beide Lummerland) zeitlich dem Landesverband nachgeordnet und wurde mit Leitungspersonal ohne langjährige berufliche DRK-Erfahrungen bewerkstelligt.

Beide befragten Landesgeschäftsführer des Deutschen Rotes Kreuzes heben den deutlichen Wunsch der Kreisverbände nach Eigenständigkeit als Charakteristikum der organisatorischen Umstrukturierung hervor. Doch sowohl Dieter Anders als auch Anton Lackner bewerten diesen Wunsch als vorübergehende Erscheinung, die sich nach etwa einem halben Jahr gelegt habe, nachdem die Relevanz eines Landesverbandes für die Absicherung der Leistungsfähigkeit der Organisation erkannt worden sei.

8.5 Änderungen der Leistungsstruktur

Obwohl das Rote Kreuz in der DDR kaum Leistungen im Sozialbereich bereitstellte - lediglich einen Pflege- und Sozialdienst -, gelang es der Organisation nach der deutschen Vereinigung rasch, auch im Bereich der Wohlfahrtspflege Fuß zu fassen.

Dabei wurden die Kapazitäten im Rettungs- und Krankentransportwesen erhalten und ausgebaut sowie der Bereich sozialer Dienste und Einrichtungen ausgebaut - insbesondere durch Sozialstationen, Altenheimen, mobile Mahlzeitendienste, Kleiderkammern und Hauswirtschaftshilfe, aber auch durch die Übernahme von Kinderheimen und -tagesstätten. Den Schwerpunkt bilden dabei Sozialstationen: So befanden sich in den neuen Bundesländern im Jahr 1992 allein 38 Prozent der Sozialstationen in Trägerschaft des DRK; in Lummerland werden von den landesweit 133 Sozialstationen 42 vom DRK betrieben, in Fürstenberg 63. Durchgängig wird in den Interviews mit VerbandsvertreterInnen des DRK in den neuen Bundesländern die verbandspolitische Devise "Bestehendes erhalten, Wohlfahrtsbereich ausbauen" thematisiert, wobei deutlich die Strategie der Sicherung von Marktanteilen verfolgt wurde (Interview Anders, Interview Janus). Beim Aufbau von Sozialstationen und der Hauswirtschaftshilfe und von "Essen auf Rädern" war die Volkssolidarität der stärkste Konkurrent für das DRK. Im Bereich des Rettungsdienstes wurden in erster Linie der Arbeiter-Samariter-Bund und nachrangig die Johanniter-Unfall-Hilfe und der Malteser-Hilfsdienst explizit als Konkurrenz genannt. Dennoch ist es dem DRK vielfach - insbesondere in den Landkreisen - gelungen, seine Monopolstellung im Rettungs- und Krankentransportwesen zu erhalten.

Die verbandspolitische Konsolidierungsstrategie der Stabilisierung der Position als nationale Hilfsorganisation bei gleichzeitiger Expansion der sozialen Dienste und Einrichtungen als Spitzenverband der Freien Wohlfahrtspflege kommt besonders deutlich in den beiden ländlichen Untersuchungsregionen Frankenstein und Bärenklau zum Ausdruck, deren Umstrukturierung daher im folgenden exemplarisch aufgezeigt wird.

8.5.1 Vom "Fuhrbetrieb" zum Leistungsträger: Frankenstein

Friedhelm Mooser, Geschäftsführer des DRK-Kreisverbandes in Frankenstein beschreibt im Interview, er habe das DRK bei seinem beruflichen Einstieg in die Organisation im Jahr 1990 nach "DDR-Prägung" als "Fuhrbetrieb" mit über 20 Fahrzeugen vorgefunden: "Hier in diesem Gebäude, diese ganzen Garagen, die waren alle vollgestellt, die standen fast hochkant drin, so war das, und wir sind auch gefahren noch auf Teufel komm raus, bis das Rettungsdienstgesetz dann Weichen stellte" (Interview Mooser). Erst nachdem dieses Gesetz am 1. Januar 1991 in Kraft trat, habe die schrittweise "Umprofilierung" des Verbandes eingesetzt.[83] Nach dieser "Zäsur", wie der Beginn der Umstrukturierung von Herrn Mooser gekennzeichnet wird, wurde zunächst der Bereich des Rettungsdienstes "gesundgeschrumpft" und schrittweise eine neue Organisationsstruktur aufgebaut. Als problematisch kennzeichnet Herr Mooser die Konkurrenz durch die Johanniter-Unfall-Hilfe, da nun die Monopolstellung des DRK im Rettungs- und Krankentransportwesen nicht mehr behauptet werden konnte. Nachdem eine Leitstelle eingerichtet wurde, die den Rettungs- und Krankentransportdienst zwischen den beiden Anbietern koordinierte, sei die Konkurrenz nicht mehr so ausgeprägt: "Es gibt bei uns nicht dieses Hauen und Stechen nach Holz auf der Straße" (Interview Mooser). Im Nachhinein gewinnt Herr Mooser der damaligen Wettbewerbssituation den erfreulichen Nebeneffekt ab, daß erst dadurch der Fahrzeugbestand des DRK modernisiert wurde, um der Konkurrenz standhalten zu können.

Beim Aufbau des Bereichs der sozialen Dienste bildeten auch im Frankensteiner Kreisverband Sozialstationen den Grundstein des Leistungsangebots. Dabei verlief der Verteilungsprozeß der Sozialstationen unproblematisch, da es zu diesem Zeitpunkt lediglich zwei Bewerber - das DRK und die Volkssolidarität - für die zwei geplanten Sozialstationen gegeben habe, so daß in "einvernehmlichen Beratungen" der jeweilige Einzugsbereich anhand des Stadtplans - in Zusammenarbeit mit dem Sozialamt - unter den beiden ehemaligen Massenorganisationen aufgeteilt worden sei (Interview Mooser). Die geringe Zahl der Mitbewerber wertet Herr Mooser deutlich positiv: "Wir sind froh, daß im Gegensatz zu Hasselbach zum Beispiel, wo sich vier oder fünf Organisationen tummeln, es sich hier in Grenzen gehalten hat, und die (...) Träger, die haben hier eigentlich bisher, außer daß sie sich um

---

[83] Am 1. Januar 1991 wurde das ostdeutsche DRK offiziell in das bundesdeutsche Rote Kreuz integriert.

Pflegeheime bemüht haben, noch keine nennenswerte Rolle gespielt, so daß wir unter uns waren".

Bei der weiteren Expansion des Sozialbereichs wird auf Geschwindigkeit gesetzt.[84] Da sich zu diesem Zeitpunkt schon andere Wohlfahrtsverbände im Landkreis Frankenstein gegründet hatten, habe es bei der Übertragung von Einrichtungen - vor allem bei der Vergabe von Altenheimen - "Gerangel" gegeben und es sei darauf angekommen, sich schnell zu entscheiden, schnell einen Antrag zu stellen, ohne sich "vorher groß Gedanken gemacht" zu haben, schildert Herr Mooser. Vieles sei daher "auf Verdacht" in Trägerschaft des DRK übernommen worden, um den Verband wirtschaftlich absichern zu können. Zu diesen Entscheidungen sah sich Herr Mooser zudem durch den Partnerkreisverband aus den alten Bundesländern ermuntert, wenn nicht gar aufgefordert. Während er sich durch den Partnerkreisverband bestätigt fühlt, ist er von den Kontakten zu westdeutschen KollegInnen aus dem Partnerlandesverband enttäuscht. Die Hilfsbereitschaft der westdeutschen KollegInnen sei kaum ausgeprägt gewesen, zudem seien sie bei einem Besuch mit den örtlichen hygienischen Gegebenheiten und der Ausstattung des Hotelzimmers unzufrieden gewesen und aus dem Gefühl der "Demütigung" habe er die Konsequenz gezogen, keine Fragen oder Unterstützungswünsche mehr zu äußern. Auch die Fortbildungsseminare und Informationsveranstaltungen über Genfer Konventionen, humanitäre Zielsetzungen und andere Themen seien zwar interessant, jedoch der Aufbausituation nicht angemessen verlaufen. Friedhelm Mooser beklagt in diesem Zusammenhang, daß er die organisatorischen Anforderungen der finanziellen Absicherung des Verbandes und des "Verkaufs von Leistungen" im "relativen Alleingang" bewerkstelligt habe, wie er sich ausdrückt. Auch die Unterstützungen durch seinen Vorstand, durch seinen eigenen Landesverband - dem er unzureichende Kenntnisse zuschreibt - oder den Bundesverband des Deutschen Roten Kreuzes kennzeichnet er für die Aufbauphase als wenig hilfreich und insgesamt zu wenig ausgeprägt: "Eben diese generelle Betreuung, das generelle an der Hand nehmen und Laufen lernen, das hat nicht stattgefunden" (Interview Mooser). Zum Zeitpunkt des Interviews (1992) hatte sich - nach Einschätzung von Herrn Mooser - diese Situation erheblich verbessert.

Friedhelm Mooser beklagt nicht nur, daß die Finanzierung verbandlicher Leistungen mit der Umstrukturierung des DRK unsicher geworden sei, daß die Monopolstellung der Organisation durch konkurrierende Anbieter nicht erhalten werden konnte oder kritisiert die mangelnde Unterstützung durch übergeordnete

---

84 Im Interview wird die Situation folgendermaßen beschrieben: "Und nun ging das große Sich-Behaupten müssen los, daß man nun versuchte, weil ja andere Mitbewerber da waren (...) nun ging es einfach darum, das hört sich jetzt trivial an, es ist aber viel so gelaufen, daß man sagte, jetzt müssen wir uns profilieren, was jetzt nicht gelingt, weil der Kuchen, das hört sich alles vulgär an, aber es ist so, weil er nun jetzt verteilt wird, wenn es jetzt nicht gelingt, sich als Wohlfahrtsverband, als Teil eines Verbandes sich zu behaupten und etwas abzukriegen, dann sind wahrscheinlich die Chancen nicht mehr einschätzbar" (Interview Mooser).

Verbandsebenen, sondern vor allem trauert er einem intakten Vereinsleben nach, daß es seiner Meinung nach seit der deutschen Vereinigung nicht mehr so gebe: "Da muß ich aber eins sagen, es ist auch durch die Wende viel zerschlagen worden, was [die; d.A.] DDR damals gemacht hat (...) da hat es regelrechte drastische brutale Auflösungen gegeben, dort wurden die Materialien verschleudert, untergepflügt, ja alles was nun doch Teil eines Verbandslebens war, das wurde über Nacht quasi untergepflügt und da haben sich viele enttäuscht doch zurückgezogen und kommen nicht wieder dazu, zum DRK (...) das macht es uns schwer aus den Ortsvereinen leistungsfähige Einheiten zu machen (...) es fällt schwer dort von einem Ortsverein sprechen zu können, mit einem Mitgliederleben, mit Versammlungen, mit Veranstaltungen, mit Ausflügen, mit gemeinsamen Weihnachtsfeiern, da sind wir weit entfernt davon, wir funktionieren im Bereich des (...) Professionellen funktionieren wir als Kreisverband" (Interview Mooser). Nach seiner Schätzung betrug der aktuelle Mitgliederbestand des Kreisverbandes im November 1992 1.500 Personen, die zum Teil durch eine private Werbefirma aus Niedersachsen geworben wurden. Viele dieser neu geworbenen Mitglieder sind ältere Menschen, die vermutlich eher als Fördermitglieder fungieren und sich nicht aktiv für den Verband engagieren.

8.5.2 "Welcher soziale Bereich bringt Geld?": Bärenklau

In Bärenklau wurde der organisatorische Umstrukturierungsprozeß und der Ausbau des Deutschen Roten Kreues zu einem Wohlfahrtsverband von Herbert Janus, einem langjährig in der Organisation beschäftigten Mitarbeiter, ausgeführt. Herr Janus, von der beruflichen Qualifikation "Agro-Techniker", beschreibt im Interview, daß er durch Zufall im Jahre 1982 zum DRK gekommen sei. Kurz darauf sei er "auf Beschluß verschiedener Gremien wieder entfernt" worden, bis er im Jahre 1987 in die Organisation zurückkehrte. In dieser Zeitspanne von 1987 bis 1990 lernte er nach seiner Darstellung die Arbeitsbereiche des DRK in der DDR umfassend kennen: "Ich hab eigentlich alles mitgemacht, was es nur gibt, bei den jungen Sanitätern und so, diese Gruppen, und da kann man die ganze Palette abzählen, wer das DRK kennt, weiß eigentlich, welchen Umfang das hat, es gab nichts, was ich nicht gemacht habe, sag ich mal so" (Interview Janus). Aus welchen Gründen er zu DDR-Zeiten kurzfristig aus der Organisation ausgeschlossen wurde, bleibt im Interview widersprüchlich, jedoch ist diese Unterbrechung seiner Tätigkeit im DRK im Zuge der deutschen Vereinigung und der Entlassung von "Parteikadern" für ihn vorteilhaft, da ihm nur die vergangenen 4 Jahre angerechnet wurden und er im DRK verbleiben konnte. Damit war Herbert Janus politisch entlastet und konnte darüber hinaus seine Organisationskenntnisse verbandsstrategisch nutzen. Für den Erfolg des Kreisverbandes in Bärenklau war die Person des Geschäftsführers von herausragender Bedeutung.

Der Umstrukturierungsprozeß des DRK im Landkreis Bärenklau verlief mit erheblicher Geschwindigkeit und problemlos. Schon zu DDR-Zeiten - ca. ab 1987 - habe das DRK in dieser Region eine Sonderposition gehabt, da für Leistungen an Dritte "Geld genommen" worden sei, was ansonsten nicht üblich war, erzählt Herbert Janus. "Da die Kontrolle natürlich nicht so groß war, ist das niemandem aufgefallen zu dem Zeitpunkt und wir hatten genügend Mittel, um dann 1990 in die sogenannte Marktwirtschaft zu gehen" (Interview Janus). Im Jahr 1990 hatte die wirtschaftliche Absicherung des Kreisverbandes oberste verbandspolitische Priorität. Herr Janus berichtet, andere Verbände hätten Beratungsangebote aufgebaut, das DRK hätte jedoch geschaut, "welcher soziale Bereich bringt Geld" und hätte mit dieser Strategie Erfolg gehabt, während andere Wohlfahrtsverbände mit ihrem Beratungsangebot "auf die Nase gefallen" seien.

Über den Partnerkreisverband aus den alten Bundesländern wurden entsprechende Erkundigungen eingeholt und der Aufbau von Sozialstationen begonnen. Herbert Janus betont, schon im April 1990 informelle Gespräche mit den Gemeindeschwestern geführt zu haben, zu einer Zeit, als die Amtsärztin noch geglaubt habe, das DDR-Gesundheitssystem bliebe erhalten. Aufgrund dieser Vorgespräche konnte der Kreisverband des DRK auf über 80 Prozent der örtlichen Gemeindeschwestern zurückgreifen, die er "komplett übernommen" habe, um mit diesem Personal eine große und vier kleinere Sozialstationen in Bärenklau aufzubauen: "Das war eigentlich fast unser erstes Standbein mit, und die [Sozialstationen und Gemeindeschwestern] brachten natürlich Geld ein" (Interview Janus). Herr Janus beschreibt anschaulich im Interview, wie es ihm gelungen sei, durch den intensiven Einsatz von Personal, das über ABM finanziert wurde, weitere soziale Arbeitsbereiche aufzubauen und Finanzmittel zu erwirtschaften und wie er somit den Stellenwert des DRK-Kreisverbandes ausbauen konnte.[85] Die "Gewinne" dieser Arbeitsbereiche wurden sogleich in den Kauf von Fahrzeugen investiert; lediglich ein Fahrzeug wurde aus Geldern des Landratsamtes angeschafft. Diese verbandlichen Eigenmittel wurden von Herbert Janus auch in Verhandlungen mit der Sozialverwaltung als Argument angeführt, um den Rettungsdienst beim DRK zu belassen und keinem anderen Anbieter zu übertragen: "Jetzt war mir natürlich bewußt, wenn ich etwas hinstelle, was nichts kostet, dann können sie schlecht sagen, nee, behaltet euer Zeug, wir nehmen den anderen und finanzieren das (...) daraufhin die Entscheidung, Rettungsdienst behält das DRK (...) wir wissen, daß

---

[85] Insbesondere aus dem Einsatz von "ABM-Kräften" erklärt sich Herr Janus die heutige Position des DRK als leistungsstarker Anbieter: "Das ist vielleicht mal das Gros, was dazu geführt hat, warum ein Kreisverband, der ja rechtzeitig begonnen hat, sehr stark sein konnte, und die, die es nicht so schnell begriffen hatten, meinetwegen erst 1991 richtig eingestiegen sind, sehr schwach rausgekommen sind".

wir drin sind, und man kann uns nicht mehr so schnell aus dem Sattel heben, weil das müssen sie erstmal bieten" (Interview Janus). Indem das DRK in Bärenklau die finanzielle Schwäche der kommunalen Haushalte ausnutzte, konnte es die Monopolstellung im Rettungswesen des Kreises behaupten. Im Bereich des Krankentransportes gelang diese Strategie jedoch nicht, so daß sich das Deutsche Rote Kreuz und der Arbeiter-Samariter-Bund diese Aufgabe teilen. Der Arbeiter-Samariter-Bund stellte nicht nur im Krankentransportwesen, sondern auch bei Erste-Hilfe-Kursen, Kleiderkammern, Sozialstationen oder Altenheimen den stärksten Konkurrenten für das DRK dar. Herr Janus erklärt sich die Gründung des ASB als "künstliches Produkt" der Stadt, um die Position des DRK schwächen zu können. Dem Leitungspersonal der kommunalen Sozialverwaltung, das sich aus den neuen politischen Eliten rekrutiert, schreibt der Geschäftsführer politische Vorbehalte gegenüber dem Roten Kreuz zu.[86] Trotz des ebenfalls leistungsstarken Konkurrenten konnte der Rotkreuzverband in Bärenklau seine Führungsposition sowohl in seiner Funktion als Wohlfahrtsverband als auch als nationale Hilfsorganisation behaupten.

Der DRK-Kreisverband in Bärenklau bietet das gesamte Aufgabenspektrum einer nationalen Hilfsorganisation und eines Spitzenverbandes der Freien Wohlfahrtspflege an und war - zum Zeitpunkt der Untersuchung (1992) - mit Abstand der leistungsstärkste freie Träger des Kreises. Mit Stolz rühmt Herr Janus, solch ein "kompaktes Angebot" an sozialen Leistungen sei bei keinem DRK-Verband in den alten Bundesländern anzutreffen, ein Befund, der ihm von einem Wirtschaftsprüfer und bei gelegentlichen Besuchen von VerbandskollegInnen aus den alten Bundesländern bestätigt wurde (Interview Janus). Während Herr Janus einen Landesverband der alten Bundesländer, zu dem sie Kontakte knüpften, als bei der Unterstützung hilfreich bezeichnet,[87] hatte der Landesverband Fürstenberg nach seiner Ansicht dagegen eher hemmende Einflüsse auf die Entwicklung des Kreisverbandes Bärenklau, da sich der Landesverband "auf Kosten der Kreisverbände" zu stabilisieren versucht habe.

Um den Anforderungen eines "Wirtschaftsunternehmens" - wie er den Verband im Interview bezeichnet - gerecht zu werden, nahm Herbert Janus Weiterbildungskurse eines norddeutschen Instituts zur "Unternehmensführung" in Anspruch. Diese betriebswirtschaftlichen Kenntnisse und der Einsatz einer Unternehmensberatungsfirma, die die Konzeptionen und Anträge zur Übernahme von Einrich-

---

86 Erklärend sollte an dieser Stelle erwähnt werden, daß zwischen der kommunalen Sozialverwaltung und der Sozialverwaltung des Kreises, dem Landratsamt, sowohl Kompetenzstreitigkeiten als auch (sozial-)politische Meinungsverschiedenheiten bestehen (vgl. Kapitel 4). Die Landrätin, die schon zu DDR-Zeiten eine Führungspostion der Verwaltung bekleidete, war zu diesem Zeitpunkt noch Vorstandsvorsitzende des DRK-Kreisverbandes und gab diesen Posten erst im Jahr 1992 auf.
87 Vor allem die Möglichkeit der Schulung und praktischen Mitarbeit der ostdeutschen Beschäftigten des DRK in allen Bereichen der alltäglichen DRK-Arbeit, hebt Herr Janus im Interview als Zeichen der Solidarität hervor.

tungen formulierte, sind die wesentlichen Elemente der schnellen verbandlichen Konsolidierung. Da den anderen kommunalen Wohlfahrtsverbänden solche Ressourcen - vor allem aufgrund fehlender Eigenmittel - nicht zur Verfügung standen, äußerten sie vielfältige Kritik gegenüber dem DRK, da sie sich bei der Verteilung sozialer Einrichtungen benachteiligt fühlten.

Auch in diesem Kreisverband ist die Pflege des Mitgliederbestandes von großer Bedeutung. So hatte der Verband 1993 nach Schätzung des Kreisgeschäftsführers 1.700 Mitglieder, die jedoch zumeist Fördermitglieder waren. Zur Gewinnung neuer, aktiver Mitglieder setzt Herr Janus auf persönliche Überzeugungsarbeit: "Ich werbe wirklich nur Mitglieder, die für uns was tun, die ich dann persönlich aus einer gewissen Arbeit heraus schon kennengelernt habe" (Interview Janus). Herr Janus schildert, daß er der Re-Aktivierung der Kinder- und Jugendarbeit besondere Bedeutung beimißt, indem er sogenannte "Interessengruppen zur sinnvollen Freizeitgestaltung" wie Segelfliegen oder Journalismuskurse anbietet, um Jugendliche für das DRK zu interessieren und "Nachwuchs" für die Organisation rekrutieren zu können.

8.6 Diskussion der Ergebnisse

Insgesamt gesehen hat sich das Deutsche Rote Kreuz in den neuen Bundesländern, von anfänglichen Schwierigkeiten der Kompetenzabgrenzung zwischen Landes- und Kreisverbänden abgesehen, als Spitzenverband der Freien Wohlfahrtspflege in allen vier von uns untersuchten Regionen rasch und problemlos etablieren können.

Die Stabilisierung des DRK als nationale Hilfsorganisation bei gleichzeitiger Ausweitung der Leistungspalette zu einem Spitzenverband der Freien Wohlfahrtspflege zeichnet sich durch enorme Geschwindigkeit aus. Dabei wurde über das DRK in den alten Bundesländern, dem Bundesauftrag zur Umsetzung des Soforthilfeprogramms und über die Position als international anerkannte Hilfs- und Katastrophenschutzorganisation ein Legitimationsbonus erreicht, der die Gliederungen des DRK in den neuen Bundesländern nicht in Frage stellte. Mit dieser Akzeptanz der Organisation läßt sich auch die große personelle Kontinuität des Verbandes in den neuen Bundesländern erklären, da nur wenige Führungspersonen, die eindeutig als SED-Kader auszumachen waren, auf öffentlichen Druck entlassen wurden. Aufgrund dieses "politischen Freibriefs" und der Aufbauhilfe durch den Bundesverband des DRK vollzog sich die organisatorische Umstrukturierung unkompliziert, indem die ehemaligen Bezirke zu Landesverbänden zusammengefaßt wurden und sich die Kreisverbände als Vereine eintragen ließen. Da die Legitimation dieser Organisation nur in Einzelfällen von VertreterInnen der konfessionellen Verbände oder vom Sozialminister in Fürstenberg in Frage gestellt wurde, lag der Schwerpunkt verbandspolitischen Handelns auf der Sicherung von Marktanteilen im Sozialbereich. Eigenmittel und persönliche Kontakte zu Gemeindeschwestern sowie zu politischen Akteuren waren dabei von Vorteil. Dabei hat die wirtschaftliche Absicherung der verbandlichen Arbeit höchste Priorität.

Die Konsolidierung des Verbandes zeichnet sich durch eine ausgeprägte Domänestrategie aus, die darauf ausgerichtet war, die Aufgabenbereiche einer nationalen Hilfsorganisation zu stabilisieren und auszubauen sowie in allen finanziell rentablen sozialen Aufgabenbereichen möglichst viele Einrichtungen zu übernehmen. Der Bereich des Blutspendewesens wurde in Form von gemeinnützigen GmbHs ausgelagert, in denen zumeist die Landesverbände des DRK als Gesellschafter fungieren. Mit 158 von insgesamt 666 Sozialstationen in Trägerschaft von Wohlfahrtsverbänden in den neuen Bundesländern hat das DRK - nach Angaben des Verbandes - einen Anteil von 24 Prozent an dieser Einrichtungsart; der Anteil an Mahlzeitendiensten auf Rädern beträgt 40 Prozent und von Altenheimen 54 Prozent. Damit ist das Deutsche Rote Kreuz neben der Diakonie (vgl. DW 1991) - bezogen auf diese Einrichtungsarten - der größte freie Träger sozialer Dienste und Einrichtungen in den neuen Bundesländern. Dabei wurden von DRK-VerbandsvertreterInnen aggressive Marketingstrategien des "Preisdumpings" angewandt, indem mit verbandseigenen Ressourcen Leistungen zu günstigeren Konditionen angeboten werden konnten, als es für konkurrierende Wohlfahrtsverbände möglich gewesen wäre.

Zur Umsetzung dieser verbandspolitischen Strategien wurden zahlreiche über ABM finanzierte Personen eingestellt. Fachliche Argumente oder sozialpolitisches Engagement bleiben hinter der Formulierung von organisationsbezogenen Bestandsinteressen zurück. Einige leitenden MitarbeiterInnen des Generalsekretariats des Deutschen Roten Kreuzes beurteilen diese Tendenzen in den neuen Bundesländern skeptisch, da unter der Prämisse einer "hektischen Betriebsamkeit" ohne "gescheite Sozialarbeit oder gezielte Sozialplanung" die soziale Arbeit nicht nach fachlichen oder qualitativen Gesichtspunkten ausgebaut worden sei, sondern nach der Devise "Hauptsache, wir haben etwas" (Interview Hanisch/Jost/Zander).

Die Organisation wird in den neuen Bundesländern mit dem Selbstverständnis eines betriebswirtschaftlich rationell arbeitenden Dienstleistungsunternehmens mit "sozialem Touch" (Interview Janus) geführt, um auch "Gewinne" erwirtschaften zu können, die in anderen Aufgabenbereichen, die finanziell unsicher sind, wie z.B. Jugendarbeit, reinvestierbar sind. Über diesen Bereich nicht-rentabler Angebote in der Jugendhilfe werden Kinder und Jugendliche als Mitglieder geworben. Die Auflösung von DRK-Betriebsgruppen in der DDR und der damit einhergehende Rückgang der Mitgliederzahlen wird durch gezielte Anreizstrategien und durch den Einsatz von professionellen Werbefirmen zu kompensieren versucht. Die Mitglieder haben dabei zum einen die Funktion von Fördermitgliedern, die zur Finanzierung des Verbandes beitragen; zum anderen werden sie aufgabenbezogen - hauptsächlich in Bereichen, die das DRK als nationale Hilfsorganisation erfüllt -

zur aktiven Unterstützung der Verbandsarbeit eingesetzt. Dabei ist geplant, eine "Rotkreuzkultur" zu entwickeln, um Identifikationsmöglichkeiten mit der Organisation zu schaffen, wie sich ein Verbandsvertreter ausdrückt (Interview Anders).

Resümierend läßt sich das Deutsche Rote Kreuz in den neuen Bundesländern als Prototyp eines auf Aufgabenmaximierung ausgerichteten, rationell und an wirtschaftlichen Kriterien orientierten Dienstleistungsunternehmens ohne nennenswerte sozialpolitische oder normative Ansprüche beschreiben.

9. Die Arbeiterwohlfahrt als verschlankter Wohlfahrtsverband

Die Arbeiterwohlfahrt (AWO) ist der einzige Spitzenverband der Freien Wohlfahrtspflege, der 1989 in Ostdeutschland weder auf eigene Organisationsstrukturen und Mitgliedsorganisationen noch auf eigene soziale Dienste und Einrichtungen zurückgreifen konnte.[88] In der folgenden Verbandsstudie wird zunächst die historische Entwicklung der AWO kurz skizziert (Abschnitt 9.1), anschließend werden die empirischen Befunde über den Verbandsaufbau in den Großstädten Neu-Brühl (Abschnitt 9.2) und Salzstetten (Abschnitt 9.3) präsentiert. Die AWO-Studie schließt mit einigen allgemeinen Trendaussagen zur Entwicklung des Verbandes in Ostdeutschland (Abschnitt 9.4).

9.1 Vom sozialpolitischen Interessenverband zum Leistungsträger: Die Entwicklung der Arbeiterwohlfahrt in Deutschland

Die Gründung einer sozialdemokratischen Wohlfahrtsorganisation erfolgte - im Vergleich mit den konfessionellen Wohlfahrtsverbänden[89] - erst relativ spät auf Beschluß des Parteivorstandes der Sozialdemokratischen Partei Deutschlands (SPD) am 19.12.1919. Innerhalb der SPD wurden Sinn und Zweck einer nichtstaatlichen bzw. freien Wohlfahrtspflege und damit auch der Gründung einer eigenen Wohlfahrtsorganisationen lange Zeit grundsätzlich in Frage gestellt. Mit dem wachsenden Einfluß des reformpolitischen Flügels und dem Austritt der Sozialisten bzw. der Gründung der Unabhängigen Sozialdemokratischen Partei Deutschlands im Jahre 1917 setzten sich die Verfechter der Idee eines sozialdemokratischen Wohlfahrtsverbandes, als "ein Angebot der Partei an die Arbeiter/innen, die Wohlfahrtspflege - jetzt als Subjekt - selber zu gestalten und zu praktizieren, um auch über diesen Hebel dem Ziel der Gesellschaftsveränderung näherzukommen" (Holz 1987: 49), durch. So sah der sozialdemokratische Reichstagspräsident Friedrich Ebert 1921 in der AWO sowohl eine Selbsthilfeorganisation der Arbeiterschaft als auch eine sozialpolitische Kampforganisation der sozialdemokratisch orientierten Arbeiterschaft (vgl. Niedrig 1994: 134). Diesem Selbstverständnis zufolge ging es der AWO nicht - wie den konfessionellen Wohlfahrtsverbänden - darum, ein breit gefächertes Netz an Angeboten und Einrichtungen zu schaffen, sondern sozialpolitische Reformen durch "wegweisende

---

[88] "Im Vergleich zu allen Wohlfahrtsverbänden ist allein die Arbeiterwohlfahrt in der Situation, sowohl die Vereinsstrukturen, die Trägerfunktionen als auch die sozialen Dienste - wie sie die Satzung des Verbandes vorsieht - vom Nullpunkt her aufzubauen" (Haar/Thürnau 1991: 243).

[89] Das Diakonische Werk wurde bereits 1848 und der Deutsche Caritasverband 1897 gegründet.

Modellprojekte" zu forcieren. Folglich stand in den Gründerjahren der AWO die Einflußnahme auf die sozialpolitische Gesetzgebung im Mittelpunkt der Verbandsarbeit (vgl. Holz 1987: 51-52).

9.1.1 "Nationalsozialismus"

Nach der Machtübernahme durch die "Nationalsozialisten" im Jahre 1933 wurde zunächst versucht, die AWO durch die Einsetzung eines Geschäftsführers der Deutschen Arbeitsfront "gleichzuschalten". Mit Erlaß vom 25. Juli 1933 entzog der Reichsinnenminister der AWO die Anerkennung als Reichsspitzenverband der Freien Wohlfahrtspflege (vgl. Eifert 1993: 133). Bis zum "September 1933 waren alle Bezirks- und Ortsausschüsse der Arbeiterwohlfahrt aufgelöst und ihr Vermögen der Nationalsozialistischen Volkswohlfahrt (NSV) einverleibt" (Eifert 1993: 131). Damit war die AWO - im Unterschied zu den konfessionellen Wohlfahrtsverbänden und dem Deutschen Roten Kreuz - verboten.

In Westdeutschland erfolgte der Wiederaufbau der AWO unmittelbar nach Ende des II. Weltkrieges. Auf der AWO-Reichskonferenz 1947 in Kassel wurden bereits grundlegende Änderungen im Selbstverständnis der AWO beschlossen und in die Satzung aufgenommen. Seitdem ist die AWO als rechtlich eigenständiger Verband zwar formal keine Gliederung der SPD mehr, aber von Verbandsvertretern werden die politischen Gemeinsamkeiten zwischen SPD und AWO nach wie vor deutlich herausgestellt: Für beide Organisationen ist seitdem - laut Satzung - der demokratische Sozialismus ein zentraler politisch und historisch begründeter Bezugspunkt und beide fordern ein Primat der öffentlichen Fürsorge (vgl. Holz 1987: 253, ferner: Niedrig 1994: 134, AWO 1992).

Bereits in den 50er Jahren entwickelte sich die AWO zu einem Verband für professionelle soziale Dienste und Einrichtungen: "Nicht mehr Selbsthilfe - schon gar nicht 'Arbeiter-Selbsthilfe' ist das oberste Gebot, sondern die ständige fachliche Qualifizierung der Helfer aus allen Schichten der Bevölkerung und die Verbesserung der Inhalte und Methoden einer modernen Sozialarbeit. Der Ausbau an Angeboten und Dienstleistungen ist zu priorisieren, denn schließlich will die AW[90] ein guter Anwalt der 'sozial Schwachen' sein" (Holz 1987: 54). Die AWO entwickelte sich von einer Selbsthilfeorganisation, deren Arbeit von freiwilligen Helfern erbracht wurde, zu einem Verband für soziale Arbeit, der professionelles Personal hauptamtlich beschäftigt.

Ihrem Selbstverständnis zufolge ist die AWO aber nicht nur ein Verband für soziale Arbeit, sondern nach wie vor eine sozialpolitische Organisation, die Einfluß auf die Entwicklung von Sozialstaat und Sozialarbeit nehmen will. Als Spitzenverband der Freien Wohlfahrtspflege und Mitglied der Bundesarbeitsgemeinschaft

---

90 AW ist eine nur noch selten gebrauchte Kurzformel für Arbeiterwohlfahrt (AWO).

der Freien Wohlfahrtspflege wird die AWO im Gesetzgebungsprozeß und bei der Politikformulierung auf Bundes- und Landesebene beteiligt. Ihr Einfluß als "sozialdemokratischer" Wohlfahrtsverband hängt dabei von den jeweiligen parteipolitischen Konstellationen auf Bundes-, Landes- und Kommunalebene ab: "Man kann global sagen, dort, wo die Konservativen am stärksten sind, gibt es teilweise überhaupt keine kommunalen Strukturen mehr, sondern fast ausschließlich kirchliche Strukturen, dann ist auch nicht die Arbeiterwohlfahrt dort stark vertreten, sondern dann sind sehr stark kirchliche Strukturen vorhanden, und man spürt das dann in den Bereichen - in Dortmund z.B. - wo die Sozialdemokraten schon lange regieren, daß dort darauf geachtet wurde, daß wir auch immer Angebote in kommunaler Trägerschaft haben und die Arbeiterwohlfahrt auch eine sehr viel stärkere Stellung hat" (Scholle 1990).

Heute ist die AWO "eine der großen Sozialorganisationen Deutschlands mit 640000 Mitgliedern, 100000 ehrenamtlichen MitarbeiterInnen oder HelferInnen, über 7500 sozialen Einrichtungen und Diensten aller Arbeitsfelder mit über 61000 hauptberuflichen MitarbeiterInnen, etwa 7500 Zivildienstleistenden und einem jährlichen 'Umsatz' (laufende Betriebskosten) von etwa 3,5 Mrd. DM" (Niedrig 1994: 131). Somit ist die AWO 1989 in den Altbundesländern - gemessen an den konfessionellen Verbänden - ein kleiner Träger von sozialen Einrichtungen und Diensten. Der Leistungsschwerpunkt der AWO liegt in den Altbundesländern in der Altenhilfe, was maßgeblich zum Image der AWO als Altenhilfeverband beigetragen hat. In den 80er Jahren zeichnete sich in der AWO ein Wandel vom Verband für soziale Arbeit, der als Mitgliederverein organisiert ist, zu einer Dienstleistungsorganisation ab (vgl. Brückers 1994: 122). Einzelne AWO-Gliederungen haben damit begonnen, Leistungsbereiche aus dem Verein auszugliedern und in Form einer GmbH zu organisieren. Die Vorteile dieser Rechtsform bestehen u.a. darin, daß die Geschäftsführung weitreichende Entscheidungsbefugnisse hat und Gewinnerzielung zum Organisationsziel erhoben werden kann. Gegenüber diesen betriebswirtschaftlichen Argumenten wird von AWO-Vertretern kritisch eingewandt, daß die Mitglieder zunehmend ihre Identifikationsmöglichkeiten mit dem Verband verlieren und diesen als ein Unternehmen betrachten, dem sie keine besondere Aufmerksamkeit schenken müssen. Aber gerade diese Identifikation der Mitglieder mit "ihren" Diensten und Einrichtungen hat bisher ein erhebliches Engagement freigesetzt, das dazu beigetragen hat, die personelle und sachliche Ausstattung dieser Dienste und Einrichtungen zu verbessern (vgl. Brückers 1994: 123).

Als ehemalige SPD-Organisation weist die AWO auch heute noch eine enge politisch-personelle Verflechtung mit der SPD auf. Insbesondere in sozialdemokratischen "Hochburgen", d.h. dort wo noch ein sozialdemokratisch-proletarisches Milieu besteht und die SPD auf Kommunal- und/oder Landesebene die stärkste politische Kraft darstellt, wie etwa in Teilen Nordrhein-Westfalens, ist die AWO gemessen an der Zahl der Einrichtungen und Dienste einer der größten Wohlfahrtsverbände.

Das Sozialpolitikverständnis der AWO ist in ihrer Tradition als sozialpolitischer Interessenverband begründet: Die AWO fordert eine staatliche Gesamtverantwortung in der Sozialpolitik und erbringt öffentliche Aufgaben nur dann, wenn sie der sozialpolitischen Prioritätensetzung des Verbandes entsprechen und vollständig mit öffentlichen Mitteln finanziert werden können. In der Verbandsentwicklung zeichnen sich seit einigen Jahren starke Bestrebungen zur Expansion in "lukrativen" Aufgabenbereichen und zur Auslagerung von "profitablen" Diensten und Einrichtungen in privatgewerbliche Unternehmensformen ab. Angesichts der politischen Tradition der AWO verläuft die Verbandsentwicklung in den Altbundesländern im Spannungsfeld zwischen den politischen Anforderungen eines traditionell sozialdemokratischen Mitgliederverbandes und den betriebswirtschaftlichen Erfordernissen einer sozialen Dienstleistungsorganisation (vgl. auch Seibel 1992).

9.1.2 Die AWO in der SBZ und in der DDR

Mit der Vereinigung der Kommunistischen Partei Deutschlands (KPD) und der SPD zur Sozialistischen Einheitspartei Deutschlands (SED) im April 1946 wurde auch die Gründung eines sozialdemokratischen Wohlfahrtsverbandes unmöglich. Statt dessen wurden später Massenorganisationen, wie die Volkssolidarität (VS), aufgebaut, die für einzelne soziale Aufgabenbereiche die alleinige Zuständigkeit bzw. einen Alleinvertretungsanspruch hatten. Nur in Ost-Berlin bestanden bis zum Mauerbau am 13. August 1961 acht Kreisgeschäftsstellen der Arbeiterwohlfahrt. In Berlin hatte zunächst das Veto des sowjetischen Vertreters in der Alliierten Kommandantur die Gründung eines AWO-Ausschusses verhindert. "Nur weil die westlichen Alliierten darauf bestanden, über die Zulassungsanträge der Volkssolidarität und der AW[91] für Berlin gemeinsam zu entscheiden, wurde die AW schließlich am 29.11.1947 für Groß-Berlin genehmigt" (Eifert 1993: 162). Im Zusammenhang mit dem Mauerbau wurden die Kreisgeschäftsstellen von der Volkspolizei durchsucht und anschließend geschlossen (vgl. Fichtner 1991: 9). Sieht man von dieser Sonderentwicklung in Ost-Berlin einmal ab, so waren die AWO und mit ihr die SPD in den Jahren von 1933 bis 1989 auf dem Gebiet der DDR nicht existent. Somit konnte bei der Gründung der AWO in der DDR im Jahre 1989 weder auf entsprechende Organisationsstrukturen noch auf ein sozialdemokratisch-proletarisches Milieu zurückgegriffen werden.[92] Beim Aufbau der

---

91 Vgl. Fußnote 90.
92 "Wie die Wurzeln der Sozialdemokratie in den vergangenen Jahrzehnten in der DDR vernichtet worden sind, so ist auch der echte Solidaritätsgedanke der Arbeiterwohlfahrt als eine Wurzel der Sozialdemokratie abgestorben" (Fickentscher 1991: 14-15).

AWO in den neuen Bundesländern handelt es sich somit nicht um einen Wiederaufbau, sondern um eine Neugründung.

Das Tempo, in dem sich die DDR auflöste und der Bundesrepublik Deutschland beitrat, war für viele politische Akteure - so auch für den Bundesverband der AWO - unerwartet. Noch im Tagungsbericht der AWO-Bundeskonferenz vom Oktober 1989 findet sich beispielsweise "kein einziges Wort zur damaligen Situation der DDR" (Thürnau u.a. 1994: 144). Dabei sind Bundeskonferenzen der Ort, "an dem die Politik und die Arbeit der Arbeiterwohlfahrt für die nächsten Jahre diskutiert und auch festgelegt werden" (Thürnau u.a. 1994: 144). Aber schon auf der Sitzung des AWO-Bundesvorstandes im Dezember 1989 wurde der Beschluß gefaßt, den Aufbau einer AWO in der DDR zu unterstützen. In diesem Zusammenhang wurde auch die Überlegung angestellt, eventuell mit bereits bestehenden Organisationen zu kooperieren. So nahm der AWO-Bundesverband bereits vor Öffnung der Mauer Kontakte zur Volkssolidarität (VS) in der DDR auf. Es fand ein Treffen des AWO-Bundesvorstandes mit dem Vorsitzenden der VS statt, bei dem über mögliche Kooperationen gesprochen wurde. Aber bereits Ende 1989 - so die verbandliche Selbstdarstellung - gab es innerhalb der AWO eine breite Diskussion zum Verhalten gegenüber der VS mit dem Ergebnis, daß man beschloß, der VS zurückhaltend und nicht mit "offenen Armen" zu begegnen (vgl. Thürnau u.a. 1994). Die Strategie einer bedingten Kooperation mit der VS wurde Ende 1989 mit dem Beschluß des Bundesvorstandes, den Aufbau einer eigenständigen AWO in der DDR zu fördern, beendet.[93]

9.1.3 Gründungsaktivitäten in den neuen Bundesländern

Die Gründung der AWO erfolgte auf lokaler Ebene in engem Zusammenhang mit dem Aufbau der Parteistrukturen der SPD, so Edwin Reuter, Mitarbeiter im AWO-Verbindungsbüro: "Überall bildete sich sehr schnell die SPD, dann hieß es, wir brauchen jemanden für Soziales, das waren dann Frauen, [dann; d.A.] wurde denjenigen gesagt, so Du baust die AWO auf, hier sind Papiere, da steht was drin, wenn Du was wissen willst, dann ruf das Verbindungsbüro in Berlin oder den Partner im Westen an." Bei den Gründerinnen und Gründern, so Edwin Reuter, handelt es sich zumeist um Personen in der Altersgruppe der 30-40jährigen, die nicht konfessionell gebunden sind und einen inhaltlichen Bezug zur Zielsetzung der AWO haben, d.h. für die der demokratische Sozialismus einen Wert darstellt. Seines Erachtens waren bei der Gründung der AWO in den Kommunen vor allem sogenannte "SPD-Frauen" wichtig, d.h. Frauen, die im Sozial- und Gesund-

---

93 "Mit der ganz überwiegend nur in der offenen Altenhilfe tätigen staats- und SED-abhängigen Volkssolidarität wird die Arbeiterwohlfahrt keine Zusammenarbeit pflegen, sofern sie weiter in der Abhängigkeit der SED bzw. PDS verbleibt" (Haar/Thürnau 1991: 242).

heitswesen der DDR tätig waren und heute SPD-Mitglieder sind, sowie Frauen von SPD-Abgeordneten und SPD-Vorstandsmitgliedern. Bei der Gründung der AWO in ostdeutschen Kommunen waren aber auch Verbandsvertreter aus den Altbundesländern beteiligt. Edwin Reuter beschreibt deren Vorgehen folgendermaßen: Ein AWO-Vertreter "blieb dort eine Woche, versuchte in dieser Woche etwas zu entwickeln, ging zur SPD, ging zum Sozialdezernenten." Neben neuen und gestandenen Sozialdemokraten waren bei der Gründung der AWO auf örtlicher Ebene auch Personen aus dem Kontext der Bürgerbewegungen, insbesondere von Bündnis 90, beteiligt. Es sollten aber auch nicht diejenigen außer acht gelassen werden, die - so Edwin Reuter - sich an der Gründung der AWO beteiligt haben, um von einer ehrenamtlichen in eine hauptamtliche Tätigkeit überzuwechseln. Eine andere Gruppe von AWO-Gründern kommt nach Einschätzung von Edwin Reuter aus der Volkssolidarität (VS). Überall dort, wo seitens der VS-Führung die soziale Kontrolle als politische Aufgabe in den Wohngebieten "sehr hart und streng praktiziert wurde, gab es Gruppen, die dann zur AWO kommen wollten, um sich davon frei machen zu wollen, in Regionen, wo die VS liberaler operierte, blieben die auch bei der VS" (Interview Reuter).

In vielen ostdeutschen Städten wurde die AWO bereits 1990 gegründet. Bei diesen Neugründungen waren der Status und die Funktion der jeweiligen Gliederung, d.h. ob es sich um einen Orts-, Kreis- oder Bezirksverband handelt, in der Regel nicht eindeutig definiert. In den ländlichen Regionen und Kleinstädten erwies sich der Aufbau der AWO als schwierig und stagnierte häufig nach der Gründung auf niedrigem Niveau. So verfügte die AWO Ende 1992 in den beiden untersuchten Landkreisen Frankenstein und Bärenklau nur über einen kleinen Kreis von Aktiven und einige Mitarbeiterinnen in Arbeitsbeschaffungsmaßnahmen (ABM).

Insgesamt gesehen wurde der Aufbau der AWO nachhaltig dadurch erschwert, daß sie als neu aufzubauender Verband über keine nennenswerten Ressourcen verfügte, die für Sozialverwaltungen ein deutlicher Anreiz zur Übertragung von Einrichtungen gewesen wären. Fehlende Einrichtungen und Immobilien hatten für die AWO wiederum zur Folge, daß Banken ihr nur selten Kredite gewährten (vgl. Haar 1991). In den untersuchten Städten, d.h. Neu-Brühl und Salzstetten, hatte die AWO aber wegen der großen Zahl öffentlicher sozialer Dienste und Einrichtungen, die zur Übergabe an Wohlfahrtsverbände bereitstanden, sowie der Förderpolitik sozialdemokratischer Dezernenten und Amtsleiter relativ günstige Ausgangsbedingungen.

Aktivitäten des AWO-Bundesverbandes in den neuen Bundesländern

Während es auf lokaler Ebene, insbesondere in den Großstädten, bereits Anfang 1989 Aktivitäten zur Gründung der AWO gab, begann der AWO-Bundesverband erst im Laufe des Jahres 1990 mit einer gezielten Unterstützung der AWO in der DDR. Die Verzögerung dieser Entscheidung ist darauf zurückzuführen, daß im

9. Die Arbeiterwohlfahrt

Bundesverband zuerst überlegt wurde, welche Kooperationsmöglichkeiten es mit der Volkssolidarität anstelle einer eigenen Verbandsgründung geben könnte. Es wurde befürchtet, so Edwin Reuter, Mitarbeiter im AWO-Verbindungsbüro, daß, "wenn die VS zur AWO gekommen wäre, würde die AWO-Ost heute VS sein." Dabei ist von seiten des Bundesverbandes - so ein Verbandsvertreter - vor allem das hauptamtliche Führungspersonal der VS als Problem eingeschätzt worden.

Auf lokaler Ebene hat es in den neuen Bundesländern Einzelfälle gegeben, wo die "VS zur AWO" wurde: Im Landkreis Meßfurt hat die AWO "rund 300 Mitarbeiter der Volkssolidarität von Meßfurt-Land übernommen und arbeitet praktisch so weiter, wie vordem die Volkssolidarität auf dem Gebiet gearbeitet hat" (AWO 1990: o.S.). Auf kommunaler Ebene - so auch in einer der großstädtischen Untersuchungsregionen - hat es Konflikte zwischen VS und AWO bei der Vergabe von Arbeitsbeschaffungsmaßnahmen (ABM) gegeben. Von AWO-Vertretern wurde in diesem Zusammenhang behauptet, daß zwischen der VS und dem örtlichen Arbeitsamt "Seilschaften" bestehen würden, die zu einer eindeutigen Bevorzugung der VS bei der Vergabe von ABM geführt hätten. ABM waren insofern wichtig, als vor allem ressourcenschwache Verbände damit einen Teil ihrer Personalkosten finanzieren konnten.

Im Frühjahr 1990 war für die Vertreter des AWO-Bundesverbandes erkennbar, "daß das DDR-Gesundheits- und Sozialsystem ein Auslaufmodell war, und daß sich anstelle dessen die westdeutsche Struktur weitgehend durchsetzen würde. Daß in diesem neuen Sozialsystem auch die Wohlfahrtsverbände und damit auch die Arbeiterwohlfahrt ihren Platz haben würden, war (...) klar" (Thürnau u.a. 1994: 144-145). Nachdem die Grundsatzentscheidung über den Aufbau der AWO in den neuen Bundesländern gefallen war, stellte sich die Frage, ob es ein Gesamtkonzept des Bundesverbandes für den Aufbau der AWO in der DDR geben sollte oder ob die Bezirks- und Landesverbände der AWO als "Partnerverbände" die entsprechenden AWO-Gliederungen in der DDR beraten sollten. Auf der Sitzung des Bundesausschusses, dem höchsten Beschlußgremium zwischen den Bundeskonferenzen, wurde im März 1990 entschieden, daß "die West-Bezirke der Arbeiterwohlfahrt für vereinbarte Bezirke in der DDR die Patenschaft beim Aufbau der AWO übernehmen sollten. Damit war die Weichenstellung sowohl für die fachlich-inhaltliche Arbeit als auch für den Strukturaufbau vorgenommen (...). Der Vorschlag, ein Gesamtkonzept für den Aufbau in der DDR zu entwickeln, stieß allerdings auf starken Widerstand und wurde deshalb nicht weiterverfolgt" (Thürnau u.a. 1994: 146). Im Mai 1990 hatten sich in den fünf neuen Bundesländern und Ost-Berlin bereits 182 Bezirks- und Kreisverbände mit schätzungsweise bis zu 20.000 Mitgliedern und 3.000 hauptamtlichen Mitarbeitern gegründet (vgl. Thürnau u.a. 1994).[94]

Im Frühjahr 1990 begann der AWO-Bundesverband mit seinen Koordinierungstätigkeiten in den neuen Bundesländern. Im Mittelpunkt dieser Aktivitäten stand die Arbeit des im Juli 1990 in Berlin eröffneten AWO-Verbindungsbüros[95], das die Funktion hatte, "den Aufbau der AWO in der DDR und später in den neuen Bundesländern durch Organisationsberatung, Fortbildung der neuen Mitarbeiter/innen, Öffentlichkeitsarbeit und Vertretung in den Außenstellen der Bundesministerien zu unterstützen (...)" (Thürnau u.a. 1994). Der Leiter des Verbindungsbüros war vorher bereits über 20 Jahre im AWO-Bundesverband mit dem Tätigkeitsschwerpunkt "Managementfragen sowie Aufbau- und Weiterentwicklung von Verbandsstrukturen" beschäftigt. Diese professionelle Orientierung des Leiters des Verbindungsbüros ist - neben den Einflüssen der jeweiligen Partnerverbände - von grundlegender Bedeutung bei der inhaltlichen Ausrichtung der Beratung für die in den neuen Bundesländern entstehenden AWO-Gliederungen.

Im Juni 1990 veranstaltete der AWO-Bundesverband mit der Arbeiterwohlfahrt der DDR in Bernau bei Berlin eine Arbeitskonferenz unter den Titel "Freie Wohlfahrtspflege in der DDR - Strukturen und Vergleiche mit der BRD und Perspektiven": Auf dieser Konferenz gingen der AWO-Bundesverband und die AWO der DDR noch davon aus, "daß beide Seiten voneinander lernen können und daß es im Rahmen eines längeren fachlichen Austauschprozesses ein gleichberechtigtes Arbeiten an einer neuen deutschen Republik geben könnte. Spätestens mit der Währungs-, Wirtschafts- und Sozialunion wurde aber erkennbar, daß das soziale Hilfesystem in der DDR nach dem Muster der Bundesrepublik aufzubauen sei" (Thürnau 1993: 1).

Somit war die erste Phase des Verbandsaufbaus in den neuen Bundesländern durch lokale Gründungsaktivitäten und anfängliche Überlegungen des Bundesverbandes zur punktuellen Zusammenarbeit mit der VS gekennzeichnet. Diese Phase endete mit dem Beitritt der Landes- und Bezirksverbände in den neuen Bundesländern zum AWO-Bundesverband beim Bundestreffen am 10. November 1990 in Berlin. Seitdem unterstützt der AWO-Bundesverband den Verbandsaufbau in den neuen Bundesländern durch die Arbeit des Verbindungsbüros in Fragen der Personal- und Organisationsentwicklung und durch einen Koordinierungsausschuß, der die verbandsinterne Verteilung von Bundesmitteln vornimmt. Zudem wirken die jeweiligen Partner-Bezirksverbände beratend beim Aufbau von Verbands- und Leistungsstrukturen in den neuen Bundesländern mit.

---

94 Bei diesen Angaben handelt es sich um Schätzungen mit einem hohen Grad an Ungenauigkeit. So beziffert der AWO-Bundesvorsitzende auf dem AWO-Bundestreffen am 10. November 1990 den aktuellen Mitgliederbestand in den neuen Bundesländern auf rund 10.000 (Fichtner 1991: 9).
95 Der Sitz des Verbindungsbüros wurde später nach Falkensee bei Berlin verlegt.

9. Die Arbeiterwohlfahrt

Im folgenden werden die empirischen Befunde über den Verbandsaufbau der AWO in den Städten Neu-Brühl und Salzstetten präsentiert. Im Mittelpunkt der Darstellung stehen die verbandliche Ausgangssituation, die Zusammenarbeit mit anderen Organisationen, die Gestaltung der Organisationsstrukturen sowie das verbandliche Selbstverständnis.

9.2 Vom AWO-Gründer zum "Bezirkschef" in Neu-Brühl

Der Verbandsaufbau der AWO in Neu-Brühl läßt sich in zwei Phasen unterteilen:
- Der Kreisverband der AWO wurde 1989 gegründet. Der "Gründer", Herr Benz, wurde zum Kreisgeschäftsführer.
- Als Kreisgeschäftsführer begann Herr Benz mit dem Aufbau eines AWO-Bezirksverbandes in Fürstenberg, der sich im Oktober 1990 konstituierte und dessen Geschäftsführer er wurde. Der Bezirksverband hatte sich bereits 1992 als Träger von sozialen Einrichtungen und Diensten etabliert.

Der berufliche Werdegang von Herrn Benz, dem ersten Kreisgeschäfts- und späteren Bezirksgeschäftsführer, ist eng mit kirchlichen sozialen Diensten und Einrichtungen verknüpft. Herr Benz begann seine Berufslaufbahn als Handwerker in einem Caritas-Krankenhaus. Später wurde er in einer diakonischen Einrichtung zum kirchlichen Sozialarbeiter ausgebildet. Diese sozialarbeiterische Ausbildung war - wie er kritisch anmerkt - durch "blanken Westinhalt" bestimmt (Interview Benz). Bereits 1989 gründete er den AWO-Kreisverband in Neu-Brühl und wurde dessen erster Geschäftsführer. Aus dieser Position heraus rief Herr Benz im Oktober 1990 den AWO-Bezirksverband ins Leben und wurde wiederum dessen Geschäftsführer. Im Rahmen seiner Ausbildung hatte er sich u.a. mit "Fragen der Wohlfahrtspflege von der Jahrhundertwende bis 1945 in Neu-Brühl" (Interview Benz) beschäftigt, so daß er nach eigener Einschätzung "das Prinzip öffentliche-freie Träger schon zu DDR-Zeiten verstanden" hat (Interview Benz). In der Präsentation des beruflichen Werdegangs wird deutlich, daß er einer gewissen Eigenständigkeit in seiner Arbeit eine besondere Bedeutung beimißt. In politischer Hinsicht ist Herr Benz - als SPD-Mitglied - dem Kontext der Bürgerbewegungen zuzurechnen, deren politische und fachliche Kompetenzen er rückblickend aber massiv kritisiert.

9.2.1 Gründungsinitiative

Personelle Verflechtungen zwischen AWO und Sozialdemokratischer Partei sind von konstitutiver Bedeutung für die Entwicklung der AWO[96]. Die Initiative zur Gründung der AWO geht - nach Aussage von Herrn Benz - auf einen Brief des für Neu-Brühl zuständigen AWO-Partner-Bezirksverbandes in Burlanden an die örtliche SPD zurück: "Dann hat es über die SPD hier in Neu-Brühl so einen Brief gegeben von dem jetzigen Partnerverband in Burlanden, die haben also nachgefragt, ob es interessierte Leute gäbe, die hier vor Ort die Arbeiterwohlfahrt wieder gründen wollen, das ist 1989 gewesen, und da die damit nichts anfangen konnten, logischerweise, da das Selbstverständnis zu den Traditionen jetzt auch relativ fern ist, es sind drei Generationen dazwischen, (...) also diese 60 Jahre Abstinenz von diesen Gedanken und auch von sozialdemokratischen Ideen und Gedankengut, das ist natürlich letztlich völlig zerstörend für eine normale Basis, haben die mir diesen Brief in die Hand gedrückt und ich hab mich mit denen in Kontakt gesetzt, weil ich ein paar Unterlagen zur Arbeiterwohlfahrt hatte von früher, noch von vor 33, und ich muß natürlich sagen, ich hatte keine Vorstellung was da vor 33 lief und was sich dann in der Zwischenzeit von 45 bis 89 in Westdeutschland vollzog, überhaupt keinen blassen Schimmer."

Die Ausgangssituation der AWO in Neu-Brühl wird im Juni 1989 während der AWO-Arbeitskonferenz in Bernau folgendermaßen dargestellt: Die AWO "hat von der Volksfürsorge eine Spende in Höhe von 10.000 DM erhalten, [die AWO in; d.A.] Neu-Brühl hatte bis dato noch keinen hauptamtlichen Mitarbeiter, dafür aber einen PKW - einen großen Schlitten, der dort hinten steht, den haben sie gespendet bekommen, so daß also da ein bißchen mit gearbeitet werden kann" (AWO 1990: o.S.). Den Übergang von der Vereinsgründung zum Aufbau der AWO als Träger von sozialen Diensten und Einrichtungen datiert der Geschäftsführer des AWO-Kreisverbandes, Herr Benz, auf den 1. Januar 1991. Erst zu diesem Zeitpunkt wurde die AWO zum Arbeitgeber bzw. Träger eigener sozialer Dienste und Einrichtungen. Die Zeitspanne von Ende 1989 bis Anfang 1991 ist eine Übergangszeit bzw. verweist auf eine Finanzierungslücke, da das Bundessozialhilfegesetz mit seinen günstigen Möglichkeiten der Pflegesatzfinanzierung in den neuen Bundesländern erst am 1. Januar 1991 in Kraft trat.[97]

---

96 Ein Landtagsmitarbeiter und aktives SPD-Mitglied ist Vorstandsvorsitzender des Bezirksverbandes, und der Geschäftsführer der SPD-Landtagsfraktion ist sein Stellvertreter. Der Vorstandsvorsitzende des AWO-Kreisverbandes arbeitet im Bürgerbüro eines SPD-Landtagsabgeordneten, zwei Vorstandsmitglieder sind Referenten von SPD-Abgeordneten, und er selbst ist auch SPD-Mitglied (vgl. Interview Lauf).
97 Diese Finanzierungslücke konnte punktuell durch Arbeitsbeschaffungsmaßnahmen überbrückt werden, die in den neuen Bundesländern günstige Konditionen zur Finanzierung von Personal- und Sachkosten boten. Einzelne AWO-Gliederungen, berichtet ein führender AWO-Vertreter, hätten

In der Aufbauphase des Verbandes verfolgt Herr Benz als AWO-Geschäftsführer in Neu-Brühl zwei Strategien: Er will erstens die AWO in der Bevölkerung bekannt machen und dabei auch Mitglieder werben sowie zweitens eigene Einrichtungen und Dienste schaffen. Seine Rolle als "Werber" schildert er folgendermaßen: "Dann haben wir versucht einen Verein zu gründen, ich mußte letztlich die Leute davon überzeugen, daß das gut und wichtig ist, daß wir den Verein Arbeiterwohlfahrt hier gründen, ich muß mal deutlich sagen, [wir haben; d.A.] keine nennenswerte Unterstützung aus Westdeutschland in dieser Form erhalten, also dieser Glaube, daß da viel Geld rübertransferiert worden ist oder ähnliches, ist einfach nicht wahr, wir haben dort fast ein dreiviertel Jahr aus Eigenenthusiasmus und mit viel Geschick versucht, irgendwen für uns zu erwärmen, von Pontius zu Pilatus uns vorgestellt, Heftchen verteilt aus dem Westen, wo da also schicke Dinge des Westens drin waren, das war auch die Zeit, wo der Westen den Osten vereinnahmt hat, da hat jeder einen frischen Katalog aus dem Westen gehabt" (Interview Horst Benz). Trotz dieser anfänglichen Bemühungen hatte die AWO in Neu-Brühl zum Zeitpunkt des Interviews nur 150 Mitglieder. Hierin sieht Herr Benz durchaus einen Mangel, da der AWO ein "politischer Rückhalt" fehlen würde. Eine Möglichkeit zur Verbesserung der Mitgliederentwicklung sieht er jedoch nicht, sondern kommt aufgrund dieser Erfahrung zu folgender Schlußfolgerung: "Ich hab mich danach eingestellt, hab gesagt, wir sind in erster Linie Unternehmer und nicht Mitgliederverein, das mag in einer Version richtig sein, hat auch eine schmerzhafte Seite, weil wenn der politische Rückhalt fehlt, kann man auch noch so Unternehmer sein, man hat eben zu wenig Lobby, wir haben uns aber gesagt, ich kann jetzt keine Lobby bauen, ich brauche Unternehmen, denn über die Unternehmen überzeug ich die Leute von der Qualität." Unter den geschilderten Bedingungen forciert Horst Benz den Aufbau der AWO als "Unternehmen" im Sozialsektor.

9.2.2 Zusammenarbeit mit der öffentlichen Sozialverwaltung

Der Aufbau der AWO in Neu-Brühl ist geprägt vom Bestreben zur Übernahme öffentlicher sozialer Dienste und Einrichtungen. Diese Zielsetzung war nach Aussage von Herrn Benz in der Amtszeit des ersten sozialdemokratischen Sozialdezernenten nicht zu bewerkstelligen. Das Hauptproblem sei gewesen, daß die Kommune in dieser Zeit "alles gerafft" hätte und die Verbände bei der Vergabe von Aufgaben nicht beteiligt worden seien. "Das ist auch sicher eine Krankheit der ostdeutschen Kommunen, die waren erstmal froh, wenn sie was raffen konnten, wenn denen auch was selber gehörte" (Interview Benz), führt Herr Benz dazu aus. Die Politik der Nichtübertragung von Diensten und Einrichtungen auf freie Träger

---

auch sogenannte PDS-Gelder in Anspruch genommen, die die PDS vor der Währungsunion über die Räte der Bezirke an Träger im Sozialbereich verteilt hat.

in der Großstadt Neu-Brühl hatte durchaus Signalwirkungen für die umliegenden Landkreise. Den Politikstil des ersten Sozialdezernenten umschreibt Herr Benz mit dem Begriff "Herr im Hause". Dessen Unterstützung für die AWO habe sich - so Herr Benz - auf den Hinweis beschränkt, wo man günstig die Autos der AWO waschen lassen könne. In diesem Zusammenhang weist Herr Benz auf sein Verständnis von Subsidiarität hin, demzufolge allen - auch den kleinen - Wohlfahrtsverbänden Teilhabechancen in der kommunalen Sozialpolitik einzuräumen seien. Gegen diese Nichtübertragung öffentlicher sozialer Dienste und Einrichtungen auf freie Träger setzte sich die örtliche Arbeitsgemeinschaft der Spitzenverbände der Freien Wohlfahrtspflege geschlossen zur Wehr, wobei die Diakonie und die AWO nach Meinung von Herrn Benz als Wortführer in Erscheinung traten. Die SPD sah sich unter diesen Bedingungen gezwungen, ihren Sozialdezernenten "auszuwechseln" (Interview Benz). Durch den neuen Dezernenten, der Mitglied der SPD und der AWO ist, hätte sich - so Herr Benz - die Situation grundlegend geändert, da er den Verbänden durch die Übertragung von Einrichtungen Arbeitsmöglichkeiten eröffnen würde.

Die Strategie der AWO zur Übernahme öffentlicher sozialer Einrichtungen und Dienste beschreibt Herr Benz so, daß zunächst Kontakt mit dem zuständigen Sozialdezernenten und dann mit dem Leitungspersonal der jeweiligen Einrichtung aufgenommen wurde. Bei den Übernahmeverhandlungen sei es letztlich entscheidend gewesen, die Zustimmung des Personals zum Trägerwechsel zu erreichen. Von seiten des Personals hätte man sich häufig deshalb für die AWO entschieden, weil sie nicht konfessionell gebunden sei und dem Personal in Einrichtungen und Diensten eigene Handlungsspielräume belassen würde. Dabei sei der Status des Neuen positiv für die AWO gewesen. Gleichzeitig hätte man dem Leitungspersonal "Schnupperkurse" in AWO-Einrichtungen des Partnerverbandes in Burlanden angeboten. Es hat nach Aussagen von Herrn Benz auch Fälle gegeben, wo sich das Personal gegen eine Übernahme durch die AWO oder einen anderen Träger ausgesprochen hätte, um die "Sicherheiten des öffentlichen Dienstes" nicht zu verlieren. Nach Einschätzung von Herrn Benz ist es im Übertragungsprozeß aufgrund der verzögerten Entscheidung der kommunalen Sozialverwaltung zu erheblichen Problemen gekommen. So hätten in der Amtszeit des ersten Sozialdezernenten in Neu-Brühl einzelne Übertragungsentscheidungen des Sozialamtes bis zu zwei Jahre gedauert. Der Übertragung und Verteilung öffentlicher sozialer Dienste und Einrichtungen zugunsten von Wohlfahrtsverbänden mißt er große Bedeutung bei: "Es geht hier um die Verteilung der kommunalen Einrichtungen, der Verteilungskampf wird spätestens nächstes Jahr abgeschlossen sein, dann ist nichts mehr zu verteilen, wer sich bis dahin nicht rangehalten hat an den ganzen Laden, der wird auf 20 Jahre hinaus das letzte Rad am Wagen sein, wenn nicht gerade das Reserverad, was man noch verloren hat" (Interview Benz).

9.2.3 Aufgaben- und Leistungsverständnis

Der Geschäftsführer, Herr Benz, stellt das Spektrum der sozialen Dienste in Trägerschaft der AWO im Interview ausführlich dar. Dabei handelt es sich um Einrichtungen und Dienste der Jugendberufshilfe, der stationären und auch ambulanten Altenhilfe, der stationären Kinderhilfe und der sozialen Beratung. Die angebotenen Dienste und Einrichtungen entsprechen weitgehend der öffentlichen Förderstruktur, d.h. daß die AWO diejenigen Einrichtungen und Dienste übernommen hat, deren öffentliche Vollfinanzierung dauerhaft gesichert ist.

Herr Benz schildert aber nicht nur die verschiedenen Einrichtungen und Dienste, sondern erwähnt am Rande auch eigene Projektideen, die er als sozialpolitisch besonders sinnvoll einschätzt, wie etwa eine arbeitstherapeutische Einrichtung für ältere schwervermittelbare Arbeitslose.

Nach Meinung von Herrn Benz ist die AWO - vor dem Hintergrund einer weitgehend fehlenden Mitgliederbasis - ein Dienstleistungsanbieter.[98] Seine Präferenz für eine derartige Verbandsentwicklung begründet Herr Benz mit finanziellen Überlegungen: "Wir wählen nur die modernere Wirtschaftsform, also zum Beispiel jetzt könnte man 8 Prozent Investitionszulage für alle beweglichen Güter bekommen, wenn man eine GmbH hätte." In ihrer Entwicklung als "Dienstleistungsunternehmen" würde sich die AWO in Ostdeutschland zwar nicht grundsätzlich von der AWO in den Altbundesländern unterscheiden, aber in den neuen Bundesländern würde diese Entwicklung - so Herrn Benz - wesentlich schneller verlaufen: "Also wir sind schneller dabei, jetzt alles in Holdings oder GmbHs reinzudrücken, (...) werden wir versuchen, so kommerziell wie möglich von dem Verein wegzuspalten." Als "Unternehmen", das soziale Dienstleistungen anbietet, benötigt die AWO nach seiner Einschätzung vor allem professionelles Fach- und Führungspersonal, insbesondere Sozialarbeiter, Manager und Betriebswirte. Einen besonderen Mangel sieht er in den fehlenden betriebswirtschaftlichen Kenntnissen des Führungs- und Leitungspersonals. Erschwerend kommt hinzu, daß die AWO als neu gegründete Organisation besondere Rekrutierungsprobleme hat, während etwa die Diakonie als fortbestehende Organisation zumindest auf eigenes, zum Teil selbstausgebildetes Verwaltungspersonal zurückgreifen kann. Nach Einschätzung von Herrn Benz ist somit die AWO, ähnlich wie die SPD und auch andere neu gegründete Verbände, bei der Rekrutierung des Führungspersonals auf Personen aus dem Kontext der Bürgerbewegungen angewiesen, die in der Regel nicht über die für diese Tätigkeit notwendigen Erfahrungen und Kompetenzen verfügen: "SPD, wie auch Arbeiterwohlfahrt, wie auch andere Verbände, die also wenig Geld

---

[98] Auch der Vorstandsvorsitzende eines AWO-Bezirksverbandes in Fürstenberg setzt gleiche Prioritäten in der Verbandsentwicklung: "In unserem Bezirksverband orientieren wir uns deshalb nach dem Aufbau der Geschäftsstellen in den Kreisen und Bezirken auf die Entwicklung der Unternehmensstruktur" (Heltzig 1994: 177).

haben und auch wenig, sagen wir mal, politische Resonanzen im Volk erstmal haben, das ist bei den Wahlergebnissen, muß man so sagen, muß man als solches konstatieren, da bestand das [Personal; d.A.] dann leider aus Leuten, die eben so eine Exotenrolle hatten, die also schon zu DDR-Zeiten Buschkämpfer waren und dann eben mit ihren eigenen Möglichkeiten, Mitteln und Methoden sich dadurch gewurschtelt haben, wie die Fürstenberger sagen, (...) auf die Dauer geht das nicht, da müssen sie ganz profunde Kenntnisse haben über betriebswirtschaftliche Abläufe, über Inhalte, da kann man nicht mehr auf dem Exotentum und auf basisdemokratischen Parolen rumreiten, das ist vorbei."

In der Beurteilung durch Herrn Benz werden Vereinsstrukturen, insbesondere ehrenamtliche Vorstände, als negativ bzw. dysfunktional für das Dienstleistungsunternehmen AWO eingestuft. "Wenn wir uns jetzt nur auf die Frage Mitglieder versteifen, dann stehen wir noch in 5 Jahren so da", begründet er seine Entscheidung (Interview Benz). Ehrenamtliche Vorstände sieht er geradezu als Störfaktor für unternehmerisches Handeln an, da sie ihm - dem Geschäftsführer - Entscheidungskompetenzen streitig machen: "Wenn sie also ständig irgendwelche Beamten a.D. haben, die aus der Partei [gemeint ist hier die SPD; d.A.] kommen und die dann eben in die Arbeiterwohlfahrt, in die Vorstände gehen, wenn die natürlich als Kommunalpolitiker eine erfolgreiche Karriere hinter sich haben und dann im Vorruhestand nichts mehr zu tun haben, dann regieren die ihnen natürlich als Vorstand den ganzen Laden." Folglich sieht Herr Benz die Funktion eines Wohlfahrtsverbandes allein in der Leistungserbringung. In dieser eindimensionalen Deutung werden etwa die politischen Funktionen eines Bezirksverbandes - dessen Geschäftsführer Herr Benz ist - völlig vernachlässigt.[99]

Im Mittelpunkt seiner Vorstellung von einer positiven Entwicklung der Arbeiterwohlfahrt stehen privatgewerbliche Unternehmensformen mit einem star-

---

99 Auch der Geschäftsführer eines anderen AWO-Bezirksverbandes in Fürstenberg beschreibt die verbandlichen Probleme und Entwicklungstendenzen ähnlich: "Das eigentlich, was AWO mal ausgemacht hat, daß sie eine Mitgliederorganisation ist, die also auch sozialpolitisch und auch in Fragen der Selbsthilfe sehr aktiv sein soll, das haut bei uns nicht hin." Er weist darauf hin, daß die Mitgliederzahl sehr gering ist, so daß es an Ehrenamtlichen fehlt, um "die für unsere Vereinstätigkeit notwendigen Positionen in Vorständen wirklich auch qualifiziert besetzen zu können". Den Mangel an Mitgliedern verdeutlicht er anhand der Relation von Mitgliedern und Mitarbeitern: "Wir haben ca. 1.100 Mitglieder in unserem Verein und 1.300 Mitarbeiter" (Interview Dieter Holz). Angesichts einer fehlenden Vereinsstruktur verfolgt der Geschäftsführer zwei sich ergänzende Strategien, d.h eine Nach- und Weiterqualifizierung des Fachpersonals und eine betriebswirtschaftliche Rationalisierung der Organisationsstrukturen. In der Aus- und Weiterbildung des Fachpersonals hält er Qualifizierungen in den Gebieten für besonders wichtig, die in der DDR vernachlässigt wurden, wie etwa z.B. Geriatrie, Gerontopsychiatrie, Gesprächsführung, Psychologie und Pädagogik. Eine betriebswirtschaftliche Rationalisierung soll durch die Gründung von Zweckbetrieben ohne eigene Rechtsform innerhalb der AWO erreicht werden. In der Verbandszentrale sollen für diese sogenannten Werke in den Bereichen "stationäre Altenhilfe", "Kindereinrichtungen" und "Behindertenhilfe" alle anfallenden administrativen, finanziellen und personellen Aufgaben erledigt werden.

ken, weitgehend alleinentscheidenden Geschäftsführer. In seiner Darstellung der Verbandsstrukturen und Vereinsorgane, wie Geschäftsführung, Vorstand und auch Mitgliederversammlung, wird deutlich, daß er auf der Führungs- und Leitungsebene der AWO keine kooperative Arbeitsteilung anstrebt, sondern autokratische Entscheidungsstrukturen präferiert.

9.2.4 "Gerechte Versorgung"

Das Verbandsprofil des AWO-Kreisverbandes und des AWO-Bezirksverbandes Neu-Brühl ist nachhaltig durch den ersten Geschäftsführer, Herrn Benz, geprägt worden. Er selbst hebt die Bedeutung des Führungspersonals für die Verbandsentwicklung hervor, wenn er darauf verweist, daß sich die AWO in den neuen Bundesländern dann von der AWO in den Altbundesländern deutlich unterscheidet, wenn sie von ostdeutschem Führungspersonal aufgebaut wird: "Also wenn sie [die AWO; d.A.] von Ostdeutschen geführt wird und geprägt wird, ist sie was anderes" (Interview Benz).

Das spezifisch andere der AWO in den neuen Bundesländern, so Herr Benz, würde in einem besonderem Führungsstil, Aufgabenverständnis und nicht zuletzt in eigenen Vorstellungen von sozialer Gerechtigkeit zum Ausdruck kommen. In seiner "Vision" (Interview Benz) von sozialer Gerechtigkeit hat die AWO die Aufgabe, in einem sozialen Wohlfahrtsstaat anderen Leuten zu helfen, sie aber nicht "überversorgen" (Interview Benz) zu wollen; es ginge ihm vielmehr darum, "daß Menschen daran teilhaben können, woran die Mehrheit der Menschheit teilhat" (Interview Benz). In diesem Zusammenhang spricht er sich auch eindeutig gegen eine "reine Dienstleistungsorientierung" der AWO aus, die keinen normativen Bezug zu den Problemen sozial Benachteiligter aufweist: "Wenn man seine Vision über Bord wirft, nur um gefällig zu sein, nur um populär zu sein, dann ist es der Tod im Kopf" (Interview Benz).

Insgesamt betrachtet ist der Aufbau des AWO-Kreis- und Bezirksverbandes in Neu-Brühl nachhaltig durch den ersten Kreis- und späteren Bezirksgeschäftsführer, Herrn Benz, geprägt worden. Er sieht die AWO als "Dienstleistungsunternehmen", in dem anstelle einer Mitgliederversammlung und eines ehrenamtlichen Vorstands, die Geschäftsführung zum alleinigen Entscheidungsorgan des Verbandes wird. Seinem Leistungs- und Organisationsverständnis zufolge ist die AWO weder Assoziation noch sozialpolitischer Interessenverband, sondern ein Dienstleistungsanbieter, der eine spezifische Leistungsqualität durch ein entsprechend qualifiziertes Führungs- und Fachpersonal verwirklichen will.

9.3 "Die Macherinnen" von Salzstetten

Der Aufbau der AWO in Salzstetten basiert auf zwei getrennt verlaufenden Entwicklungen:
- der Gründung des Bezirks- und späteren Landesverbandes in Salzstetten sowie
- der Gründung des örtlichen Kreisverbandes.

Der AWO-Bezirksverband in Salzstetten wurde auf Initiative von Vertretern der Landes-SPD "von oben" gegründet. Der Bezirksverband begann seine Arbeit am 1. April 1990 mit der Einstellung von Frau Bündner-Klar als Geschäftsführerin. Auf Beschluß der AWO-Bezirkskonferenz vom Oktober 1990 wurden dann alle Bezirksverbände in Lummerland aufgelöst bzw. zu einem Landesverband mit Sitz in Salzstetten zusammengeschlossen.

Der AWO-Kreisverband wurde unabhängig vom Bezirks- und späteren Landesverband am 3. Juli 1990 in Salzstetten von lokalen Akteuren gegründet. Beim Aufbau des AWO-Kreisverbandes war die Vorstandsvorsitzende, Frau Gutknecht, in den ersten Jahren federführend. Erst relativ spät, d.h. zum 1. Juli 1992, wurde eine Kreisgeschäftsführerin eingestellt. Im folgenden wird anhand der empirischen Befunde zunächst der Aufbau des AWO-Bezirksverbandes in Salzstetten und dann die Entwicklung des AWO-Kreisverbandes dargestellt.

9.3.1 Gründung des AWO-Bezirks- und Landesverbandes

Im DDR-Bezirk Salzstetten wurde die AWO bereits im Frühjahr 1990 gegründet. Frau Bündner-Klar, die spätere Geschäftsführerin, schildert die Gründung folgendermaßen: "Die Idee ist natürlich aus Westdeutschland gekommen, die Idee kam von der Arbeiterwohlfahrt in Flachsland, die als Partnerland Lummerland haben und aus der Nähe zur SPD gingen natürlich die Kontakte auch [hervor; d.A.], die SPD bestand damals schon in ihren Anfängen, und da haben die gesagt, wenn ihr also hier SPD aufbaut, dann gehört da auch eine AWO dazu, obwohl niemand so genau wußte, was das eigentlich ist, dachte man also Verband für soziale Arbeit, das kann eigentlich nicht schaden." Der Bezirksverband der AWO wurde von der Ehefrau eines führenden SPD-Landtagsabgeordneten in Lummerland gegründet. Sie fragte Frau Bündner-Klar, eine ehemalige Kollegin, ob sie als Geschäftsführerin für die AWO arbeiten würde. Die "Auserwählte" nahm das Angebot an und gründete am 1. April 1990 die AWO-Kontaktstelle für den Bezirk Salzstetten und wurde damit Geschäftsführerin des späteren Bezirks- und Landesverbandes. Die Bezirksgeschäftsführerin ordnet sich selbst Bündnis 90 zu und verweist darauf, daß VerbandsvertreterInnen und SPD-Funktionäre zunächst irritiert gewesen seien, weil sie kein SPD-Mitglied war, sie aber letztlich akzeptiert worden sei.

9. Die Arbeiterwohlfahrt

Zusammenarbeit mit Dritten

Im Gründungsprozeß des AWO-Bezirksverbandes kommt der Zusammenarbeit mit Dritten eine entscheidende Bedeutung zu. Frau Bündner-Klar sieht im AWO-Partnerverband aus Flachsland den Initiator für die Gründung des eigenen Verbandes; zudem hebt sie die Unterstützung der örtlichen Partnerverbände aus Flachsland beim Verbandsaufbau hervor. Nach Einschätzung der Bezirksgeschäftsführerin hat zudem die SPD eine wichtige Rolle beim Aufbau des Bezirksverbandes und der örtlichen Gliederungen gehabt. Die personelle Verflechtung zwischen AWO und SPD kommt auch in der Zusammensetzung des Bezirksvorstands zum Ausdruck, in dem mehrheitlich SPD-Mitglieder, aber auch ein Mitglied von Bündnis 90 und Parteilose vertreten waren. Als besonders wichtig beurteilt die Bezirksgeschäftsführerin die Zusammenarbeit mit der öffentlichen Sozialverwaltung, der sie eine "beispielhafte Kooperation" bescheinigt. Als Gegenbeispiel führt Frau Bündner-Klar ausdrücklich die Volkssolidarität (VS) an: Mit der VS in Salzstetten würde sie aus "politischen Gründen" jede Kooperation ablehnen. Das Führungspersonal der VS stuft sie als "politisch belastet" ein und nennt als Beispiel den Vorstandsvorsitzenden der VS, der zu DDR-Zeiten in leitender Position für die "politische Korrektur" umweltbezogener Daten im Bezirk zuständig gewesen sei. Die AWO-Bezirksgeschäftsführerin vertritt zudem die Meinung, daß die VS "Druck" auf ehemalige Mitarbeiter ausgeübt hätte, die zur AWO wechseln wollten.

Träger öffentlicher Aufgaben

Als ressourcenschwacher Verband befindet sich die AWO nach Einschätzung von Frau Bündner-Klar in einer prekären Ausgangssituation: "Wir begeben uns in überhaupt keine achtzigprozentige Finanzierung oder dergleichen, sondern wir machen Sachen, die 100 Prozent finanziert werden, wir vertreten den Standpunkt, daß die Kommune in der Pflicht ist, (...) das sehen wir auch aus einer sozialpolitischen Verantwortung den Bürgern gegenüber als ganz wichtig an." In dieser Perspektive wird die Übernahme öffentlich voll finanzierter sozialer Dienste und Einrichtungen für Frau Bündner-Klar zum vorrangigen Organisationszweck, um den Verbandsaufbau zu bewerkstelligen: "Als wir von dem [Soforthilfeprogramm Sozialstationen; d.A.] erfahren haben, sind wir natürlich durch die Landkreise gefahren und haben den Landkreisen klargemacht, daß wir hier eine Förderung erhalten, daß wir hier also wesentlich günstigere Anfangs- und Ausgangssituationen bekommen werden, und da haben wir uns natürlich ins Zeug gelegt und versucht, hier soviel wie möglich über dieses Bundesprogramm zu erwerben."

Frau Bündner-Klar beendete ihre Tätigkeit als AWO-Geschäftsführerin am 31. Mai 1991, weil sie nicht mit der Landesgeschäftsstelle in die Landeshauptstadt umziehen wollte. Als Nachfolger auf der Stelle des Landesgeschäftsführers wurde ein Sozialarbeiter aus den Altbundesländern eingestellt, der vorher lange Jahre als Referent beim AWO-Bundesverband in Bonn gearbeitet hat.

9.3.2 Gründung des AWO-Kreisverbandes in Salzstetten

Die Gründung des AWO-Kreisverbandes in Salzstetten erfolgte nach Aussage von Frau Gutknecht, der späteren Vorstandsvorsitzenden des AWO-Kreisverbandes, vollkommen unabhängig vom bereits bestehenden Bezirksverband. Der AWO-Kreisverband Salzstetten wurde am 3. Juli 1990 von 15 Personen gegründet.[100] Der Verbandsaufbau erfolgte unter Federführung der späteren Vorstandsvorsitzenden, Frau Gutknecht; eine Kreisgeschäftsführerin gab es bis Mitte 1992 nicht. Die Gründungsidee hätte sich - nach Aussage von Frau Gutknecht - eher zufällig im Rahmen einer von der AWO organisierten Fahrt in die westdeutsche Partnerstadt ergeben: "Entstanden ist das so, daß ich in [der westdeutschen Partnerstadt; d.A.] war mit einer Delegation der Jugendhilfe, das war so ein Arbeitskreis zu den veränderten Bedingungen für Kinder und Jugendliche, Heimerziehung war das ja damals, im Rat der Stadt noch, und habe die ganzen sozialen Einrichtungen dort sehen können, und vieles war für mich, im Nachhinein hat sich dann rausgestellt, es gehörte gar nicht alles zur AWO, aber wir fuhren immer mit dem Bus umher von der AWO, so daß ich alles erstmal unter AWO eingeordnet habe und war also auch sehr beeindruckt davon" (Interview Gutknecht). Die Gründerin und spätere Vorstandsvorsitzende des AWO-Kreisverbandes, Frau Gutknecht, war zu DDR-Zeiten als Pastorin tätig und arbeitet jetzt in leitender Position im Jugendamt. In ihrer Selbstpräsentation hebt sie ihr jugendpolitisches Engagement außerhalb der Kirche hervor: "Wie ich die Kirche kenne, sind die immer nicht so beweglich in der Veränderung, im Geld abfassen ja, aber nicht so sehr, daß was Neues, Innovatives da auch reinkommt." So wollte Frau Gutknecht mit der Verbandsgründung zunächst eigentlich nur ein Jugendprojekt unterstützen, für das sie im Rahmen der AWO günstige Realisierungschancen sah.

Zusammenarbeit mit dem Sozialdezernat und den Verbänden

Als wichtige Unterstützung beim Aufbau des Kreisverbandes nennt Frau Gutknecht die "guten Kontakte zum Sozialdezernenten". Frau Gutknecht ist nicht nur Vorstandsvorsitzende eines freien Trägers, sondern zugleich leitende Mitarbeiterin im Jugendamt. Somit ist der Sozialdezernent ihr Dienstvorgesetzter und zugleich

---

100 In der Zusammensetzung des Kreisverbandsvorstandes kommen die Verflechtungen der AWO mit der kommunalen Sozialverwaltung zum Ausdruck: Der geschäftsführende Vorstand umfaßt u.a. die Vorstandsvorsitzende, die im Jugendamt als Abteilungsleiterin tätig ist, und ihre erste Stellvertreterin, die ebenfalls Mitarbeiterin des Jugendamtes ist. Im erweiterten Vorstand ist zudem ein Vorstandsmitglied der örtlichen SPD vertreten.

wichtigster Kostenträger für die AWO. Aus dieser Konstellation können sich für die AWO strategische Vorteile gegenüber anderen freien Trägern ergeben.

Im Vergleich zur öffentlichen Sozialverwaltung mißt Frau Gutknecht der Unterstützung durch AWO-Gliederungen, mit Ausnahme des westdeutschen AWO-Partnerverbandes, nur eine geringe Bedeutung für den Verbandsaufbau bei. So kennzeichnet Frau Gutknecht die Zusammenarbeit mit dem Bundes- und dem Landesverband der AWO als "korrekte Beziehungen", ohne hier aber auf eine besondere Unterstützung verweisen zu können. Aus der Sicht von Frau Gutknecht ist die Zusammenarbeit mit den anderen Wohlfahrtsverbänden im Rahmen der am 1. Dezember 1990 gegründeten örtlichen Arbeitsgemeinschaft bzw. Liga der Freien Wohlfahrtspflege für den Kreisverband wichtig. In der Liga gebe es wenig Konkurrenz zwischen den Verbänden, da eine ausreichende Menge an zu übertragenden Diensten und Einrichtungen vorhanden sei; zudem wirkt sich die Wertschätzung der Liga durch den Sozialdezernenten - nach Aussage von Frau Gutknecht - positiv auf die Zusammenarbeit innerhalb der Liga aus. So würden entweder der Dezernent selbst oder zumindest aber der Sozialamtsleiter an den Sitzungen der Arbeitsgemeinschaft teilnehmen: "Was das schönste aber hier in Salzstetten ist, (...) ist die wirklich gute Zusammenarbeit zwischen den Verbänden und der Stadt, das muß ich einfach so sagen" (Interview Gutknecht).

Ressourcenprobleme und Trägerschaft von Diensten und Einrichtungen

In den Ausführungen der AWO-Vorstandsvorsitzenden, Frau Gutknecht, zur Verbandsentwicklung stehen Ressourcenfragen im Mittelpunkt: "Das wichtigste Ereignis bei uns war, erstmal zu gucken, wo kriege ich Geld her und wo kriege ich Räume her, wir hatten ja nichts, also wirklich buchstäblich nichts, nicht mal ein Konto auf der Bank, und so anzufangen war schon ein bißchen problematisch, es war wohl so, daß dem Landesverband von der SPD zwei Räume zur Verfügung gestellt wurden, in dem Haus, in dem die SPD war, und davon durften wir dann einen mitnutzen, zunächst mal, so hat es angefangen." Der Aufbau des Kreisverbandes wurde schließlich durch die Übernahme der Trägerschaft für eine Sozialstation und zwei Altenheime finanziert. So konnte der AWO-Kreisverband Bundesmittel aus dem Soforthilfeprogramm Sozialstationen sowie Spenden der Alfred-Herrhausen-Stiftung und der westdeutschen Partnerstadt in Anspruch nehmen. Die Sozialstation bot zudem die Möglichkeit, Personal im Rahmen von ABM zu beschäftigen. Der westdeutsche AWO-Partnerverband empfahl dem Kreisverband aus finanziellen Gründen, Altenheime zu übernehmen und sich dabei möglichst um eine neue und eine alte Einrichtung zu bewerben, da derartige Kombinationen die Chance erhöhen würden, auch tatsächlich zwei Einrichtungen übertragen zu bekommen. Die Vorstandsvorsitzende, Frau Gutknecht, war mit dieser Strategie erfolgreich: "Dann haben wir den Antrag gestellt auf Übernahme von zwei Altenpflegeheimen, wir haben auch zwei, was für uns sehr wichtig ist, weil das natürlich schon eine finanzielle Sicherheit bietet, zwei Altenpflegeheime zu betreuen, weil man 5 Prozent Verwaltungskosten absetzen kann von den Pflegesätzen, (...) irgendwo braucht man ja auch eine Verwaltung."

Somit steht in der Ära der "geschäftsführenden Vorstandsvorsitzenden" die Übernahme von öffentlichen sozialen Einrichtungen und Diensten im Mittelpunkt des Verbandsaufbaus in Salzstetten. Dabei legt Frau Gutknecht aber durchaus Wert auf eine fachliche Ausrichtung der AWO, wobei sie einen Schwerpunkt in der Sozialarbeit mit Jugendlichen, insbesondere mit rechtsradikalen Jugendlichen, setzt.

"Die Personalchefin"

Erst zum 1. Juli 1992 stellte der AWO-Kreisverband nach einer öffentlichen Ausschreibung eine Geschäftsführerin ein. Die Kreisgeschäftsführerin, Frau Distel, hat in der DDR im "ökonomischen Bereich" und in der Erwachsenenqualifizierung gearbeitet und war einige Jahre als "Personalleiterin" in einem Betrieb tätig (Interview Distel). Nach 1989 hatte sie ein befristetes Arbeitsverhältnis bei einer Industrie- und Handelskammer und baute dort nach eigenen Angaben den Bereich Fortbildung auf.

Von der Stellenausschreibung erfuhr sie durch eine Zeitungsannonce. Einen persönlichen Bezug zur Arbeiterwohlfahrt hatte Frau Distel zum Zeitpunkt der Bewerbung nicht: "Ich kannte es eigentlich nur, muß ich sagen, aus Zeitungen, Fernsehen, was wußten wir schon zu DDR-Zeiten von Arbeiterwohlfahrt" (Interview Distel). Mit dem Begriff Arbeiterwohlfahrt assoziierte sie nur Wohlfahrtsbriefmarken, die sie aus der Fernsehwerbung kannte. Nachdem sich der Vorstand für sie entschieden hatte, nahm sie im Sommer 1992 ihre Arbeit als Kreisgeschäftsführin auf. Vor diesem Hintergrund beschreibt sie ihre persönliche Ausgangssituation folgendermaßen: "Ich habe erstmal unheimlich nachgeholt, muß ich sagen, was ist Arbeiterwohlfahrt, mich belesen, in den ersten Tagen saß ich hier, in diesem großen Zimmer ganz allein und habe Broschüren gelesen und Schriften, und ich wußte eigentlich gar nicht so richtig, was ich so richtig machten sollte."

Ausgangssituation

Die Situation des AWO-Kreisverbandes zum Zeitpunkt ihrer Amtsübernahme beschreibt Frau Distel anhand des Zustands der Geschäftsstelle. "Wir [hatten; d.A.] hier zwei Räume, die leer standen, das heißt ein Mitarbeiter, das war eine ABM, ein älterer Herr, der hier alles, was so anfiel erstmal bei Arbeiterwohlfahrt, irgendwie bearbeitete, an einem klapprigen alten Schreibtisch, wo alles auseinanderfiel, wenn man die Schubfächer rauszog." Der AWO-Kreisverband hatte zu diesem Zeitpunkt knapp über 100 Mitglieder, die einen monatlichen Mitgliedsbeitrag von durchschnittlich 3,- DM zahlten. Der Bestand an Einrichtungen und Diensten beschränkte sich auf eine Sozialstation, die die AWO seit dem 1. Juli 1991 betrieb, sowie zwei

Alten- und Pflegeheime, die die AWO zum 1. Juli 1992 übernahm. Ihre ersten Aktivitäten beschreibt Frau Distel folgendermaßen: "Ich saß immer bloß hier, bis mir dann irgendwann das Licht aufging und ich anfing, mich zu rühren, ich hab dann Kontakt aufgenommen, Magistrat, Einrichtungen, und so weiter."

Beim Aufbau der verbandlichen Leistungsstrukturen versucht sich die Geschäftsführerin an verbandlichen Traditionen und kommunalpolitischen Vorgaben zu orientieren: "Ich bin eigentlich so drangegangen, daß ich gesagt habe, ich nehme mal die Broschüre vor, die vom Bundesverband herausgegeben worden ist, was macht den nun so die Arbeiterwohlfahrt alles, das habe ich mir mal so angeguckt, in welche Richtung wir gehen könnten, was mir so liegt und was ich so aus den Gesprächen gehört habe, was nötig ist, wo Bedarf ist, und so weiter, man tastet sich dann so langsam in die Gesetzlichkeiten, und in diese neuen Strukturen im Magistrat." Die Auswahl der Einrichtungen und Dienste richtete sich folglich danach, was die Stadt angeboten hat und ob die AWO - entsprechend der Präsentation in ihren Verbandspublikationen - auch in den Altbundesländern in diesen Aufgabenbereichen tätig ist.

Übernahme öffentlicher Aufgaben

Das erste Ziel von Frau Distel bestand darin, durch die Übernahme pflegesatzfinanzierter öffentlicher Aufgaben den Aufbau der AWO als Spitzenverband der Freien Wohlfahrtspflege auf eine solide finanzielle Grundlage zu stellen. Dabei ist eine Pflegesatzfinanzierung für freie Träger von besonderem Interesse, da sie eine kontinuierliche und kostendeckende Finanzierungsart öffentlicher Aufgaben ermöglicht: "Wir müssen genauso wirtschaftlich denken, wie jedes andere Unternehmen doch auch, und die Alten- und Pflegeheime, das waren die (...), mit deren Hilfe wir uns erstmal aufbauen konnten" (Interview Distel).[101] Diese Strategie wurde - nach Einschätzung von Frau Distel - durch die zügige Übertragung von öffentlichen sozialen Diensten und Einrichtungen auf freie Träger in Salzstetten begünstigt: "Damit ist Salzstetten eigentlich sehr fortschrittlich gewesen, in den neuen Bundesländern, war mit eine der ersten Städte überhaupt (...), die Altenpflegeheime abgegeben hat an die freien Träger." Der Sozialdezernent verfolgt das Ziel, in Salzstetten eine plurale Verbändelandschaft unter Beteiligung der AWO zu schaffen. Daraus ergibt sich - so Frau Distel - eine besondere öffentliche Förderverpflichtung zugunsten finanzschwacher Verbände, wie der AWO. Als die Sozialverwaltung von freien Trägern bei der Übernahme von Kindergärten einen Eigenmittelanteil in Höhe von 20 Prozent bei den Personal- und Sachkosten forderte, verwies die AWO-Geschäftsführerin auf die geringen Mittel

---

101 Zum Zeitpunkt des Interviews war der Übergang vom Selbstkostendeckungsprinzip zu prospektiven Pflegesätzen im Bundessozialhilfegesetz und in der Pflegeversicherung noch nicht erfolgt (vgl. Backhaus-Maul/Olk 1994).

ihres Verbandes.[102] Diese Argumentation hatte ihres Erachtens zur Folge, daß der von der öffentlichen Verwaltung geforderte Eigenmittelanteil drastisch gesenkt oder daß sogar ganz darauf verzichtet wurde. Angesichts derartiger Erfolge bewertet Frau Distel die Kontakte zwischen der AWO einerseits und dem Sozialdezernenten und dem Jugendamt andererseits als äußerst positiv.

Die Übertragung öffentlicher Aufgaben ist aber nicht nur eine nette politische Geste, sondern verschafft nach Einschätzung von Frau Distel der Sozialverwaltung eine erhebliche Entlastung: "Daß sie uns die [Altenheime; d.A.] übergeben haben, fand ich gut, allerdings, wie sie sie uns übergeben haben, das war schlimm, (...) keiner konnte für jedes eigene Heim nur eine Bilanz machen, es gab keine Eröffnungsbilanz, es gab keine Abschlußbilanz, (...) und wenn wir nicht die Zähler abgelesen hätten und gesagt hätten, ab hier an zahlen wir unseren Strom selbst, bis dahin muß die Stadt noch bezahlen, hätte das keiner gemacht." Mit der Übernahme öffentlicher Einrichtungen und Dienste haben sich die freien Träger - entsprechend den Regelungen des Einigungsvertrages - zur Übernahme des Personalbestandes und der Einhaltung arbeits- und tarifvertraglicher Regelungen verpflichtet. Die Übertragung öffentlicher Aufgaben bedeutet somit für Sozialverwaltungen eine personelle, administrative und finanzielle Entlastung. Angesichts dieser Überwälzung von Belastungen auf freie Träger relativiert Frau Distel ihre Einschätzung: "Vielleicht war es [die Übertragung öffentlicher Aufgaben auf Wohlfahrtsverbände; d.A.] nicht fortschrittlich, vielleicht war es gewagt."

Unterstützung durch AWO-Partnerverbände und andere Wohlfahrtsverbände

Im Vergleich zur Unterstützung durch administrative Akteure kommt den AWO-Partnerverbänden aus der Sicht von Frau Distel eine eher geringere Bedeutung zu. Dabei hebt sie die Selbstverständlichkeit der Kooperation mit dem westdeutschen AWO-Partnerkreisverband hervor: "Ich brauche da nur anzurufen und irgendwie faxen die mir was durch oder schicken mir was oder sowas, aber letzten Endes umgesetzt habe ich das schon." Gleichzeitig macht sie aber auch die inhaltlichen Grenzen dieser Beratung deutlich, indem sie darauf verweist, daß die Arbeit des (Partner-)Kreisverbandes auf ganz anderen Landesgesetzen und Finanzierungsmodalitäten basiert. Die AWO-Bundesorganisation ist nach Einschätzung von Frau Distel für den Aufbau des AWO-Kreisverbandes in Salzstetten bedeutungslos, während der AWO-Landesverband nach Ansicht von Frau Distel sogar als "absoluter Hemmschuh" wirkt: "Da bleiben Dinge in der Schreibtischschublade liegen, die werden nicht weitergeleitet ans Ministerium, ich bin aber laut Satzung gezwungen immer erst über den Landesverband zu gehen, also, daß mache ich

---

102 Die Eigenmittel des Verbandes ergeben sich nach Aussage der Kreisgeschäftsführerin aus den Monatsbeiträgen der ca. 180 Mitglieder in Höhe von durchschnittlich 4,- DM pro Person, wovon noch ein Teil an den Landes- und Bundesverband abgeführt werden muß; Einnahmen aus Spendeneinnahmen gibt es nicht.

schon gar nicht mehr, (...) ich mache das alleine, ich mache das über den Landesverband hinweg, ich wende mich sofort ans Ministerium." Darüber hinaus nimmt der AWO-Kreisverband Salzstetten nach Aussagen von Frau Distel sogar originäre Aufgaben des Landesverbandes wahr, wenn etwa Beratungen für andere Kreisverbände durchführt werden.

Wichtige Hilfestellungen beim Verbandsaufbau haben nach Einschätzung der Kreisgeschäftsführerin die örtlichen GeschäftsführerInnen des Deutschen Roten Kreuzes, des Caritasverbandes und der Evangelischen Stadtmission geleistet. Das positive Verhältnis zu diesen Geschäftsführern sieht sie insbesondere darin begründet, daß "noch nicht so dieses Konkurrenzdenken unter uns [ist; d.A.], weil wir einfach noch von unseren übergeordneten Verbänden unabhängig sind" (Interview Distel).

Verbandsstrukturen

Für den erfolgreichen Verbandsaufbau mißt Frau Distel der Schaffung von arbeitsteiligen Verwaltungsstrukturen eine herausragende Bedeutung bei, da sie entlastend seien und ihr eine "Konzentration auf das Wesentliche ermöglichen" (Interview Distel) würden. Dabei hebt Frau Distel den eigenen Beitrag zum Verbandsaufbau deutlich hervor: "Ohne daß das überheblich klingen soll, ich muß schon sagen, daß ich den Hauptanteil alleine gemacht habe, bevor ich nach und nach neue ABM beantragt habe, um hier Unterstützung zu kriegen."

Demgegenüber beurteilt sie den Vorstand als unzureichend qualifiziert, um einen wirtschaftlich tätigen Verein zu führen. Diese Entschätzung setzt ihres Erachtens aber voraus, daß man die AWO nicht als geselligen Verein, sondern als wirtschaftliches Unternehmen begreift: "Wir [werden; d.A.] in einem Topf geschmissen mit jedem Kaninchenzüchterverein, so sage ich es mal, wir sind ein Verein, laut Gesetz sind wir ein Verein, wie jeder andere auch, ob wir Schmetterlinge züchten oder Briefmarken sammeln oder Arbeiterwohlfahrt sind, das ist leider so, das habe ich neulich auch in der Vorstandssitzung gesagt, ich sage, wir sitzen heute im Vorstand, der in die eigentlichen wirtschaftlichen Unternehmen überhaupt keinen Einblick mehr hat oder die das auch nicht wissen können, weil sie nicht die Fachleute sind" (Interview Distel). Auf die Frage nach ihren eigenen Vorstellungen von einer geeigneten Rechts- und Organisationsform der AWO antwortet die Kreisgeschäftsführerin mit Überlegungen zu einer Trennung von Verein und Unternehmen. In diesem Modell wäre der Vereinsvorstand für das "gesellige" Vereinsleben zuständig und zugleich Aufsichtsrat einer gemeinnützigen GmbH, die Gewinne erwirtschaften würde, die zweckgebunden reinvestiert werden müßten: "Jetzt speziell Arbeiterwohlfahrt, den Wohlfahrtsverband, da gibt es jetzt meinetwegen den Kreisverband Salzstetten als Verein, wirklich im Sinne dieses Vereinsgesetzes, mit seinem Vorstand vorneweg, [die; d.A.] Vereinsleben machen, so wie die Arbeiterwohlfahrt auch mal entstanden ist, die können Mitgliederversammlungen machen, die können sich gegenseitig besuchen und die können kleine Veranstaltungen machen und Geburtstag feiern und kleine Gruppenreisen machen, dieses Vereinsleben unterm Vorstand, das machen wir jetzt ja gar nicht, weil das ist ja ganz hinten an, weil wir uns erstmal eine wirtschaftliche Basis schaffen müssen und dann können wir an Vereinsleben denken, aber eigentlich müßte das so laufen, und dieser Vorstand, der müßte eine Art Aufsichtsrat bilden über eine gemeinnützige GmbH, da wird ein Geschäftsführer eingestellt, und in dieser gemeinnützigen GmbH arbeiten alle wirtschaftlichen Unternehmungen der Arbeiterwohlfahrt Kreisverband, und die können meinetwegen auch mit Profit arbeiten, nicht Non-Profit-Organisationen, ist alles Quatsch, das sind wir schon lange nicht mehr, (...) und diese wirtschaftlichen Unternehmen, die sollen doch meinetwegen auch mit Gewinn wirtschaften, wenn es welchen gibt, (...) und dieser Gewinn wird wieder eingesetzt für neue soziale Einrichtungen oder zur Unterstützung anderer sozialer Einrichtungen" (Interview Distel).

Bemerkenswert ist an diesen Überlegungen die Geringschätzung von Vereinsfunktionen und die positive Besetzung des Begriffs Unternehmen. Vereinsfunktionen wird nicht zuletzt deshalb eine geringe Bedeutung beigemessen, weil es zu DDR-Zeiten keine Vereinigungsfreiheit gab und es folglich in breiten Bevölkerungskreisen immer noch an hinreichenden Erfahrungen und Kompetenzen mangelt. Die Kreisgeschäftsführerin weist der AWO als "Unternehmen" sogar eine Vorreiterrolle in Deutschland zu: "Wenn jemand das verändern kann, dann kann es nur jetzt von uns neuen Bundesländern kommen, weil die alten viel zu große Scheuklappen aufhaben und schon betriebsblind sind." Diese Vorreiterrolle der AWO verknüpft Frau Distel mit einer besonderen Wir-Identität des kreativen, improvisationsfreudigen DDR-Bürgers: "Es gibt eben auch nicht den gelernten DDR-Bürger generell oder die DDR-Bürgerin, aber in vielen Positionen wäre ein gelernter DDR-Bürger doch viel besser gewesen, schauen sie mal, wenn ich das nicht gelernt hätte, in all den Jahren in der DDR aus nichts irgendetwas zu machen, dann hätte ich das hier auch nicht gekonnt, so zu improvisieren" (Interview Distel).

Zusammenfassung

Die AWO wurde in Salzstetten "zweimal" gegründet. Zunächst wurde der Bezirksverband durch Landespolitiker ins Leben gerufen, und völlig unabhängig davon gründeten einige Zeit später kommunalpolitische Akteure den Kreisverband. Diese unübersichtliche Gemengelage zwischen Bezirks- und Landesverband einerseits und Kreisverband andererseits dürfte sich erschwerend auf die Entwicklung der AWO ausgewirkt haben.

Der AWO-Kreisverband wird in Salzstetten als eine Organisation aufgebaut, die in erster Linie öffentliche Aufgaben wahrnimmt. Für den Verbandsaufbau und das verbandliche Aufgabenverständnis ist die Zusammenarbeit mit der öffentlichen Sozialverwaltung in der Rolle des "Juniorpartners" konstitutiv. Das Spektrum der vom Verband erbrachten Leistungen beschränkt sich auf gesetzliche Pflichtaufgaben, die mit öffentlichen Mitteln voll finanziert werden. Die Vorstellung vom "Unternehmen AWO" wirkt angesichts fehlender Vereinserfahrungen sowie aus DDR-Zeiten fortwirkender negativer Vorstellungen über freiwilliges soziales Engagement geradezu identitätsstiftend für das Führungs- und Leitungspersonal.

9.4 Die AWO in Ostdeutschland auf der Suche nach sich selbst: Gesetzliche Pflichtaufgaben, betriebliche Organisationsformen und professionelle Leistungserbringung

Das traditionelle sozialpolitische Selbstverständnis der AWO, demzufolge Staat und Kommunen die Verantwortung für die Sozialpolitik und die soziale Versorgung zugewiesen wird, ist folgenreich für den Verbandsaufbau. So übernimmt die AWO soziale Aufgaben nur dann, wenn sie mit öffentlichen Mitteln voll finanziert werden, durch den Einsatz professionellen Personals erbracht werden können und der sozialpolitischen Prioritätensetzung des Verbandes entsprechen. Nicht nur dieses traditionelle verbandspolitische Selbstverständnis, sondern auch die innerverbandliche Diskussion über die "Modernisierung" der AWO, deren Protagonisten sich besonders beim Aufbau der AWO in Ostdeutschland - etwa im Rahmen der Beratungsarbeit des AWO-Verbindungsbüros - engagiert haben, prägen die Verbandsentwicklung in den neuen Bundesländern. Im Mittelpunkt dieser Diskussionen steht die organisatorische Trennung von Verein und Betrieb sowie die Professionalisierung des Fach- und Führungspersonals.

Nach Einschätzung von Edwin Reuter, Mitarbeiter im AWO-Verbindungsbüro, hat die AWO in den neuen Bundesländern "zu 80 Prozent ein Selbstverständnis als professioneller Anbieter von sozialen Leistungen." Die Organisationsentwicklung der AWO ist insbesondere dadurch geprägt, daß Mitglieder und entsprechende Vereinsstrukturen nicht oder nur rudimentär vorhanden sind, und daß statt dessen betriebliche Organisationsformen mit einem hauptamtlichen Personal in den Vordergrund treten. "Diese starke betriebliche und hauptamtliche Ausrichtung steht allerdings auf schwachen ehrenamtlichen Füßen" (Thürnau u.a. 1994: 147): "Wenn wir alle Vorstände mit 7 Personen besetzen wollten, bräuchten wir rund 12.000 Funktionäre" (Interview Reuter), was bei knapp 35.000 Mitgliedern[103] erhebliche Probleme bereiten würde. Angesichts der geringen Zahl von Mitgliedern und ehrenamtlichen Mitarbeitern ist das hauptamtliche Personal von besonderer Bedeutung. Nach Schätzung des AWO-Verbindungsbüros hat die AWO in den

---

103 Die Mitgliederentwicklung der AWO in den neuen Bundesländern stellt sich - Schätzungen zufolge - so dar, daß die AWO 1991 ca. 20.000 Mitglieder (Haar/Thürnau 1991: 244), 1993 etwa 25.000-30.000 Mitglieder (Interview Reuter) und 1994 rund 35.000 Mitglieder hatte (Thürnau u.a. 1994: 147).

neuen Bundesländern ca. 35.000 Mitglieder und 15.000 hauptamtliche Mitarbeiter, während die AWO in den Altbundesländern im gleichen Jahr bei 605.000 Mitgliedern nur 50.000 hauptamtliche Mitarbeiter beschäftigt (vgl. Thürnau u.a. 1994).

Vor diesem Hintergrund verweist Edwin Reuter auf organisatorische Alternativen zu einer auf Ehrenamtlichkeit basierenden Vereinsstruktur im Sinne einer Trennung von Betrieb und Verein. Die Funktion von ehrenamtlich tätigen Vorstandsmitgliedern soll dahingehend verändert werden, daß "entsprechend qualifizierte Leute von Geschäftsführungsaufgaben entbunden werden und wie Aufsichtsräte Kontrollfunktionen ausüben" (Interview Reuter) sollen. Diese Strategie einer Trennung von Betrieb und Verein wirft die Frage auf, wie Mitglieder zukünftig an die Organisation, d.h. den "Dienstleistungsbetrieb", gebunden werden können bzw. warum denn jemand überhaupt Mitglied in einem "Betrieb" werden sollte.

Für eine betrieblich organisierte AWO wird - so Edwin Reuter - das hauptamtliche Fach- und Führungspersonal zur wichtigsten Ressource. Dementsprechend wird der Personalentwicklung von seiten des Verbindungsbüros eine herausragende Bedeutung beigemessen. In der Aufbausituation der AWO sind fachliche Mängel, insbesondere sozialarbeiterische und pädagogische Defizite, deutlich geworden: "Jetzt wird es verstärkt darum gehen, die Fachlichkeit der Arbeit zu erreichen und abzusichern" (Interview Reuter). Vom Führungspersonal einer betrieblich organisierten AWO werden Managementkompetenzen, insbesondere die Fähigkeit zu einer kooperativen Personalführung,[104] erwartet.

Der Verbandsaufbau der AWO in Ostdeutschland weist deutliche Bezüge zu allgemeinpolitischen Diskussionen im deutschen Einigungsprozeß auf. Nachdem deutlich wurde, daß es keine politischen Alternativen zum Beitritt der DDR zur Bundesrepublik Deutschland gab, standen nicht politische und soziale Themen, sondern wirtschaftliche Argumente und Begrifflichkeiten im Vordergrund der Diskussion. Die Thematisierung der deutschen Vereinigung in einer ökonomischen Perspektive hat entsprechende Deutungen des Verbandsaufbaus geprägt. Im Gegensatz zu wirtschaftlichen Argumentationen und Begrifflichkeiten werden soziale und sozialpolitische Fragen von den interviewten Verbandsvertretern nicht oder nur am Rande thematisiert. Die Darstellung des Verbandsaufbaus aus einer wirtschaftlichen Perspektive bot für die AWO-GeschäftsführerInnen in den neuen Bundesländern einerseits die Möglichkeit, an "moderne" Verbandsdiskussionen in den Altbundesländern anzuknüpfen, und andererseits die Aussicht auf eine hohe politische und soziale Akzeptanz als "Dienstleistungsunternehmen" in den neuen Bundesländern.

---

104 So vertritt Edwin Reuter die Auffassung, daß das Führungspersonal der AWO in den neuen Bundesländern häufig mit Problemen nicht konstruktiv, sondern recht autoritär umgehen würde.

9.4.1 Aufgaben-, Organisations- und Leistungsstruktur

Anhand der skizzierten Befunde aus den Interviews auf Kommunal-, Bezirks-, Landes- und Bundesebene stellt sich die Entwicklung der AWO in den neuen Bundesländern - unter Berücksichtigung verbandlicher und politischer Diskussionen - folgendermaßen dar:

- Die AWO agiert als Leistungsträger, der gesetzliche Pflichtaufgaben wahrnimmt, die mit öffentlichen Mitteln voll finanziert werden.
- Das Leistungsverständnis der AWO wird nicht aus einer Nachfrage-, sondern aus einer Angebotsperspektive begründet. Es geht also nicht um Leistungsangebote für spezifische Klientengruppen, sondern um ein qualitativ hochwertiges Leistungsangebot, wobei die Qualität der Leistungen durch eine Professionalisierung des Fach- und Führungspersonals erreicht werden soll.
- Die Organisationsweise der AWO ist durch eine herausragende Stellung der GeschäftsführerInnen als "Entscheider" geprägt. Im "Unternehmen AWO" werden Geschäftsführungen anstelle von Vereinsorganen, wie Mitgliederversammlung und Vorstand, zum wichtigsten Entscheidungsgremium. Aus der Perspektive der GeschäftsführerInnen wird die AWO mit Begriffen wie Unternehmen und Betrieb gekennzeichnet; ihre eigene Tätigkeit beschreiben sie als Management und Personalführung. Begriffe wie Unternehmen und Management werden zwar häufig benutzt, bleiben inhaltlich aber bemerkenswert unbestimmt.[105]

Der Aufbau der AWO erfolgt in enger Zusammenarbeit mit der öffentlichen Sozialverwaltung, der von seiten der AWO-Geschäftsführer die Funktion des Gewährleistungsträgers, d.h. des Kostenträgers und politisch Verantwortlichen, zugewiesen wird. Unter diesen Bedingungen konstituiert sich die AWO nicht als ein privatgewerbliches Dienstleistungsunternehmen, sondern als ein *quasi-kommunaler Versorgungsbetrieb, der als Juniorpartner der öffentlichen Verwaltung gesetzliche Pflichtaufgaben wahrnimmt* und angesichts der Notwendigkeit zur Kostenersparnis bestrebt ist, eine rationelle betriebliche Organisationsstruktur aufzubauen. Die AWO-GeschäftsführerInnen sind die Protagonisten eines derart "verschlankten Wohlfahrtsverbandes", der sich darauf beschränkt, gesetzliche Pflichtaufgaben mit dem Anspruch auf Professionalität und betrieblicher Rationalität zu erbringen. Diese Strukturentscheidungen im Aufbauprozeß der AWO haben zur Folge, daß assoziative und sozialpolitische Funktionen weitgehend bedeutlos sind und möglicherweise auch bleiben werden.

---

[105] "Was das ökonomische Denken anbelangt, da sind die Sozialarbeiter in unserer Republik ja überhaupt nicht drauf eingestellt und auch nicht ausgebildet worden, nicht einmal die ökonomischen Kader, weder die Fachschulkader, auch die Hochschulkader nicht, weil unser Rechnungswesen ein anderes war" (Heuschel 1990).

9.4.2 Diskussion der Ergebnisse

Bei der Entwicklung dieses Prototyps des verschlankten Wohlfahrtsverbandes überschneiden sich die Strategien der "erfolgsorientierten" AWO-GeschäftsführerInnen in den neuen Bundesländern und der "AWO-Modernisierer" in den Altbundesländern. Nur gelingt es den GeschäftsführerInnen in den neuen Bundesländern - angesichts fehlender verbandlicher Traditionen sowie verbandspolitisch aktiver Mitglieder und Vorstände - ihre Vorstellungen zügig und bruchlos umzusetzen. Aus dem Aufbau der AWO in Ostdeutschland sind insofern Rückwirkungen auf die Entwicklung der AWO im gesamten Bundesgebiet zu erwarten, als in den Altbundesländern die Trennung zwischen leistungsbezogenen, assoziativen und sozialpolitischen Funktionen forciert werden könnte. In dieser Entwicklungsperspektive wären die kommunalen Gliederungen der AWO zukünftig nur noch Leistungsträger, während sich Landesverbände und Bundesorganisation auf verbands- und sozialpolitische Funktionen beschränken würden. Die assoziative Funktion der AWO würde dann zum historischen Relikt.

Als derart "verschlankter Wohlfahrtsverband" ist die AWO mit dem Problem konfrontiert, daß sie - etwa im Vergleich mit den konfessionellen Verbänden - ein kleiner ressourcenschwacher Verband ist, der nur wenige Mittel hat, um sich wirksam öffentlich darzustellen. "Die Finanzkrise und die geringen Eigenmittel der AWO (schätzungsweise nur 2-3 Prozent aller Aufwendungen) führen dazu, daß die Zahl wegweisender Modellprojekte der AWO heute im Vergleich zu früheren Jahren zurückgegangen ist. Gerade damit ist auch die Bedeutung der AWO in ihrem Selbstverständnis als Pionierfunktionsträger für soziale Arbeit rückläufig" (Niedrig 1994: 136). Als ressourcenschwacher Leistungsträger hat es die AWO schwer, sich gegenüber anderen Wohlfahrtsverbänden zu profilieren. "Alle Wohlfahrtsverbände und so auch die AWO bemühen sich intensiv darum, ihr Selbstverständnis auch gegenüber anderen konkurrierenden Verbänden neu zu definieren, zumal alle Verbände angesichts der großen Gemeinsamkeiten (allgemein bejahte Fachlichkeit und Sozialanwaltsrolle) sich seit Jahren immer mehr aufeinander zubewegt haben und die Summe der Gemeinsamkeiten wesentlich größer ist als die Summe des Trennenden" (Niedrig 1994: 135). Vor diesem Hintergrund ist es verständlich, daß die AWO als "mittelloser" Verband bestrebt ist, beim Aufbau in den neuen Bundesländern eine Effizienzsteigerung durch betriebliche Organisationsformen zu erzielen. Ein rationeller Ressourceneinsatz allein wird die AWO aber nicht davor bewahren, im "Profil immer profilloser" zu werden.

10. Der Paritätische Wohlfahrtsverband in der Zwickmühle

Den Paritätischen Wohlfahrtsverband gab es in der DDR nicht: Der westdeutsche Verband stand somit vor der Frage, ob er sein Wirkungsgebiet auf die neuen Bundesländer ausdehnen sollte. Da sich der Paritätische Wohlfahrtsverband nicht in erster Linie als Träger sozialer Einrichtungen, sondern als Dachverband versteht, hing diese Entscheidung insbesondere von potentiellen Mitgliedsorganisationen ab.

Im folgenden werden zunächst die Gründungs- und Entwicklungsgeschichte des Paritätischen Wohlfahrtsverbandes (Abschnitt 10.1) sowie das verbandliche Selbstverständnis (Abschnitt 10.2) dargestellt. Der anschließende Hauptteil des Kapitels beschreibt zunächst die Situation des Paritätischen Wohlfahrtsverbandes in der deutschen Vereinigung (Abschnitt 10.3) und zeichnet die Gründungsverläufe von Paritätischen Landesverbänden in Fürstenberg und Lummerland und ihren jeweiligen untergeordneten Verbandsgliederungen in Neu-Brühl, Frankenstein und Salzstetten nach (Abschnitt 10.4).

10.1 Gründung und historische Entwicklung

Die Gründung des Paritätischen Wohlfahrtsverbandes geht auf die Zeit nach dem Ersten Weltkrieg zurück. In diesen Jahren gerieten zahlreiche rechtlich selbständige soziale Einrichtungen in eine finanzielle Notlage und wurden daher einem öffentlichen Träger unterstellt. Um die Selbständigkeit der Einrichtungen doch noch erhalten zu können, regte 1919 der "Verband der Frankfurter Krankenanstalten" die Gründung einer Reichsorganisation der nicht-staatlichen und nicht-städtischen Krankenanstalten Deutschlands an. Die konfessionellen Trägerorganisationen sowie die Krankenanstalten des Roten Kreuzes hatten sich schon in eigenen Verbänden zusammengeschlossen und wollten nur in diesen Zusammenschlüssen einem gemeinsamen zentralen Krankenhaus-Reichsverband beitreten. Es fehlte ein entsprechender Zusammenschluß der nicht-konfessionellen gemeinnützigen Krankenanstalten, der sich schließlich am 3. Februar 1920 unter dem Namen "Vereinigung der freien privaten gemeinnützigen Kranken- und Pflegeanstalten Deutschlands" gründete (vgl. Strauss/Dörrie 1993). Noch im gleichen Jahr wurde beschlossen, diesen "Kranken-Fachverband zu einem Spitzenverband für alle freien sozialen Einrichtungen auszubauen" (Strauss/Dörrie 1993: 5).

Aus diesem Zusammenschluß ging 1924 der Paritätische Wohlfahrtsverband unter dem Namen "Vereinigung der freien privaten gemeinnützigen Wohlfahrtseinrichtungen Deutschlands" hervor. Da dieser Name im Tagesgeschäft nicht handhabbar erschien, wurde der Verband 1925 in "Fünfter Wohlfahrtsverband" umbenannt, da er als jüngster und fünfter Spitzenverband der Liga der Freien Wohlfahrtspflege beigetreten war. Im Jahr 1930 wurde der Name schließlich in "Deutscher Paritätischer Wohlfahrtsverband" geändert.

Nach der Machtübernahme der Nationalsozialisten im Jahre 1933 übte die durch die NSDAP gegründete "Nationalsozialistische Volkswohlfahrt" (NSV) zunehmend Einfluß in der Liga der Wohlfahrtspflege aus, woraufhin einige leitende Personen des Paritätischen Wohlfahrtsverbandes ihre Ämter niederlegten und andere - im Zuge der nationalsozialistischen "Gleichschaltung" - ihre Positionen in den Verbandsorganen verloren. Auf einer Mitgliederversammlung im Jahre 1934 beschlossen die verbliebenen Mitglieder schließlich, den Verband aufzulösen.

Nach dem Zweiten Weltkrieg gründeten sich in den drei westlichen Besatzungszonen relativ rasch wieder verschiedene nicht-konfessionelle Wohlfahrtsverbände, die sich im Oktober 1949 auf Bundesebene zum "Deutschen Paritätischen Wohlfahrtsverband" zusammenschlossen (vgl. Strauss/Dörrie 1993, Flierl 1992).[106] Die Zahl der Mitgliedsorganisationen in den Landesverbänden stieg seit 1951 kontinuierlich an: Während der Paritätische Wohlfahrtsverband 1951 noch 337 Mitgliedsorganisationen mit 1870 Einrichtungen und Diensten angab, waren es 1985 schon 4300 Mitgliedsorganisationen mit 12478 dazugehörigen Einrichtungen und Diensten.

In den 70er Jahren erhielt der Paritätische Wohlfahrtsverband verstärkt Zulauf von Selbsthilfegruppen und selbstorganisierten Initiativen, die zum Teil einen ausgeprägten politischen Anspruch vertraten.[107] Durch diese neuen Mitgliedsorganisationen setzte eine Phase der Politisierung des Verbandes ein: Als Dachverband und Interessenvertreter dieser lokalen, kleinen Gruppierungen entwickelte und formulierte er sozialpolitische Forderungen zur Verbesserung der Chancen dieser Organisationen.[108]

Organisatorisch gliedert sich der Paritätische Wohlfahrtsverband erstens in den Gesamtverband, dem die Hauptgeschäftsstelle sowie verschiedene Referate und Fachausschüsse angegliedert sind, zweitens in rechtlich selbständige Landesverbände und drittens in Kreisgruppen auf lokaler Ebene, die keinen eigenständigen

---

106 In Nordrhein-Westfalen bestanden zunächst unterschiedliche Meinungen sowohl bei sozialen Einrichtungen als auch auf politischer Ebene, ob der Paritätischen Wohlfahrtsverband als Spitzenverband der Freien Wohlfahrtspflege wiedergegründet werden solle (vgl. dazu die ausführlichen Studien in Hüppe/Schrapper 1989).

107 Zur ausführlichen Darstellung des Verhältnisses zwischen Selbsthilfeinitiativen und Paritätischem Wohlfahrtsverband siehe Dörrie (1992) und Merchel (1989).

108 Vergleiche zur Geschichte und Struktur sowie zum verbandlichen Selbstverständnis des Paritätischen Wohlfahrtsverbandes auch die Studie von Merchel (1989).

juristischen Status aufweisen. Darüber hinaus existieren regionale Gliederungen, die als Regionalgeschäftsstellen bezeichnet werden und die organisatorisch den Landesverbänden angehören. Soweit die Mitgliedsorganisationen, die jeweils rechtlich eigenständig sind, nur in einem Bundesland tätig sind, werden sie Mitgliedsorganisationen des entsprechenden Landesverbandes; überregionale Verbände und Organisationen, die über den Bereich eines Landesverbandes hinaus soziale Arbeit leisten und mit ihren Untergliederungen in mehr als einem Landesverband des Paritätischen Wohlfahrtsverbandes bereits aufgenommen sind, können Mitglied beim Gesamtverband werden. Zu diesen überregional tätigen Organisationen zählen beispielsweise der Arbeiter-Samariter-Bund, das Deutsche Sozialwerk, der Deutsche Kinderschutzbund, Pro Familia oder die Deutsche Aids-Hilfe, um nur einige zu nennen. Für das Jahr 1992 gibt der Paritätische Wohlfahrtsverband eine Zahl von 7000 auf ein Bundesland begrenzt tätigen und zum Teil nur lokal operierenden Mitgliedsorganisationen und 144 überregionalen Mitgliedsorganisationen an, die in allen sozialen Aufgabenbereichen tätig sind (vgl. DPWV 1993).[109]

10.2 Aufgaben und Selbstverständnis

Im Laufe der Entwicklungsgeschichte gab der Paritätische Wohlfahrtsverband seine staatsferne Haltung - die aus dem Motiv der "Abwehr von Kommunalisierung" (Strauss/Dörrie 1993: 8) aus der Gründungsphase resultierte - auf, und entschloß sich zu einer engeren Zusammenarbeit mit der öffentlichen Seite, um die Interessen der Mitgliedsorganisationen besser vertreten zu können. Die Eigenständigkeit und Vielfalt der Mitgliedsorganisationen wurde jedoch weiterhin betont und blieb ein konstitutives Element des "Paritätischen Selbstverständnisses".

Dieses Selbstverständnis, nicht nur Spitzenverband der Freien Wohlfahrtspflege zu sein, sondern darüber hinaus Dachverband rechtlich eigenständiger Mitgliedsorganisationen, kommt in der Satzung sowie in den Verbandsgrundsätzen und Handlungsmaximen des Paritätischen Wohlfahrtsverbandes zum Ausdruck:

"Der Deutsche Paritätische Wohlfahrtsverband ist anerkannter Spitzenverband der freien Wohlfahrtspflege. Er repräsentiert und fördert seine Mitgliedsorganisationen in ihren fachlichen Zielsetzungen und ihren rechtlichen, gesellschaftlichen und wirtschaftlichen Belangen. Durch verbandseigene Institutionen trägt er bei zur Erhaltung, Zusammenarbeit und Neugründung von Organisationen und Einrichtungen der Sozialarbeit" (DPWV 1991: § 2, Absatz 2)[110] An anderer Stelle heißt es

---

109 Im Hinblick auf die Kapazität des Paritätischen Wohlfahrtsverbandes mit seinen angeschlossenen Mitgliedsorganisationen stellt er in den alten Bundesländern - nach den beiden konfessionellen Verbänden - den drittgrößten freigemeinnützigen Träger sozialer Dienste und Einrichtungen dar.
110 DPWV 1991, Satzung des Paritätischen Wohlfahrtsverbandes - Gesamtverband e.V., verschiedenfach ergänzte Fassung vom 26. April 1991.

dazu: "Die Umsetzung der paritätischen Verbandspolitik kann auch dadurch erfolgen, daß der PARITÄTISCHE selbst soziale Dienste und Einrichtungen trägt. (...) Verbandseigene Arbeit ergänzt die Arbeit der Mitgliedsorganisationen, füllt Lücken in den Bereichen sozialer Dienstleistungen, die von Mitgliedsorganisationen nicht geschlossen werden können, oder hat Pionier- und Modellfunktion für die Entwicklung sozialer Arbeit" (DPWV 1990, Hervorhebung, i.O.).

Diese verbandspolitischen Grundsätzen verweisen auf zwei parallel nebeneinander bestehende Aufgabenschwerpunkte:

(1) Der Paritätische Wohlfahrtsverband tritt dann als Träger sozialer Dienste und Einrichtungen auf, wenn "Versorgungslücken" wahrgenommen werden oder Modellprojekte durchgeführt werden sollen. Die Definition einer "Versorgungslücke", die mit verbandseigenen Einrichtungen und Diensten geschlossen werden soll, obliegt dabei den LandesgeschäftsführerInnen - in Kooperation mit den KreisgeschäftsführerInnen -, wobei Kreisgruppen "vor Ort" als Leistungsanbieter auftreten, obwohl die Trägerschaft rechtlich bei der Landesebene liegt. Bei diesen sozialen Diensten handelt sich in der Regel um Angebote wie "Essen auf Rädern" oder Beratungsleistungen.

(2) Der Paritätische Wohlfahrtsverband versteht sich als Dienstleistungsorganisation für seine Mitgliedsorganisationen, indem er ihnen Beratung, Weiterbildung, Zugang zu Finanzierungsmöglichkeiten sowie Fachwissen zur Verfügung stellt und schließlich als sozialpolitischer Akteur anwaltschaftlich deren Interessen vertritt.

Die Struktur und Schwerpunktsetzung der jeweiligen Paritätischen Landesverbände und Kreisgruppen hängt demnach von den jeweiligen regionalen Gegebenheiten ab. Vor allem richtet sie sich danach, welche Organisationen Mitglied sind und welche Leistungen von ihnen angeboten werden.

Den in der Satzung formulierten "Handlungsprinzipien" Toleranz, Offenheit und Vielfalt zufolge setzt sich der Paritätische Wohlfahrtsverband insbesondere für die Eigenständigkeit seiner Mitgliedsorganisationen und deren unterschiedliche fachliche, konzeptionelle und methodische Ansätze der sozialen Arbeit ein. Seine besondere Aufgabe sieht er darin, "Solidarität und Bereitschaft zu dialogischem Lernen" der Mitglieder untereinander zu unterstützen sowie "freiwilliges soziales Engagement zu fördern und zu qualifizieren", um den "Bedürfnissen und Motiven der ehrenamtlichen Mitarbeiterinnen und Mitarbeiter Rechnung" zu tragen (vgl. DPWV 1990, Flierl 1992).

Organisationen und Einrichtungen, die eine Mitgliedschaft im Paritätischen Wohlfahrtsverband anstreben, müssen diese Grundsätze der gegenseitigen Rücksichtnahme und kooperativen Zusammenarbeit akzeptieren sowie überwiegend soziale (in Abgrenzung zu sportlichen oder kulturellen) Anliegen vertreten (vgl. DPWV 1991). Darüber hinaus dürfen sie keinem anderen Spitzenverband der Freien Wohlfahrtspflege angehören. Gemeinsam ist dem Gesamtverband mit seinen

Mitgliedsorganisationen das Merkmal, weder konfessionell noch parteipolitisch gebunden zu sein. Seit einigen Jahren ist in der innerverbandlichen Diskussion das Bestreben zu beobachten, dem Verband eine "eigene Identität als Solidargemeinschaft" zu geben, die über die beiden residualen Bestimmungen (nicht-konfessionell, nicht-parteipolitisch) hinaus inhaltlich mit "Zielvorstellungen, Haltungen, Einstellungen und gesellschaftlichen Wertmustern" ausgefüllt und zu einer identitätsstiftenden "Philosophie" verdichtet werden soll (vgl. Sengling 1993).

10.3 Deutsche Vereinigung: Zurückhaltung von oben und Druck von unten

Der Aufbau des Paritätischen Wohlfahrtsverbandes in den neuen Bundesländern erfolgte recht zögernd, da der westdeutsche Verband zunächst aus verbandspolitischen Gründen Zurückhaltung übte. Herr Reiche, Hauptreferent des Paritätischen Gesamtverbandes beschreibt, daß nach dem "Mauerfall" verbandlicherseits zunächst kein Interesse bestanden habe, sich in der DDR zu engagieren. Seit November 1989 - insbesondere seit dem Frühjahr 1990 - geriet der Verband jedoch zunehmend unter "Handlungsdruck": So wandten sich mehrere gesundheitsbezogene Selbsthilfegruppen chronisch Kranker nach ihrer Gründung Ende 1989 an die überregional tätigen Mitgliedsorganisationen des Paritätischen Wohlfahrtsverbandes und bekundeten ihr Interesse, sich ebenfalls zu derartigen "Betroffenenverbänden" zusammenzuschließen (vgl. Dörrie/Schneider/Wißkirchen 1991: 231, Schneider 1991 und 1992: 77).[111] "Die überregionalen Mitgliedsorganisationen kamen zu uns und vermißten jemanden, der sie vertritt", schildert Horst Reiche die Situation im Interview. Auch die grenznahen Landesverbände - insbesondere in Niedersachsen und Hessen - sahen sich einer größeren Nachfrage nach Beratung durch neu entstandene Initiativen und Vereine gegenüber.

Diese konkreten Anfragen nach Beratung und Unterstützung sowie die Befürchtung einiger VertreterInnen des Bundesverbandes, daß der Bereich sozialer Dienste in den Verhandlungen zum 1. Staatsvertrag (Währungs- und Sozialunion) nicht berücksichtigt werden würde, führten dazu, daß der Paritätische Wohlfahrtsverband schließlich in den neuen Bundesländern aktiv wurde.

Verschiedene Landesverbände des Paritätischen Wohlfahrtsverbandes aus den alten Bundesländern richteten Anfang 1990 in den neuen Bundesländern sogenannte Beratungsbüros ein, deren Hauptaufgabe darin bestand, InteressentInnen in Rechtsfragen und zu Fragen der Vereinsgründung zu beraten (Interview Reiche).

Im Frühjahr 1990 sei dann die Volkssolidarität (VS) mit dem Wunsch an den Bundesverband des Paritätischen Wohlfahrtsverbandes herangetreten, Mitglied zu

---

111 Diese Mitgliedsorganisationen waren die Deutsche ILCO, der Verband der Kriegs- und Wehrdienstopfer, Behinderten und Sozialrentner Deutschlands (VDK) oder die Deutsche Multiple-Sklerose-Gesellschaft (DMSG).

werden. Daraufhin wurden intensive Recherchen über diese ehemalige Massenorganisation der DDR durchgeführt und Gespräche zwischen den Präsidenten beider Organisationen organisiert, schildert Horst Reiche im Interview.[112] Die Mitgliedschaft der Volkssolidarität gab dem Paritätischen Wohlfahrtsverband die Möglichkeit, in vielen Regionen der neuen Bundesländer die Ressourcen der VS zu nutzen und war insofern hilfreich beim Aufbau eigener verbandlicher Strukturen.

Im Mai 1990 fand auf Einladung des Paritätischen Wohlfahrtsverbandes eine "deutsch-deutsche Konferenz" in den neuen Bundesländern statt, an der 25 überregionale Mitgliedsorganisationen teilnahmen und sich zu der "Paritätischen Arbeitsgemeinschaft" zusammenschlossen, die sich als "koordinierendes Forum und Lobby für freie soziale Arbeit unabhängiger Organisationen" (vgl. Dörrie/Schneider/Wißkirchen 1991: 233) verstand. Einen Monat später wurde die Arbeitsgemeinschaft als eingetragener Verein institutionalisiert, wobei in der Satzung festgelegt wurde, daß die Arbeitsgemeinschaft mit der deutschen Vereinigung in dem Gesamtverband aufgehen soll (vgl. Dörrie/Schneider/Wißkirchen 1991: 233, Schneider 1992: 79, Interview Reiche).

Noch im Jahr 1990 wurden erste Landesverbände des Paritätischen Wohlfahrtsverbandes in den neuen Bundesländern gegründet,[113] wobei aus verbandlicher Sicht darauf Wert gelegt wird, daß diese Entscheidung von den Mitgliedsorganisationen getroffen worden sei, denn "eine Gründung als Kopfgeburt trägt nicht lange", betont Herr Reiche, so daß der Paritätische Wohlfahrtsverband seinem Anliegen, zu "helfen, ohne zu kolonialisieren", treu geblieben sei. Bereits im Oktober 1990 hatten sich in allen fünf neuen Bundesländern Landesverbände des Paritätischen Wohlfahrtsverbandes gegründet.

Die neu gegründeten Paritätischen Landesverbände standen vor den Aufgaben,
- als Spitzenverbände der Freien Wohlfahrtspflege soziale Dienste und Einrichtungen zu übernehmen bzw. ein breites Angebot an sozialen Diensten und Einrichtung über - zumeist große überregionale - Mitgliedsorganisationen abzudecken,
- als Dachverbände Servicestellen und Interessenvertretung für ihre Mitgliedsorganisationen zu sein sowie schließlich
- selbstorganisiertes soziales Engagement zu fördern und zur Gründung von Initiativen und Vereinen anzuregen.

Der Paritätische Wohlfahrtsverband sah sich mit der Notwendigkeit konfrontiert, eine schnelle Entscheidung treffen zu müssen, da die großen überregionalen Mit-

---

112 In Verhandlungen zwischen den beiden Organisationen wurden verschiedene Konditionen und Bedingungen für die Mitgliedschaft der Volkssolidarität im Paritätischen Wohlfahrtsverband festgelegt (siehe dazu Kapitel 7).
113 Die im Mai 1990 durchgeführte Konferenz in den neuen Bundesländern und die daraus entstandene "Paritätische Arbeitsgemeinschaft" wird von verschiedenen VerbandsvertreterInnen des Paritätischen Wohlfahrtsverbandes als "Signal" für die Gründung von eigenen Landesverbänden in den neuen Bundesländern gedeutet.

gliedsorganisationen Handlungsdruck erzeugten. Vor diesem Hintergrund und aufgrund knapper personeller Ressourcen entschieden sich die in den neuen Bundesländern neu gegründeten Paritätischen Landesverbände dazu, ihre Aufgabe als Spitzenverband und als Dachverband großer überregionaler Mitgliedsorganisationen wahrzunehmen, wobei eine systematische Förderung von selbstorganisiertem Engagement und eine Anregung zur Gründung von Initiativen vernachlässigt wurde.

10.4 Das Selbstverständnis des Paritätischen Wohlfahrtsverbandes in den neuen Ländern

Der Aufbau von Landesverbänden in den neuen Bundesländern wurde vom Paritätischen Wohlfahrtsverband in den Altbundesländern unterstützt: Für jedes der fünf neuen Bundesländer wurde ein Landesverband aus den alten Bundesländern als Berater eingesetzt, so auch in Lummerland und Fürstenberg. Darüber hinaus sind in diesen beiden ostdeutschen Landesverbänden westdeutsche Geschäftsführer tätig. Somit lassen sich "ländertypische" Muster mehr oder weniger ausgeprägt bis in die rechtlich-unselbständigen kommunalen Verbandsgliederungen der Regionalgeschäftsstellen und Kreisgruppen ausmachen. Die organisatorischen Spezifika der Paritätischen Landesverbände in Fürstenberg und Lummerland lassen sich neben den Interessen der regionalen und überregionalen Mitgliedsorganisationen durch den ausgeprägten Einfluß der jeweils beratenden Partnerlandesverbände aus den alten Bundesländern erklären. Es ist trotz dieser "Aufbauhilfe" durch westdeutsche Verbandsakteure jedoch nicht zu erwarten, daß in den neuen Ländern bloße Duplikate der westdeutschen Organisationen entstehen, schon allein aufgrund der dominanten Position der Volkssolidarität als großer Mitgliedsorganisation in den ostdeutschen Paritätischen Verbänden. Im folgenden werden zunächst jeweils der Landesverband und anschließend die kommunalen Gliederungen des Paritätischen Wohlfahrtsverbandes in Lummerland und Fürstenberg dargestellt.

10.4.1 Servicestelle für Mitgliedsorganisationen: Fürstenberg

Ende 1989 gründeten sich in Fürstenberg verschiedene "Betroffenenverbände", die traditionell zu den Mitgliedsorganisationen des Paritätischen Wohlfahrtsverbandes zählen (vgl. Fußnote 111). Diese überregional tätigen Organisationen formulierten den Wunsch nach adäquater Vertretung auf Landesebene. Ferner ergriffen zwei Stadtverbände der Volkssolidarität selbst die Initiative und gründeten gemeinsam mit 23 weiteren Organisationen im Juli 1990 den Landesverband des Paritätischen Wohlfahrtsverbandes. Von diesem Gründungsakt wurde der Gesamtverband in

Frankfurt lediglich schriftlich in Kenntnis gesetzt: "Da hat mich im Urlaub ein Brief erreicht, daß die jetzt einen Paritätischen Landesverband gründen" (Interview Reiche). Als der erste Geschäftsführer verstarb, übernahm Cornelius Ullrich, ein vom beratenden Landesverband aus den alten Bundesländern entsandter Mitarbeiter, diese Funktion und ist seitdem Landesgeschäftsführer in Fürstenberg.

Das starke Engagement der Mitgliedsorganisationen bei der Verbandsgründung sowie die intensiven Beratungen und die personelle Aufbauunterstützung durch den Partnerlandesverband der alten Bundesländer wirkten sich auf das Selbstverständnis und "Profil" des Paritätischen Landesverbandes in Fürstenberg nachhaltig aus. Der westdeutsche Partnerlandesverband verfolgte seit einiger Zeit die Strategie, seine verbandseigenen sozialen Einrichtungen und Dienste in GmbHs umzuwandeln, und betätigte sich deswegen - nach dieser Auslagerung - kaum noch als Träger sozialer Dienste und Einrichtungen, sondern hauptsächlich als "Dienstleistungsorganisation" für seine Mitgliedsorganisationen.

Herr Ullrich berichtet, der Aufgabenschwerpunkt des Landesverbandes Fürstenberg läge in der "Betreuung" und Koordinierung der vielfältigen Mitgliedsorganisationen und deren heterogenen Interessen:[114] "Das ist unser Hauptjob, das Ausgleichen untereinander, die Beratung der Organisationen und das Weitertragen der Information an die öffentliche Hand". Er sieht darin ein "Riesenproblem", das Spektrum an Mitgliedsorganisationen in Ausschußsitzungen und bei Verhandlungen angemessen zu vertreten, da aufgrund der unterschiedlichen Organisationsstrukturen der einzelnen Vereine und Verbände auch entsprechend unterschiedliche Probleme im Vordergrund ständen.

Um den Kontakt zu den vielfältigen, oftmals nur auf lokaler Ebene organisierten Vereine zu pflegen und den Informationsaustausch zu gewährleisten, wurden neben den Facharbeitsgemeinschaften mehrere sogenannte Regionalgeschäftsstellen gebildet (siehe dazu auch Abschnitt 10.4.2). Herr Ullrich schildert, daß dennoch mit der Vielzahl und der Vielfalt der Mitgliedsorganisationen Schwierigkeiten verbunden seien:

Erstens habe der Paritätische Landesverband bedingt durch die personelle Situation "Präsenzprobleme". Cornelius Ullrich führt aus, daß landesweit nur 25 hauptamtliche MitarbeiterInnen beim Paritätischen Wohlfahrtsverband beschäftigt seien und es dadurch unmöglich wäre, den Verband in jeder Kreisarbeitsgemeinschaft oder Liga durch eine hauptamtliche MitarbeiterIn zu vertreten. Aus diesem Grund übernehmen in verschiedenen Landkreisen und Städten Mitgliedsorganisationen stellvertretend diese Funktion. Herr Ullrich befürchtet, daß diese StellvertererInnen primär die Interessen ihrer eigenen Organisation vertreten und nicht diejenigen aller Mitgliedsorganisationen.

---

114 Ende 1992 bestanden nach Angaben von Herrn Ullrich landesweit insgesamt 192 Mitgliedsorganisationen, die von kleinen "Waldorf-Initiativen" bis zu großen Fachverbänden, wie dem Arbeiter-Samariter-Bund und der Volkssolidarität, reichen.

Zweitens, so vermutet Herr Ullrich, leidet der Bekanntheitsgrad des Paritätischen Wohlfahrtsverbandes darunter, daß er nicht selbst als Anbieter von sozialen Diensten und Einrichtungen auftritt: "Ein Spitzenverband, der nicht selbst auftritt, kommt auch nicht in das Bewußtsein der Öffentlichkeit". Um dieser zweiten Schwierigkeit entgegenzuwirken, sei geplant, ein Angebot an verbandseigenen sozialen Leistungen aufzubauen[115]: "Wir haben selbst vor, natürlich in Abstimmung mit unseren Organisationen, uns nach Möglichkeit auf allen Gebieten ein oder zwei Einrichtungen zu schaffen" (Interview Ullrich). Er begründet sein Anliegen, verbandseigene soziale Dienste und Einrichtungen aufzubauen, damit, erstens den Verband dadurch "profilieren" zu können, zweitens in fachlicher Hinsicht eine Vorbildfunktion zu übernehmen, d.h. Muster- oder Modelleinrichtungen zu schaffen, und schließlich drittens, um die Verbandsarbeit finanziell besser absichern zu können.

Die größte Schwierigkeit sieht Herr Ullrich darin, die dritte Aufgabe des Paritätischen Wohlfahrtsverbandes wahrzunehmen, soziales Engagement in der Bevölkerung anzuregen und zu fördern. Seiner Ansicht nach wirke die "etatistische Orientierung in der Bevölkerung der neuen Bundesländer" (Interview Ullrich) deutlich nach. Leider, so argumentiert er, reichten die verbandlichen Kapazitäten nicht aus, um sich der Förderung selbstorganisierter Initiativen angemessen widmen zu können.

Zusammenfassend läßt sich das Selbstverständnis des Paritätischen Landesverbandes in Fürstenberg - überspitzt formuliert - als "unfreiwillige Beratungsstelle" für Mitgliedsorganisationen beschreiben. Der Hauptreferent des Gesamtverbandes, Horst Reiche, beurteilt diese Situation des Landesverbandes nicht unbedingt als Nachteil: Durch den Tod des ersten Geschäftsführers seien sie "zurückgeworfen" worden und hätten nun "aus der Not eine Tugend" gemacht. Da der Landesverband in Fürstenberg besonders viele Mitglieder habe, liege der Schwerpunkt auf dem Bereich der Mitgliederbetreuung (Interview Reiche). Auch in der im folgenden beschriebenen Regionalgeschäftsstelle in Neu-Brühl steht die Unterstützung der Vereine im Mittelpunkt.[116]

---

115 Im Jahre 1992 hatte der Landesverband keine sozialen Einrichtungen in Trägerschaft, jedoch verschiedene Pläne dazu. In einem regional relativ abgelegenen Landesteil wurde ein Haus angemietet, in dem zwei Räume als "Außenstelle des Landesverbandes" dienen, Bildungsveranstaltungen durchgeführt werden und welches ansonsten den Mitgliedsorganisationen zur Verfügung steht. Geplant sei, dort außerdem Sozialarbeit und Tagespflege für die Bevölkerung dieser Region anzubieten, bemerkt Cornelius Ullrich im Interview.

116 In der zweiten kommunalen Untersuchungsregion Fürstenbergs, in Bärenklau, war 1992 keine örtliche oder regionale Vertretung des Paritätischen Wohlfahrtsverbandes etabliert. In diesem Landkreis existierten zu diesem Zeitpunkt keine selbstorganisierten Initiativen und Vereine, jedoch waren die Kreisverbände des Arbeiter-Samariter-Bundes und der Volkssolidarität jeweils auf Landesebene Mitglied im Paritätischen Wohlfahrtsverband. In der Kreisarbeitsgemeinschaft der Wohlfahrtsverbände waren zum Zeitpunkt der Erhebung noch alle Mitgliedsorganisationen mit einer Stimme vertreten.

10.4.2 "Ansprechpartner für Vereine": Neu-Brühl

In Neu-Brühl im Bundesland *Fürstenberg* wurde eine Regionalgeschäftsstelle gegründet, um den Kontakt zu den vielfach lediglich lokal operierenden Mitgliedsorganisationen herzustellen und eine entsprechende Vertretung sicherzustellen. Diese Außenstelle ist rechtlich unselbständig, sie bleibt organisatorisch an den Paritätischen Landesverband Fürstenberg gebunden. Auch Dagmar Klemme, Leiterin dieser Geschäftsstelle in Neu-Brühl, ist Mitarbeiterin des Landesverbandes. Sie definiert ihre Funktion als "Zwischenglied zwischen den Vereinen und Fachreferenten" und als "Anlaufstelle und Ansprechpartner für Vereine".

Frau Klemme bemüht sich, die heterogenen Mitgliedsorganisationen intensiv zu betreuen und zu beraten, deren Interessen gegenüber der öffentlichen Seite zu vertreten und die Zusammenarbeit der Vereine untereinander zu fördern und zu forcieren. Dabei versucht sie, eine Bevormundung der Mitgliedsorganisationen zu vermeiden; sie betont: "Vereine können sich an den Paritätischen wenden, sie müssen nicht, das ist unser Grundprinzip (...) jeder Verein kann wie er will gerne selbst [handeln; d.A.], gerade kleine können selbst nicht, brauchen Hilfe und Unterstützung" (Interview Klemme). Darunter versteht sie insbesondere, den Vereinen beim Aushandeln von Mietverträgen zu helfen oder Arbeitskonzeptionen mit ihnen abzustimmen. Ihre Unterstützung bietet Dagmar Klemme auch an, wenn Mitgliedsorganisationen Verhandlungen mit der öffentlichen Seite führen müssen, vor allem wenn es um Fördermittel oder sonstige Finanzierungen geht. Zu ihren Aufgaben zählt Frau Klemme außerdem die Interessenvertretung der einzelnen Vereine in der jeweiligen Liga bzw. Kreisarbeitsgemeinschaft der Wohlfahrtsverbände. Die eher anbietend-abwartende Orientierung der Paritätischen Regionalstelle Neu-Brühls, keinem Verein etwas aufzwingen zu wollen, drückt sich an folgendem Beispiel aus: Einige größere Mitgliedsorganisationen wollten soziale Einrichtungen übernehmen und über die dabei zu berücksichtigen Konditionen lieber direkt mit der kommunalen Sozialverwaltung verhandeln, erzählt Frau Klemme. "Das muß nicht immer übern Paritätischen gehen, das kann also auch auf dem Direktweg gehen ohne Schwierigkeiten" (Interview Klemme).

In dieser Regionalstelle des Paritätischen Wohlfahrtsverbandes sind allein auf Stadtebene (in Neu-Brühl) über 54 Vereine Mitglied, die von Großorganisationen wie der Volkssolidarität oder dem Landesseniorenverband über eine selbstorganisierte Sozialstation, ein eigenverantwortlich weitergeführtes ehemaliges Kombinat bis hin zu kleinen Eltern-Kind-Initiativen reichen. Dagmar Klemme sieht ihre Aufgabe darin, dort, wo sie eine Zusammenarbeit der einzelnen Vereine für sinnvoll erachtet, entsprechende Kontakte zu vermitteln und hält es für wichtig, daß sich die kleinen, gering formalisierten Initiativen und die verbandlichen überregionalen Organisationen untereinander verständigen.[117] Ihres Erachtens sollten zukünftig weitere Facharbeitsgemeinschaften gegründet werden, die in den umliegenden Landkreisen schon seit geraumer Zeit für den fachlichen Austausch und für die Förderung der Zusammenarbeit unter den Mitgliedsorganisationen sorgen. Frau Klemme berichtet, daß sich innerhalb des Stadtgebiets von Neu-Brühl leider noch keine entsprechende Arbeitsgemeinschaft der Vereine gegründet habe, so daß sie bei Fragen, die in der örtlichen Liga der Wohlfahrtsverbände diskutiert werden, jeweils zunächst Rücksprache mit allen Vereinen halten muß. Dieses aufwendige Verfahren der Interessenvermittlung und -vertretung ließe sich durch eine Arbeitsgemeinschaft, in der zu verschiedenen Themenbereichen Mehrheitsmeinungen gesammelt und "Probleme komprimiert" werden, erheblich abkürzen, doch stand eine endgültige Entscheidung über ein angemessenes Verfahren im Jahr 1992 noch aus (Interview Klemme).

Die Intensität der Beratung und Unterstützung der Mitgliedsorganisationen durch die Regionalstelle Neu-Brühl ist dem persönlichen Engagement von Frau Klemme zu verdanken. Zwar kann sie weder auf langjährige Erfahrungen im Vereinswesen noch im Sozialbereich zurückgreifen - sie ist Ingenieurökonomin -, sie hat jedoch ein ausgeprägtes Interesse für den Sozialbereich: "Ich möchte gerne im sozialen Bereich arbeiten (...) ich kannte den Paritätischen vorher nicht, die Idee mit der Vielzahl von Vereinen zu arbeiten, hat mich gereizt" (Interview Klemme). Die Anfangszeit beschreibt sie dementsprechend als kompliziert und arbeitsintensiv, da vom Vokabular über Vereins- und Finanzierungsrecht bis hin zu fachlichen und konzeptionellen Fragen dieser Bereich völliges Neuland für sie war. "Da habe ich manchmal die Augen verdreht, weil ich dann überhaupt nicht wußte, wonach ich fragen sollte, weil das eben völlig fremd war für mich, aber man findet sich rein", kommentiert sie rückblickend im Interview die Ausgangssituation. Da sich die neu gegründeten Vereine ebenfalls mit für sie unbekannten Bedingungen auseinandersetzten mußten, seien sie in der gleichen Situation gewesen: "Da am Ende jeder neu anfängt und keiner das Wissen regulär hat, haben wir keine Schwierigkeiten im Umgang miteinander" (Interview Klemme).

Durch ihr offensichtliches Bemühen, die einzelnen Mitgliedsorganisationen und deren jeweilige Probleme genau kennenzulernen, wurden die erwähnten Kenntnislücken kompensiert: "Eine meiner ersten Aufgaben war, daß ich zu den Vereinen gegangen bin, mich mit ihnen unterhalten habe, was sie machen, unter welchen Bedingungen sie arbeiten, welche speziellen Probleme sie haben" (Interview

---

117 Dabei hegt die Geschäftsführerin keine Vorbehalte gegenüber der Volkssolidarität oder dem Blinden- und Sehschwachenverband als ehemaligen DDR-Organisationen, da sie sowohl die Motivation zur Aufrechterhaltung der Organisation zur Versorgung der Betroffenen anerkennt als auch deren Umstrukturierungsprozesse honoriert. Besonders deutlich wird das bei der Bewertung der Volkssolidarität: "Es wurde damals alles angezweifelt was aus der DDR-Zeit herrührte (...) ich glaube, die Volkssolidarität hat sich mit ihrem Angebot eigentlich durchgesetzt und gezeigt, daß sie wirklich die soziale Arbeit macht und nicht die politische Arbeit" (Interview Klemme).

Klemme). Sie berichtet, daß sie die Erfahrung gemacht habe, daß der Kontakt zu den Vereinen nicht so leicht wieder abreißen würde, wenn er einmal hergestellt sei.

Obwohl es sich als kompliziert und zeitaufwendig erwiesen hat, die Vielzahl der Mitgliedsorganisationen innerhalb der Liga der Wohlfahrtsverbände adäquat zu vertreten, ist die organisatorische Aufgabe eines beratenden und unterstützenden Dachverbandes für das Selbstverständnis dieser Paritätischen Regionalgeschäftsstelle konstitutiv. Frau Klemme betont, die kommunale Sozialverwaltung in Neu-Brühl akzeptiere diese Vielfalt und sei bei Verhandlungen zu Fördermittelanträgen ein "sehr guter Partner". Demgegenüber bestehen Schwierigkeiten, als Paritätischer Wohlfahrtsverband im Jugendhilfeausschuß Neu-Brühls mitzuwirken, da der Verband zeitlich nach der Konstituierung dieses Gremiums gegründet wurde und eine nachträgliche Teilnahme nicht möglich sei, wie Frau Klemme schildert. Diese "Lücke" könne erst nach der nächsten Wahl des Ausschusses geschlossen werden.

10.4.3 Leistungsträger und gleichermaßen "Dienstleister" für Mitgliedsorganisationen: Lummerland

In Lummerland entwickelte sich zunächst eine "vielfältige Selbsthilfestruktur" von zumeist gesundheitsbezogenen Selbsthilfegruppen, -vereinen und -verbänden, berichtet Thorsten Westle, Landesgeschäftsführer des Paritätischen Wohlfahrtsverbandes. Diese Gruppierungen hätten mit dem Wunsch nach Unterstützung und Rat Kontakt zu entsprechenden Gruppierungen in einem benachbarten alten Bundesland aufgenommen. Daraufhin richtete dieser westdeutsche Paritätische Landesverband eine Kontakt- und Anlaufstelle für interessierte Vereine, Initiativen und Gruppierungen in Lummerland ein, die personell mit einem erfahrenen "paritätischen" Mitarbeiter besetzt wurde.

Aufgrund der Beratungen durch dieses Paritätische Kontaktbüro setzte eine "verstärkte Gründung von lokalen Vereinen" ein, die in der alten Bundesrepublik als bekannte, überregionale Mitgliedsorganisationen des Paritätischen Wohlfahrtsverbandes bestehen, wie beispielsweise die Rheumaliga oder der Arbeiter-Samariter-Bund (Interview Westle). Einige dieser Organisationen sowie der Allgemeine Behindertenverband (ABiD) und die Volkssolidarität schlossen sich dann zusammen, um mit "Regiehilfe" aus dem alten Bundesland den Paritätischen Landesverband Lummerland zu institutionalisieren: Er wurde im August 1990 mit 16 Mitgliedsorganisationen gegründet. Nach Herrn Westles Ansicht setzten sich die oben genannten Organisationen für die Gründung eines Paritätischen Landesverbandes ein, weil sie die Eigenschaften des Verbandes, weder kirchlich noch parteipolitisch gebunden zu sein, angesprochen hätten.[118]

Anfangs verlief die Arbeit des Landesverbandes in Lummerland relativ informell und wurde entscheidend durch die Mitgliedsorganisationen geprägt: "Diese 16 Organisationen, die dort anwesend waren [bei der Gründungsversammlung; d.A.] teilten sich die Aufgabe, die satzungsgemäß zunächst entstand, die eine Hälfte (...) wurde Vorstand, die andere Hälfte wurde Beirat" (Interview Westle). Um den Anforderungen an einen "vollfunktionierenden Spitzenverband" genügen zu können, sei ein hauptamtlicher Geschäftsführer eingestellt worden, der jedoch aufgrund von Bedenken gegenüber seiner politischen Tätigkeit in der DDR den Paritätischen Landesverband wieder verlassen mußte, schildert Herr Westle im Interview. Daraufhin übernahm Thorsten Westle diesen Posten, obwohl er bis dahin keine Erfahrungen im Verbandsmanagement hatte, sondern nach langjähriger Tätigkeit in der Sozialarbeit innerhalb des Paritätischen Partnerlandesverbandes eine neue berufliche Aufgabe suchte (Interview Westle).

Thorsten Westle stellte mit seinem beruflichen Eintritt in den Paritätischen Landesverband Fragen der Organisationsstruktur ins Zentrum der verbandlichen Handlungsstrategien, wobei er sich am Modell des Partnerlandesverbandes orientierte. Während anfänglich nach der Gründung des Landesverbandes ausschließlich die Mitgliedsorganisationen im Mittelpunkt der verbandlichen Aktivitäten standen, wurden zunehmend verbandseigene soziale Einrichtungen und Dienste angeboten[119] und ein "Verwaltungsapparat" aufgebaut. Herr Westle argumentiert, daß der Landesverband seit der Gründung "explosionsartig gewachsen" sei, daher müsse nun eine Phase der Konsolidierung einsetzen.[120]

Beide Aufgaben des Paritätischen Wohlfahrtsverbandes, auf der einen Seite "Dienstleistungsorganisation für Mitgliedsorganisationen" und auf der anderen Seite "Träger von sozialen Diensten und Einrichtungen" zu sein, bestehen im verbandlichen Selbstverständnis des Paritätischen Landesverbandes Lummerland parallel nebeneinander. Dieser Landesverband gliederte sich Anfang 1993 in drei Abteilungen: Die erste sogenannte "Fachabteilung" besteht aus fünf Fachreferaten, die einen Fachbereich zur besonderen Förderung des Selbsthilfegedankens und weitere zur Entwicklung von fachlichen Konzeptionen in verschiedenen sozialen Aufgabenbereichen beinhalten. In der zweiten Abteilung werden die landesweit 22 bestehenden Kreisgruppen des Verbandes sowie deren - hauptsächlich ambulante

---

118 Auch in den von uns geführten Interviews mit der Volkssolidarität, dem ASB und verschiedenen selbstorganisierten Initiativen und Vereinen werden diese Eigenschaften des Paritätischen Wohlfahrtsverbandes als Hauptgrund - neben der Partizipation an Weiterbildungsmöglichkeiten und Ressourcen - für eine Mitgliedschaft angeführt.
119 Herr Westle legt dabei besonderen Wert auf eine qualifizierte fachliche Arbeit.
120 Unter dem Stichwort "Regionalisierung" sind organisationsintern verschiedene Strukturmodelle im Gespräch, wobei jedoch Experten beratend zu Rate gezogen wurden und für den Abschluß der Strukturreformdebatte das gesamte Jahr 1993 einkalkuliert wurde.

Einrichtungen und Beratungsstellen - betreut. In der dritten Fachabteilung des Landesverbandes, die die Bezeichnung "Dienstleistungsabteilung" trägt, werden neben Fragen der Fördermittelverwendung und der Personal- und Finanzverwaltung außerdem, in einem eigens dafür konzipierten Referat "Heimverwaltung", 10 verbandseigene stationäre Einrichtungen verwaltet.

Die wichtigste verbandliche Zukunftsaufgabe sieht Herr Westle darin, ein Organisationsprofil und Identifikationsmöglichkeiten zu schaffen. Zwar sei die Gemeinsamkeit bei allen 150 landesweit existierenden Mitgliedsorganisationen, weder kirchlich noch parteilich gebunden zu sein, stark ausgeprägt, doch "was der Verband in seiner Breite ist, so daß so etwas wie ein Wir-Gefühl, ein eigenes Selbstbewußtsein, ein paritätisches, entstehen kann, das ist noch nicht so weit" (Interview Westle).

10.4.4 "Auf jeden Fall sind wir wer": Frankenstein

Die Gründung einer Kreisgeschäftsstelle des Paritätischen Wohlfahrtsverbandes in Frankenstein wurde hauptsächlich durch den übergeordneten Landesverband initiiert. Den anfänglichen organisatorischen Aufbau leitete dementsprechend ein vormals im Paritätischen Landesverband Lummerland Beschäftigter, der jedoch aufgrund politischer Bedenken gegenüber seiner Funktion in der DDR auch diesen beruflichen Posten wieder aufgeben mußte. Herr Klinke, der heutige Geschäftsführer in Frankenstein, bezeichnet diese Personaländerung als "Verlust", da sein Vorgänger ein "sehr organisationsfreudiger Mann" gewesen sei; er hebt gleichzeitig die Schwierigkeit hervor, dessen "Erbe anzutreten". Sein wesentliches Problem bestand zunächst darin, die Kontakte zwischen den Entscheidungs- und Funktionsträgern der Sozialadministration und seiner Person herzustellen und zu pflegen. Aufgrund des zeitlich verzögerten "Aufstiegs" von Ulf Klinke in eine leitende Verbandsposition war er weder am Aufbau von Organisationsstrukturen noch an anfänglichen Prozessen der Profilbildung maßgeblich beteiligt.

Im Vordergrund von Herrn Klinkes geschäftsführender Tätigkeit standen die Übernahme von Einrichtungen, die Ausweitung des verbandseigenen Angebots an sozialen Leistungen sowie eine intensiv betriebene Öffentlichkeitsarbeit, um insgesamt den Bekanntheitsgrad und Stellenwert des Verbandes als relevante Sozialversorger des Kreises zu stabilisieren. Nach dem Selbstverständnis des Kreisverbandes gefragt, führt er aus: "Das Profil des Paritätischen ist schwer zu beschreiben in Frankenstein, auf jeden Fall sind wir wer" (Interview Klinke).

Indem der Kreisverband des Paritätischen in Frankenstein hauptsächlich als Leistungsträger auftrat, folgte er einerseits dem Muster seines übergeordneten Landesverbandes. Andererseits erfuhr er konzeptionelle Unterstützung von einem westlichen Partnerkreisverband, den Herr Klinke als "großes Vorbild" bezeichnet.

Dieser Partnerkreisverband stellte ein Werbe- bzw. Informationsmobil zur Verfügung, um damit intensive und regional ausgedehnte Öffentlichkeitsarbeit betreiben zu können. Außerdem beriet er Herrn Klinke, welche sozialen Dienste er als Kreisverband anbieten könnte (Interview Klinke). Einige der Dienste, die von der Paritätischen Partnerkreisgruppe aus den alten Bundesländern bereitgestellt werden, wie zum Beispiel "Essen auf Rädern", bieten in Frankenstein jedoch Mitgliedsorganisationen an, so daß Ulf Klinke betont: "Das ist für mich schon passé (...) ich muß irgendwas anderes machen (...) wo ich auch mal ein paar Einnahmen kriege".

Das Leistungsspektrum des Paritätischen Wohlfahrtsverbandes in Frankenstein[121] umfaßte 1992 eine Sozialstation, ein Kinder- und Jugendwohnheim und zwei Altenpflegeheime; die Schuldnerberatung war im Aufbau begriffen. Bei der Konzeption dieses Angebots standen für Ulf Klinke finanzielle und wirtschaftliche Erwägungen - gegenüber fachlichen Gesichtspunkten - im Vordergrund: "Also von den pflegesatzorientierten Einrichtungen, da stehen wir schon mal recht ordentlich da, daß auch gewisse Einnahmen zu realisieren wären" (Interview Klinke). So beschreibt Herr Klinke die Einrichtungsübertragungen als Kalkulationsvorgang, bei dem "im Vorfeld" zunächst die "soziale Infrastruktur" des Kreises begutachtet wurde, dann eine Kosten-Nutzen-Rechnung aufgestellt und eine Arbeitsplatzanalyse durchgeführt wurde.[122]

Herr Klinke berichtet, anfangs habe es "harte Diskussionen" anläßlich der Übernahme von sozialen Einrichtungen in der Arbeitsgemeinschaft der Wohlfahrtsverbände gegeben, da "jeder der erste sein wollte", weil verbandseigene Einrichtungen für die finanzielle Seite wichtig seien. Die in dieser Hinsicht zunächst getroffenen Absprachen über die Verteilung waren nach Ansicht von Herrn Klinke nicht effektiv, weil sich kein Verband daran gehalten habe und die Entscheidung letztlich von der "öffentlichen Hand" getroffen wurde, die auch auf ein Verteilungsgleichgewicht achtete. Daraus folgte für ihn, daß er geplante Vorhaben aus Angst vor leistungsstarken Mitkonkurrenten nicht gemeinsam mit den anderen Verbandsvertretern in der Liga diskutierte, sondern seine persönlichen Kontakte zur kommunalen Sozialverwaltung nutzte, um die entsprechende Bewilligung durchzusetzen.

Da Herrn Klinke der Kontakt zur Sozialverwaltung sehr wichtig ist, pflegt er diesen regelmäßig, weil "man am Sozialausschuß als Gast teilnehmen muß, bloß daß man da ist und sich bei einer Pause in Erinnerung rufen [kann; d.A.] (...) der

---

121 Die Einrichtungen und Dienste dieser Paritätischen Kreisgruppe befinden sich in Trägerschaft des Landesverbandes Lummerland, da der Kreisverband keinen rechtlich eigenständigen Vereinsstatus aufweist.
122 Da mit einer Einrichtungsübernahme in den neuen Bundesländern die Auflage verbunden war, das gesamte Personal für ein Jahr mitzuübernehmen, wurde mit der öffentlichen Seite vereinbart, nur das benötigte Personal weiter zu beschäftigen und die "überflüssigen" Beschäftigten - zum Beispiel die große Anzahl an technischem Personal, Hausmeister und dergleichen - schon vor der Einrichtungsübernahme zu entlassen.

persönliche Kontakt ist das Wichtigste was es gibt (...) den lassen wir nicht abreißen, der muß bleiben" (Interview Klinke).[123] Ähnlich intensive Kontakte pflegt er zu verschiedenen Landtagsabgeordneten.

Die Mitgliedsorganisationen des Paritätischen Wohlfahrtsverbandes stellen in Frankenstein keinen zentralen Aspekt des Selbstverständnisses dar, die Dachverbandsfunktion ist hier nicht konstitutiv, sondern wird vielmehr additiv definiert: "Wir sind nun vielleicht das große Auffangbecken oder so, kann man vielleicht sagen, das Spektrum ist ja sehr breit" (Interview Klinke). Beispielsweise sieht er in der Mitgliedschaft der Volkssolidarität im Paritätischen Wohlfahrtsverband insofern einen Nutzen, weil der Verband "dadurch ein ziemlich großes Standbein in den neuen Bundesländern" erhält. Gleichzeitig befürchtet er einen Imageverlust des Paritätischen Wohlfahrtsverbandes und bezeichnet den Altenhilfeverband als "ein Anhängsel aus sozialistischen Zeiten, was uns manchmal doch ein bißchen arg drückt" (Interview Klinke). Seine Aufgabe als Kreisgruppenleiter sieht Herr Klinke nur marginal darin, heterogene Interessen der Mitgliedsorganisationen zu vertreten und mögliche Konflikte auszugleichen bzw. Formen der Zusammenarbeit der verschiedenen Vereine anzuregen. Relativ hilflos erklärt er auf eine entsprechende Frage des Interviewers, er müsse "irgendwie vermitteln", obwohl er nicht wisse, wie.

Ungeachtet dessen, daß der Paritätische Wohlfahrtsverband in Frankenstein Träger einer über das Bundesmodellprogramm geförderten Selbsthilfekontaktstelle ist, in der fünf Personen - über ABM finanziert - sogenannte Ansprechstellen für Selbsthilfegruppen in der Region betreiben, bleibt das Engagement und Interesse von Herrn Klinke hinsichtlich dieses Themas schwach. Der Leiter der Selbsthilfekontaktstelle solle sich um diesen Bereich kümmern, argumentiert er. Außerdem ist die Zukunft dieses Projektes nicht gesichert: "Wenn es nicht finanziert wird, dann stirbt es aus, das ist ja so mit Modellprojekten, wenn sie zu Ende sind, sind sie halt zu Ende" (Interview Klinke). Ähnlich unambitioniert steht Ulf Klinke der Förderung ehrenamtlichen Engagements gegenüber; zwar bemerkt er, der Verband sei auf ehrenamtliche MitarbeiterInnen angewiesen, doch ergreift er keine Initiative zur Förderung von Ehrenamtlichkeit, sondern meint lediglich "darauf warte ich noch" (Interview Klinke).

Obwohl die Kreisgeschäftsstelle nicht rechtlich selbständig ist und organisatorisch an den entsprechenden Landesverband angegliedert bleibt, wird deutlich, daß der örtliche Geschäftsführer für das Selbstverständnis der Kreisgruppe der zentrale Akteur ist. Konstitutives Element des Verbandsprofils ist in dieser Perspektive das Leistungsangebot, über das sich auch die Akzeptanz bzw. der Bekanntheitsgrad definiert. Um als starker Leistungsträger auftreten zu können, wird in erster Linie

---

123 Die Durchführung konkreter Verhandlungen zwischen Verband und der öffentlichen Seite liegt jedoch aufgrund des rechtlich nicht-eigenständigen Status der Paritätischen Kreisgeschäftsstelle im Zuständigkeitsbereich des Landesverbandes.

der Kontakt zu Akteuren der öffentlichen Seite und zur Kommunalpolitik gesucht und forciert sowie ein kostengünstiger, effektiver Mitteleinsatz angestrebt. Aus diesem Grund stellte ABM "die wichtigste Anschubfinanzierung" dar, die zum Aufbau von sozialen Diensten intensiv genutzt wurde (Interview Klinke). Beispielsweise wurden im Fall der neu aufzubauenden Schuldnerberatung die Personaleinstellungskriterien so gewählt, daß eine 100-prozentige Förderung möglich war.

10.4.5 "Wir sind echt zu spät gekommen": Salzstetten

Um den Paritätischen Wohlfahrtsverband im Süden Lummerlands auszubauen, wurde vom entsprechenden Landesverband im Jahre 1991 zunächst ein Mitarbeiter damit beauftragt, die regionale Existenz von potentiellen Mitgliedsorganisationen zu "erkunden" sowie deren Interesse an einer Mitgliedschaft im Paritätischen Wohlfahrtsverband in Erfahrung zu bringen. Im Prozeß dieser ersten Kontaktaufnahme wurde im Februar 1992 der Kreisverband Salzstetten mit insgesamt 13 Organisationen gegründet, zu denen unter anderem der Arbeiter-Samariter-Bund, die Volkssolidarität und die Lebenshilfe zählten. Zu dieser Zeit war der heutige Geschäftsführer, Herr Bauer, über eine Arbeitsbeschaffungsmaßnahme bei der Lebenshilfe beschäftigt, die er 1990 aus eigener Betroffenheit als Vater eines behinderten Sohnes gemeinsam mit seiner Frau gründete. Über die Mitgliedschaft der Lebenshilfe im Paritätischen Landesverband entwickelte sich ein intensiverer Austausch zwischen beiden Organisationen, so daß Heinz Bauer von dem Landesgeschäftsführer angesprochen wurde, ob er dazu bereit sei, die Leitung der Kreisgeschäftsstelle zu übernehmen: "[Da; d.A.] hat der Herr Westle mich dann mal gefragt, ob ich nicht Interesse hätte, die Sache hier in Salzstetten zu machen, sie brauchen dringend jemand, der mithilft, das hier in Salzstetten zu aktivieren" (Interview Bauer).

Herr Bauer beschreibt das Selbstverständnis des Paritätischen Kreisverbandes in Salzstetten: "Wir wollen (...) Mitgliedsorganisationen Partner sein, Dienstleistungseinrichtung für die Mitgliedsorganisationen [sein; d.A.], sie beraten, aber auch selbst ein paar eigene Einrichtungen betreuen" (Interview Bauer). Für ihn sind verbandseigene Einrichtungen insofern von besonderer Bedeutung, um unter den "Bedingungen des Neuaufbaus" als Träger von Einrichtungen auch "selbst soziale Arbeit" betreiben zu können (Interview Bauer). Auf beide Aspekte, die Betreuung von Mitgliedsorganisationen und das verbandliche Leistungsspektrum, wirkte sich der zeitlich gegenüber den anderen Wohlfahrtsverbänden verzögerte Aufbauprozeß des Paritätischen Wohlfahrtsverbandes in Salzstetten hinderlich aus. Herr Bauer argumentiert, "wir sind echt zu spät gekommen". So bedauert er, nicht die Trägerschaft der Selbsthilfekontaktstelle in Salzstetten als Verband übernehmen zu können, da die Stadt an der kommunalen Trägerschaft weiterhin festhalte. Diese

Einrichtung sei ein "Mobilisierungsfaktor" für Vereinsgründungen und gehöre eigentlich zum Paritätischen Wohlfahrtsverband: "Da traben wir wieder ein bißchen hinterher bei der ganzen Geschichte" (Interview Bauer).

Daher nutzt Herr Bauer seine persönlichen Kontakte und Kenntnisse, indem er sich um die Übernahme von Behinderteneinrichtungen bemüht. Beispielsweise hat sich der Paritätische Kreisverband um die Übernahme eines sonderpädagogischen Kindergartens beworben, eine Einrichtung, die "eigentlich eine Sache der Lebenshilfe" wäre, wie sich Herr Bauer ausdrückt. Ferner besteht seit Anfang 1993 die Trägerschaft für ein Behindertenwohnheim und Ende 1992 wurde eine Jugend- und Drogenberatungsstelle gegründet und gemeinsam mit einer regional angrenzenden Kreisgruppe des Paritätischen Wohlfahrtsverbandes eine Beratungsstelle für Mutter-Kind-Kuren aufgebaut.

Einige der überregionalen Mitgliedsorganisationen des Paritätischen Wohlfahrtsverbandes, wie ASB und VS, die Herr Bauer auch als "Paritätische Vertreter" bezeichnet, wurden bei der Vergabe von Altenheimen überdurchschnittlich berücksichtigt. Diese beiden leistungsstarken - von insgesamt 20 auf örtlicher Ebene existenten - Mitgliedsorganisationen prägen das Erscheinungsbild der Kreisgeschäftsstelle des Paritätischen Wohlfahrtsverbandes. Die Volkssolidarität in Salzstetten, die als juristisch eigenständiger Verein direkt Mitglied im Landesverband des Paritätischen Wohlfahrtsverbandes ist, hat nach Angaben von Heinz Bauer 8400 neu aufgenommene Mitglieder, 5 Sozialstationen, ein Altenpflegeheim, bietet "Essen auf Rädern" an und sei auch mit Räumlichkeiten und Gebäuden "am besten von allen" Verbänden ausgestattet.[124]

Für die Struktur der Kreisgeschäftsstelle in Salzstetten ist erstens der relativ stark ausgeprägte Einfluß der größeren Mitgliedsorganisationen kennzeichnend. Dieser manifestiert sich schon allein darin, daß 1992 ein aus 9 Vertretern der Mitgliedsorganisationen bestehender ehrenamtlicher Beirat gewählt wurde, der die Funktion eines Vorstandes ausfüllt. Darüber hinaus macht sich der persönliche Kontakt von Heinz Bauer zur Lebenshilfe bemerkbar. Zweitens wirkt sich die organisatorische Anbindung an den übergeordneten Landesverband aus; vor allem werden dessen Beratungen intensiv genutzt. Da im Landesverband Lummerland außer dem Landesgeschäftsführer Herrn Westle auch der eigens zur Beratung von Kreisgruppen in Lummerland eingesetzte Abteilungsleiter aus dem westdeutschen Partnerlandesverband stammt, ist dessen Einfluß auf die Konzeption der Kreisgeschäftsstelle besonders ausgeprägt.

---

124 Siehe zur Volkssolidarität in Salzstetten Kapitel 7.

10.5 Diskussion der Ergebnisse

Der Paritätische Wohlfahrtsverband tritt in den neuen Bundesländern sowohl als Träger sozialer Leistungen als auch als Dachverband und Dienstleistungsanbieter für seine Mitgliedsorganisationen auf. Die unterschiedliche Schwerpunktsetzung hinsichtlich dieser beiden Verbandsfunktionen, die in den alten Bundesländern von Land zu Land variiert, wurde in den neuen Bundesländern fortgeschrieben. Diese Entwicklung basiert vornehmlich auf Einflüssen der beratenden Partnerverbände. Landestypische Ausprägungen des verbandspolitischen Selbstverständnisses prägen auch die Politik der Kreisgeschäftsstellen.

Die deutsche Vereinigung erwies sich für den Paritätischen Wohlfahrtsverband als eine Zwickmühle, die die potentielle Unvereinbarkeit seiner Handlungsmaximen hervorkehrte: Auf der einen Seite ist es gerade ein bedeutendes Element seines Selbstverständnisses, soziales Engagement zu fördern, zu unterstützen und die Chancen für Organisationsneugründungen zu verbessern. Von seinem Anspruch her müßte er jedoch auf soziale Engagementbereitschaft in der Bevölkerung warten, d.h. den entsprechenden Personen Zeit gewähren, eigene Konzepte und Ziele sowie sozialpolitische Vorstellungen entwickeln zu können. Auf der anderen Seite entspricht es der dargestellten Verbandspolitik ebenso, daß der Paritätische Wohlfahrtsverband selbst als Träger von Diensten und Einrichtungen auftritt, um Versorgungslücken zu schließen oder Modelleinrichtungen zu schaffen, womit er schließlich außerdem öffentlich bekannt würde und als Spitzenverband der Freien Wohlfahrtspflege in den neuen Bundesländern präsent sein könnte.

Der Bundesverband des Paritätischen löste dieses Dilemma, indem er entschied, sich in Ostdeutschland nicht zu engagieren, um eine Kolonialisierung zu vermeiden. Diese abwartende Haltung gab er erst auf und entschied sich, den Verband auf das Gebiet der neuen Bundesländer auszudehnen, als er zunehmend unter Handlungsdruck geriet, weil einige neu gegründete Organisationen und grenznahe westdeutsche Landesverbände einen Beratungs- und Unterstützungsbedarf reklamierten. Daher wurden die Landesverbände des Paritätischen Wohlfahrtsverbandes in den neuen Bundesländern erst ab Mitte des Jahres 1990 aufgebaut. Die Gründung ging einerseits auf Initiativen von interessierten Mitgliedsorganisationen oder andererseits auf beratende Partnerlandesverbände aus den alten Bundesländern zurück (vgl. Abschnitt 11.3).

Der Paritätische Wohlfahrtsverband wird Ende 1992 in den neuen Bundesländern von leistungsstarken überregionalen Mitgliedsorganisationen bzw. Großorganisationen, wie beispielsweise dem Arbeiter-Samariter-Bund, der Lebenshilfe und der Volkssolidarität, zahlenmäßig dominiert. Zum Teil haben sich im Prozeß des Verbandsaufbaus auch im organisatorischen Verhältnis zu den aus den alten Bundesländern bekannten Mitgliedsorganisationen Veränderungen ergeben. Während zum Beispiel der ASB in den alten Bundesländern zentral strukturiert und somit auf Bundesebene Mitglied ist, weist diese Organisation in den neuen Bundesländern eine dezentrale Struktur auf, so daß die rechtlich selbständigen Untergliederungen auf Kreisebene jeweils in den Landesverbänden des Paritätischen Wohlfahrtsverbandes Mitglied sind. Durch die Mitgliedschaft der Volkssolidarität und weiterer ehemaliger Massenorganisationen der DDR hatte der Paritätische Wohlfahrtsverband den Vorteil, in der Bevölkerung bekannt zu werden und als Spitzenverband "präsent" zu sein, dennoch schätzen die VerbandsvertreterInnen den Bekanntheitsgrad des Verbandes in der Bevölkerung - unabhängig von den Mitgliedsorganisationen - durchgängig als gering ein.

Daß die Mitgliedsorganisationen des Paritätischen Wohlfahrtsverbandes ihre Eigenständigkeit und Identität bewahren können und der Dachverband weder konfessionell noch parteipolitisch gebunden ist, übte auf viele Mitgliedsorganisationen - vor dem Hintergrund ihrer DDR-Erfahrungen einer parteidominierten Gesellschaftsstruktur, in der staatsunabhängiges Engagement nur im kirchlichen Umfeld möglich war - einen Reiz aus. So sind beispielsweise selbstorganisierte Initiativen in den von uns untersuchten Regionen zwar im Jahre 1992 mehrheitlich Mitglied im Paritätischen Wohlfahrtsverband, doch zeigen die Fallstudien einzelner Initiativen auch Ängste der GründerInnen auf, die gegenüber einer Mitgliedschaft in einem Wohlfahrtsverband bestanden. Durch sein zögerndes Verhalten in den Jahren 1989 und 1990 trug der Verband nicht dazu bei, solche Ängste abzubauen oder - allgemein gesehen - sozialpolitisch interessierte und engagierte Personen in den neuen Bundesländern bei der Gründung von Vereinen zu unterstützen oder ihnen Kenntnisse über Prozesse der Selbstorganisation zu vermitteln. Hinzu kommt, daß der Paritätische Wohlfahrtsverband in einigen ostdeutschen Kommunen zum Zeitpunkt der Erhebung nicht Mitglied im Jugendhilfeausschuß war, so daß er die Interessen selbstorganisierter Initiativen in diesem kommunalpolitisch relevanten Gremium nicht vertreten konnte (vgl. dazu auch Kapitel 11).

Insgesamt gesehen präsentiert sich der Paritätische Wohlfahrtsverband in den neuen Bundesländern weitgehend sozialpolitisch inaktiv, soziales Engagement - über die Mitgliedsorganisationen hinausgehend - wird mit der Begründung mangelnder Kapazitäten kaum gefördert. Der Aufbauprozeß des Paritätischen Wohlfahrtsverbandes in den neuen Ländern ist durch ein Changieren zwischen entgegengesetzten verbandlichen Optionen gekennzeichnet: Durch die zum Teil gleichzeitige Verwirklichung der schwer zu vereinbarenden Strategien, sowohl als sozialer Leistungsträger als auch als Koordinator von Mitgliederinteressen aufzutreten, gelingt es darüber hinaus nicht, ein klares und unverwechselbares Verbandsprofil zu entwickeln. Diese Situation beschreibt ein Verbandsvertreter besonders anschaulich: "Der Paritätische ist überall ganz anders (...) das hat sich hier [in den neuen Bundesländern; d.A.] fürchterlich fortgepflanzt (...) jeder macht hier seinen eigenen Käse" (Interview Ullrich).

Somit ist es dem Paritätischen Wohlfahrtsverband auch in den neuen Bundesländern (noch) nicht gelungen, eine identitätsstiftende, alle Mitgliedsorganisationen verbindende und von ihnen kollektiv geteilte Verbandsphilosophie zu entwickeln.

11. Die neu entstandenen selbstorganisierten Initiativen und Vereine

Neben den traditionsreichen und formal organisierten Wohlfahrtsverbänden zählen auch die kleinen, gering formalisierten und zumeist auf lokaler Ebene bestehenden selbstorganisierten Initiativen zu den intermediären Organisationen der freien Wohlfahrtspflege. Dieser Organisationstyp entwickelte sich in den alten Bundesländern ab Ende der 60er Jahre zunächst im Kontext der Studentenbewegung. In den 70er Jahren waren es die neuen sozialen Bewegungen, wie etwa die Friedens-, Ökologie-, Frauen-, Gesundheits- oder Hausbesetzerbewegungen, die geradezu einen "Projekteboom" (vgl. Roth 1991: 50) auslösten.[125] Heute stellen selbstorganisierte Initiativen einen festen Bestandteil der sozialen Träger- und Einrichtungslandschaft in den alten Bundesländern dar (vgl. Kapitel 2).

Im Gegensatz dazu waren Prozesse der Selbstorganisation in der DDR staatlicherseits unerwünscht bzw. verboten. Nur im Umfeld der evangelischen und der katholischen Kirche, die in der DDR einen politischen Sonderstatus hatten, konnten sich bürgerschaftliches Engagement und - ansatzweise - Formen der Selbstorganisation relativ unabhängig von staatlichen Kontrollen entfalten (vgl. Kapitel 3). Eine Ausnahme stellen die gesundheitsbezogenen Selbsthilfegruppen dar, die in der DDR seit Mitte der 80er Jahre an Mitgliedern, sozialer und politische Akzeptanz sowie an Bedeutung für das Gesundheitssystem gewannen (vgl. Schulz 1991).

Mit der deutschen Vereinigung stiegen die Chancen zur Gründung von selbstorganisierten Initiativen, Vereinen und Projekten. Allerdings standen zu diesem Zeitpunkt nur einem kleinen Personenkreis Wissen, Handlungsmuster und Routinen zur Verfügung, an die für die Gründung und den Aufbau derartiger Organisationen angeknüpft werden konnte. Hinzu kommt, daß im Zuge des tiefgreifenden gesellschaftlichen Umbruchs in den neuen Bundesländern und einer gestiegenen Unsicherheit, vor allem auf dem Arbeitsmarkt, materielle Werte, insbesondere die wirtschaftliche Absicherung - etwa im Vergleich zu freiwilliger sozialer Engagementbereitschaft - einen breiten Raum einnehmen.

Vor diesem Hintergrund werden im folgenden zunächst - basierend auf der von uns im Jahr 1993 durchgeführten Fragebogenerhebung - das Angebotsspektrum und die Organisationsstrukturen neu entstandener selbstorganisierter Initiativen in Fürstenberg, Neu-Brühl und Salzstetten dargestellt (Abschnitt 11.1). Im zweiten Abschnitt werden die Gründungsmuster und -verläufe, die Organisationsstrukturen sowie das jeweilige sozialpolitische Selbstverständnis einiger exemplarisch ausgewählter Initiativen diskutiert (Abschnitt 11.2). Die Darstellung orientiert sich dabei an verschiedenen typischen Gründungsmustern, die für Initiativen strukturrelevant

---

125 Überblicksdarstellungen zu dieser Entwicklung finden sich bei Roth (1991), Schwendter (1981) und Damm (1993).

sind. Die besondere Prägung der Organisation durch die Vorstellungen, Motive und Interessen der GründerInnen erklärt sich aus den Konstitutionsbedingungen dieses Typs intermediärer Organisationen: Es handelt sich um *lokale* Organisationsneugründungen. Obwohl Initiativen und Vereine aus den alten Bundesländern in diesem Konstitutionsprozeß zum Teil als Vorbilder dienten und es Ost-West-Kontakte gab, war der Aufbau der Organisationen letztlich den GründerInnen in den neuen Bundesländern überlassen. Welche organisationsbezogenen Strategien die gründungsrelevanten Akteure entwickelten, um die Organisation zu etablieren und um ihre Zielsetzungen durchsetzen zu können, ist daher Gegenstand der Diskussion jedes einzelnen Gründungsmusters. Im Anschluß daran stehen die allgemeinen Förderbedingungen für selbstorganisierte Initiativen - aus der Perspektive von VertreterInnen der kommunalen Sozialverwaltungen und der Selbsthilfekontaktstellen[126] - im Vordergrund (Abschnitt 11.3). Abschließend werden die typischen Merkmale und organisatorischen Charakteristika selbstorganisierter Initiativen und Vereine in den untersuchten Regionen der neuen Bundesländer diskutiert (Abschnitt 11.4).

11.1 Aufgabenbereiche und Strukturen selbstorganisierter Initiativen in den Untersuchungsregionen

Zu Beginn der Untersuchung war völlig ungewiß, inwiefern sich in Ostdeutschland der Bereich der kleinen, lokal organisierten und wenig formalisierten intermediären Organisationen - also der selbstorganisierten Initiativen und Vereine - entwickeln würde. Um zunächst einen Eindruck davon zu gewinnen, welche selbstorganisierten Initiativen in den untersuchten Regionen überhaupt entstanden sind und welche Leistungen sie anbieten, wurden über die Sozial- und Jugendämter sowie den Paritätischen Wohlfahrtsverband[127] diejenigen Organisationen ermittelt, die Leistungen für Dritte im Bereich der Kinder-, der Jugend-, der Alten- oder der Sozialhilfe anboten.[128] Im Sommer 1993 wurden insgesamt 227 selbstorganisierte Initiativen und Vereine in den Untersuchungsregionen mittels eines standardisierten Fragebogens befragt. Von diesen Organisationen waren 131 bzw. 75 in Neu-Brühl und Salzstetten tätig sowie 16 in Frankenstein; in Bärenklau bestanden zum Zeit-

---

126 Selbsthilfekontaktstellen wurden - gefördert durch ein 1992 aufgelegtes Bundesmodellprogramm - in einigen Städten und Kreisen in den neuen Bundesländern eingerichtet (siehe dazu ausführlicher Abschnitt 11.3).
127 Es gab zu diesem Zeitpunkt nur wenige lokale Akteure, die einen Überblick über die vor Ort existierenden selbstorganisierten Initiativen hatten. Zu diesen wenigen zählte auch der Paritätische Wohlfahrtsverband, bei dem allein 60 Prozent der untersuchten Initiativen Mitglied waren.
128 In die Untersuchung wurden diejenigen Initiativen einbezogen, die folgende Kriterien aufwiesen: (1) Sie mußten soziale Dienstleistungen für Dritte anbieten. Damit wurden Gruppen, die sich zur gegenseitigen Hilfe zusammengeschlossen haben (Selbsthilfegruppen), aus der Untersuchung ausgeschlossen. (2) Die Initiativen mußten entweder Mitglied im Paritätischen Wohlfahrtsverband sein oder durch das Sozial- bzw. Jugendamt gefördert werden.

11. Die neu entstandenen selbstorganisierten Initiativen und Vereine

punkt der Untersuchung keine selbstorganisierten Initiativen und Vereine. In die Auswertung gingen 80 gültig beantwortete Fragebogen ein; das entspricht einem Rücklauf von 36 Prozent. Die Aussagekraft der folgenden Auswertung ist daher mit bestimmten Einschränkungen versehen: Es ist erstens nicht möglich festzustellen, inwiefern die beantworteten Fragebogen einen repräsentativen Ausschnitt aus dem Spektrum selbstorganisierter Initiativen darstellen. Zweitens ist das Feld der selbstorganisierten Initiativen und Vereine im Untersuchungsraum als sehr veränderlich und instabil zu kennzeichnen, und insofern können nur Aussagen getroffen werden, die eher den Charakter von Momentaufnahmen haben. Dennoch zeigen sich in den folgenden Ergebnissen für die neuen Bundesländer typische Formen und Entwicklungen der Selbstorganisation, die deutliche Parallelen zu Befunden aus anderen Untersuchungen aufweisen (vgl. Blattert/Rink/Rucht 1995) und die im weiteren Verlauf des Kapitels durch detaillierte Fallstudien vertieft und präzisiert werden.

Die untersuchten selbstorganisierten Initiativen boten in erster Linie Leistungen für Kinder und Jugendliche (29 Prozent) sowie für Behinderte (20 Prozent) an (vgl. Abbildung 1).

Abbildung 1: **Zielgruppen von selbstorganisierten Initiativen in den Untersuchungsregionen 1993**

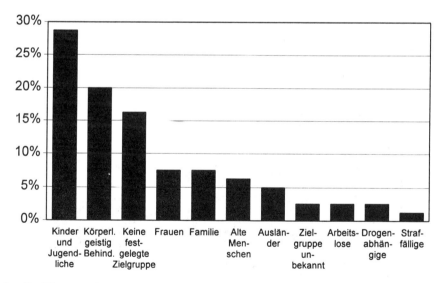

Quelle: Eigene Erhebung 1993.

Darüber hinaus entstanden selbstorganisierte Initiativen mit Angeboten für Frauen, Familien, ältere Menschen, Arbeitslose, Ausländer, Drogenabhängige sowie für Straffällige. Etwa 16 Prozent der Initiativen legten sich nicht auf eine einzige Zielgruppe fest, sondern boten allgemeinere Leistungen beispielsweise in einem Stadtteil an. Knapp 10 Prozent der Initiativen wurden von (zukünftigen) MitarbeiterInnen einer sozialen Einrichtung (z.B. einer Sozialstation) gegründet, um diese selbständig ohne direkte organisatorische Anbindung an einen Wohlfahrtsverband weiterführen zu können. Diese Initiativen sind als Trägervereine sozialer Einrichtungen zu kennzeichnen.

Klassifiziert man diese Angebote entsprechend der Gesamtstatistik der Bundesarbeitsgemeinschaft der Freien Wohlfahrtspflege (vgl. BAGFW 1994a), so verschieben sich die inhaltlichen Schwerpunkte. Danach erbrachten selbstorganisierte Initiativen und Vereine in erster Linie Leistungen im Bereich der "Hilfe in besonderen sozialen Situationen" (HibS; 38 Prozent), der Kinder- und Jugendhilfe (28 Prozent) sowie der Behindertenhilfe (18 Prozent) (vgl. Abbildung 2). Abweichungen zwischen den Angaben nach Zielgruppen und nach Aufgabenbereichen entstehen dadurch, daß beispielsweise Angebote für arbeitslose, drogenabhängige oder straffällige Jugendliche den HibS zugeordnet werden und nicht der Kinder- und Jugendhilfe. Während in der Behindertenhilfe und bei der HibS Beratungsleistungen (46 Prozent) überwogen, boten Initiativen in der Kinder- und Jugendhilfe in erster Linie Tagesstätten (20 von 23 Einrichtungen) an.

Abbildung 2: **Aufgabenbereiche von selbstorganisierten Initiativen in den Untersuchungsregionen 1993**

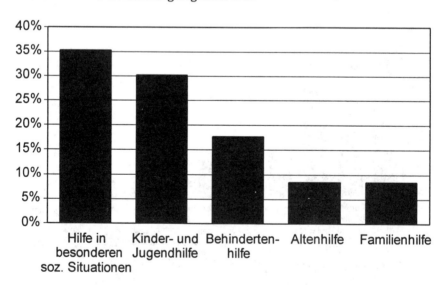

Quelle: Eigene Erhebung 1993.

Weitere Leistungen erstreckten sich auf Freizeit- und Kulturangebote, wie etwa Jugendfreizeiten, Sport, Konzerte, Medienarbeit oder Bildungsmöglichkeiten. Durchschnittlich bot jede Initiative drei verschiedene soziale Leistungen an, wobei auf den Bereich der sozialen oder psychosozialen Beratung 28 Prozent der Angaben entfielen. Insgesamt kann - mit Ausnahme der Kinder- und Jugendhilfe - festgestellt werden, daß vornehmlich Beratungsangebote das Leistungsprofil selbstorganisierter Initiativen und Vereine bestimmten (vgl. Abbildung 3). Damit engagierten sich diese Organisationen in Bereichen, die durchgängig von einer schwierigen Finanzierungssituation gekennzeichnet sind.

Abbildung 3: Art der Einrichtungen und Dienste in Trägerschaft von selbstorganisierten Initiativen in den Untersuchungsregionen 1993

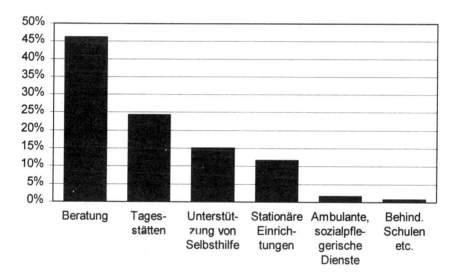

Quelle: Eigene Erhebung 1993.

Ein Großteil der befragten Initiativen (64 Prozent) gründete sich in den Jahren 1990 und 1991 überwiegend in der Rechtsform des eingetragenen Vereins (84 Prozent). Diese Zahlen zeigen, daß insbesondere in den Anfangsjahren der deutschen Vereinigung Interesse an Formen der Selbstorganisation bestand, das finanziell und politisch hätte gefördert werden können (vgl. auch Blattert/Rink/Ruch 1995). Die ersten für selbstorganisierte Initiativen relevanten Förderprogramme und -möglichkeiten wurden jedoch erst ab 1990 wirksam, wie z.B. das Kinder- und Jugendhilfegesetz (vgl. Kapitel 4).

Auffällig ist der hohe Anteil der neu gegründeten Initiativen, die sofort die Rechtsform eines eingetragenen Vereins wählten, und nicht zunächst - wie etwa vergleichbare Initiativen in den Altbundesländern - als unverbindliche Gruppe oder Projekt bestanden. Dieser hohe Anteil ist zunächst mit der Auswahl der Grundgesamtheit zu erklären, die zur Voraussetzung machte, daß die Initiative entweder Mitglied des Paritätischen Wohlfahrtsverbandes ist oder seitens des Sozial- bzw. Jugendamtes gefördert wird. Der Großteil der untersuchten Initiativen (77 Prozent) gab an, Mitglied eines Dachverbandes oder einer überregionalen Organisation zu sein, wobei allein 60 Prozent (zumindest auch) dem Paritätischen Wohlfahrtsverbandes beigetreten sind. Für die Mitgliedschaft im Paritätischen Wohlfahrtsverband - und möglicherweise auch bei anderen Dachorganisationen - war der Status eines rechtsfähigen eingetragenen Vereins Voraussetzung. Die Sozialverwaltungen in den neuen Bundesländern unterstützen diese Formalisierung der Organisationsstrukturen zusätzlich durch ihre Förderbedingungen (vgl. ausführlicher Abschnitt 11.3). Vielfach knüpften sie an die Vergabe von Fördermitteln die Bedingung, daß selbstorganisierte Initiativen den Rechtsstatus des eingetragenen Vereins anzunehmen hätten. Auch in den internen Arbeitsabläufen selbstorganisierter Initiativen und Vereine ist eine Tendenz zu formalisierten Strukturen zu verzeichnen: 82 Prozent der befragten Initiativen führten regelmäßige Dienstbesprechungen mit den MitarbeiterInnen durch und 79 Prozent verfügten über eine formale Aufgabenteilung, die mit der Zuschreibung stellenbezogener Kompetenzen an die MitarbeiterInnen verbunden war. Es kann davon ausgegangen werden, daß diese organisatorischen Strukturen die Chancen selbstorganisierter Initiativen verbesserten, an der Verteilung von kommunalen Sozialaufgaben und von Fördermitteln teilzuhaben. Insofern deutet sich die Hypothese an, daß sich die strategischen Akteure selbstorganisierter Initiativen eher pragmatisch an administrativen Fördervorstellungen und anderen externen Vorgaben orientierten, um den Organisationsbestand zu sichern, als an normativen Zielvorstellungen.

Die Hypothese von der Anpassung selbstorganisierter Initiativen an administrative Vorstellungen gewinnt durch die Analyse der Finanzierung selbstorganisierter Initiativen und Vereine zusätzliches Gewicht. Die Hälfte der Initiativen finanzierte über 75 Prozent ihres Haushalts aus öffentlichen Mitteln und je ein Sechstel zwischen 50 Prozent und 75 Prozent bzw. zwischen 25 Prozent und 50 Prozent (vgl. Abbildung 4). Spenden oder Mittel von Stiftungen waren demgegenüber fast bedeutungslos: Bei drei Viertel der Initiativen betrug der Anteil der Spenden an allen Einnahmen weniger als 10 Prozent und bei zwei Fünftel sogar unter 1 Prozent (vgl. Abbildung 5).

Abbildung 4: Anteil öffentlicher Mittel an den gesamten Einnahmen selbstorganisierter Initiativen in den Untersuchungsregionen 1993

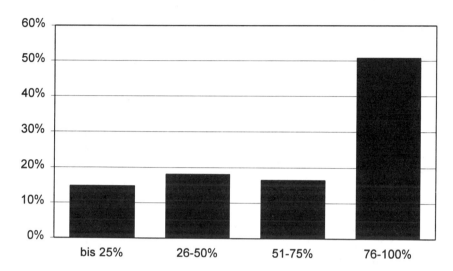

Quelle: Eigene Erhebung 1993.

Abbildung 5: Anteil der Spenden an den gesamten Einnahmen selbstorganisierter Initiativen in den Untersuchungsregionen 1993

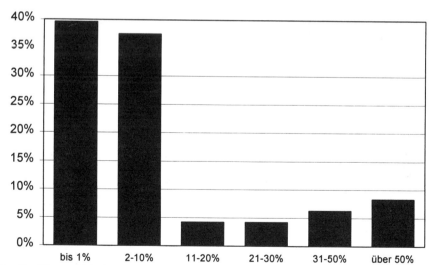

Quelle: Eigene Erhebung 1993.

Den geringen Anteilen von Spenden und Mitgliedsbeiträgen an der Finanzierung selbstorganisierter Initiativen stand ein sehr hoher Anteil an ABM-Mitteln gegenüber. Während in den Untersuchungsregionen 1992 in sozialen Diensten und Einrichtungen in Trägerschaft von Wohlfahrtsverbänden nur noch 15 Prozent des Personals über Arbeitsbeschaffungsmaßnahmen (ABM) finanziert wurden, waren es bei selbstorganisierten Initiativen noch 57 Prozent (ohne Beschäftigungsinitiativen).[129] Auch hier liefert die Untersuchung von Blattert, Rink und Rucht (1995: 408) vergleichbare Zahlen: 79 Prozent der Beschäftigten in den von ihnen untersuchten "Projektgruppen", die am ehesten mit den hier untersuchten selbstorganisierten Initiativen vergleichbar sind, hatten eine ABM-Stelle. Der hohe Anteil an Beschäftigten in Arbeitsbeschaffungsmaßnahmen erklärt möglicherweise auch die außerordentlich hohe Personalfluktuation in den untersuchten selbstorganisierten Initiativen: Im Jahre 1992 wurde in Initiativen 5 Prozent des Personals abgebaut und 73 Prozent des Personals ausgewechselt. Diese Zahlen lassen die Schlußfolgerung zu, daß die Arbeit selbstorganisierter Initiativen zur Untersuchungszeit nicht durch einen festen Stamm hauptamtlicher MitarbeiterInnen gesichert war. Selbstorganisierte Initiativen und Vereine finanzierten ihre Angebote demnach in erster Linie über ABM-Mittel sowie Zuwendungen und Entgelten aus Kommunal- und Landeshaushalten. Damit begaben sich selbstorganisierte Initiativen stark in Abhängigkeit von öffentlichen Mittelgebern.

Während selbstorganisierte Initiativen und Vereine durch große finanzielle Abhängigkeiten relativ stark an die öffentliche Seite gebunden sind, sind ihre Bezüge zu einer sozialen Basis schwach. Die untersuchten Initiativen hatten durchschnittlich 60 Mitglieder; 32 Prozent der Initiativen hatten jedoch weniger als zwanzig Mitglieder, weitere 26 Prozent zwischen zwanzig und vierzig und 21 Prozent zwischen vierzig und sechzig Mitglieder (vgl. Abbildung 6). Die hohe Durchschnittszahl entsteht durch eine kleine Zahl von Initiativen mit vergleichsweise vielen Mitgliedern.[130] Dementsprechend verändert sich der Durchschnittswert erheblich, wenn man die mitgliederstärksten Vereine aus der Berechnung herausnimmt: Ohne die größte Initiative liegt der Durchschnittswert bei 50 Mitgliedern

---

129 Bei der Analyse der ABM-Stellen in Initiativen sind die Beschäftigungsinitiativen zu berücksichtigen, die beispielsweise aus ehemaligen Kombinaten hervorgegangen sind und in erster Linie dazu dienen, die ehemaligen MitarbeiterInnen des Betriebes "aufzufangen". Da diese Initiativen auch soziale Leitungen für Dritte erbringen, wurden sie in die Untersuchung einbezogen. Wegen ihrer großen Anzahl an MitarbeiterInnen verändert jedoch allein schon eine derartige Organisation maßgeblich die Werte für alle selbstorganisierten Initiativen. So erhöht sich beispielsweise der Anteil der Beschäftigten mit ABM-Stellen von 57 Prozent (ohne Beschäftigungsinitiativen) auf 74 Prozent.
130 Dies waren sechs Initiativen mit 100 bis 165 Mitgliedern, zwei Initiativen mit 200 bzw. 220 Mitgliedern, und je eine Initiative mit 480 bzw. 750 Mitgliedern. Von den zehn mitgliederstärksten Initiativen waren sechs dem Behindertenbereich zuzuordnen, 4 davon waren ehemalige Massenorganisationen der DDR (der Gehörlosen- und Schwerhörigenverband sowie der Blinden- und Sehschwachenverband in je zwei Untersuchungsregionen).

und ohne die beiden mitgliederstärksten Vereine beläuft sich der Durchschnitt auf 44 Mitglieder. Damit gleichen sich die Mitgliederzahlen den Werten an, die auch Blattert, Rink und Ructh (1995) in ihrer Untersuchung ermittelt haben: Alle dort untersuchten ostdeutschen Gruppen hatten 1993 im Durchschnitt 53 Mitglieder und die "Projektgruppen" hatten durchschnittlich 46 Mitglieder. Vergleichbare Gruppen in West-Berlin haben durchschnittlich 68 Mitglieder.

Abbildung 6: **Anzahl der Mitglieder in selbstorganisierten Initiativen in den Untersuchungsregionen 1993**

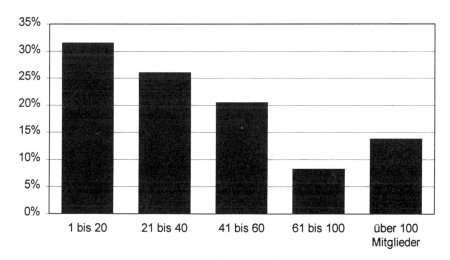

Quelle: Eigene Erhebung 1993.

Da ein größter Teil der selbstorganisierten Initiativen und Vereine in der Kinder und Jugendhilfe bzw. in der Hilfe in besonderen sozialen Situationen für Jugendliche tätig waren, überrascht es nicht, daß 46 Prozent der Initiativen das Jugendamt als einen wichtigen Partner für Zusammenarbeit, Beratung und Information nannten. Als weitere Kooperationspartner gaben sie das Sozialamt (11 Prozent der Nennungen), Wohlfahrtsverbände (10 Prozent der Nennungen) - wobei die Hälfte der Nennungen auf den Paritätischen Wohlfahrtsverband entfiel - sowie das Arbeitsamt (9 Prozent der Nennungen) an. Andere Organisationen und Institutionen, wie z.B. Kirchen, Gesundheitsämter oder Jugendverbände, aber auch andere selbstorganisierte Initiativen, wurden nur selten als wichtige Kooperationspartner eingeschätzt (1 Prozent bis 6 Prozent der Nennungen). Selbstorganisierte Initiativen und Vereine tauschten sich demnach in erster Linie mit den Kostenträgern für soziale Einrichtungen und Dienste, den kommunalen Jugend- und

Sozialämtern sowie dem Paritätischen Wohlfahrtsverband - als Dachverband - aus. Eine Vernetzung der Initiativen und Vereine untereinander oder vermittelt über die Selbsthilfekontaktstellen kann eher als Ausnahme betrachtet werden (vgl. dazu Abschnitt 11.3).

Die untersuchten selbstorganisierten Initiativen und Vereine waren außerdem nur sehr selten in den sozial- und jugendpolitischen Gremien vertreten. So saßen beispielsweise nur 7 Prozent der Initiativen als Mitglied im Jugendhilfeausschuß, 4 Prozent als beratende und nur 3 Prozent als stimmberechtigte Mitglieder. Da auch der Paritätische Wohlfahrtsverband in vielen Kommunen zum Zeitpunkt der Erhebung nicht Mitglied im Jugendhilfeausschuß war, konnten die diesbezüglichen Interessen selbstorganisierter Initiativen - weder direkt noch vermittelt durch den Paritätischen Wohlfahrtsverband - vertreten werden. Wie sich in den nachfolgenden Teilstudien zeigen wird, hatten selbstorganisierte Initiativen nicht nur im Jugendhilfebereich, sondern allgemein wenig Chancen, ihre Interessen, Ansprüche und Forderungen in der kommunalen Sozialpolitik über eine Beteiligung an Gremien durchzusetzen.

Obwohl sich selbstorganisierte Initiativen und Vereine wie beschrieben stark an formalen Kriterien - wie etwa einer formalen Aufgabenteilung und Organisationsstruktur - und administrativen Förderlogiken orientierten, führte diese Anpassung nicht dazu, daß sich der Bestand dieser Organisationen wenigstens mittelfristig stabilisierte, da beispielsweise die Vergabe von ABM-Mitteln immer befristet ist und kommunale Fördermittel jährlich neu beantragt und eingefordert werden müssen. Den selbstorganisierten Initiativen gelang es außerdem nicht, sich in lokale sozialpolitische Verhandlungsnetzwerke einzuklinken und Vertretungsmöglichkeiten in entsprechenden Gremien und Ausschüssen wahrzunehmen. Ob diese Vertretungslücke von den Initiativen nicht wahrgenommen oder nicht geschlossen wurde, oder aber andere Akteure in den entsprechenden Gremien selbstorganisierte Initiativen systematisch ausschlossen, ist an dieser Stelle nicht zu beantworten. Schließlich konnten selbstorganisierte Initiativen und Vereine nicht auf ein mobilisierbares Potential von Mitgliedern, eine breite soziale Basis oder eine "soziale Bewegung" zurückgreifen.

11.2 Fallstudien zur Entstehung selbstorganisierter Initiativen: Gründungsmuster, Zielsetzungen und sozialpolitisches Selbstverständnis

Im folgenden werden verschiedene neu entstandene selbstorganisierte Vereine und Initiativen in Frankenstein, Neu-Brühl und Salzstetten vorgestellt,[131] die im Sozial-, Kinder- und Jugendhilfebereich tätig sind. Diese Organisationen unterscheiden sich

---

131 In der Untersuchungsregion Bärenklau existierten zum Erhebungszeitpunkt (1993) keine selbstorganisierten Initiativen.

nicht nur hinsichtlich ihrer (sozial-)politischen Zielsetzungen, ihrer Zielgruppe, ihres Traditionsbezugs und des sozialen Angebotsspektrums, sondern auch die Stabilität, die Bestandsdauer, die Größe der Organisation oder der Formalisierungsgrad variieren.

Da die Vorstellungen und Interessen der GründerInnen das Profil dieser lokalen Vereine besonders prägen, orientiert sich die folgende Darstellung an den unterschiedlichen Gründungsmustern, die in den Interviews mit den "WortführerInnen" deutlich wurden. Bedenkt man, daß in den neuen Bundesländern selbstorganisierte Initiativen und Vereine keine Tradition besitzen und Kenntnisse über diesen Organisationstyp erst mit der deutschen Vereinigung erworben werden konnten, so stellen sich zahlreiche Fragen: Welche Akteure oder Akteursgruppen haben überhaupt Interesse daran, sich zu einem bestimmten Zweck zu organisieren? Welche unterschiedlichen organisatorischen Strukturen, Entwicklungsverläufe und gegebenenfalls Dilemmata ergeben sich aus den Konstitutionsbedingungen und anfänglichen Zielsetzungen der Akteure? Diesen und weiteren Fragen wird anhand ausgewählter Organisationen nachgegangen, wobei zu berücksichtigen ist, daß die typisierten Gründungsmotive in der Darstellung analytisch getrennt werden, während sie empirisch vielfach miteinander verwoben als "Motivbündel" auftreten.

Anhand der Experteninterviews konnten vier Gründungsmuster für die Initiierung eines selbstorganisierten Vereins im Sozialbereich herausgearbeitet werden.[132] Demnach war *erstens* die Wahrnehmung einer sozialen Versorgungslücke (Abschnitt 11.2.1), *zweitens* ein sozialpolitischer Anspruch der GründerInnen (Abschnitt 11.2.2) sowie *drittens* die eigene Erwerbslosigkeit (Abschnitt 11.2.3) und *viertens* das Bestreben, etwas als "gut und bewährt" Angesehenes aus DDR-Zeiten zu erhalten (Abschnitt 11.2.4), für die Gründung einer selbstorganisierten Initiative ausschlaggebend.

11.2.1 Wahrnehmung einer sozialen "Versorgungslücke"

Die Gründung dieser selbstorganisierten Initiativen wird dadurch motiviert, daß sich eine Gruppe von Personen zusammenfindet, die die soziale Versorgungssituation beispielsweise eines Stadtteils oder einer Bevölkerungsgruppe als defizitär erlebt, und eine Verbesserung anstrebt. Dabei lassen sich zwei Strategien unterscheiden: (1) Einige Initiativen und Vereine setzen sich politisch dafür ein, daß die Versorgungslücke geschlossen wird, d.h. sie nehmen eine reine Lobbyfunktion für eine Zielgruppe oder ein klar definiertes Ziel wahr ("Ein-Ziel-Initiativen"). (2) Selbstorganisierte Initiativen, die selbst versuchen, eine Versorgungslücke auszu-

---

132 Die empirische Untersuchung selbstorganisierter Initiativen und Vereine im Sozialbereich der neuen Bundesländer erfolgte in den Aufgabenfeldern Frauen, Familien, Jugendliche und Behinderte und orientierte sich am Kriterium des Dienstleistungsangebots für Dritte.

gleichen, indem sie fehlende Dienste anbieten und gegebenenfalls eine sozialpolitische "Anwaltschaft" oder Verantwortung für die selbstdefinierte Zielgruppe übernehmen ("sozialpolitische Ergänzungsinitiativen"). Für die "Ein-Ziel-Initiativen" ist damit zu erwarten, daß mit der Beseitigung des Mangels das Gründungsmotiv der Initiative entfällt und sie sich auflöst. Dagegen ist bei Initiativen des zweiten Gründungstypus, die darauf abzielen, den Versorgungsmangels selbst auszugleichen und die im folgenden als "sozialpolitische Ergänzungsinitiativen" bezeichnet werden, anzunehmen, daß sie sich durch den Aufbau eigener Organisationsstrukturen als Leistungsanbieter und "Anwalt" des sozialen Problems konsolidieren.

Anhand exemplarisch ausgewählter Beispiele werden die Konstitutionsbedingungen und organisatorischen Entwicklungsverläufe beider Gründungstypen nachfolgend näher beleuchtet.

(1) "Ein-Ziel-Initiativen"

In Salzstetten gründeten 25 sozialpolitisch engagierte Personen Ende 1990 einen eingetragenen Verein, der sich für die Gründung einer Kontakt- und Anlaufstelle für Initiativen und Vereine einsetzen wollte, wie Karsten Reineke, ein leitender Mitarbeiter der kommunalen Sozialverwaltung, berichtet. Diese Personen betätigten sich ehrenamtlich in dem Verein und hatten zumeist berufliche Leitungspositionen in der Kommunalpolitik oder -verwaltung inne. Um das Vereinsziel zu verwirklichen, wurden diese personellen Verflechtungen mit der Kommunalverwaltung genutzt: Da einer der Hauptinitiatoren gleichzeitig Sozialamtsleiter der Stadt war, erreichte die Initiative, daß die Kommune für die geplante Selbsthilfekontaktstelle Räume zur Verfügung stellte und eine ABM-Stelle genehmigte. Die Selbsthilfekontaktstelle wurde zunächst vom Sozialamt in Kooperation mit dem Verein getragen und im entsprechenden Bundesmodellprogramm verankert (vgl. ISAB 1992a und 1992b). Der Verein war darüber hinaus kooperatives Mitglied der Arbeiterwohlfahrt und bekam über diesen Weg im Jahre 1991/1992 eine weitere ABM-Stelle für die Kontaktstelle genehmigt. Durch die strategische Koppelung von öffentlicher Trägerschaft und Einbindung des selbstorganisierten Vereins in die AWO als Spitzenverband der Freien Wohlfahrtspflege konnte der Personalbestand der Selbsthilfekontaktstelle sichergestellt werden.

Nachdem das Hauptziel erreicht war, eine Selbsthilfekontaktstelle zu errichten, trat der Verein als sozialpolitisch relevanter Akteur auf kommunaler Ebene nicht mehr in Erscheinung: "Der Verein stand ja auch schon mal kurz vor der Auflösung, warum dann doch nicht, kann ich nicht sagen, also meine persönliche Vermutung, ich will den Leuten nicht zu nahe treten, meine persönliche Vermutung ist einfach die, daß sie die ABM-Maßnahme nicht gefährden wollten und deshalb also formal den Verein noch am Leben halten, aber ich halte es auch für möglich, daß, wenn diese ABM ausläuft, der Verein sich auch auflösen wird (...), weil eben auch das Profil, was sie mal hatten, schon auch von der Kontaktstelle aufgesogen worden ist, das ist also, was da läuft in der Kontaktstelle, das waren die Vereinsziele und von daher könnte man auch sagen, der hat seine Funktion erfüllt, und es gibt jetzt eigentlich keine Veranlassung in dieser Richtung weiterzuarbeiten" (Interview Reineke). Zwar habe es Überlegungen des Vereins gegeben, ein anderes Profil zu entwickeln, indem er als Dachorganisation und sozialpolitischer Interessenvertreter von selbstorganisierten Gruppierungen und Initiativen fungieren wollte, doch habe seitens der Gruppierungen kein Interesse daran bestanden, berichtet Herr Reineke. Nachdem der Verein sein Ziel, eine Selbsthilfekontaktstelle ins Leben zu rufen, erreicht hatte, löste er sich schließlich im Jahre 1994 auf, als die ABM-Stelle auslief. Die Selbsthilfekontaktstelle und deren Personalbestand befindet sich seitdem ausschließlich in öffentlicher Trägerschaft (vgl. dazu auch Abschnitt 11.3).

Auch im Landkreis Frankenstein kann eine Initiative diesen Typs beschrieben werden, allerdings sind hier die Grenzen zwischen einer "Ein-Ziel-Initiative" und einer "sozialpolitischen Ergänzungsinitiative" fließend. Die GründerInnen dieser Initiative im Bereich der Behindertenhilfe, Mütter oder Angehörige von Patienten einer örtlichen stationären Psychiatrieeinrichtung, die sich selbst im Vorruhestand befanden, kritisierten zunächst die Zustände in dieser Einrichtung. Im Unterschied zur vorherigen Initiative setzten sich die Vereinsmitglieder nicht nur politisch dafür ein, diese Mißstände zu beseitigen, sondern sie übernahmen für einige PatientInnen sogenannte Patenschaften und kümmerten sich persönlich um einige psychisch Kranke.

Es habe sich gezeigt, daß damit außerdem die eigene Situation des Vorruhestandes besser bewältigt werden könne, berichtet Gudrun Oswald, "Wortführerin" des Vereins. Damit vermischten sich zwei Motive, und die Initiative bekam eine Doppelfunktion: Einerseits als Selbsthilfegruppe für Vorruheständler und andererseits als selbstorganisierter Verein, der die Zustände der Psychiatrieeinrichtung verbessern will, eine Kombination, die als Kompensationsstrategie der eigenen biographischen Situation der GründerInnen bezeichnet werden kann.

Frau Oswald beschreibt, daß sich allmählich der anwaltschaftliche Vertretungsanspruch für die PatientInnen dieser psychiatrischen Einrichtung entwickelt habe. Mit dem neuen Betreuungsgesetz erfuhr die Initiative eine weitere Stabilisierung als anerkannter Betreuungsverein der Behindertenhilfe, der als Mitgliedsorganisation des Paritätischen Wohlfahrtsverbandes einen festen Platz in der kommunalen sozialen Versorgung beansprucht und durch die Errichtung von ABM-Stellen weiter expandierte. Im Entwicklungsverlauf dieser Initiative tragen demnach die beiden strategischen Entscheidungen, Mitglied im Paritätischen Wohlfahrtsverband zu werden und auf die gesetzlichen Neubestimmungen des Betreuungsgesetzes Bezug zu nehmen, wesentlich dazu bei, sich im Landkreis zu etablieren und soziale und politische Akzeptanz zu erlangen.

(2) "Sozialpolitische Ergänzungsinitiativen"

Die im folgenden - für diesen Gründungstyp exemplarisch - beschriebene Jugendhilfeinitiative in Neu-Brühl, geht auf einige Kinderheimerzieherinnen und Psychologinnen zurück, die sich 1989 zusammenfanden, weil sie der Ansicht waren, daß die Kinder-, Jugend- und Familienarbeit in der DDR Lücken aufwies sowie zukünftig inhaltlich und konzeptionell anders gestaltet werden müßte. Silke Koch und Beate Wechmann, zwei der Gründerinnen und heutige "Wortführerinnen" der Initiative, berichten über ihre damalige Ratlosigkeit: "Kinder- und Elternarbeit (...) müßte irgendwie ganz anders sein (...), viel intensiver sein (...), und dann haben wir erstmal rumgerätselt, wie müßte es denn aussehen". Sie erkannten fachliche Mißstände - vor allem im Bereich der Kinderbetreuung in Heimen - und formulierten einen Reformbedarf, für den sie sich auch politisch einsetzten. Sowohl Frau Koch als auch Frau Wechmann gehörten als reforminteressierte Akteure zu der Arbeitsgruppe "Runder Tisch Jugendhilfe", die 1989/1990 in Neu-Brühl entstand, um ein neues Konzept von Jugendarbeit zu erarbeiten. Die vom damaligen Rat des Kreises zeitgleich erstellte Bedarfsanalyse im Kinder- und Jugendhilfebereich konnte in der Arbeitsgruppe als Datengrundlage verwendet werden.

Der weitere (organisatorische) Entwicklungsverlauf dieser Initiative gliedert sich nach dem anfänglich diffusen Empfinden der Akteure, es müsse etwas geändert werden, in drei Phasen, wie im folgenden gezeigt wird:

Phase I: Information. Die reformorientierten Personen waren bestrebt, umfassende Informationen zum Thema Kinder- und Jugendhilfe zu erhalten. Dabei seien insbesondere die Lektüre von Informationsmaterialien verschiedener Wohlfahrtsverbände, die Teilnahme an Seminaren und Weiterbildungsveranstaltungen zur Jugendhilfe und sozialpädagogischen Familienhilfe in den alten Bundesländern sowie intensive Beratungen eines im Kinder- und Jugendhilfebereich tätigen Vereins aus den alten Bundesländern ausschlaggebend gewesen, schildern Frau Koch und Frau Wechmann im Interview. Da Silke Koch im Jahre 1990 einen Arbeitsplatz im neu aufgebauten Jugendamt der Stadt fand, hatte die Initiative Zugang zu verschiedenen Informationsmaterialien und Gesetzen, so auch zum Kinder- und Jugendhilfegesetz. Im Laufe des Jahres 1990 stellten die Beteiligten fest, daß das neue Kinder- und Jugendhilfegesetz (KJHG), welches für die neuen Bundesländer schon am 3. Oktober 1990 in Kraft trat, ihren eigenen Vorstellungen entgegenkam, wie Frau Koch und Frau Wechmann berichten, und die Idee einer Vereinsgründung nahm langsam Konturen an. Dabei bleibt es im Interview jedoch offen, auf welche Aspekte des KJHG die Akteure Bezug nehmen wollten. Es hat den Anschein, als sei insbesondere die dort formulierte prioritäre Förderung kleiner freier Träger im Jugendhilfebereich für die Entscheidung ausschlaggebend gewesen, den Status eines eingetragenen Vereins anzustreben. Damit begann die Stabilisierungsphase dieser Initiative.

Phase II: Organisatorische Stabilisierung durch Vereinsgründung. Da sich die Beteiligten sehr intensiv mit Fachliteratur und verschiedenen Ansätzen der sozialpädagogischen Kinder-, Jugend- und Familienhilfe auseindergesetzt hatten, erstaunt es zunächst, daß die eigenen sozialpolitischen Vorstellungen schon bald zugunsten von Formulierungen aus dem neu gestalteten KJHG aufgegeben wurden oder zumindest deren konsequente Weiterentwicklung nicht forciert wurde. Die Übernahme und der Versuch der Umsetzung der in diesem Gesetzeswerk formulierten Prinzipien durch die Kinder- und Jugendhilfeinitiative in Neu-Brühl kann - ebenso wie der Statuswechsel zum eingetragenen Verein - als organisatorische Stabilisierungsstrategie gewertet werden, mit dem Ziel, die Initiative möglichst auf sicherem, risikolosem Weg als freien Träger der Jugendhilfe im kommunalen Versorgungssystem zu etablieren.

Allerdings hatten die Gründerinnen anfangs keine klaren Vorstellungen über den Vereinsstatus: "Wo ist ein Verein der ähnliche Sachen macht und vor allen Dingen ein Verein, der nicht so hierarchische Strukturen hat, also DRK und solche Sachen war uns alles nicht so geheuer, weil auch (...) in (...) der DDR Vereinsarbeit, das (...) waren Briefmarkenclubs und Anglervereine und ansonsten die gesellschaftlichen Organisationen, also es war uns schon suspekt, und wir haben uns lange Zeit gelassen, einen eigenen Verein zu gründen, also, das war immer negativ besetzt für uns, wir wollten eine Initiative sein" (Interview Koch/Wechmann). Im Oktober 1990 wurde schließlich der Verein gegründet, weil die Vorstellung bestand, lediglich "juristische Einheiten" könnten im Gegensatz zu Interessengemeinschaften öffentlich gefördert werden.

Als ein weiteres Motiv, den Status eines eingetragenen Vereins zu beantragen, nennen Frau Koch und Frau Wechmann das Anliegen, die Eigenständigkeit der Initiative bewahren zu können: "Wir wollten uns nicht einverleiben lassen", betonen sie. In der ersten Orientierungsphase der Initiative bestanden - über Seminare - auch fachliche Kontakte zur Arbeiterwohlfahrt sowie zu dem bereits erwähnten Verein aus den alten Bundesländern. Aus Angst vor Autonomieverlust des selbstorganisierten Vereins lehnten die Initiatorinnen sowohl die korporative Mitgliedschaft in der Arbeiterwohlfahrt ab als auch den Vorschlag des beratenden Vereins aus den Altbundesländern, eine entsprechende Parallelorganisation in Neu-Brühl zu werden (Interview Koch/Wechmann). Diese Begründung stellte sich bei der Interviewanalyse als nachträgliche Rationalisierung der Entscheidung heraus: Mehr durch Zufall erhielt die selbstorganisierte Initiative in Neu-Brühl eine Informationsbroschüre des Paritätischen Wohlfahrtsverbandes aus den alten Bundesländern, in der die einzelnen Mitgliedsorganisationen sowie deren organisatorische Eigenständigkeit vorgestellt wurden, und stellte daraufhin einen Mitgliedschaftsantrag.

Während die Vor- und Nachteile der Mitgliedschaft in einem Spitzenverband - zumindest im Interview - gegeneinander abgewägt wurden, wurde die öffentliche

Finanzierung nicht hinterfragt, sondern als Selbstverständlichkeit angesehen, und die entsprechende Förderungswürdigkeit angestrebt.

Phase III: Aufbau einer Organisationsstruktur und Herausbildung eines sozialpolitischen Anspruchs. Fachlich orientiert sich diese Initiative an dem beratenden Verein in den alten Bundesländern und ist von stadtteil- und lebensweltorientierten Vorstellungen geleitet, wie Silke Koch und Beate Wechmann ausführen. Neben diesem fachlichen Anspruch lag den Gründerinnen der Initiative viel daran, basisdemokratische Entscheidungsprozesse einzuführen. Bei ihren Bemühungen, diesem Anspruch gerecht werden zu können, entstand allerdings ein organisatorisches Paradoxon: Um Basisdemokratie innerhalb der selbstorganisierten Initiative sowohl zu forcieren als auch zu institutionalisieren, wurde eine entsprechende Organisationsstruktur entwickelt. Die verschiedenen sozialen Aufgaben- bzw. Leistungsbereiche der Initiative (z.B. ambulante Jugend- und Familienhilfe, Erziehungs- und Familienberatung, Mutter-Kind-Projekt sowie pädagogische und psychologische Beratung) werden von verschiedenen Teams wahrgenommen, die sich jeweils aus circa sechs Personen zusammensetzen. Aus jedem der insgesamt sechs Teams sei auf einer Mitgliederversammlung ein "Sprecher" gewählt worden, erläutert Frau Koch im Interview. Diese "Sprecher" bildeten wiederum den sogenannten Verwaltungsrat als übergeordnetes Entscheidungsgremium, da bei kurzfristigen Entscheidungen nicht immer eine Mitgliederversammlung einberufen werden könne, wie Frau Koch und Frau Wechmann weiter ausführen.

Daß dieses Bemühen, eine Basisdemokratie durch formale organisatorische Strukturen herbeizuführen, nicht gelingen kann, wird von den "Wortführerinnen" des Vereins offensichtlich nicht erkannt. Lediglich beklagen sie, die Bereitschaft, Verantwortung zu übernehmen und konzeptionelle Vorschläge zu entwickeln, sei bei den MitarbeiterInnen und Mitgliedern nicht sehr ausgeprägt. Daher wird die Arbeit dieser Initiative von den Initiatorinnen, vor allem von Frau Koch und Frau Wechmann, als den hauptverantwortlichen "Leitungspersonen" dominiert.

Im Jahre 1992 wurde diese Kinder- und Jugendhilfeorganisation Mitglied des Paritätischen Wohlfahrtsverbandes und anerkannter freier Träger der Jugendhilfe in Neu-Brühl. Aufgrund dieses sozialen Aufgabenbereichs bezeichnen Frau Koch und Frau Wechmann das kommunale Jugendamt als wichtigsten Kooperationspartner, mit dem sich problemlos zusammenarbeiten ließe. Dieser gute Kontakt ist insbesondere Frau Koch selbst zu verdanken, die nicht nur halbtags als Geschäftsführerin im Verein, sondern auch halbtags für das Jugendamt arbeitet. Insofern profitiert die Initiative sowohl in fachlicher und informationstechnischer als auch in finanzieller Hinsicht von der personellen Anbindung an die Sozialverwaltung. Die Personalsituation dieser selbstorganisierten Initiative weist ein Charakteristikum auf: Beide für die Gründung des Vereins hauptverantwortlichen Akteure sind jeweils halbtags in der Geschäftsführung der Initiative und der Verwaltungsleitung angestellt. Einige der in der Anfangsphase ehrenamtlich im Verein Mitarbeitenden, berichten Silke Koch und Beate Wechmann, hätten ihren Arbeitsplatz aufgegeben, um sich im Verein den dort vertretenen fachlichen und konzeptionellen Ansätzen mittels ABM-Verträgen widmen zu können.[133] Die gründungsrelevanten Personen dieser Initiative sind somit gleichzeitig Mitglieder und MitarbeiterInnen des Vereins. Frau Koch und Frau Wechmann bedauern allerdings, daß unter den neu eingestellten MitarbeiterInnen nicht alle bereit seien, die Vereinsmitgliedschaft anzunehmen. Dennoch läßt sich feststellen, daß die Unterscheidung zwischen Mitgliedern und MitarbeiterInnen an Konturen verliert und sich im Verständnis der selbstorganisierten Initiative nicht als solche niederschlägt. Insgesamt zeigt sich ein Selbstverständnis der Initiative als professionell und fachlich leistungsfähiger Träger sozialer Arbeit, bei dem mehr Wert auf fachlich qualifiziertes Personal gelegt wird als auf die Gewinnung von Mitgliedern.

Zusammenfassung. Der Gründungs- und Entwicklungsverlauf der dargestellten Initiative zeigt, daß die relevanten Akteure verschiedene Strategien entwickelten, um die Organisation zu stabilisieren und im kommunalen Versorgungssystem zu etablieren: Zunächst wurde - nach ausgiebiger Lektüre - das KJHG als organisatorische Handlungsmaxime übernommen und die Initiative mit dem Rechtsstatus des eingetragenen Vereins versehen. Damit konnte Stabilität und Akzeptanz, insbesondere seitens politisch-administrativer Akteure, erreicht werden, da Initiativen vielfach anfänglich nur dann mit finanzieller Förderung bedacht wurden, wenn sie diesen Status vorweisen konnten (siehe dazu auch Abschnitt 11.3). Die personelle Verknüpfung mit dem kommunalen Jugendamt stellte einen weiteren Stabilisierungsfaktor dar. Unter Verweis auf fachliche Konzepte aus den Altbundesländern - über den beratenden Verein - und die Mitgliedschaft im Paritätischen Wohlfahrtsverband konnte seitens der Initiative strategisch eine schnelle Anerkennung erreicht werden. Formale Organisationsstrukturen und dezidierte personelle Zuständigkeitsregelungen sollten innerhalb der Initiative der effektiven Arbeitsteilung und Mittelverwaltung dienen sowie das Selbstverständnis eines professionellen Leistungsanbieters bzw. -trägers untermauern.

11.2.2 Sozialpolitischer Anspruch

Während die zuvor dargestellten Initiativen, die sich in erster Linie gründeten, weil sie die soziale Versorgung ihrer Umwelt als defizitär wahrnahmen, erst allmählich

---

[133] Der genaue Wortlaut im Interview lautet wie folgt: "Die Leute, die ehrenamtlich oder abends immer zusammen waren, die lösten sich aus ihren alten Arbeitsverhältnissen und gingen erstmal in die Risikolandschaft ABM, um eben diese Arbeit zu machen, die sie machen wollen, also teilweise aus Kindergärten, aus technischen Berufen, die haben dann so einen Blitzkurs gemacht zum Sozialarbeiter, aber nicht anerkannt" (Interview Koch/Wechmann).

einen sozialpolitischen Anspruch entwickelten, waren sozialpolitische Vorstellungen bei einigen Initiativen und neu entstandenen Verbänden der maßgebliche Gründungsfaktor. Das Spektrum reichte dabei von Initiativen, die sich sozialpolitisch für eine bestimmte Zielgruppe oder einen Themenbereich einsetzen (1),[134] bis hin zu Vereinen, die einen umfassenderen politisch-kulturellen Anspruch vertreten (2). Im folgenden wird jeweils eine Initiative aus dieser Variationsbreite vorgestellt.

(1) Die Gründerinnen einer Bildungsinitiative für Frauen in Neu-Brühl waren zu DDR-Zeiten im kirchlichen Umfeld aktiv, sind Theologinnen oder entstammen im weitesten Sinn pädagogischen Berufsfeldern. Die Initiatorinnen der Initiative - wie die heutige "Wortführerin" und Theologin Annemarie Bolte - waren seit Anfang der 80er Jahre in der DDR unter dem Dach der Kirche in der Menschenrechts-, Umweltschutz- und Friedensarbeit engagiert. Aus dieser Arbeit seien auch verschiedene Arbeitskreise zu feministischen Themen entstanden, erzählt Frau Bolte im Interview. Die deutsche Vereinigung war für diese Frauen ein entscheidender Schritt: "Und in der Wende war jetzt plötzlich, also, (...) [etwas; d.A.] machen, war nicht mehr politisch schief angesehen, weil das ja vorher immer unter dem Damoklesschwert Gruppenbildung [stattfand, was; d.A.] also sehr schwierig war, wir haben uns ja nur in Wohnungen getroffen, und das war jedesmal mit Ängsten besetzt oder in kirchlichen Räumen, und das ist also eine Geschichte für sich, ich will nur den Hintergrund mal benennen, und in der Wende war jetzt diese große Freude, jetzt können wir was offiziell machen" (Interview Bolte). Die Frauen gründeten den Verein, um ihre politischen Vorstellungen von feministischer Frauenarbeit offensiv vertreten und in Projekten öffentlich im legalen Rahmen umsetzen zu können. Annemarie Bolte schildert, daß der thematische Schwerpunkt oder das genaue konzeptionelle Vorgehen der geplanten Initiative 1990 zwar noch nicht feststand, aber trotzdem schon, nach damaligem DDR-Vereinsrecht, die Eintragung ins Vereinsregister vorgenommen wurde. In dieser organisationsbezogenen Festigungsstrategie als Verein kommt die Absicht zum Ausdruck, der Initiative einen verbindlichen Rechtsstatus zu geben und damit nicht - wie zu DDR-Zeiten - auf der Ebene einer informellen Gruppierung zu verbleiben.

Im Jahr 1992 ist diese Initiative Träger einer Informations- und Beratungsstelle für Frauen, die über ein vom Bundesministerium aufgelegtes Modellprojekt finanziert wird. In dieser Beratungsstelle, die Annemarie Bolte leitete, wurden verschiedene Kurse, Weiterbildungsveranstaltungen und Beratungen für Frauen in den

---

134 Dazu zählen u.a. der Allgemeine Behindertenverband und der Arbeitslosenverband, die beide als überregionale Interessenverbände agieren. Der grundlegende sozialpolitische Anspruch dieser neuentstandenen intermediären Organisationen im Sozialbereich läßt sich als thematisch-fokussierter sozialpolitischer Anspruch bezeichnen, da hier jeweils die Interessen einer bestimmten, klar definierten Bevölkerungsgruppe vertreten werden. Darüber hinaus werden von diesen Verbänden Beratungsleistungen für die spezifische Bezugs- bzw. Zielgruppe angeboten. Da beide Organisationen vornehmlich die Funktion eines Interessenverbandes erfüllen, werden sie in diesem Zusammenhang nicht weiter berücksichtigt.

neuen Bundesländern zu den geänderten Lebens- und Arbeitsbedingungen angeboten. Damit gelang es dieser selbstorganisierten Initiative, Anbieter eines relevanten Beratungsangebots zu werden, welches - zumindest für die Laufzeit des Bundesmodellprogramms - finanziell abgesichert war. Nach Ablauf des Modellprogramms scheint sich jedoch ein organisatorisches Dilemma anzudeuten, da die Trägerschaft der Beratungsstelle vermutlich nicht bei dem selbstorganisierten Verein verbleiben kann, wie Frau Bolte befürchtet. Inwiefern die Initiative ihren sozialpolitischen Anspruch zukünftig in soziale Leistungen umzusetzen vermag, ist ungewiß. Eine Mitgliedschaft in einem Wohlfahrtsverband wurde von der Fraueninitiative bislang aufgrund ihrer Ängste vor Autonomieverlust abgelehnt.

(2) Auffallend bei Initiativen mit einem politisch-kulturellen Anspruch ist, daß sie sich nicht, wie zu erwarten wäre, in unterschiedliche "Szenen" ausdifferenzieren, sondern daß innerhalb einer Initiative verschiedene politische Orientierungen - vor allem des linken Spektrums - bestehen. Ebenso heterogen ist zumeist das Angebot dieser Initiativen, was am Beispiel eines Vereins in Salzstetten besonders deutlich wird. Elke Kern, Vorsitzende des Vereins, beschreibt das Angebot der Initiative, welches von einer "Szene-Kneipe" über politische Veranstaltungen, einer Abendschule und einem Buchladen, der Bereitstellung von Wohnraum bis hin zum Verkauf von ökologischen Produkten und einem Probenraum für Musiker reicht. Sie berichtet, die Hauptakteure seien in der 1989 entstandenen "Vereinigten Linken" aktiv gewesen und hätten festgestellt, daß "politische Aktivitäten nicht unbedingt den Erfolg für uns haben und die Befriedigung haben, die wir uns darunter vorgestellt haben, und da wurde eben überlegt, was man irgendwie machen kann, um auch ein Projekt zu haben, in dem man aktiv was machen kann, ohne eben immer nur für irgendwelche Wahlen zu kämpfen, sondern daß es auch mehr an der Basis ist" (Interview Kern). In der Phase der Überlegungen, in welcher Weise diese Vorstellungen umgesetzt werden könnten, beteiligten sich einige der Akteure an der Besetzung eines seit Mitte der 80er Jahre leerstehenden städtischen Hauses. Da die räumlichen Möglichkeiten in der Stadt für selbstorganisierte Vereine und Vorhaben zu diesem Zeitpunkt äußerst dürftig gewesen seien, habe das Haus schnell Zulauf von an alternativen Projekten Interessierten bekommen, schildert Frau Kern. Aus diesem Personenkreis entstand ein eingetragener Verein, der als Trägerverein für die verschiedenen Angebote des besetzen Hauses fungiert; nicht zuletzt, um kommunale Fördermittel für die einzelnen Angebote und Projekte beantragen zu können. Diese Möglichkeit, die Organisation zu festigen, wird innerhalb der Initiative jedoch nicht als potentiell problematisch diskutiert, vielmehr wird die öffentliche Finanzierung von den Mitgliedern dieses links-autonomen Vereins geradezu als Selbstverständlichkeit angesehen.[135]

---

135 Die öffentliche Finanzierung von sozialen Projekte und Aufgaben in besetzten Häusern ist nicht so widersprüchlich, wie hier zu vermuten wäre. In den alten Bundesländern existiert neben der bekannten, "radikalen" Hausbesetzerszene außerdem eine Reihe von Modellprojekten (beispiels-

Das breite Spektrum sozialer und kultureller Angebote, die der Trägerverein anbietet, erklärt sich darüber, daß es dem Anspruch der Akteure entsprach, unterschiedlichen "alternativen Ideen und Vorstellungen" Raum zu bieten, ohne eine thematische oder inhaltliche Einschränkung auf einen bestimmten Aufgabenbereich vorzunehmen (Interview Kern). Mit dieser inhaltlichen Vielfalt und thematischen Spannbreite wollte sich die Initiative einen möglichst breiten Unterstützer-, "Sympathisanten"- und Klientenkreis schaffen, was jedoch nur in Ansätzen gelang. So berichtet Elke Kern, daß zwar viele Bürger aus Salzstetten die Angebote des Vereins in Anspruch nähmen, doch bliebe die soziale Unterstützung auf den kleinen Kreis der ehrenamtlich tätigen Vereinsmitglieder beschränkt. Die Vielfalt der verschiedenen "Projekte" - so zum Beispiel ein Kinderladen oder das Weiterbildungsangebot in "alternativen Schulformen" und mit "alternativen Unterrichtsmethoden" - geht auf persönliche Interessen und Motive der Vereinsakteure zurück (Interview Kern). Entsprechend dieser unterschiedlichen Facetten wurde der Verein sowohl Mitglied im kommunalen Kinder- und Jugendhilfering als auch in einem Landesdachverband zur Förderung multikultureller Aktivitäten. Die einzelnen Projekte und Angebote der Initiative wurden aus Mitteln des kommunalen Jugend- und des Kulturamtes finanziert. Mit dieser Mischfinanzierung konnten nicht nur unterschiedliche soziale Aufgabenbereiche des Vereins abgedeckt, sondern insbesondere die Abhängigkeit von nur einem Mittelgeber vermieden werden.

Während Frau Kern die Zusammenarbeit mit dem örtlichen Kulturamt als positiv und problemlos beschreibt, scheinen mit dem Jugendamt Differenzen zu bestehen. Im Jahr 1992 war die Initiative noch nicht als freier Träger der Jugendhilfe anerkannt, so daß über die Vergabe von Fördermitteln jährlich neu entschieden werden mußte. Aufgrund des "schlechten Rufs", den die selbstorganisierte Initiative im Jugendamt hätte, befürchten die Akteure, auch nach dreijähriger Tätigkeit in der Jugendhilfe nicht die angestrebte Anerkennung zu bekommen (Interview Kern). Insgesamt gesehen zeigt sich am Entwicklungsverlauf dieser selbstorganisierten Initiative ein organisatorisches Dilemma zwischen einem links-autonomen politischen Anspruch und der Selbstverständlichkeit, mit der die öffentliche Förderung beansprucht wird. Da die administrativen Vorstellungen zum Teil nicht mit den Vorstellungen und Zielsetzungen der Mitglieder in der Initiative übereinstimmten, kam es zu Konflikten, die sich beispielsweise darin ausdrückten, daß Fördermittel nicht bewilligt wurden oder der Verein bislang noch nicht als freier Träger der Jugendhilfe anerkannt wurde, führt Elke Kern aus. Dennoch spielten seitens des selbstorganisierten Vereins alternative Finanzierungen, etwa durch Spenden, keine nennenswerte Rolle.

---

weise in Berlin), die durch öffentliche Förderung unterstützt werden. Im Unterschied zu den neuen Bundesländern ging dem jedoch in den alten Bundesländern ein langwieriger Diskurs in den 80er Jahren über öffentliche Finanzierung, der vor allem unter dem Stichwort "Staatsknete-Debatte" firmiert, voraus (vgl. dazu Abschnitt 2.2).

11.2.3 Erwerbstätigkeit

In verschiedenen Interviews wurde deutlich, daß sowohl politisch-administrative Akteure als auch die GründerInnen selbstorganisierter Initiativen mit Formen der Selbstorganisation die Förderung von (der eigenen) Erwerbstätigkeit verknüpfen. Während die Sicherung des Erwerbsarbeitsplatzes innerhalb der neu entstandenen Organisationen bei den bislang diskutierten selbstorganisierten Initiativen lediglich *ein* Motiv unter anderen darstellte, ist sie hier das entscheidende Gründungsmuster bzw. der "Motor" von Vereinsgründungen und wird im folgenden exemplarisch am Beispiel einer Initiative aufgezeigt.

Heiko Schramm bewarb sich in Neu-Brühl auf eine Koordinatorenstelle im Rahmen des "Gesunde-Städte-Projektes".[136] Nachdem seine Bewerbung abgelehnt worden war, entschloß er sich gemeinsam mit anderen Interessierten, einen Verein mit ähnlichem konzeptionellen Zuschnitt zu gründen, um sich so einen Arbeitsplatz zu schaffen. Die Vereinsgründung wird von Herrn Schramm und Frau Tolkin vor allem damit begründet, Fördermittel beantragen zu können. Das heißt, daß der Rechtsstatus eines eingetragenen Vereins lediglich aus finanztechnischen Gründen gewählt wurde und seitens der Akteure damit keinerlei Vorstellungen eines Vereinslebens assoziiert wurden, ja sogar Ängste gegenüber organisatorisch gefestigten Strukturen bestanden: "Ursprünglich war eigentlich nicht geplant, da einen eingetragenen Verein daraus zu machen, weil wir eben ein bißchen Angst hatten vor dieser Organisation und weil, es sind ja dann auch immer Zwänge damit verbunden, aber es ließ sich im Grunde deswegen nicht umgehen, weil man ja als Interessengemeinschaft (...) schwer gefördert wird (...), deswegen haben wir dann Ende Dezember 1991 den Verein gegründet (...) einfach damit dieser Verein besteht und damit wir was machen können, damit wir Fördermittel beantragen können" (Interview Schramm/Tolkin). Somit ist die Vereinsgründung ein formaler Akt, der aus erwerbsstrategischen Gründen vorgenommen wurde, um öffentliche Fördermittel in Anspruch nehmen zu können.

Das Angebot dieser selbstorganisierten Initiative, bei der die HauptinitiatorInnen mittlerweile ehrenamtlich tätig sind, da sie ihre Erwerbsarbeitsplätze in anderen Organisationen oder Institutionen des Sozialbereichs fanden, blieb an dem Konzept des "Gesunde-Städte-Projektes" orientiert. Dieser Bezugspunkt stellte sich hinsichtlich konkreter sozialer Leistungen und Angebote als schwierig dar; so führt Gerlinde Tolkin aus: "Es geht eben darum, die Stadt wirklich gesund zu machen und nicht also, wie das von oben kommt, dort irgendwelche Projekte reingedrückt werden, wo keiner gefragt wird, ob das sein soll oder nicht, und das Problem ist eben wirklich rauszukriegen, was die Leute wollen". Im Jahr 1992 erstreckten sich

---

136 Im "Gesunde-Städte-Projekt" wird versucht, die gesundheitspolitischen Vorstellungen der Weltgesundheitsorganisation in Form von Modellprojekten umzusetzen (vgl. vor allem zur Relevanz von Selbsthilfeaktivitäten in diesem Zusammenhang Heider 1993).

die Aktivitäten des Vereins insbesondere auf die Initiierung von Diskussionsveranstaltungen, Vorträgen und Ausstellungen sowie auf die konzeptionelle Planung weiterer Angebote. Als Hauptschwierigkeit wird die Motivierung von weiteren Interessenten angesprochen: "Und das ist, glaube ich, auch unser größtes Problem wirklich, also Leute, die jetzt auch echt einzubeziehen, wenn auch hier Leute herkommen, ja man hat das Gefühl viele erwarten, daß (...) eben eine Arbeit, daß wir denen eine Arbeit geben können, das können wir aber nicht, also das könnten wir überhaupt nicht bezahlen" (Interview Schramm/Tolkin). Aus diesem Grund blieb die Unterstützungsbereitschaft auf den kleinen Kreis der GründerInnen beschränkt, der sich durchgängig aus ehemaligen StudienkollegInnen von der örtlichen Hochschule rekrutierte.[137]

11.2.4 Erhalten von Strukturen und Zusammenhängen aus DDR-Zeiten

Ein viertes Gründungsmuster von selbstorganisierten Vereinen und Initiativen besteht in dem Bestreben, als wichtig und bewährt Eingeschätztes aus der DDR zu erhalten. Dieser Wunsch, etwas zu bewahren, kann sich auf eine DDR-Tradition, ein persönliches Netzwerk, auf fachliche Vorstellungen oder eine bestimmte Umgangsweise mit Klienten beziehen. Auch der Versuch, eine ehemalige betriebliche Gemeinschaft aufrechtzuerhalten, fällt unter dieses Motiv.

Am Beispiel der folgenden Initiative in Frankenstein läßt sich dieses Gründungsmuster erläutern. Dort wurde von Mitgliedern einer ehemaligen Massenorganisation der DDR, dem Demokratischen Frauenbund (DFD), die Beratungsstelle "Frauen und Familie" gegründet. Die Motivation zur Vereinsgründung beschreibt Kunigunde Lackeit, "Wortführerin" der Initiative, wie folgt: "Und da hat sich dieser Demokratische Frauenbund dazu aufgerafft, einen Verein zu gründen, nämlich den, den wir heute insgesamt hier vertreten (...), mit dem Ziel, es kann doch nicht alles, was DDR oder was die DDR einmal hatte, kaputt gehen, wir müssen doch etwas schaffen, wir müssen Arbeitsplätze für Frauen schaffen, und wir dürfen nicht [zulassen, daß; d.A.] das soziale Netz, was mal gewesen ist, so total zersprengt wird". Neben der Bestrebung, sich und anderen Frauen aus dem Kontext der ehemaligen Massenorganisation Arbeitsplätze zu schaffen, stand insbesondere das Anliegen, "DDR-Gemeinschaften" zu erhalten, bei der Gründung des Vereins im Vordergrund. Dementsprechend rekrutierten sich die Gründerinnen ausschließlich aus dem Personal der ehemaligen gesellschaftlichen Organisation.

---

137 Ein weiteres Beispiel für Selbstorganisation aus der Motivation heraus, den eigenen Erwerbsarbeitsplatz zu sichern, findet sich beim Fachpersonal des DDR-Gesundheitssystems (Interview Bach). Nach der Auflösung der Polikliniken wurden in zwei der Untersuchungsregionen selbstorganisierte Sozialstationen aufgebaut, die von ehemaligen Gesundheitsfürsorgerinnen organisiert und fachlich geleitet werden. Diese Trägervereine verstehen sich in erster Linie als professionelle und fachlich qualifizierte Leistungsanbieter.

11. Die neu entstandenen selbstorganisierten Initiativen und Vereine

Durch diese Strategie der "internen Rekrutierung" von Mitarbeiterinnen, die alle über ABM-Stellen finanziert wurden, gelang es der neu entstandenen selbstorganisierten Initiative sowohl in personeller als auch in fachlicher Hinsicht, Traditionen der aufgelösten DDR-Massenorganisation ("Demokratischer Frauenbund"), aus der sie hervorgegangen ist, zu bewahren.

Auch fachliche Vorstellungen bzw. eine aus DDR-Zeiten fortwirkende Einstellung gegenüber der Klientel waren für die Gründerinnen der Initiative handlungsleitend: "Und wir sind auf dem Lande (...) die einzigen, die wirklich im Dorf ansprechbar sind, das ist weder der Paritätische noch die Arbeiterwohlfahrt, noch das DRK, wir sind für alles mögliche zuständig, für Kindergeld, für Formulare, für Rentenanträge, für Schulden, es ist ein riesiger Komplex, und dort auf den Dörfern so begehrt inzwischen, daß die Leute also wirklich Angst haben, was wird dann, wenn sie [die Beratungsstelle; d.A.] nicht mehr da ist, also ich habe schon die erste Frau gehabt, die hat wirklich geweint" (Interview Lackeit). In diesem Verständnis sozialer Arbeit spiegelt sich nicht nur ein allumfassender Zuständigkeitsanspruch, sondern auch eine paternalistische Orientierung gegenüber der Klientel wider, die in folgender Interviewaussage besonders deutlich wird: "Unsere Sprechstunden sind bekannt, wir sind einfach der erste Ansprechpartner für den Bürger (...), entweder wir nehmen den Bürger an die Hand, oder wir machen es selber, oder wir nehmen den Bürger mit und sagen, da muß das und das passieren, ganz konkret, das ist eine ganz konkrete Hilfe, die wir machen" (Interview Lackeit).

Das Moment der Erhaltung bestehender Strukturen und Zusammenhänge aus DDR-Zeiten steht auch bei der Gründung folgender Initiative im Vordergrund.[138] Als in Neu-Brühl im Jahr 1991 ein ehemaliges Kombinat aufgelöst wurde, schlossen sich einige der ehemaligen Betriebsangehörigen zu einem Verein zusammen, der in dem Gebäude dieses Kombinates weiterhin stadtteilbezogene Leistungen anbietet und sich explizit in der Tradition der "Betriebsgruppe" definiert. So ist in der Satzung ausdrücklich die "Traditionspflege" und die Beschäftigung ehemaliger MitarbeiterInnen des Betriebes verankert. Auch hier wird wie im vorherigen Fall versucht, die Wahrung der Tradition mithilfe einer "internen Rekrutierung" von Personal strategisch zu gewährleisten. Darüber hinaus werden Hauswirtschaftshilfe, ein stationärer Mittagstisch, eine Nähstube sowie eine Arbeitsstätte für benachteiligte Jugendliche und eine Arbeitslosenberatungsstelle angeboten. In dieser Initiative waren im Jahre 1993 über 170 ABM-Kräfte beschäftigt.

---

[138] Die Informationen zu diesem Verein entstammen zum einen den schriftlichen Selbstdarstellungen dieser Initiative und den Angaben im Fragebogen sowie zum anderen dem Interview mit Frau Fuchs, einer leitenden Mitarbeiterin des Sozialamtes in Neu-Brühl.

11.3 Förderung selbstorganisierten Engagements in den neuen Bundesländern

Die einzige direkte Form, in der soziale Selbstorganisationen in den neuen Bundesländern staatlich gefödert wurde, bestand in einer Neuauflage eines Programms aus den Altbundesländern, das die Entstehung und Verbreitung kleiner Selbsthilfegruppen und -initiativen unterstützte. Mit Hilfe dieses im Jahre 1992 begonnenen Bundesprogramms "Förderung sozialer Selbsthilfe in den neuen Bundesländern" wurden Selbsthilfekontaktstellen aufgebaut (vgl. für detaillierte Informationen zum Modellprogramm ISAB 1992a, 1992b und 1993). In Salzstetten und Neu-Brühl existiert je eine Selbsthilfekontakt- und Informationsstelle in kommunaler Trägerschaft; in Frankenstein liegt die Trägerschaft beim Paritätischen Wohlfahrtsverband. Der Aufbau der Selbsthilfekontaktstelle ging in Salzstetten auf die Initiative eines selbstorganisierten Vereins zurück (vgl. Abschnitt 11.2.1). Die Trägerschaft bestand bis zur Auflösung des Vereins im Jahre 1994 als Kooperationsmodell zwischen dem Sozialamt und dem Verein (vgl. ISAB 1992a und 1992b sowie Abschnitt 11.2). In Neu-Brühl liegt die Trägerschaft der Selbsthilfekontaktstelle beim städtischen Sozialamt.

Diese Kontaktstellen hätten theoretisch auch Aufgaben der Beratung, Begleitung und Vernetzung von selbstorganisierten Initiativen und Vereinen übernehmen können, schränkten jedoch ihre Zielgruppe ein auf Selbsthilfegesprächskreise, die als Betroffenengruppen meist im Gesundheitsbereich zu verorten sind. Das Verhältnis zwischen diesen gesundheitsbezogenen und sogenannten psycho-sozialen[139] Gruppierungen liegt nach Angaben der leitenden KontaktstellenmitarbeiterInnen, Petra Maus und Karl Kummert, bei 3:2 in Neu-Brühl und bei 4:1 in Salzstetten. Als den originären Bezugspunkt für Selbsthilfekontaktstellen werten sowohl Frau Maus als auch Herr Kummert den Bereich der gesundheitsbezogenen Selbsthilfe. Die Hauptaufgaben beider Selbsthilfekontaktstellen bestehen in der Vermittlung von Interessierten an bestehende Gruppen, der Bereitstellung von Räumen und technischer Ausstattung, wie z.B. Kopiergeräte, und der Möglichkeit, als Begegnungsstätte für verschiedene Gruppen zu dienen.

Diese Schwerpunktsetzung geht in Neu-Brühl auf Zuständigkeitsfestlegungen seitens des Sozialamtes zurück, die Kontaktstelle für "klassische Selbsthilfe" zu reservieren (Interview Fuchs und Interview Maus). In Salzstetten basiert diese Eingrenzung eher auf den Vorstellungen des leitenden Mitarbeiters, Herrn Kummert. Lediglich als einen Nebeneffekt beschreibt Herr Kummert die Entwicklung einiger dieser Selbsthilfegruppen zu selbstorganisierten Initiativen und Vereinen, die dann jedoch nicht mehr in die Kontaktstelle eingebunden wären, da sie die Hilfe der Kontaktstelle nicht mehr benötigten. Wenn eine Gruppe als Initiative institutionalisiert sei, sei die Selbsthilfekontaktstelle "nicht mehr zuständig", so daß

---

139 Herr Kummert zählt zu diesen psycho-sozialen Gruppen u.a. Vorruhestandsgruppen, Arbeitslosengruppen sowie Sucht-Gesprächskreise.

lediglich eine "lose Verbindung" beibehalten wird und Veranstaltungstermine sowie Informationen untereinander ausgetauscht werden (Interview Kummert). Während demnach die Selbsthilfeförderung und -unterstützung - vor allem der gesundheitsbezogenen Gruppen - durch die Kontaktstellen gewährleistet war, erfuhren selbstorganisierte Initiativen und Vereine im Sozialsektor keine explizite Förderung durch diese Einrichtungen. Auch der Paritätische Wohlfahrtsverband vernachlässigte in seinen organisatorischen Handlungsstrategien den Bereich der aktiven Förderung selbstorganisierter Initiativen und trat in den neuen Bundesländern hauptsächlich als Leistungsträger oder als Dachverband seiner Mitgliedsorganisationen auf. Soziales Engagement - über die Mitgliedsorganisationen hinausgehend - wurde vom Paritätischen Wohlfahrtsverband mit der Begründung mangelnder Kapazitäten nicht gezielt gefördert (vgl. dazu auch Kapitel 10). Aus diesen Gründen waren selbstorganisierte Initiativen in den neuen Bundesländern von den Förderpolitiken der kommunalen Sozial- und Jugendhilfeverwaltungen abhängig. Die jeweiligen sozial- und ordnungspolitischen Vorstellungen der politisch-administrativen Akteure wirkten sich nachhaltig auf die Chancenstrukturen selbstorganisierter Initiativen in den untersuchten Regionen der neuen Bundesländer aus und werden im folgenden verdeutlicht.

11.3.1 Sozialbereich

Wie bereits erwähnt, unterschied die Verwaltung in Neu-Brühl zwischen einerseits Selbsthilfe im engeren Sinn,[140] die über die Selbsthilfekontaktstelle (KISS) gefördert wird, und selbstorganisierten Initiativen im Sozialbereich andererseits.[141] Den Initiativen schreibt Frau Fuchs, leitende Mitarbeiterin im kommunalen Sozialamt Neu-Brühls, ein "strengeres Organisationsniveau" zu. Der hier interessierende Bereich der selbstorganisierten Initiativen und Vereine wird seit 1991 systematisch durch einen entsprechenden Haushaltstitel gefördert,[142] der 1991 ein jährliches Finanzvolumen von rund 75.000 DM umfaßte und sich kontinuierlich bis zum Jahr 1994 auf 470.000 DM steigerte. Nach Ansicht von Barbara Fuchs sei die Förder-

---

140 Mit diesem Begriff werden Selbsthilfegesprächskreise umschrieben, die keine Dienste für Dritte anbieten.
141 Selbstorganisierte Initiativen im Jugendhilfebereich werden gesondert im folgenden Abschnitt 11.3.2 diskutiert.
142 Dieser Organisationstyp wird seit 1994 mittels einer eigens dafür im Laufe des Jahres 1994 erstellten sogenannten Verwaltungsvorschrift des Sozialamtes gefördert. Die konzeptionelle Entwicklung dieser Fördermaßnahme wird von Frau Fuchs damit begründet, das Mittelvergabeverfahren auch für Intitiativen und Vereine transparent gestalten zu wollen, da in den vergangenen Jahren des öfteren diesbezügliche Kritik seitens der Initiativen formuliert worden sei. Die Fördermittelvergabe bzw. die Nichtgewährung sei als Willkürakt des zuständigen Amtsinhabers interpretiert worden.

mittelvergabe jedoch nur an solche Organisationen gerechtfertigt, die in der Lage seien, einen kommunalen Versorgungsauftrag zu erfüllen.

Im Unterschied dazu ist in Salzstetten ausschließlich die kommunale Förderung von Selbsthilfe in den Förderrichtlinien des Sozialamtes verankert.[143] Selbstorganisierte Vereine und Initiativen werden - anders als in Neu-Brühl - nicht als Institution gefördert, sondern den Initiativen, die nicht Mitglied eines Wohlfahrtsverbandes sind, steht lediglich die Möglichkeit offen, projektbezogene Förderanträge zu stellen. Zur Finanzierung wird dabei auch auf Fördermittel für die freie Wohlfahrtspflege zurückgegriffen, so daß selbstorganisierte Initiativen und Verbände um die Verteilung kommunaler Fördermittel konkurrieren. Darüber hinaus bewirkt die Förderung einzelner Projekte von selbstorganisierten Initiativen und Vereinen, da sie je nach Aufgabenbereich aus verschiedenen Haushaltstiteln finanziert werden, daß eine längerfristige Planung für die Organisationen *als Ganze* auf dieser Finanzierungsgrundlage nicht bewerkstelligt werden kann.

Die Aufgabenschwerpunkte der neu entstandenen selbstorganisierten Initiativen in Neu-Brühl liegen nach Ansicht von Frau Fuchs in der Behindertenhilfe und im Bereich der Frauenarbeit. Die GründerInnen selbstorganisierter Organisationen - schildert Barbara Fuchs - seien gewiß nicht diejenigen, die "zu DDR-Zeiten nur hinter dem Ofen gesessen" (Interview Fuchs) hätten, d.h. es handelt sich ihrer Einschätzung nach um Personen, die auch zu DDR-Zeiten in Gruppierungen oder Organisationen aktiv waren, sich für politische und gesellschaftliche Themen engagierten und damit über ein bestimmtes Organisationsvermögen verfügen. Karsten Reineke, leitender Mitarbeiter der kommunalen Sozialverwaltung in Salzstetten, meint, daß die meisten selbstorganisierten Initiativen in der Stadt während der "Aufbruchphase" zwischen 1990 und 1991 gegründet wurden. Allerdings sind seiner Ansicht nach insgesamt gesehen relativ wenige selbstorganisierte Initiativen und Vereine entstanden. Er begründet das zum einen damit, daß nur wenige Personen in Salzstetten zu diesem Zeitpunkt über die erforderlichen Kenntnisse über Vereine, deren Funktionen sowie deren formale und rechtliche Voraussetzungen verfügt hätten. Zum anderen schreibt Herr Reineke auch der Verwaltung eine Mitverantwortung daran zu, Vorschriften seien nicht transparent genug und das Angebot an Beratungsleistungen über Möglichkeiten von Vereinsgründungen kaum bekannt gewesen. Da die sozialpolitisch interessierten Akteure keinen Überblick über das zukünftige soziale Angebotsspektrum im System der Wohlfahrtspflege gehabt hätten, sei insbesondere die "Unklarheit, wie das soziale System mal aussehen wird" (Interview Reineke), ein entscheidender Gründungsaspekt für selbstorganisierte Organisationen in gesundheitsbezogenen Aufgabenbereichen oder in der Behindertenhilfe gewesen, schildert er.

Sowohl in Neu-Brühl als auch in Salzstetten wird von den befragten kommunalen ExpertInnen der Sozialverwaltung eine deutliche "Professionalisierungs-

---

143 Initiativen und Vereine im Jugendhilfebereich bleiben hiervon ausgeklammert, vgl. Fußnote 141.

tendenz" der selbstorganisierten Initiativen und Vereine wahrgenommen. Die Initiativen seien bestrebt, sich als professioneller sozialer Leistungsanbieter in das kommunale soziale Versorgungssystem zu integrieren. Damit sind für diese kommunal geförderten Organisationen in Neu-Brühl und Salzstetten längerfristig Anpassungstendenzen an administrative sozialpolitische Vorstellungen und Förderlogiken zu vermuten.

11.3.2 Kinder- und Jugendhilfebereich

Anders als im Sozialbereich, sind die Bedingungen für selbstorganisierte Initiativen und Vereine in der Kinder- und Jugendhilfe von der Besonderheit gekennzeichnet, daß die Zielgruppe - also die Kinder und Jugendlichen - zwar zur Selbstorganisation, jedoch nicht zur Vereinsgründung in der Lage ist, da die vollständige Geschäftsfähigkeit erst mit der Volljährigkeit erlangt wird. Aus diesem Grund finden sich in diesem Bereich vielfach selbstorganisierte Initiativen, die Leistungen für Kinder und Jugendliche anbieten, jedoch nur wenige Vereine, die von dieser Altersgruppe eigenverantwortlich organisiert und strukturiert sind.

In Neu-Brühl wurden 1992 insgesamt 79 selbstorganisierte Initiativen der Jugendhilfe über das kommunale Jugendamt gefördert. Einen eigenständigen Verein, der von Jugendlichen selbst organisiert wird, gab es nach Angaben des leitenden Jugendamtsmitarbeiters, Herrn Bartling, nicht. Obwohl es das Bestreben des Jugendamtes gewesen sei, eine solche Organisation ins Leben zu rufen, die damit auch förderungsfähig geworden wäre, sei es nicht zu einer Vereinsgründung gekommen, schildert Peter Bartling. Den Grund für das Scheitern dieses Anliegens sieht er darin, daß die Jugendlichen solchen "festgefügten Formen ausgewichen" seien, so daß die erforderliche Anzahl von sieben Gründungsmitgliedern nicht aufzubringen gewesen sei.

Herr Bartling stuft die Fördermöglichkeiten für selbstorganisierte Initiativen und Vereine in den neuen Bundesländern günstiger als in den Altbundesländern ein, da "alles noch nicht so fest aufgeteilt" gewesen sei; insbesondere Trägerstrukturen der Jugendhilfe. Die Devise des Jugendamtes in Neu-Brühl lautete: "Legt los, macht was, wir unterstützen Euch" (Interview Bartling). Nach Einschätzung von Herrn Bartling sei eine Vielzahl von Initiativen mit dem Anspruch und Selbstverständnis entstanden, eine Alternative zur früheren Jugendarbeit in der DDR schaffen zu wollen. Das Neu-Brühler Jugendamt habe daraufhin zur weiteren Gründung ermutigt und auch darauf hingewirkt, daß der Rechtsstatus als eingetragener Verein angestrebt wurde. In dieser Stadt werden - ähnlich wie im Sozialbereich - auch die jugendhilferelevanten Initiativen als Gesamtorganisationen und nicht jedes Einzelprojekt der Vereine gefördert, wobei jedoch die Förderrichtlinie für freie Träger zugrunde gelegt wird, die für Initiativen wie für Wohlfahrtsverbände gleichermaßen gilt.

Herr Stolze, leitender Mitarbeiter des Jugendamtes in Salzstetten, freut sich über den bisherigen Gründungs- und Entwicklungsverlauf selbstorganisierter Initiativen und Vereine; angesichts der kurzen Zeit attestiert er ihnen ein "enormes Mittun" im Jugendhilfebereich der Stadt. In Salzstetten existierten 1992 insgesamt 30 selbstorganisierte, durch das Jugendamt geförderte Initiativen und Vereine, die eine relativ große Spannbreite verschiedener Interessen und sozialpolitischer Anliegen der Jugendlichen widerspiegeln, wobei eine Schwerpunktsetzung im Jugendfreizeitbereich festzustellen ist. Franz Stolze bemüht sich vor allem um den Kontakt zu den Jugendlichen, "kleine Initiativen und Vereine sind regelmäßig im Gespräch", betont er ausdrücklich, und er sei stolz darauf, daß die Jugendlichen mit ihren Anliegen in das Amt kämen.

Während in den städtischen Untersuchungsregionen 1992 ein Interesse an Selbstorganisationsprozessen festzustellen ist, einige selbstorganisierte Initiativen entstanden sind und diese gezielt von den Jugendämtern in Neu-Brühl und Salzstetten gefördert werden, ist ein solches Engagement nach Ansicht von Frau Pulsdorf, einer leitenden Mitarbeiterin des Jugendamtes in Frankenstein, in diesem Landkreis noch zu gering. Selbstorganisierte Initiativen und Aktivitäten reichten nur bis zu einem gewissen Punkt: Beispielsweise "erstritten sich die Jugendlichen die Erhaltung eines Jugendklubs mit Hilfe eines Sitzstreiks", daraufhin habe das Jugendamt intensiv beratend eingreifen, einen Satzungsvorschlag erstellen und Termine vereinbaren müssen (Interview Pulsdorf). Sie schildert, "wir haben die Erfahrung gemacht, daß, wenn auch Jugendliche soweit sind, daß sie was wollen, dann den nächsten Schritt nicht mehr selbst vollführen, also ziemlich unselbständig sind, daß wir sagen die und die Möglichkeit gibt es" (Interview Pulsdorf). Insofern ließen sich nach ihrer Einschätzung zwar erste Ansätze zur Selbstorganisation von Jugendlichen feststellen, jedoch käme dem Jugendamt derzeit noch die Rolle des "Zugpferdes" zu. Mit dieser Funktion des Jugendamtes ist Marianne Pulsdorf nicht einverstanden, sie strebt an, daß "das Jugendamt (...) irgendwann mal als die Stelle [fungiert; d.A.], die nur noch reagiert auf die Jugendlichen, die sagen, jetzt wollen wir das, jetzt wollen wir das" (Interview Pulsdorf). Sie ist der Ansicht, das Jugendamt sollte zukünftig nahezu ausschließlich für die Finanzierung der einzelnen Projekte zuständig sein; solche Forderungen müßten allerdings auch von seiten der Jugendlichen ausgehen.

11.4 Diskussion der Ergebnisse

Mit dem Zerfall der DDR kam es - insbesondere in Neu-Brühl und Salzstetten - zu einer Gründungswelle von selbstorganisierten Initiativen und Vereinen im Umwelt-, Friedens-, Kultur- und Sozialbereich. Im Sozialbereich reichte das vorgefundene Spektrum selbstorganisierter Initiativen von Trägervereinen und gesundheitsbezogenen Betroffenenorganisationen der Behindertenhilfe über Vereine mit einem sozialpolitischen Anspruch bis hin zu Initiativen, die eine als lückenhaft wahrgenommene Versorgungssituation ausgleichen wollten. Schließlich wurden Initiativen und Vereine gegründet, um soziokulturelle Traditionen der DDR fortzuführen oder Arbeitsplätze zu schaffen. Die wichtigsten Zielgruppen für das soziale Angebot von selbstorganisierten Vereinen stellten Behinderte und Jugendliche dar. Während sich die "Betroffenenorganisationen" aufgrund günstiger öffentlicher Förderbedingungen und Unterstützung von seiten ihrer Partner- und Dachverbände aus den Altbundesländern sowie des Paritätischen Wohlfahrtsverbandes schnell stabilisierten, hatten die primär sozialpolitisch motivierten Initiativen und Vereine erhebliche Bestandsprobleme, da es zum einen für sie in den ersten Jahren - mit Ausnahme des Kinder- und Jugendhilfebereichs - keine institutionelle Förderung gab und es zum anderen den GründerInnen an Kompetenzen und Erfahrungen in rechtlichen, organisatorischen und finanziellen Fragen der Vereinsarbeit mangelte. Bei den untersuchten selbstorganisierten Initiativen im Sozialbereich der Bundesländer Lummerland und Fürstenberg fällt auf, daß sich der Kreis der Aktiven hauptsächlich aus drei Personengruppen zusammensetzte:

(1) Zur ersten Gruppe zählen Personen, die in sozialen Berufen oder im Sozialwesen beschäftigt waren und auf der Grundlage ihrer konkreten Berufserfahrungen soziale oder fachliche Mißstände in entsprechenden Diensten und Einrichtungen thematisierten. Diese Personengruppe kann allerdings bezüglich ihres (berufs-)biographischen Erfahrungshintergrundes noch einmal differenziert werden in: (a) Personen, in der DDR im staatlichen Sozial- und Gesundheitswesen beschäftigt waren, (b) in Mitarbeiterinnen, die zu DDR-Zeiten in konfessionellen Einrichtungen der Caritas und der Diakonie tätig waren (vgl. zu den unterschiedlichen fachlichen Standards Kapitel 3), und schließlich (c) diejenigen, die erst im Zuge der deutschen Vereinigung eine Stelle im Sozialsektor erhielten. Die letztgenannte Gruppe rekrutierte sich zumeist aus bereits zu DDR-Zeiten im kirchlichen Umfeld - z.B. in Friedens- oder Ökologiegruppierungen - engagierten Personen.

(2) Die zweite Gruppe von GründerInnen sah erstmals im Prozeß der deutschen Vereinigung die Chance, ihre Interessen selbstbestimmt vertreten und durchsetzen zu können, und wollte diese nutzen. Dazu gehörten vor allem - von Behinderungen oder chronischer Krankheit - "Betroffene" und deren Angehörige.

(3) Schließlich engagierten sich Personengruppen, die dem Kontext des staatlichen Institutionensystems der DDR entstammen (Betriebe, Massenorganisationen, SED), als "DDR-Bewahrer" und versuchten, Strukturen, Zusam-

menhänge oder Wertvorstellungen der DDR als von ihnen positiv erachtete Traditionen bzw. eine "DDR-Identität" zu erhalten.

Für die wenigen Akteure mit Organisations- und Führungskompetenzen und politischen Gestaltungsabsichten, die keine Kader waren, boten die Sozialverwaltungen gute Karriereoptionen. Diese Personalsituation ist für selbstorganisierte Initiativen und Vereine in zweierlei Hinsicht folgenreich. Zum einen fehlt es den kleinen Vereinen an den entsprechenden personellen Ressourcen, da nur ein relativ kleiner Personenkreis sozialpolitisch interessiert und engagiert ist. Zum anderen ist zu beobachten, daß diese Akteure vielfach mehrere politisch relevante Leitungsfunktionen gleichzeitig wahrnehmen: in der Sozialverwaltung, beispielsweise im Jugend- oder Sozialamt, und zugleich in einer selbstorganisierten Initiative. Da diese relativ kleine Gruppe sozialpolitisch interessierter und engagierter Personen häufig auch für Leitungspositionen in Verbänden, Parteien und Verwaltungen in den neuen Bundesländern rekrutiert wurde (vgl. Kühnel 1993), entstand eine potentielle Konkurrenzsituation zu selbstorganisierten Vereinen und Initiativen um dieses Personal, so daß es insbesondere bei den sozialpolitisch profilierten Initiativen und Vereinen häufig zu einer Abwanderung von "WortführerInnen" in die öffentlichen Sozialverwaltungen oder zu "Ämterdopplungen" kam.

Die Vermutung, daß sich der personelle Grundbestand selbstorganisierter Initiativen und Vereine nahezu ausschließlich aus Angehörigen der Bürgerbewegungen rekrutiert, läßt sich für die hier untersuchten Organisationen nicht aufrecht erhalten. Zwar entwickelten sich - befördert durch das Vereinsrecht und durch die Bewilligung von ABM-Stellen - auch einige Vereine aus dem Kontext der Bürgerbewegungen, doch stammen die gründungsrelevanten Personen vielfach auch aus Bereichen, die keine Berührungspunkte mit den Bürgerbewegungen oder mit den Themen derselben hatten (vgl. dazu auch Findeis/Pollack/Schilling 1994).

Die sehr unterschiedlichen Interessen, Vorstellungen, Gründungsmotive und biographischen Erfahrungsgehalte der Gründungsakteure, wie sie in der oben beschriebenen Typisierung deutlich werden, prägen den Organisationstyp selbstorganisierter Initiativen in besonderem Maße, da im Unterschied zu Wohlfahrtsverbänden keinerlei organisatorische Strukturen oder Traditionen vorgezeichnet sind. Für die "professionelle Kompetenz" der Anbieter von personenbezogenen Dienstleistungen wird die eigene "Persönlichkeit" zum Bestandteil ihrer Handlungskompetenz (vgl. Effinger 1993: 33).

Trotz der unterschiedlichen Herkunftsmilieus der Gründungsakteure, der Differenzen in den Gründungsmotiven und den (sozialpolitischen) Zielsetzungen, die in den einzelnen selbstorganisierten Initiativen zum Ausdruck kamen, zeigte sich, daß die GründerInnen bei der Institutionalisierung ihrer Organisationen ähnliche Strategien zur Etablierung und Stabilisierung entwickelten.

So betonen die "SprecherInnen" der Initiativen ausdrücklich, daß sie als Organisation gegenüber Verbänden eigenständig bleiben wollten. Zwar sind einige Initiativen Mitglied des Paritätischen Wohlfahrtsverbandes, jedoch kam diese Entscheidung nur zustande, weil sie damit die Unterstützung des Wohlfahrtsverbandes in Anspruch nehmen konnten, ohne ihre organisatorische "Identität" bzw. ihr Profil zu verlieren. Außerdem bestanden die GründerInnen auf ihrer Autonomie, da sie befürchteten, andere Initiativen oder Akteure könnten ihre Ideen übernehmen, ihnen damit ihre "Urheberrechte" streitig machen und als Konkurrenz auftreten.

Die Autonomiebestrebungen gingen jedoch nicht so weit, daß öffentliche Förderungen abgelehnt wurden, im Gegenteil: Es wird als völlig selbstverständlich beschrieben, kommunale Fördermittel nicht nur zu erhalten, sonder auch einzufordern. Da für selbstorganisierte Initiativen und Vereine keine institutionelle Förderung zur Verfügung stand, sondern lediglich Mittel für einzelne Aufgaben gewährt wurden, standen und stehen die Akteure vor der Notwendigkeit, die Unterstützungswürdigkeit und Leistungsfähigkeit der eigenen Organisation kontinuierlich und öffentlich überzeugend darzustellen. Damit werden die Beziehungen zur Sozialverwaltung jedoch vielfach problematisch, da mit einer abschlägigen Entscheidung über die Fördermittelvergabe die Kontinuität der gesamten Organisation auf dem Spiel steht. Diese Abhängigkeit wird dadurch verschärft, daß die Akteure in den Initiativen zumeist keine alternativen Formen der Ressourcenakquisition - etwa über Spenden - entwickelt haben.

Diese Abhängigkeit von nur einem Mittelgeber hat Konsequenzen. Da selbstorganisierte Initiativen und Vereine seitens der kommunalen Sozialverwaltungen häufig nur dann gefördert werden, wenn sie einen "Vorsorgungsauftrag" nach entsprechenden fachlichen Standards erfüllen können, passen sie sich an die Förderlogiken und sozialpolitischen Vorstellungen der Mittelgeber an. Diese Vorgaben schlagen sich insbesondere in den Personal- und Leistungsstrukturen selbstorganisierter Initiativen und Verein nieder, deren Arbeitsabläufe formalisiert und weitgehend professionalisiert sind.

Ein wichtiges Motiv für die Gründung und Förderung von selbstorganisierten Initiativen und Vereinen, auch wenn sie letztlich eine gänzlich andere Zielsetzung verfolgen, ist die Schaffung von Arbeitsplätzen. Dabei verfolgen nicht nur die GründerInnen von Initiativen unter anderem das Interesse, sich selbst zu einer neuen Stelle zu verhelfen, sondern auch die kommunalen Verwaltungen sehen in dieser Organisationsform eine Möglichkeit der öffentlichen Beschäftigungsförderung. So wird gelegentlich von Sozialverwaltungen das Argument angeführt, man müsse angesichts der prekären Arbeitsmarktlage mehr in die Förderung von selbstorganisierten Initiativen und Vereinen investieren.[144]

In Reaktion auf die prekäre Arbeitsmarktlage in den neuen Bundesländern haben sich sogar zahlreiche "MitarbeiterInnenvereine" gegründet, die in erster Linie

---

[144] Dieses Argument taucht nicht erst mit der deutschen Vereinigung in ostdeutschen Kommunen auf, sondern wurde bereits durch ökonomische und fiskalische Krisen bedingt ab Mitte der 70er Jahre in den Altbundesländern von seiten der Politik formuliert (vgl. Beywl/Brombach 1984).

die Erwerbstätigkeit ihrer Mitglieder absichern wollen, indem sie ohne soziale Basis professionelle Dienstleistungen erbringen. Diese Vereine wirken nicht assoziativ. Aber auch bei anderen Initiativen sind die Grenzen zwischen Mitgliedschaft, ehrenamtlichem Engagement und hauptamtlicher Mitarbeit fließend. Die größte Mitgliederbasis haben selbstorganisierte Vereine und Initiativen im Bereich der Behindertenhilfe, wobei die gemeinsame Lebenssituation der "Betroffenheit" sinn- und identifikationsstiftend wirkt. Selbstorganisierte Initiativen mit einem ausgeprägten sozialpolitischen Anspruch bleiben demgegenüber eher "Inseln" mit einem kleinen UnterstützerInnenkreis, der zumeist aus den InitiatorInnen bzw. GründerInnen besteht und jeweils eine vergleichsweise hohe sozialstrukturelle Homogenität oder normative Integration aufweist. Trotz ihrer geringen Größe wirken diese Initiativen auch gerade über die Herausbildung interner Normen und Wertvorstellungen "gemeinschafts- bzw. sinnstiftend", können subkulturelle Ausprägungen annehmen und sich zu der tragenden Institution neuer Milieus und Szenen entwickeln. Die selbstorganisierten Initiativen, deren Motiv darin lag, DDR-Traditionen und bestehende Zusammenhänge (Betriebe, Kombinate, Organisationen, fachliche Vorstellungen) aus DDR-Zeiten zu bewahren, zeichnen sich durch eine besonders hohe Anzahl an ABM-Stellen aus, während Mitgliedern und Ehrenamtlichen keine große Bedeutung beigemessen wird. Da sich die GründerInnen und MitarbeiterInnen von diesen Initiativen stark mit ihrem Anliegen identifizieren, könnten sie dazu beitragen, ein Stück Alltagskultur der DDR aufrecht zu erhalten. Schließlich bleiben die sogenannten "Ein-Ziel-Initiativen" auf den Kreis der "WortführerInnen" und GründerInnen beschränkt, da sie punktuell und themenspezifisch entstehen, ein ganz bestimmtes soziales Problem bzw. eine Versorgungslücke ausgleichen wollen und kein Interesse an einer dauerhaften assoziativen Form besteht.

Insgesamt gesehen scheinen sich diejenigen selbstorganisierten Initiativen und Vereine erfolgreich als Träger sozialer Einrichtungen und Dienste etablieren zu können, die über einen besonderen Zugang zur öffentlichen Verwaltung, eine Mitgliedschaft in einem Spitzenverband sowie über personelle und sachliche Kontinuitäten aus DDR-Zeiten verfügen. Sofern sich Initiativen an sozial- und ordnungspolitische Vorstellungen von Sozialverwaltungen anpassen konnten und zudem ein hohes Maß an organisations- und personalstruktureller Formalisierung aufwiesen, waren ihre organisatorischen Erfolgschancen recht groß. Damit beschränken sich selbstorganisierte Initiativen und Vereine auf die Funktion eines Anbieters öffentlich vollfinanzierter Aufgaben und begeben sich in die Abhängigkeiten von administrativen Förderlogiken und -prioritäten. Zusammenfassend läßt sich festhalten, daß sich die untersuchten selbstorganisierten Initiativen in Lummerland und Fürstenberg zu professionellen Leistungsanbietern mit einem hohen Formalisierungsgrad und einer ausgeprägten beschäftigungspolitischen Absicht entwickelt haben. Eine ähnliche Professionalisierungstendenz und die Anpassung an politisch-institutionelle Rahmenbedingungen stellen auch Blattert, Rink und Rucht (1995) in ihrer Studie über Oppositions-, Bürger- und Projektgruppen in Leipzig und Ostberlin fest: Vor allem die erst nach 1990 gegründeten Projektgruppen, die mit den hier untersuchten selbstorganisierten Initiativen vergleichbar sind, da sie eine "Beseitigung themenspezifischer Mißstände" anstreben, formulieren häufig "das Interesse an der Beschaffung bzw. Erhaltung von Arbeitsplätzen", während ihnen eine "fundamentale Institutionenkritik fehlt" (Blattert/Rink/Rucht 1995: 403).

Da selbstorganisierte Initiativen und Vereine in den neuen Bundesländern sich zeitgleich mit den Wohlfahrtsverbänden gründen, können sie sich nicht explizit - wie in den alten Bundesländern - als Alternativorganisationen von Verbänden abgrenzen, sondern stehen in personeller, finanzieller und fachlicher Hinsicht in direkte Konkurrenz zu ihnen. Daher sind sie genau wie Wohlfahrtsverbände eher als "Versorgungs- und Mitarbeitervereine" zu bezeichnen denn als assoziativ und integrativ wirkende Vereine. Um Risiken weitgehend aus dem Wege zu gehen und die Organisation möglichst rasch als Träger öffentlicher Leistungen zu konsolidieren, tendieren selbstorganisierte Initiativen und Vereine dazu, sich an öffentliche Fördervorgaben anzupassen, indem sie ihre Organisationsstrukturen und Arbeitsweisen vergleichsweise stark formalisieren und dabei wertbezogene Zielsetzungen und fachliche Vorstellungen preisgeben. Eine derartige Entwicklung läßt sich immer wieder bei der Konsolidierung von Organisationen beobachten und wird in der entsprechenden Forschung als "Alterungsprozeß" beschrieben (vgl. beispielsweise die Beiträge in Kimberly/Miles 1980). Erstaunlich ist bei dem hier beschriebenen Untersuchungsfeld, daß die Organisationen im Prinzip schon "alt auf die Welt kommen".

12. Soziale Dienste und Einrichtungen in den neuen Bundesländern

Mit dem Beitritt der DDR zur Bundesrepublik Deutschland änderten sich - wie in Kapitel 1 und 4 ausführlich dargelegt - für das Gebiet der neuen Bundesländer auch im Sozialbereich die rechtlichen und institutionellen Grundlagen: Ein Trägermix aus öffentlichen, freigemeinnützigen und gewerblichen Leistungsanbietern sollte die bisher überwiegend staatliche Versorgung mit sozialen Diensten ablösen. Dabei wurde das Leistungsspektrum einerseits insbesondere um Einrichtungen und Dienste in der Behindertenhilfe und der Hilfe in besonderen sozialen Situationen (z.B. bei Obdachlosigkeit oder Suchterkrankung) ergänzt, andererseits aber in den Bereichen der betrieblichen Sozialleistungen und der Angebote für Jugendliche reduziert. Außerdem sollten neue Vorstellungen von den notwendigen fachlichen Standards umgesetzt werden, die beispielsweise in Personalschlüsseln oder der Heimmindestbauverordnung formal festgelegt sind, sich aber auch in den Zielsetzungen und Methoden der fachlichen Arbeit mit Klienten äußern. Schließlich änderten sich die Regelungen für die Finanzierung sozialer Dienstleistungen vollständig: Verschiedene Kostenträger - und nicht mehr ausschließlich staatliche Instanzen - entscheiden für verschiedene soziale Dienstleistungen über die Mittelvergabe, und öffentliche Mittel werden projektbezogen und nicht mehr organisationsbezogen vergeben, um nur zwei Beispiele zu nennen. Obwohl so durch gesetzliche und institutionelle Regelungen vieles festgelegt war, blieb die konkrete Ausgestaltung eines Angebotes sozialer Dienste letztlich abhängig von den Ergebnissen lokaler und regionaler Aushandlungsprozesse zwischen Kostenträgern, Leistungsanbietern und den maßgeblichen Akteuren aus Politik und Verwaltung.

Um den Verlauf der Aushandlungsprozesse zwischen politisch-administrativen Entscheidungsträgern und Wohlfahrtsverbänden, die Durchsetzungsfähigkeit von Strategien und die "natürliche" regionale Varianz in der Verteilung von Einrichtungen und Diensten auf verschiedene Träger beurteilen zu können, werden im folgenden die materialen Ergebnisse dieser Aushandlungsprozesse auf der Grundlage von Daten zu sozialen Diensten und Einrichtungen und ihrer Trägerschaft sowie der Qualifikationen und Beschäftigungsverhältnisse des dort beschäftigten Personals analysiert. Diese Daten stammen zunächst aus einer eigenen Erhebung, in der 1992 in Bärenklau, Frankenstein, Neu-Brühl und Salzstetten insgesamt 336 soziale Dienste und Einrichtungen in öffentlicher und freigemeinnütziger Trägerschaft mittels eines weitgehend standardisierten Fragebogens nach ihren Angeboten und ihrer Personalstruktur befragt wurden.[145] Außerdem wurden entsprechende Sekun-

---

145 Auf seiten der freigemeinnützigen Träger wurden die sozialen Dienste und Einrichtungen der Spitzenverbände der Freien Wohlfahrtspflege und derjenigen überregionalen Mitgliedsorganisationen des Paritätischen Wohlfahrtsverbandes einbezogen, die ebenfalls Leistungen in der Alten-, Sozial-,

därdaten ausgewertet, die in erster Linie Veröffentlichungen der Bundesarbeitsgemeinschaft der Freien Wohlfahrtspflege, der Heimstatistik des Bundes sowie der Jugendhilfestatistik entnommen sind.

Die Neuorganisation der sozialen Dienste in den neuen Bundesländern, d.h. die Übertragung von kommunalen Einrichtungen auf nicht-öffentliche Träger, der Aufbau neuer Angebote und die Veränderung der Personalstruktur, wird im folgenden zunächst anhand der Verteilung von sozialen Diensten auf öffentliche und freigemeinnützige Träger (Abschnitt 12.1) und anschließend exemplarisch an zwei sozialen Aufgabenbereichen dargestellt, nämlich der Altenhilfe sowie der Kinder- und Jugendhilfe (Abschnitt 12.2 und 12.3), die sowohl unter verbands- als auch unter kommunalpolitischen Gesichtspunkten von besonderer Bedeutung sind. In beiden Bereichen bieten öffentliche und alle untersuchten freigemeinnützigen Träger Leistungen an. Im Anschluß daran wird die Personalstruktur sozialer Dienste und Einrichtungen im Hinblick auf die Arbeitsverträge, die Alters- und Geschlechtsstruktur sowie die Qualifikation der MitarbeiterInnen beschrieben (Abschnitt 12.4).

12.1 Ein neuer Trägermix entsteht

Um das Angebot an sozialen Dienstleistungen in den neuen Bundesländern den neuen Gegebenheiten entsprechend umzustrukturieren, bestand eine erste zentrale Aufgabe darin, kommunale Einrichtungen auf nicht-staatliche Träger zu übertragen. Wohlfahrtsverbände, gewerbliche Anbieter und Kommunen einigten sich in zum Teil langwierigen und zähen Verhandlungen auf die Objekte und die Bedingungen der Übertragung. In den ersten Jahren nach der deutschen Vereinigung waren die ostdeutschen Kommunen damit befaßt, ihre Verwaltungen umzustrukturieren. Den Sozial- und Jugendhilfebehörden wurde außerdem die verantwortliche Trägerschaft für die ehemals staatlichen großen stationären Einrichtungen der Alten- und Jugendhilfe sowie eine sehr große Zahl an Kindertagesstätten übertragen. Sie mußten damit nicht nur die Verwaltung und die Finanzierung der zahl-

---

Jugend- oder Behindertenhilfe anbieten, und die in mehr als einem dieser Aufgabenbereich tätig sind (Arbeiter-Samariter-Bund und Volkssolidarität). Die Dienste und Einrichtungen in Trägerschaft des Sozial- und des Jugendamtes wurden berücksichtigt, um erstens Schwerpunkte in den Arbeitsbereichen und zweitens Unterschiede bzw. Gemeinsamkeiten in den Personal- und Ressourcenstrukturen von öffentlichen und freigemeinnützigen Leistungsanbietern feststellen zu können. Mit der Befragung wurde eine Totalerhebung der Dienste und Einrichtungen der ausgewählten freigemeinnützigen Träger sowie der öffentlichen Träger durchgeführt. Nur die Kindertagesstätten in öffentlicher Trägerschaft wurden aus zwei Gründen aus der Untersuchung genommen: Zum einen ist die Anzahl der Kindertagesstätten in den Untersuchungsregionen so groß, daß sie die Ergebnisse dominieren würde (insgesamt ca. 1.000), und zum anderen befand sich der Bereich der Kindertagesstätten zum Zeitpunkt der Untersuchung in einer Umstrukturierungsphase, so daß die Ergebnisse nur sehr kurzfristig Gültigkeit gehabt hätten.

reichen MitarbeiterInnen dieser Einrichtungen übernehmen, sondern auch die Instandhaltung der zum Teil baufälligen Gebäude. Einige Kommunen entschieden sich aufgrund dieser Belastung sehr frühzeitig dazu, stationäre Einrichtungen der Altenhilfe und einige Zeit später auch Kindergärten in die Verantwortung nichtöffentlicher Träger zu übergeben. Andere Kommunen befürchteten, falsche Entscheidungen zu treffen und Gestaltungs- sowie Kontrollmöglichkeiten abzugeben und entschlossen sich erst sehr viel später zu Einrichtungsübertragungen. Die Wohlfahrtsverbände begannen zur gleichen Zeit, ihre Organisationsstrukturen und ihre Finanzierungsgrundlagen zu verändern bzw. überhaupt erst aufzubauen. Die Übernahme einer Einrichtung, mit der über eine Pflegesatzfinanzierung auch Verwaltungskosten abgedeckt werden konnten - wie z.B. bei Altenheimen oder Sozialstationen -, war daher für die verbandlichen Träger von großer Bedeutung, obwohl damit in vielen Fällen die Verpflichtung einherging, das vorhandene Personal für ein Jahr zu übernehmen. Gewerbliche Träger traten in der untersuchten Phase kaum in Erscheinung. Die Akteure aus Politik und Verwaltung begegneten dem Ansinnen einzelner Firmen, soziale Einrichtungen zu übernehmen, mit großer Skepsis, und so kam es nur in Einzelfällen zu Übertragungen. Inzwischen hat sich die Situation grundlegend verändert, insbesondere seitdem für Leistungen der Pflegeversicherung der Vorrang der gemeinnützigen Träger aufgehoben ist. Die erzielten Verteilungsergebnisse aus der hier beschriebenen Phase wirken jedoch fort.

Im folgenden wird dargestellt, welche Aufgabenschwerpunkte öffentliche und freigemeinnützige Träger zwei Jahre nach der deutschen Vereinigung (1992) haben. Für eine erste Analyse in den untersuchten Regionen wurden die Angaben der Wohlfahrtsverbände sowie der Sozial- und Jugendämter dazu ausgewertet, welche sozialen Dienste und Einrichtungen sie betreiben. Diese Angaben bildeten die Grundgesamtheit der schriftlichen Befragung. Von der Grundgesamtheit befanden sich zum Zeitpunkt der Erhebung 72 Prozent der Einrichtungen und Dienste in freigemeinnütziger Trägerschaft und 28 Prozent in öffentlicher Trägerschaft. Werden in diese Berechnung die Kindertagesstätten in öffentlicher Trägerschaft (ca. 1.000 in den Untersuchungsregionen) einbezogen[146] - wie bei den entsprechenden Berechnungen der Bundesarbeitsgemeinschaft der Freien Wohlfahrtspflege -, so verschiebt sich das Verhältnis: Circa 18 Prozent der Einrichtungen waren 1992 in den *untersuchten Regionen* in freigemeinnütziger und 82 Prozent der Einrichtungen in öffentlicher Trägerschaft. Damit entsprechen die Befunde den Schätzungen der Bundesarbeitsgemeinschaft der Freien Wohlfahrtspflege (1993b): 1992 befanden sich in *allen neuen Ländern* zwischen 10 und 30 Prozent der Einrichtungen in freigemeinnütziger Trägerschaft. Dieser Anteil liegt deutlich unter dem der Altbundesländer; dort befanden sich zur gleichen Zeit 60 Prozent der sozialen Dienste und

---

146 Die Kindertagesstätten in öffentlicher Trägerschaft wurden aus der Untersuchung genommen (vgl. Fußnote 145).

Einrichtungen in freigemeinnütziger Trägerschaft (vgl. Abbildung 7). Es läßt sich jedoch in einigen Aufgabenbereichen zeigen (vgl. Abschnitt 12.2.3), daß sich nach 1992 der Anteil der sozialen Dienste und Einrichtungen in freigemeinnütziger Trägerschaft erhöht hat.

Abbildung 7:   Soziale Dienste und Einrichtungen nach Trägerschaft

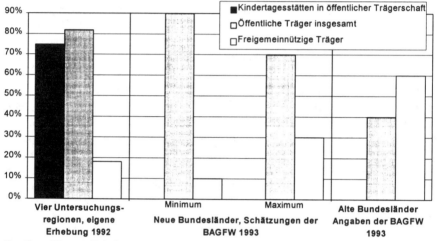

Quellen: Eigene Erhebung; BAGFW 1993b.

Diese aggregierten Daten verdecken zum einen politikfeldbezogene (z.B. für die Politikfelder Altenhilfe und Jugendhilfe) und zum anderen regionale Unterschiede in der Aufgabenteilung zwischen öffentlichen und freigemeinnützigen Trägern, wie sie oben erwähnt und in Kapitel 4 beschrieben wurden. Das heißt, sie sagen nichts darüber aus, ob öffentliche und freigemeinnützige Träger unterschiedliche Aufgabenschwerpunkte wahrnahmen oder ob die Menge und Art der Einrichtungen und Dienste, die aus kommunaler in freigemeinnützige Trägerschaft übertragen worden waren, nach Regionen variierten.

Werden die sozialen Dienste und Einrichtungen in öffentlicher und freigemeinnütziger Trägerschaft der Untersuchungsregionen in Aufgabenbereiche eingeteilt, wie sie der Einrichtungsschlüssel der Bundesarbeitsgemeinschaft der Freien Wohlfahrtspflege (1994a) vorsieht,[147] so lassen sich 38 Prozent der befragten Einrichtun-

---

147 Dieser Einrichtungsschlüssel faßt alle sozialen Dienste und Einrichtungen in sieben Arbeitsbereiche zusammen: Krankenhäuser, Jugendhilfe, Familienhilfe, Altenhilfe, Behindertenhilfe, Einrichtungen und Dienste für Personen in besonderen Lebenslagen sowie Aus-, Fort- und Weiterbildungsstätten. Dieser Schlüssel wurde übernommen, um die Vergleichbarkeit der Daten zu gewährleisten.

gen der Altenhilfe zuordnen, 22 Prozent der Kinder- und Jugendhilfe,[148] 18 Prozent der Behindertenhilfe, 11 Prozent der Hilfe in besonderen sozialen Situationen und 8 Prozent der Familienhilfe (vgl. Abbildung 8). Werden bei der Analyse die Kindertagesstätten in öffentlicher Trägerschaft mitberücksichtigt, so verändert sich der Schwerpunkt der Leistungen erheblich: *80 Prozent aller* sozialen Einrichtungen und Dienste in den untersuchten Regionen gehörten zum Bereich der Kinder- und Jugendhilfe, weitere 10 Prozent zur Altenhilfe und die restlichen 10 Prozent zu den verbleibenden Bereichen Behindertenhilfe, Familienhilfe und Hilfe in besonderen sozialen Situationen.

Abbildung 8: **Soziale Dienste und Einrichtungen in den Untersuchungsregionen 1992**

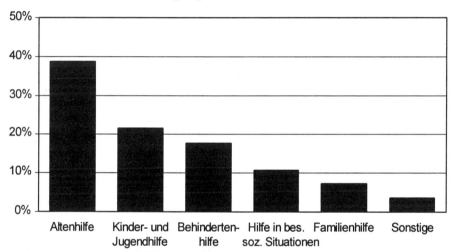

Quelle: Eigene Erhebung 1992.

Berechnet man die Aufgabenschwerpunkte nicht auf der Grundlage der Einrichtungszahlen, sondern anhand der Anzahl der in den Einrichtungen und Diensten beschäftigten Mitarbeiter und Mitarbeiterinnen (ohne Kindertagesstätten), verschieben sich die Größenordnungen etwas: Fast die Hälfte des Personals war in Einrichtungen und Diensten der Altenhilfe beschäftigt, die damit einen höheren Stellenwert bekommt (vgl. Abbildung 9). Ein weiteres Viertel der Beschäftigten war in Einrichtungen der Behindertenhilfe tätig. Die übrigen Mitarbeiter und Mitarbeiterinnen arbeiteten in den anderen Aufgabenbereichen, wobei über die Kinder- und Jugendhilfe keine Aussage gemacht werden kann, da zum Untersuchungs-

---

148 Bei dem Anteil der Jugendhilfeeinrichtungen ist zu berücksichtigen, daß die Kindertagesstätten in öffentlicher Trägerschaft nicht in die Befragung einbezogen wurden (vgl. Fußnote 145).

zeitpunkt keine verläßlichen Angaben über die Personalzahlen in öffentlichen Kindergärten vorlagen.

Abbildung 9: Personal in sozialen Einrichtungen der Untersuchungsregionen 1992

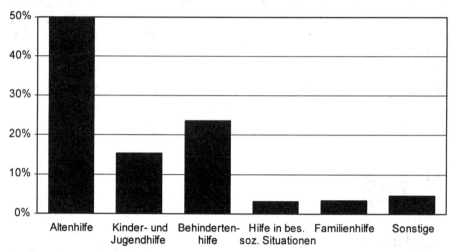

Quelle: Eigene Erhebung 1992.

Öffentliche und freigemeinnützige Träger hatten im Untersuchungsjahr deutlich unterschiedliche Aufgabenschwerpunkte (vgl. Abbildung 10): Während in *freigemeinnütziger Trägerschaft fast 50 Prozent der Dienste und Einrichtungen der Altenhilfe zuzuordnen waren,*[149] lag der Schwerpunkt der *Dienste und Einrichtungen in öffentlicher Trägerschaft in der Kinder- und Jugendhilfe mit 48 Prozent.*[150] Dieser Unterschied wird noch gravierender, wenn die Kindertagesstätten in öffentlicher Trägerschaft berücksichtigt werden. Auch hier ergibt die Analyse der Beschäftigtenzahlen aufschlußreiche Informationen. So läßt sich feststellen, daß die öffentlichen Träger nur etwa ein Siebtel aller Einrichtungen in der Altenhilfe betreiben, in diesem Bereich aber ein Drittel des Personals beschäftigten (vgl. Abbildung 11). Vermutlich ist diese Differenz dadurch zu erklären, daß die öffentlichen Träger in erster Linie sehr große stationäre Altenhilfeeinrichtungen unterhielten, während sich in freigemeinnütziger Trägerschaft überwiegend ambulante Altenhilfeeinrichtungen und kleinere stationäre Einrichtungen befanden. Umgekehrt läßt sich in der Behindertenhilfe feststellen, daß große Einrichtungen eher von freigemeinnützigen Trägern betrieben wurden.

---

[149] Außerdem gehörten 20 Prozent der Einrichtungen und Dienste in freigemeinnütziger Trägerschaft zum Bereich der Behindertenhilfe und 11 Prozent zur Kinder- und Jugendhilfe.
[150] Hier lag der Anteil der Altenhilfe bei 18 Prozent und der Behindertenhilfe bei 12 Prozent.

Abbildung 10: Einrichtungen nach Aufgabenbereich und Trägerart in den Untersuchungsregionen 1992

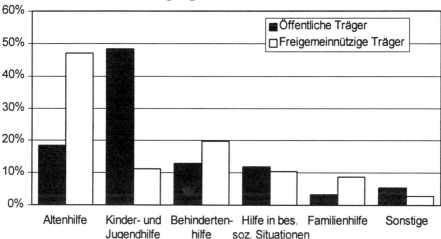

Quelle: Eigene Erhebung 1992.

Abbildung 11: Personal in sozialen Einrichtungen nach Aufgabenbereich und Trägerart in den Untersuchungsregionen 1992

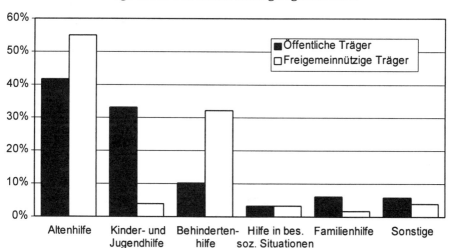

Quelle: Eigene Erhebung 1992.

Bezogen auf die freigemeinnützigen Träger verweisen diese Zahlen auf einen Trend: Nach Angaben der Bundesarbeitsgemeinschaft der Freien Wohlfahrtspflege war die Altenhilfe in allen neuen Bundesländern als Aufgabenbereich der freigemeinnützigen Träger von größerer Bedeutung als in den Altbundesländern; die Jugendhilfe büßte demgegenüber den herausragenden Stellenwert ein, der ihr in den alten Ländern zukommt (vgl. Abbildung 12). Während in den Altbundesländern 34 Prozent der Einrichtungen in freigemeinnütziger Trägerschaft der Jugendhilfe und 16 Prozent der Einrichtungen der Altenhilfe zuzuordnen waren, betrieben Wohlfahrtsverbände in den neuen Ländern insgesamt 17 Prozent Jugendhilfe- und 27 Prozent Altenhilfeeinrichtungen (vgl. BAGFW 1994a).

Abbildung 12: **Einrichtungen von Wohlfahrtsverbänden im Ost-West-Vergleich 1994**

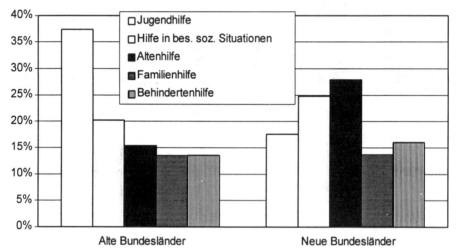

Quelle: BAGFW 1994a.

In den untersuchten Regionen waren - gemessen an der Zahl der Einrichtungen - das Diakonische Werk, die Volkssolidarität, die Arbeiterwohlfahrt und das Deutsche Rote Kreuz die größten Träger, während der Caritasverband und der Arbeiter-Samariter-Bund deutlich weniger Einrichtungen betrieben (vgl. Abbildung 13). Bei der Interpretation dieser Daten ist zu berücksichtigen, daß hier und im folgenden zum Paritätischen Wohlfahrtsverband immer nur die eigenen Einrichtungen gezählt wurden, nie die der Mitgliedsorganisationen. In Fürstenberg unterhielt der Paritätische Wohlfahrtsverband in den Untersuchungsregionen überhaupt keine eigenen Einrichtungen, während er in Lummerland 1992 über neun eigene Einrichtungen verfügte.[151] Werden die Einrichtungen der Mitgliedsorganisationen

---

151 Die oben genannte Verteilung der Grundgesamtheit der sozialen Dienste und Einrichtungen wurde aus den Anschriften der Dienste und Einrichtungen ausgewertet. Im Vergleich dazu wies die Verteilung nach freigemeinnützigen Trägern in den beantworteten Fragebogen nur geringfügige Abweichungen auf: 21 Prozent Deutsches Rotes Kreuz, 20 Prozent Diakonie, 19 Prozent Volkssolidarität, 13 Prozent Arbeiterwohlfahrt, 11 Prozent Caritasverband, 8 Prozent Paritätischer

mit zum Paritätischen Wohlfahrtsverband gerechnet - wie dies beispielsweise in den entsprechenden Statistiken der Bundesarbeitsgemeinschaft der Freien Wohlfahrtspflege üblich ist -, so wird deutlich, daß der Paritätische Wohlfahrtsverband in den Untersuchungsregionen zum größten freigemeinnützigen Träger wurde.[152] Generell ist zu berücksichtigen, daß diese Zahlen eher einen Eindruck von der Bedeutung der Verbände als Einrichtungsträger geben, als daß sie als absolute Einrichtungszahlen zu interpretieren sind. Dies liegt in der sehr unterschiedlichen Einrichtungs- und Verbandsstruktur der Träger begründet. So verfügt beispielsweise das Diakonische Werk über große "Einrichtungskomplexe", in denen mehrere unterschiedliche Einrichtungsarten organisatorisch und räumlich zusammengefaßt sind, so z.B. Alten- und Pflegeheime, Behindertenheime und Kindertagesstätten. Einige Verbände haben sogenannte kooperative Mitglieder, die zum Teil rechtlich selbständig (z.B. als Stiftungen oder Vereine), zum Teil als Gliederungen anderer Großorganisationen Dienste und Einrichtungen anbieten (z.B. Kindergärten in Trägerschaft der Kirche). Es mußte daher immer im Einzelfall entschieden werden, ob die Einrichtungen dazugerechnet werden oder nicht.[153]

Abbildung 13: Soziale Einrichtungen freigemeinnütziger Träger in den Untersuchungsregionen 1992

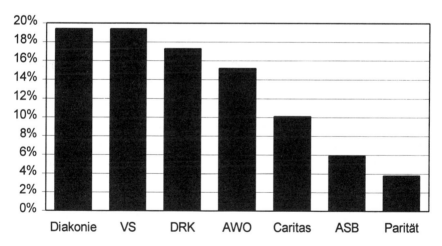

Quelle: Eigene Erhebung 1992.

Wohlfahrtsverband und 3 Prozent Arbeiter-Samariter-Bund. Damit kann der Rücklauf der Befragung als repräsentativ hinsichtlich der Verbände bezeichnet werden.
152 Zu diesem Ergebnis kommen auch Rauschenbach/Schilling 1995.
153 So wurde beispielsweise ein "Einrichtungskomplex" der Diakonie als eine Einrichtung gezählt, da alle Untereinrichtungen dem gleichen Aufgabenbereich zuzuordnen waren; eine anderer Komplex wurde in mehrere Teileinrichtungen unterschiedlicher Aufgabenbereiche untergliedert.

Werden die Größenverhältnisse der Wohlfahrtsverbände zueinander nicht anhand der Einrichtungszahlen, sondern des Personalbestands untersucht, ändern sie sich kaum (vgl. Abbildung 14).

Abbildung 14: Personal von Wohlfahrtsverbänden in den Untersuchungsregionen 1992

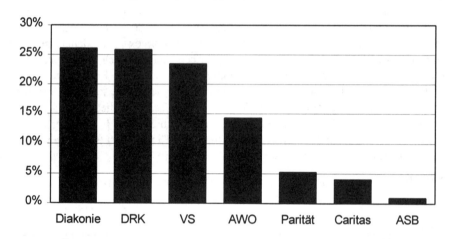

Quelle: Eigene Erhebung 1992.

Auffallend ist jedoch, daß die Arbeiterwohlfahrt und insbesondere der Caritasverband einen niedrigeren Anteil am Gesamtpersonalbestand als am Einrichtungsbestand hatten. Daraus läßt sich schließen, daß beide Verbände in erster Linie kleinere Einrichtungen mit wenig Personal betrieben.

Mit Ausnahme des Diakonischen Werkes und des Paritätischen Wohlfahrtsverbandes hatten alle Verbände in den Untersuchungsregionen ihren Schwerpunkt in der Altenhilfe, d.h. in Regel waren mehr als 80 Prozent des Personals in diesem Bereich beschäftigt (vgl. Abbildung 15). Das Diakonische Werk beschäftigte zwei Drittel seines Personals in der Behindertenhilfe, und der Paritätische Wohlfahrtsverband bot Leistungen der Alten-, Behinderten- sowie Kinder- und Jugendhilfe fast gleichermaßen an.

Abbildung 15: Aufgabenprofile von Wohlfahrtsverbänden gemessen am Personal in den Untersuchungsregionen 1992

Quelle: Eigene Erhebung 1992.

12.2 Strategische Verhandlungsmasse kommunaler Sozialpolitik: Die sozialen Dienste und Einrichtungen der Altenhilfe

Die Einrichtungen und Dienste der Altenhilfe lassen sich grob in zwei Bereiche unterteilen: die im folgenden zusammenfassend als *Altenheime* bezeichneten stationären Einrichtungen, zu denen Altenheime und -wohnheime mit und ohne Pflegeangebote sowie Altenpflegeheime zählen, und die *ambulanten Dienste*, die Sozialstationen, Mahlzeiten-, Fahr- und soziale Hilfsdienste sowie Altenbegegnungsstätten umfassen. Insbesondere die Altenheime und die Sozialstationen waren beim Aufbau freigemeinnütziger Träger von strategischer Bedeutung, da - wie eingangs erwähnt - über die Pflegesätze auch Verwaltungskosten abgedeckt wurden und zahlreiche Fördermittel für diese Angebote nur von freigemeinnützigen und nicht von öffentlichen Trägern in Anspruch genommen werden konnten. In den nächsten beiden Abschnitten wird zunächst die Verteilung von stationären und ambulanten Altenhilfeeinrichtungen auf öffentliche und gemeinnützige Träger in den untersuchten Regionen beschrieben (Abschnitt 12.2.1 und 12.2.2). Abschließend werden diese Ergebnisse in den größeren Zusammenhang der anderen neuen und der alten Bundesländer gestellt (Abschnitt 12.2.3).

12.2.1 Stationäre Einrichtungen der Altenhilfe

In den vier kommunalen Untersuchungsregionen befanden sich von insgesamt 38 Altenheimen 11 (29 Prozent) in öffentlicher und 27 (71 Prozent) in freigemeinnütziger Trägerschaft. Die meisten Altenheime in freigemeinnütziger Trägerschaft betreiben das Diakonische Werk, die Arbeiterwohlfahrt und das Deutsche Rote Kreuz (vgl. Tabelle 3).

Tabelle 3: Altenheime in freigemeinnütziger Trägerschaft in den Untersuchungsregionen 1992

Freigemeinnütziger Träger	*Anzahl der Altenheime*
Diakonisches Werk	6
Arbeiterwohlfahrt	5
Deutsches Rotes Kreuz	5
Arbeiter-Samariter-Bund	3
Caritasverband	2
Volkssolidarität	2
Paritätischer Wohlfahrtsverband	2
sonstige freigemeinnützige Träger	2
Gesamt	27

Quelle: Eigene Erhebung 1992.

In mindestens drei Heimen (in öffentlicher und freigemeinnütziger Trägerschaft) wurden nicht nur alte Menschen versorgt, sondern außerdem körperlich oder geistig behinderte Menschen aller Altersstufen sowie psychisch Kranke. Diese "Mischbelegung" von Heimen bestand aus DDR-Zeiten fort. So gab Ziesemer (1990) an, daß 1989 ca. 16 Prozent der Bewohner in staatlichen Feierabend- und Pflegeheimen unter 60 (Frauen) bzw. unter 65 (Männer) Jahre alt waren. Er schätzte, daß 26 Prozent der Heimbewohner eigentlich keine intensive Hilfe durch eine zweite Person benötigten, sondern ausschließlich aufgrund geminderten Hör-, Seh- oder Sprechvermögens sowie geminderter Beweglichkeit in ihrem Kontakt zur Außenwelt eingeschränkt waren (vgl. Ziesemer 1990, auch SSMfSGF 1994).[154] Mit der deutschen Vereinigung wurde begonnen, die "Mischbelegung" aufzulösen.

---

[154] Betroffen waren vor allem Erwachsene mit Behinderungen (16.500), aber auch behinderte Kinder (1.500) sowie geistig Behinderte (6.000), die in psychiatrischen Krankenhäusern untergebracht

12. Soziale Dienste und Einrichtungen in den neuen Bundesländern

Aus der Fachliteratur wird deutlich, daß ein Großteil der Altenheime in den neuen Bundesländern stark sanierungsbedürftig ist und es noch erheblicher Investitionen bedarf, bis die Vorgaben der Heimmindestbauverordnung[155] für alle Einrichtungen umgesetzt sind (vgl. die Beiträge in Bardehle 1990). Im entsprechenden Gesetz ist für Heime in den neuen Bundesländern eine Frist von 10 Jahren nach dem Beitritt der DDR festgelegt, um die Mindestanforderungen umzusetzen. In begründeten Einzelfällen wird jedoch eine Verlängerung der Frist eingeräumt. Die Träger der stationären Einrichtung standen - und stehen zum Teil auch heute noch - durch diesen Sanierungsbedarf vor der Aufgabe, die Folgeprobleme zu bearbeiten: Sie mußten zum einen die erheblichen Geldmittel für diese Umbauten aufbringen und zum anderen hohe organisatorische Anforderungen bewältigen, da häufig die Notwendigkeit bestand, Übergangslösungen zu finden und zu etablieren sowie die Bewohner der Heime umzuquartieren.

12.2.2 Ambulante Einrichtungen und Dienste der Altenhilfe

Insgesamt enthielt die Stichprobe 45 ambulante sozialpflegerische Dienste, zu denen Sozialstationen (35) und mobile soziale Hilfsdienste (10) zählen, sowie 24 Altentagesstätten. Diese Dienste befanden sich alle in freigemeinnütziger Trägerschaft (vgl. Tabelle 4). Öffentliche Träger traten hier nicht in Erscheinung, da infolge des Soforthilfeprogramms für ambulante soziale Dienste (Sozialstationen und Mahlzeitendienste) des Bundes ausschließlich freigemeinnützige Träger gefördert wurden. Die Volkssolidarität führte insbesondere ihre Altentagesstätten aus DDR-Zeiten fort, übernahm aber auch - gemeinsam mit dem DRK - den Löwenanteil an sozialpflegerischen Diensten.

Die stärksten Träger in der ambulanten Altenhilfe stellten in den untersuchten Regionen daher das Deutsche Rote Kreuz und die Volkssolidarität dar sowie mit leichtem Abstand die Arbeiterwohlfahrt.

---

wurden (aus: Ärzte Zeitung, 19./20.11.1993, zitiert aus: BAGFW 1994b). Außerdem waren ca. 400 Erwachsene in Einrichtungen für Kinder und Jugendliche untergebracht. Auch in den Interviews finden sich Hinweise darauf, daß Kinder mit schweren und mehrfachen Behinderungen in Altenheimen lebten.

155 In der Heimmindestbauverordnung sind Mindeststandards für Altenwohnheime, Pflegeheime und Behindertenwohnheime bezogen auf die Bettenzahl pro Zimmer, Quadratmeterzahlen, sanitäre Ausstattung etc. festgelegt (vgl. Heimrecht des Bundes 1993).

Tabelle 4: Ambulante Dienste der Altenhilfe in den Untersuchungsregionen 1992

Verband	Art des Dienstes	Anzahl
Arbeiterwohlfahrt	Ambulante sozialpflegerische Dienste	7
	Mahlzeiten- und andere soziale Dienste	3
	Altentagesstätten	1
Arbeiter-Samariter-Bund	Ambulante sozialpflegerische Dienste	3
Caritasverband	Ambulante sozialpflegerische Dienste	1
Deutsches Rotes Kreuz	Ambulante sozialpflegerische Dienste	10
	Mahlzeiten- und andere soziale Dienste	7
Diakonisches Werk	Ambulante sozialpflegerische Dienste	4
	Altentagesstätten	2
Paritätischer Wohlfahrtsverb.	Ambulante sozialpflegerische Dienste	1
Volkssolidarität	Ambulante sozialpflegerische Dienste	18
	Mahlzeiten- und andere soziale Dienste	5
	Altentagesstätten	21
Gesamt		83

Quelle: Eigene Erhebung 1992.

12.2.3 Zusammenfassung sowie ein Blick auf die Altenhilfe in anderen Bundesländern

Alle Wohlfahrtsverbände hatten in Bärenklau, Frankenstein, Neu-Brühl und Salzstetten 1992 einen deutlichen Schwerpunkt in der Altenhilfe, wobei sich die Volkssolidarität in den untersuchten Regionen als einziger Verband ausschließlich auf diesen Bereich beschränkte.[156] Die Verteilung der Einrichtungen in der Altenhilfe zwischen den einzelnen freigemeinnützigen Trägern zeigt, daß die fortbestehenden ehemaligen Massenorganisationen - Deutsches Rotes Kreuz und Volkssolidarität -

---

156 In anderen als den untersuchten Regionen bietet die Volkssolidarität in nennenswertem Umfang auch Leistungen in der Jugendhilfe und der Hilfe in besonderen sozialen Situationen an.

12. Soziale Dienste und Einrichtungen in den neuen Bundesländern

viele ambulante Dienste für ältere Menschen aufgebaut bzw. übernommen haben. Dies läßt sich in erster Linie dadurch erklären, daß beide Träger kurz nach der deutschen Vereinigung - als das Soforthilfeprogramm für ambulante soziale Dienste aufgelegt wurde - gegenüber anderen Anbietern in einer begünstigten Situation waren: Sie verfügten sowohl über Personal, Räumlichkeiten und Telefone als auch über persönliche und politische Kontakte zur Sozial- und Arbeitsverwaltung und damit über einen guten Zugang zu Informationen und zu wichtigen Ressourcen, wie z.B. zu ABM-Geldern. Bei der Übertragung der stationären Altenhilfeeinrichtungen hingegen wurde die Volkssolidarität nachrangig berücksichtigt, während das Deutsche Rote Kreuz vergleichsweise viele Altenheime übernehmen konnte. Mit dieser Übertragungspolitik wollten einige kommunale Sozialverwaltungen die ungleiche Verteilung der Sozialstationen zugunsten der Volkssolidarität ausgleichen (vgl. Kapitel 4). Das DRK entging dieser "politischen Korrektur", da es nicht im gleichen Maße wie die Volkssolidarität unter Legitimationsdruck stand. Altenheime wurden außer an das Deutsche Rote Kreuz hauptsächlich an die Diakonie und die Arbeiterwohlfahrt übertragen. Insgesamt war zum Zeitpunkt der Befragung das Deutsche Rote Kreuz gemessen an der Anzahl der Dienste und Einrichtungen der "größte" Träger in der Altenhilfe. Die Volkssolidarität bot überwiegend Leistungen in der ambulanten und die Diakonie und die Arbeiterwohlfahrt in der stationären Altenhilfe an. Die anderen Träger waren in der Altenhilfe von nachgeordneter Bedeutung.

Ein Vergleich der Entwicklungen zwischen den einzelnen neuen Bundesländern und ein Ost-West-Vergleich ist anhand der Heimstatistik des Bundes zumindest für stationäre Einrichtungen der Altenhilfe möglich. In dieser Statistik wird jedes Jahr die Anzahl der stationären Einrichtungen der Altenhilfe[157] und der Behindertenhilfe sowie die Anzahl der in diesen Einrichtungen zur Verfügung stehenden Plätze veröffentlicht.

Anhand dieser Daten zeigt sich, daß in den neuen Bundesländern zwischen 1991 und 1995 insgesamt etwa 150 stationäre Einrichtungen der Altenhilfe und 14.000 Plätze (= 12 Prozent aller Plätze von 1991) in diesen Einrichtungen abgebaut wurden. Von den verbleibenden stationären Einrichtungen der Altenhilfe in den neuen Bundesländern wurde ein Großteil erst nach 1992 von öffentlichen Trägern übergeben (vgl. Abbildungen 16 und 17).

---

157 Unter dem Begriff "stationäre Einrichtungen der Altenhilfe" werden Altenwohnheime, Altenheime, Altenpflegeheime sowie mehrgliedrige Einrichtungen zusammengefaßt.

Abbildung 16: Anteil freigemeinnütziger Träger an Plätzen in stationären Altenhilfeeinrichtungen im Ost-West-Vergleich

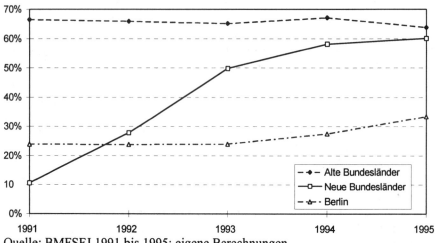

Quelle: BMFSFJ 1991 bis 1995; eigene Berechnungen.

Abbildung 17: Plätze in stationären Altenhilfeeinrichtungen nach Trägerschaft in den neuen Bundesländern[158]

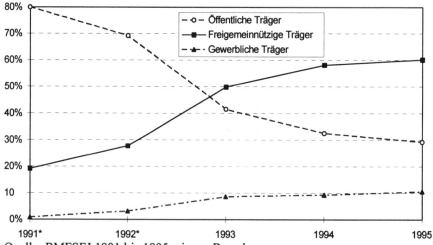

Quelle: BMFSFJ 1991 bis 1995; eigene Berechnungen.

---

158 Die Kennzeichnung der Jahreszahlen mit einem "*" weist daraufhin, daß für diese Jahre die Angaben in der Heimstatistik unvollständig sind (vgl. BMFSFJ 1992 bis 1995).

Etwa 40 Prozent der ehemals kommunalen Altenhilfeeinrichtungen übernahmen freigemeinnützige Träger und ca. 10 Prozent gewerbliche Anbieter. Die freigemeinnützigen Träger stellten damit 1995 in den neuen Bundesländern 60 Prozent der Plätze in stationären Altenhilfeeinrichtungen zur Verfügung. Im Vergleich dazu betrug dieser Anteil in den alten Bundesländern 64 Prozent. Der höhere Anteil der öffentlichen Träger in den neuen Bundesländern wirkte sich demnach in erster Linie zu Lasten der gewerblichen Anbieter, und nicht etwa der freigemeinnützigen Träger aus (vgl. Abbildung 18).

Abbildung 18: **Anteil der gewerblichen Träger an Plätzen in stationären Altenhilfeeinrichtungen im Ost-West-Vergleich**[159]

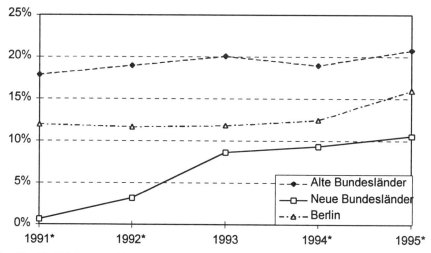

Quelle: BMFSFJ 1991 bis 1995; eigene Berechnungen.

Bei einem Vergleich der neuen Bundesländer untereinander lassen sich zunächst sehr unterschiedliche Übertragungsverläufe von Einrichtungen der stationären Altenhilfe feststellen (vgl. Abbildung 19): Während zwischen 1991 und 1992 in Sachsen und Mecklenburg-Vorpommern fast keine Einrichtungen auf freigemeinnützige Träger übertragen wurden, befanden sich 1992 in Thüringen schon 11 Prozent und in Brandenburg 23 Prozent der Kapazitäten in freigemeinnütziger Trägerschaft. Im Jahre 1995 war in Brandenburg der Anteil der Plätze in stationären Altenhilfeeinrichtungen in freigemeinnütziger Trägerschaft schon auf 76 Prozent gestiegen. Die Anteile der anderen neuen Bundesländer lagen im gleichen Jahr zwischen 53 Prozent (Sachsen) und 63 Prozent (Thüringen). Diese

---

159 Vgl. Fußnote 158.

Zahlen verweisen noch einmal auf die regionalen Unterschiede in den Übertragungspolitiken der Kommunen.

Abbildung 19: Anteil der freigemeinnützigen Träger an Plätzen in stationären Altenhilfeeinrichtungen in den neuen Bundesländern

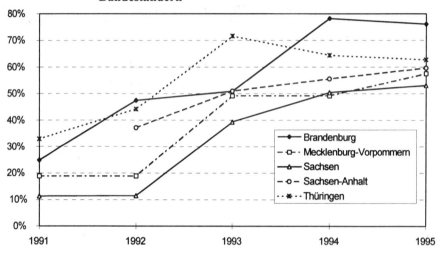

Quelle: BMFSFJ 1991 bis 1995; eigene Berechnungen.

12.3 Die Mauerblümchen: Soziale Dienste und Einrichtungen der Kinder- und Jugendhilfe

Die verschiedenen Dienste und Einrichtungen der Kinder- und Jugendhilfe lassen sich in stationäre Einrichtungen, Tagesstätten für Kinder und Jugendliche sowie Beratungsdienste gruppieren. Im folgenden werden zunächst die Ergebnisse der Befragung von Einrichtungen und Diensten in Bärenklau, Frankenstein, Neu-Brühl und Salzstetten dargestellt (Abschnitt 12.3.1). Anschließend werden diese Befunde im Kontext von Ergebnissen aus Sekundärerhebungen diskutiert (Abschnitt 12.3.2).

12.3.1 Einrichtungen und Dienste

In den untersuchten Regionen befanden sich die *stationären Einrichtungen* der Kinder- und Jugendhilfe (insgesamt 23) zum Zeitpunkt der Befragung überwiegend in öffentlicher Trägerschaft (18): Im einzelnen handelte es sich um 11 Kinderheime, 3 heilpädagogische Heime und 3 Jugendwohnheime bzw. -wohngemeinschaften. Freigemeinnützige Träger betreiben insgesamt fünf stationäre Einrichtungen für Kinder und Jugendliche: drei Kinderheime, ein Erholungs- und Kurheim, sowie ein integratives Kinder- und Jugendheim. Die Kinder- und Jugendheime in freigemeinnütziger Trägerschaft wurden von der Arbeiterwohlfahrt (1), dem Deutschen Roten Kreuz (2), der Diakonie (1) und dem Paritätischen Wohlfahrtsverband (1) unterhalten.

Sowohl *Kindertagesstätten* als auch *Tagesstätten für Jugendliche* wurden fast ausschließlich vom Jugendamt betrieben. So waren 17 von 20 Tagesstätten für Jugendliche und fast alle Kindertagesstätten in öffentlicher Trägerschaft. Im Unterschied dazu boten Wohlfahrtsverbände in erster Linie Kinderkrippen und Spielgruppen an (12 von 15 Einrichtungen). Nur drei Tagesstätten für Jugendliche wurden von freigemeinnützigen Trägern geleitet.[160]

Die öffentlichen Träger stellten auch einen Großteil des Angebots an *Beratungseinrichtungen* und *sonstigen ambulanten Diensten* der Kinder- und Jugendhilfe in den Untersuchungsregionen (vgl. Tabelle 5). Zielgruppen dieser Einrichtungen für Kinder und Jugendliche in öffentlicher und freigemeinnütziger Trägerschaft waren überwiegend arbeitslose Jugendliche (9), weibliche Kinder und Jugendliche (7), straffällige Jugendliche (7) und suchtkranke bzw. suchtgefährdete Jugendliche (6).

Tabelle 5: Sonstige Einrichtungen und Dienste der Kinder- und Jugendhilfe in den Untersuchungsregionen 1992

Träger	*Art der Einrichtung*	*Anzahl*
Öffentlicher Träger	Beratungseinrichtungen	9
	davon:	
	allgemeine Beratung	6
	sozialpädagogische Beratung	2
	Pflege und Adoptionsvermittlung	1
	Kinder- und Jugend-Notdienst	1
Freigemeinnütziger Träger	Allgemeine Beratungsstellen	3
	Beratungsstelle für jugendliche männliche Prostituierte	1
	Eingliederungsdienst für jugendliche Ausländer	1

Quelle: Eigene Erhebung 1992.

---

160 Zur Erinnerung: Die Kindergärten in öffentlicher Trägerschaft wurden nicht untersucht (vgl. Fußnote 145).

12.3.2 Zusammenfassung sowie ein Blick auf die Jugendhilfe in anderen Bundesländern

Werden die Kindertagesstätten in öffentlicher Trägerschaft in die Überlegungen mit einbezogen, so zeigt sich, daß die kommunalen Jugendämter zur Untersuchungszeit mit Abstand die wichtigsten Träger im Kinder- und Jugendhilfebereich darstellten, während Wohlfahrtsverbände kaum von Bedeutung waren. Dieser Befund läßt sich wie folgt erklären: Die Wohlfahrtsverbände befanden sich im Zeitraum der Untersuchung in einer Umstrukturierungs- bzw. Aufbauphase und verfügten daher weder über die notwendigen personellen Ressourcen noch über Eigenmittel, um den in zahlreichen Kommunen geforderten Eigenanteil von bis zu 30 Prozent an den Kosten von Kinder- und Jugendhilfeeinrichtungen zu bestreiten. Sie beschränkten sich daher darauf, Einrichtungen und Dienste zu betreiben, die schon vor 1990 in ihrer Trägerschaft waren oder die unter den veränderten Finanzierungsmodalitäten den Bestand des Verbandes sichern konnten; d.h. sie bemühten sich in erster Linie um die Übernahme von Einrichtungen, die vollständig durch öffentliche Gelder finanziert werden konnten oder für die die Bundesregierung Sonderprogramme aufgelegt hatte. Nur in wenigen Kommunen konnten Wohlfahrtsverbände eine Vollfinanzierung beispielsweise der Kindertagesstätten durchsetzen. Bundesmittel oder Sonderprogramme, die eine umfassende Finanzierung von Kinder- und Jugendhilfeeinrichtungen ermöglicht hätten, gab es nicht.

Eine ähnliche Verteilung ließ sich auch insgesamt für die neuen Bundesländer beobachten: Nach Angaben des Bundesministeriums für Familie, Senioren, Frauen und Jugend betrieben freigemeinnützige Träger in den neuen Bundesländern 1991 insgesamt nur 5,9 Prozent aller Einrichtungen und Dienste der Kinder- und Jugendhilfe, während dieser Anteil in den alten Bundesländern 1990 bei 68,6 Prozent lag (vgl. Abbildung 20).[161] Bis zum Jahresende 1993 stieg dieser Anteil in den neuen Ländern zwar auf 27 Prozent, er lag damit aber immer noch erheblich unter dem westdeutschen Anteil von 69 Prozent (vgl. Abbildungen 21 und 26).

---

161 Die neuen Bundesländer wurden erstmals 1991 in die turnusmäßigen Erhebungen der Kinder- und Jugendhilfeeinrichtungen im Rahmen der Jugendhilfestatistik einbezogen. Die vergleichbare Erhebung aus den alten Bundesländern stammt aus dem Jahre 1990.

Abbildung 20: Dienste und Einrichtungen der Jugendhilfe nach Trägerschaft im Ost-West-Vergleich 1990/91[162]

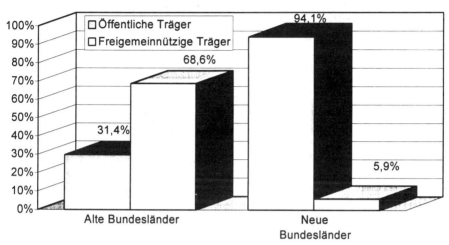

Quelle: BMFSFJ 1994.

Abbildung 21: Dienste und Einrichtungen der Jugendhilfe nach Trägerschaft im Ost-West-Vergleich 1994

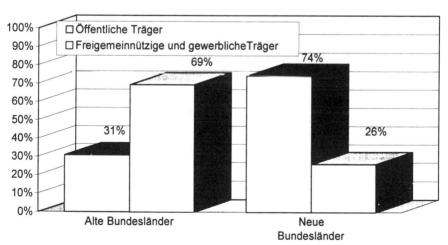

Quelle: Statistisches Bundesamt 1996.

---

162 Vgl. Fußnote 161.

Außerdem unterschied sich der Stellenwert einzelner Wohlfahrtsverbände in der Jugendhilfe im West-Ost-Vergleich (vgl. Abbildung 22 und 23).

Abbildung 22: Dienste und Einrichtungen der Jugendhilfe nach freigemeinnütziger Trägerschaft in den neuen Bundesländern 1991[163]

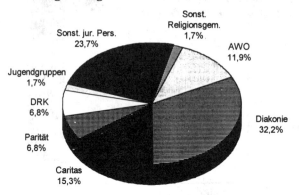

Quelle: BMFSFJ 1994.[164]

Abbildung 23: Dienste und Einrichtungen der Jugendhilfe nach freigemeinnütziger Trägerschaft in den alten Bundesländern 1990[165]

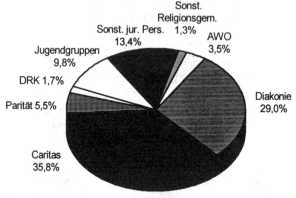

Quelle: BMFSFJ 1994.[166]

---

163 Erläuterung zu den Abkürzungen: Jugendgruppen = Jugendgruppen, -verbände, -ringe; sonst. jur. Pers. = sonstige juristische Personen, andere Vereinigungen; sonst. Religionsgem. = sonstige Religionsgemeinschaften des öffentlichen Rechts.
164 Die Zahlen beziehen sich auf 5,9 Prozent aller Jugendhilfeeinrichtungen (1.227) in den neuen Bundesländern; alle anderen Einrichtungen befanden sich in öffentlicher Trägerschaft.
165 Vgl. Fußnote 163.
166 Die Zahlen beziehen sich auf 68,6 Prozent aller Jugendhilfeeinrichtungen (37.132) in den alten Bundesländern; die anderen Einrichtungen befanden sich in öffentlicher Trägerschaft.

12. Soziale Dienste und Einrichtungen in den neuen Bundesländern

Bemerkenswert ist hier beispielsweise, daß der Deutsche Caritasverband, der in den alten Bundesländern im Jahre 1990 mehr als ein Drittel aller Einrichtungen und Dienste der Jugendhilfe in freigemeinnütziger Trägerschaft betrieb und damit der mit Abstand größte Wohlfahrtsverband in diesem Bereich war, in den neuen Bundesländern 1991 nur über einen Anteil von etwa 15 Prozent verfügte. Die Arbeiterwohlfahrt hingegen konnte ihren Anteil an Einrichtungen der Jugendhilfe in den neuen Bundesländern ausbauen: Sie betrieb 1991 etwa 12 Prozent der Jugendhilfeeinrichtungen in freigemeinnütziger Trägerschaft in den neuen Bundesländern, gegenüber 3,5 Prozent in den alten Ländern (1990).

Die beschriebenen Anteile verschoben sich zwischen 1991 und 1994 erheblich (vgl. Abbildungen 24 und 25). Diese Veränderung entsteht insbesondere dadurch, daß die Anzahl der Einrichtungen in Trägerschaft von Jugendgruppen, -verbänden und -ringen um das 16fache und in Trägerschaft des Paritätischen Wohlfahrtsverbandes um das 11fache zunahmen (vgl. Abbildung 26). Im Unterschied dazu erhöhte sich die Anzahl der Kinder- und Jugendhilfeeinrichtungen bei den anderen Verbänden nur um das zwei- bis vierfache.

Abbildung 24: **Dienste und Einrichtungen der Jugendhilfe nach freigemeinnütziger Trägerschaft in den neuen Bundesländern 1994**[167]

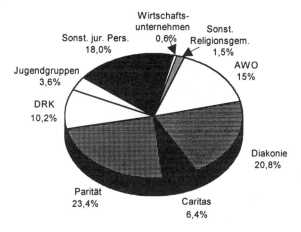

Quelle: Statistisches Bundesamt 1996.

---

167 Vgl. Fußnote 163.

Abbildung 25: Dienste und Einrichtungen der Jugendhilfe nach freigemeinnütziger Trägerschaft in den alten Bundesländern 1994[168]

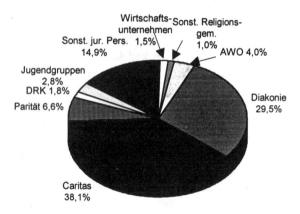

Quelle: Statistisches Bundesamt 1996.

Abbildung 26: Zunahme der Anzahl der Einrichtungen in freigemeinnütziger Trägerschaft in den neuen Bundesländern zwischen 1991 und 1994[169]

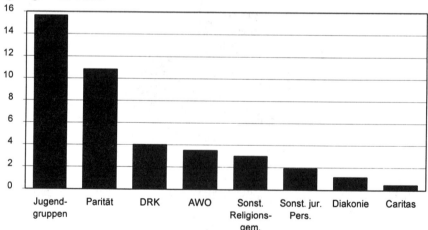

Quelle: Statistisches Bundesamt 1992, 1993 und 1996.

---

168 Vgl. Fußnote 163.
169 Vgl. Fußnote 163.

12. Soziale Dienste und Einrichtungen in den neuen Bundesländern 275

Obwohl freigemeinnützige Träger zwischen 1991 und 1994 - wie zu erwarten - zahlreiche weitere Einrichtungen der Jugendhilfe übernahmen, entwickelten sich in den neuen Ländern andere Trägerstrukturen als in den Altbundesländern: Die Jugendämter boten nach wie vor den überwiegenden Teil der Jugendhilfeleistungen an.

Bei einem Vergleich der neuen Bundesländer untereinander fällt die erhebliche Varianz der Anteile freigemeinnütziger Träger an Einrichtungen der Kinder- und Jugendhilfe ins Auge (vgl. Abbildung 27): Das Diakonische Werk beispielsweise betrieb 1991 zwischen 22 Prozent (Mecklenburg-Vorpommern) und 56 Prozent (Ostberlin) der Dienste und Einrichtungen in freier Trägerschaft, der Deutsche Caritasverband zwischen 6 Prozent (Brandenburg) und 24 Prozent (Thüringen), das Deutsche Rote Kreuz zwischen 5 Prozent (Sachsen, Sachsen-Anhalt) und 17 Prozent (Mecklenburg-Vorpommern). Auch hier werden erhebliche regionale Unterschiede in den politischen Zielsetzungen von Wohlfahrtsverbänden und politischen Akteuren sowie in den Ergebnissen ihrer Verhandlungen erkennbar.

Abbildung 27: Dienste und Einrichtungen der Jugendhilfe nach freigemeinnütziger Trägerschaft in den neuen Bundesländern 1991

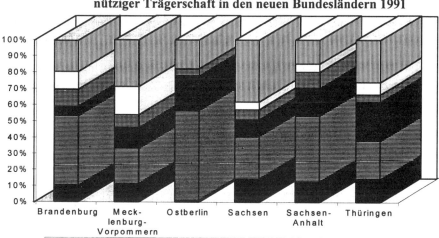

Quelle: Deiniger 1993.

12.4 Das Personal in sozialen Diensten und Einrichtungen

In Bärenklau, Frankenstein, Neu-Brühl und Salzstetten wurden 1992 knapp 4000 MitarbeiterInnen in sozialen Diensten und Einrichtungen aller Aufgabenbereiche beschäftigt; davon waren drei Viertel Frauen und Ein Viertel Männer. Von den männlichen Mitarbeitern leisteten fast ein Drittel ihren Zivildienst ab. Errechnet man das Verhältnis zwischen Mitarbeitern und Mitarbeiterinnen ohne Zivildienstleistende, so arbeiteten in sozialen Diensten und Einrichtungen überwiegend Frauen (80 Prozent).

Im Jahre 1992 wurden in sozialen Diensten und Einrichtungen 484 MitarbeiterInnen eingestellt und 524 entlassen. Die erste Welle des Personalabbaus in diesem Bereich war demnach zum Zeitpunkt der Untersuchung abgeschlossen. Da jedoch nach 1992 bei den übertragenen Einrichtungen die Verpflichtung endete, den Personalbestand für ein Jahr zu übernehmen, und 1994 und 1995 auch im öffentlichen Bereich wieder stärker Stellen abgebaut wurden, sind weitere Entlassungen zu erwarten. Zum Zeitpunkt der Untersuchung betrug die Personalfluktuation ca. 10 Prozent. Bei dieser geringen Fluktuationsrate ist jedoch von einrichtungs- und trägerspezifischen Unterschieden auszugehen.

12.4.1 Beschäftigungsverhältnisse

Von den Mitarbeiterinnen und Mitarbeitern in sozialen Diensten und Einrichtungen waren 75 Prozent in unbefristeten Beschäftigungsverhältnissen angestellt und ca. 11 Prozent waren in Arbeitsbeschaffungsmaßnahmen tätig (vgl. Abbildung 28). Demnach finanzierten die freigemeinnützigen Träger im Durchschnitt nur einen kleinen Teil ihres Personals durch ABM-Mittel. Außerdem waren in den Einrichtungen PraktikantInnen sowie Personal über sonstige befristete Arbeitsverträge beschäftigt. In der Stichprobe wurden Beschäftigungsverhältnisse nach § 19 des BSHG nicht genannt. Mehr als 84 Prozent der Beschäftigten hatten eine Vollzeit- und 16 Prozent eine Teilzeitstelle. Diese niedrige Teilzeitquote läßt sich in allen neuen Länder feststellen: Während 1993 in den Altbundesländern fast 33 Prozent des Personals teilzeitbeschäftigt war, betrug dieser Anteil in den neuen Ländern nur 18,7 Prozent (vgl. Rauschenbach/Schilling 1995).[170]

---

170 Der Vergleich dieser Zahlen hinkt aus zwei Gründen: Erstens weisen Rauschenbach und Schilling (1995) darauf hin, daß die von ihnen präsentierten Zahlen aus erhebungstechnischen Gründen ungenau sind. Und zweitens fließen in diese Zahlen die Beschäftigten der Mitgliedsorganisationen des Paritätischen Wohlfahrtsverbandes ein, die in der Erhebung in den vier ostdeutschen Untersuchungsregionen nicht berücksichtigt wurden. Die genannten Zahlen sind daher als Indikatoren für eine Tendenz und nicht als absolute Werte anzusehen.

12. Soziale Dienste und Einrichtungen in den neuen Bundesländern

Abbildung 28: Art der Beschäftigungsverhältnisse in sozialen Diensten und Einrichtungen in den Untersuchungsregionen 1992

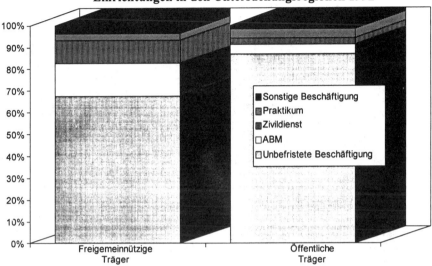

Quelle: Eigene Erhebung 1992.

Während 85 Prozent der ABM-Stellen in sozialen Diensten und Einrichtungen freigemeinnütziger Träger eingerichtet wurden, waren es bei öffentlichen Trägern nur 15 Prozent. Den höchsten Anteil an Beschäftigten in Arbeitsbeschaffungsmaßnahmen unter den freigemeinnützigen Trägern hatten die Arbeiterwohlfahrt (27 Prozent) und die Volkssolidarität (24 Prozent), die jeweils auch den niedrigsten Anteil an MitarbeiterInnen mit unbefristeten Arbeitsverträgen beschäftigten (AWO 55 Prozent und VS 57 Prozent) (vgl. Abbildung 29). Fast alle ArbeitnehmerInnen des Arbeiter-Samariter-Bundes, des Paritätischen Wohlfahrtsverbandes und des Diakonischen Werkes waren unbefristet eingestellt (zwischen 81 Prozent bei der Diakonie und 94 Prozent beim ASB). Der hohe Anteil an MitarbeiterInnen in ABM bei der Volkssolidarität läßt sich zum einen damit erklären, daß sie nur über diese Förderung das hauswirtschaftliche Personal - das in großer Zahl bei ihr angestellt war und für das es nach dem BSHG kaum noch Finanzierungsmöglichkeiten gibt - weiterbeschäftigen konnte. Zum anderen verfügte die Volkssolidarität in den Untersuchungsregionen über gute informelle Kontakte zu den Arbeitsämtern und bekam so zahlreiche ABM-Stellen zugesprochen.

Über 85 Prozent der Zivildienstleistenden sind bei freigemeinnützigen Trägern beschäftigt, 44 Prozent davon beim Deutschen Roten Kreuz; kein anderer Wohlfahrtsverband verfügte zur Untersuchungszeit über annähernd so viele Zivildienstleistende.

Abbildung 29: Art der Beschäftigungsverhältnisse in Einrichtungen und Diensten von Wohlfahrtsverbänden in den Untersuchungsregionen 1992

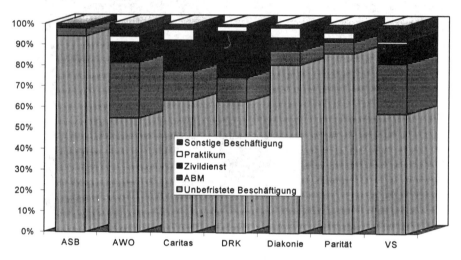

Quelle: Eigene Erhebung 1992.

12.4.2 Qualifikation

In den untersuchten sozialen Diensten und Einrichtungen waren überwiegend MitarbeiterInnen beschäftigt, die sich in medizinisch-pflegerischen und erzieherischen Berufen qualifiziert hatten (vgl. zu den Berufsqualifikationen im Sozialbereich der DDR auch Kapitel 3). Etwa ein Drittel des Personals verfügte über eine Qualifikation im medizinisch-pflegerischen Bereich, wobei über die Hälfte davon als Krankenschwestern und ÄrztInnen ausgebildet war (vgl. Abbildung 30). Bei mehr als 16 Prozent der MitarbeiterInnen wurde angegeben, daß sie keinen Berufsabschluß erworben hätten. Zu einer weiteren großen Berufsgruppe lassen sich 15 Prozent des Personals mit erzieherischen Berufsabschlüssen, d.h. ErzieherInnen, LehrerInnen und ehemaligen PionierleiterInnen zusammenfassen. Außerdem hatten fast 11 Prozent der genannten MitarbeiterInnen eine Ausbildung im technisch-handwerklichen Bereich oder als KraftfahrerIn erworben. Die restlichen MitarbeiterInnen hatten eine Berufsausbildung in Verwaltungs- und Bürotätigkeiten (5 Prozent), als Köche oder Küchenhilfen (4 Prozent) oder in sonstigen Bereichen (12 Prozent) abgeschlossen. Lediglich 3 Prozent der MitarbeiterInnen hatten eine

Qualifikation als SozialarbeiterIn oder SozialpädagogIn, und 2 Prozent waren seelsorgerisch oder therapeutisch qualifiziert.

Abbildung 30: Qualifikationen des Personals in sozialen Diensten und Einrichtungen in den Untersuchungsregionen 1992[171]

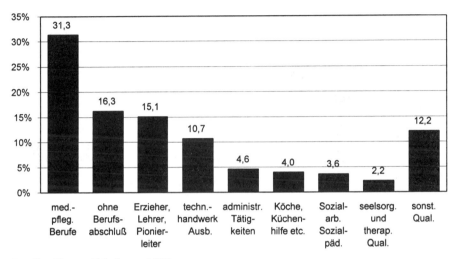

Quelle: Eigene Erhebung 1992.

Bei einem Vergleich der Personalqualifikationen in Einrichtungen und Diensten in öffentlicher und freigemeinnütziger Trägerschaft fällt auf, daß fast 40 Prozent des Personals in Einrichtungen freigemeinnütziger Träger medizinisch-pflegerisch qualifiziert war, während bei den Einrichtungen in öffentlicher Trägerschaft die ErzieherInnen mit 27 Prozent der Beschäftigten die größte Berufsgruppe darstellten. Dieser Unterschied ist in erster Linie auf die unterschiedlichen Aufgabenschwerpunkte der beiden Trägergruppen zurückzuführen: Die Kommunen waren hauptsächlich Träger von Jugendhilfeeinrichtungen, während Wohlfahrtsverbände schwerpunktmäßig in der Altenhilfe tätig waren (vgl. Abbildung 31).[172]

---

171 Med.-pfleg. Berufe = medizinische und pflegerische Berufe; techn.-handwerkl. Ausb. = technische und handwerkliche Ausbildungwen; administr. Tätigkeiten = Ausbildung für administrative Tätigkeiten; Sozialarb., Sozialpäd. = SozialarbeiterInnen, SozialpädagogInnen; seelsorg. und therap. Qual. = seelsorgerische und therapeutische Qualifikationen; sonst. Qual. = sonstige Qualifikationen.

172 Obwohl die Kindertagesstätten nicht untersucht wurden.

Abbildung 31: Qualifikationen des Personals in sozialen Diensten und Einrichtungen nach Trägerart in den Untersuchungsregionen 1992[173]

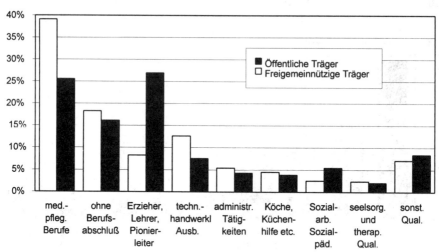

Quelle: Eigene Erhebung 1992.

Ein ähnlicher Unterschied läßt sich für den Anteil der Krankenschwestern am Personal zwischen den untersuchten freigemeinnützigen und öffentlichen Trägern feststellen: Bei den freigemeinnützigen Trägern arbeiteten insbesondere Krankenschwestern in den Alten- und Behindertenheimen sowie Sozialstationen (23,3 Prozent des Personals in Einrichtungen freigemeinnütziger Träger). Auch in den stationären Einrichtungen in öffentlicher Trägerschaft waren relativ viele Krankenschwestern beschäftigt. Ca. 40 Prozent des Personals in stationären Einrichtungen der Altenhilfe und 25 Prozent des Personals in Behindertenheimen waren als Krankenschwestern ausgebildet. Insbesondere am Beispiel der Altenheime lassen sich hier Nachwirkungen der stark medizinisch orientierten Betreuung in der DDR anhand der Personalqualifikationen aufzeigen: Während das Verhältnis von AltenpflegerInnen zu Krankenschwestern in den Altbundesländern 1987 ca. 1,32 : 1 betrug (tendenziell steigt der Anteil der AltenpflegerInnen, vgl. Brandt/Dennebaum/Rückert 1987), lag es in den Untersuchungsregionen 1992 bei 1 :2,66.

Bei öffentlichen Trägern waren geringfügig mehr SozialarbeiterInnen und Sozialpädagoginnen angestellt als bei freigemeinnützigen Trägern (5,2 zu 2,2 Prozent) (vgl. Abbildung 31). Die meisten Personen mit diesen Qualifikationen insbesondere in öffentlicher Trägerschaft dürften AbsolventInnen von Umschu-

---

173 Vgl. Fußnote 171.

lungs- und Fortbildungsmaßnahmen, z.B. für ErzieherInnen, gewesen sein, da es zum Zeitpunkt der Untersuchung noch keine Fachhochschul- und Hochschulabsolventlnnen in den Fächern Sozialarbeit und Sozialpädagogik gab. Eine Ausnahme bildeten die kirchlich ausgebildeten FürsorgerInnen, die nach einer kurzen Zusatzausbildung eine staatliche Anerkennung als SozialarbeiterInnen bzw. SozialpädagogInnen erhielten.

Es ist nicht genau feststellbar, wie hoch der Anteil der Personen mit fachfremden Qualifikationen, d.h. von Personen, die für die Tätigkeit, die sie ausüben, nicht qualifiziert sind, in den untersuchten Diensten und Einrichtungen war. Die oben geschilderten Überlegungen lassen jedoch die Vermutung zu, daß zwar in vielen Bereichen Nachqualifizierungen notwendig waren, von einer grundlegenden (formalen) Fehlqualifikation des Personals jedoch nicht gesprochen werden kann.

Insgesamt ergibt die Analyse der Personalqualifikationen, daß in Diensten und Einrichtungen in freigemeinnütziger und öffentlicher Trägerschaft die Bildungs- und Qualifikationsstrukturen der DDR noch nachwirkten. Personal mit Qualifikationen in den Bereichen Sonder- und Heilpädagogik, Sozialarbeit und Sozialpädagogik sowie Psychologie ist kaum vorhanden. Die entsprechenden Tätigkeiten wurden von Personal mit überwiegend medizinischen oder erzieherischen Qualifikationen ausgeübt. Diese Personalsituation hatte mindestens drei Konsequenzen: (1) bestand ein hoher Nachqualifizierungsbedarf insbesondere hinsichtlich pädagogischer und therapeutischer Qualifikationen für das Personal in sozialen Diensten und Einrichtungen, (2) waren die vorhandenen Stellen zunächst mit "altem" Personal besetzt und Nachwuchspersonal mit den entsprechenden sozialarbeiterischen, sozialpädagogischen oder psychologischen Qualifikationen konnte nur allmählich nachrücken, und (3) wirkten damit Vorstellungen von sozialer Arbeit der DDR länger und intensiver nach (vgl. Kapitel 3).

12.4.3 Ehrenamtliche MitarbeiterInnen

Die Anzahl der ehrenamtlichen MitarbeiterInnen, mithelfenden KlientInnen und Angehörigen, Ordensangehörigen und Vereinsmitglieder,[174] die in sozialen Einrichtungen und Diensten tätig waren, belief sich insgesamt auf 3.280 Personen. Von diesen Personen waren 91 Prozent ehrenamtliche MitarbeiterInnen und 88 Prozent Frauen. Das Verhältnis von ehrenamtlichen zu hauptamtlichen MitarbeiterInnen (ca. 4.000) betrug damit vier zu fünf. Ungefähr 62 Prozent der ehrenamtlich Tätigen engagierten sich bei freigemeinnützigen Trägern.

Mehr als ein Drittel (35,5 Prozent) der ehrenamtlichen MitarbeiterInnen, die bei freigemeinnützigen Trägern tätig waren, arbeiteten für die Diakonie und 31 Prozent

---

174 Im folgenden wird die Gruppe der nicht angestellten Personen als ehrenamtliche MitarbeiterInnen bezeichnet.

für die Volkssolidarität. Der Arbeiter-Samariter-Bund und die Lebenshilfe hatten fast keine ehrenamtlichen MitarbeiterInnen. Jeweils zwischen 5 und 10 Prozent der Ehrenamtlichen waren beim Paritätischen Wohlfahrtsverband, dem Deutschen Roten Kreuz, dem Caritasverband und der Arbeiterwohlfahrt tätig. Diakonie und Volkssolidarität waren damit die beiden einzigen Verbände, die in größerem Umfang Ehrenamtliche in die soziale Arbeit einbezogen. D.h. Träger, bei denen schon zu DDR-Zeiten ehrenamtliche MitarbeiterInnen tätig waren, konnten auch nach der deutschen Vereinigung auf ein ehrenamtliches Potential zurückgreifen, während es neu gegründeten Verbände kaum gelang, freiwilliges Engagement zu mobilisieren. Diese Zahlen geben jedoch keinen Hinweis darauf, in welcher Form ehrenamtliche MitarbeiterInnen in die Tätigkeiten von Wohlfahrtsverbänden einbezogen wurden und welches Verständnis von Ehrenamtlichkeit vorlag. So kann es sein, daß die Aufgaben von Ehrenamtlichen überwiegend darin gesehen wurden, "Hand-und-Spann-Dienste" für die Verbände und Einrichtungen zu erbringen; oder aber selbstorganisierte Initiativen von engagierten Personen wurden seitens der Verbände aufgenommen und gefördert. Zwischen diesen beiden Eckpunkten liegt eine ganze Bandbreite an möglichen Formen ehrenamtlichen Engagements.

12.5 Diskussion der Ergebnisse

Ende 1992 läßt sich für den Aufbau von Wohlfahrtsverbänden in den neuen Bundesländern eine erste Bilanz ziehen. Allen Spitzenverbänden der Freien Wohlfahrtspflege und einigen ihrer Mitgliedsorganisationen ist es im Untersuchungszeitraum gelungen, sich in den neuen Bundesländern als Träger sozialer Dienste und Einrichtungen zu etablieren. Während Wohlfahrtsverbände in den Altbundesländern jedoch 60 Prozent aller Dienste und Einrichtungen im Sozialbereich leiteten, waren es in den neuen Bundesländern maximal 30 Prozent. Dieser kleinere Anteil an der Leistungsproduktion ging insbesondere zu Lasten von Angeboten in der Kinder- und Jugendhilfe. Während in den Altbundesländern 34 Prozent der Einrichtungen in freigemeinnütziger Trägerschaft der Kinder- und Jugendhilfe zuzuordnen waren, sind es in den neuen Bundesländern nur 17 Prozent. Im Vergleich dazu stieg in den neuen Bundesländern die Bedeutung der Altenhilfe: 27 Prozent der Dienste und Einrichtungen waren diesem Aufgabenbereich zuzuordnen, gegenüber 16 Prozent in den alten Bundesländern (BAGFW 1994a).

In den Leistungsangeboten der einzelnen Wohlfahrtsverbände in den untersuchten Regionen ließen sich kaum programmatische Festlegungen erkennen. Während die Aufgabenschwerpunkte von Wohlfahrtsverbänden in den alten Bundesländern historisch gewachsen und zumeist sozialpolitisch, fachlich oder weltanschaulich begründet waren, war die Schwerpunktsetzung im Aufgabenbereich Altenhilfe in den neuen Bundesländern Ergebnis von Bestandssicherungsstrategien der Verbände im Zusammenspiel mit der öffentlichen Förder- und Übertragungspolitik (vgl. Kapitel 4). "Programmatische Zielsetzungen" wurden gegebenenfalls entworfen, um beispielsweise die Übernahme pflegesatzfinanzierter Einrichtungen zusätzlich zu legitimieren. So entwickelte die Volkssolidarität ihr Konzept einer geriatrischen Kette, um die Ausweitung ihres ambulanten Angebots auf Sozialstationen und stationäre Einrichtungen zu begründen.

In den untersuchten sozialen Diensten und Einrichtungen waren über 80 Prozent der Beschäftigten weiblich (Gesamtzahl der Beschäftigten ohne Zivildienstleistende) und 75 Prozent der Beschäftigten hatten unbefristete Arbeitsverträge. Zum Untersuchungszeitpunkt finanzierten die sozialen Dienste und Einrichtungen nur 11 Prozent ihres Personals über Arbeitsbeschaffungsmaßnahmen. Der weitaus größte Teil der Beschäftigten in ABM war bei freigemeinnützigen Trägern tätig (85 Prozent), und davon waren fast ein Drittel MitarbeiterInnen der Volkssolidarität.

Die fachspezifisch qualifizierten Mitarbeiterinnen der sozialen Dienste und Einrichtungen hatten überwiegend Ausbildungen im medizinischen (31 Prozent) oder im erzieherischen (15 Prozent) Bereich. Personal mit sozialpädagogischen oder psychologischen Qualifikationen, das zu DDR-Zeiten in geringer Anzahl nur von den Kirchen ausgebildet wurde, gab es kaum. Es bestand demnach ein großer Nachqualifizierungsbedarf für das überwiegend medizinisch oder erzieherisch qualifizierte Personal und ein Neueinstellungsbedarf an Personal mit sozialpädagogischen oder psychologischen Qualifikationen, der auch heute noch nicht vollständig gedeckt ist.

Aus der schriftlichen Befragung der Dienste und Einrichtungen wurde noch einmal der erhebliche Handlungsdruck deutlich, dem die Verbände in den ersten zwei Jahren nach der deutschen Vereinigung ausgesetzt waren. Um die Ressourcenzufuhr zu sichern, standen sie vor der Aufgabe, Dienste und Einrichtungen aus öffentlicher Trägerschaft zu übernehmen, entsprechende Verhandlungen mit den kommunalen Sozialverwaltungen und Kostenträgern zu führen, aufwendige Umstrukturierungen der Organisation und Sanierungen der Einrichtungen durchzuführen, das Personal zunächst über ABM zu finanzieren und anschließend in eine Regelfinanzierung zu übernehmen, die Qualifikationsdefizite sowohl des Verwaltungs- als auch des Fachpersonals nach und nach auszugleichen, um nur die wichtigsten Bereiche zu nennen.

Von den spezifischen Ausgangsbedingungen der Verbände war für die Aufbauphase insbesondere die unterschiedliche Verfügbarkeit über Ressourcen von Bedeutung. Dabei wird unter Ressourcen nicht nur Geld oder Personal verstanden, sondern auch Informationen, Beratung und politische Unterstützung. So konnte beispielsweise das Deutsche Rote Kreuz in den Untersuchungsregionen über alle diese Ressourcen großzügig verfügen, während den anderen Verbänden nur ein Teil dieser Ressourcen zur Verfügung stand.

13. Überholen ohne einzuholen? Die Entwicklung der freien Wohlfahrtspflege in Ostdeutschland

Die deutsche Vereinigung bedeutet nichts weniger, als daß in Ostdeutschland "über Nacht" ein neues Gesellschaftssystem eingeführt wurde. Infolge des Beitritts der DDR zur Bundesrepublik Deutschland wurde das westdeutsche Gesellschaftssystem nach Ostdeutschland ausgedehnt. Obwohl dieser Institutionentransfer maßgeblich durch exogene, d.h. westdeutsche Akteure gesteuert wurde, oblag die konkrete Ausgestaltung der jeweiligen Institutionen in weiten Teilen dem ostdeutschen Führungspersonal in Regierungen, Ministerien, Verwaltungen und Parteien. Damit stellt sich die Frage, welche Auswirkungen der Institutionentransfer und die dezentrale Institutionenbildung auf eine so traditionsreiche, moralisch anspruchsvolle, vielfältige und zugleich heterogene Institution wie die freie Wohlfahrtspflege haben. Etabliert sich infolge des Institutionentransfers ein *Duplikat der westdeutschen Wohlfahrtspflege* oder zeichnet sich im Prozeß der dezentralen Institutionenbildung ein *eigenständiger ostdeutscher Entwicklungspfad* ab? Im folgenden werden zunächst die wesentlichen Ergebnisse der Politik des Institutionentransfers zusammengefaßt, um dann - auf der Grundlage von Organisationsanalysen - die Entwicklung der Institution der freien Wohlfahrtspflege insgesamt zu diskutieren.

13.1 Institutionentransfer und öffentliche Förderpolitik

Der rasante Zerfall der DDR, die Delegitimierung ihrer alten politischen Elite und die Entscheidung der letzten *DDR-Regierung* zugunsten eines Beitritts zur Bundesrepublik Deutschland eröffneten westdeutschen Akteuren, allen voran der Bundesregierung, weitreichende Handlungsmöglichkeiten (vgl. Eisen/Wollmann 1996, Lehmbruch 1996b)[175]. Neben der Bundesregierung beteiligten sich die westdeutschen Spitzenverbände sowie die ostdeutschen Landesregierungen und Kommunalverwaltungen am Aufbau der freien Wohlfahrtspflege. Im folgenden werden die Strategien und Aktivitäten dieser Akteure beschrieben und im Hinblick auf ihre Auswirkungen auf die Konstituierung der Institution der freien Wohlfahrtspflege in den neuen Ländern diskutiert.

Mit dem Beitritt wurde zunächst die *Bundesregierung* zum wichtigsten Akteur. Sie stellte für den Aufbau des westdeutschen Institutionensystems in den neuen

---

[175] Dennoch kann in diesem Zusammenhang nicht von einer "Kolonialisierung der DDR" die Rede sein, da die vereinigungspolitischen Grundsatzentscheidungen unter Beteiligung der beiden letzten DDR-Regierungen und unter massivem öffentlichen Druck getroffen wurden.

Bundesländern massive Transferzahlungen und umfangreiche Förderprogramme bereit. Die in der Förderpolitik der Bundesregierung zum Ausdruck kommende technokratisch-instrumentelle Vorstellung von einem bruchlosen Institutionentransfer verkannte jedoch die dezentralen Gestaltungsspielräume solch wichtiger Institutionen, wie etwa Föderalismus, kommunale Selbstverwaltung und freie Wohlfahrtspflege, und ließ - durch ihre Begrenzung auf die Instrumente Geld und Recht - die sozialen und kulturellen Dimensionen von Institutionen weitgehend außer acht (vgl. Offe 1994, Wiesenthal 1995). Es war somit zu erwarten, daß die Politik des staatlichen Institutionentransfers nichtintendierte Effekte zur Folge hat, die erst im Prozeß der dezentralen Institutionenbildung sichtbar werden würden.

Im hier interessierenden Gegenstandsbereich der freien Wohlfahrtspflege war der Bundesregierung bereits nach wenigen Monaten der erhebliche Bedarf an personellen, fachlichen und organisatorischen Ressourcen für die sozial- und ordnungspolitisch gewünschte Gestaltung der sozialen Dienste und Einrichtungen in Ostdeutschland deutlich. Durch den Aufbau freier Träger sollte einerseits das Monopol ehemaliger Massenorganisationen beendet und andererseits eine plurale Trägerlandschaft im Sozialsektor der neuen Bundesländer gefördert werden. Um diese fach- und ordnungspolitischen Ziele verwirklichen zu können, wurden die *Spitzenverbände der Freien Wohlfahrtspflege* in staatliche Entscheidungsprozesse einbezogen. Die westdeutschen Spitzenverbände ihrerseits entwickelten bereits 1989 in der "Noch-DDR" (verbands-)politische Aktivitäten, um durch Beratungen, Ressourcen- und Personaltransfers sowie politische Einflußnahmen ihre Vorstellungen von einer freien Wohlfahrtspflege durchzusetzen. In diesem Wechselspiel zwischen Bundesregierung und Spitzenverbänden verfolgten beide Seiten das erklärte Ziel, die ordnungspolitische Maxime eines "Trägerpluralismus" - in einer auf die Spitzenverbände zentrierten Deutungsvariante - von West- nach Ostdeutschland zu übertragen.

Den Spitzenverbänden bot die deutsche Vereinigung die Möglichkeit, ihre sozialrechtlich privilegierte Stellung räumlich auf die neuen Bundesländer auszudehnen. Als ersten wichtigen Erfolg konnten sie dabei die Festschreibung des verbändezentrierten Subsidiaritätsprinzips im Einigungsvertrag verbuchen. Die führenden Verbandsvertreter erhofften sich unter Verweis auf die einschlägigen Subsidiaritätsregelungen im Bundessozialhilfegesetz und im Kinder- und Jugendhilfegesetz, daß damit der bedingte Vorrang zugunsten der Spitzenverbände bei der Trägerschaft von sozialen Einrichtungen und Diensten dauerhaft festgeschrieben sei.

Die so gestärkten Spitzenverbände konnten von ihrer subsidiaritätspolitischen Legitimation und satzungsgemäßen Definitionsmacht Gebrauch machen, um in Ostdeutschland das Entstehen einer "unliebsamen Konkurrenz" zu verhindern. Sie allein entscheiden bekanntlich aufgrund der Satzungsautonomie ihrer Bundesarbeitsgemeinschaft über die Verleihung des Titels "Spitzenverband der Freien

Wohlfahrtspflege" und konnten daher in Ostdeutschland - ebenso wie zuvor in den 80er Jahren in den Altbundesländern, als über den Aufbau eines siebten Spitzenverbandes diskutiert wurde - die Zulassung weiterer Spitzenverbände verhindern. Somit war das Bemühen der Volkssolidarität, Spitzenverband der Freien Wohlfahrtspflege werden zu wollen, von vornherein zum Scheitern verurteilt.[176] Der Volkssolidarität und den anderen ostdeutschen Sozialorganisationen, wie etwa dem Allgemeinen Behindertenverband und dem Arbeitslosenverband, blieb unter diesen Bedingungen nur die Möglichkeit, einem bereits bestehenden Spitzenverband, wie dem Paritätischen Wohlfahrtsverband, als einfache Mitgliedsorganisation beizutreten.

Diese Politik des staatlichen und verbandlichen Institutionentransfers sowie die Kooperationen zwischen Bundesregierung und Verbandsspitzen prägten in der ersten Hälfte der 90er Jahre nachhaltig den Aufbau der freien Wohlfahrtspflege in den neuen Bundesländern. Sie bildeten jedoch nur die Rahmenbedingungen, unter denen ostdeutsche Akteure den Prozeß der Institutionenbildung vor Ort gestalten konnten. Neben diesen beiden zusammenwirkenden Prozessen sind zwei weitere Faktoren beim Aufbau der freien Wohlfahrtspflege zu berücksichtigen: Zum einen handelte es sich bei der Konstituierung dieser Institution um einen mehrfach geschichteten Politikprozeß auf Bundes-, Landes- und Kommunalebene und zum anderen umfaßte diese Institution ein vielfältiges Organisationsspektrum, das von großen, überregional organisierten Verbänden bis hin zu selbstorganisierten Initiativen und Vereinen reicht.

Jenseits bzw. unterhalb der Bundesebene richtete sich der Blick auf die Förderpolitik der *Bundesländer*. Hier konnte in den beiden untersuchten ostdeutschen Ländern eine interessante ordnungspolitische Akzentsetzung festgestellt werden. Die jeweiligen Sozialministerien waren bestrebt, entsprechend der Förderpolitik des Bundes, ihre Kommunen zu einer raschen Übertragung öffentlicher sozialer Dienste und Einrichtungen auf Wohlfahrtsverbände zu bewegen; eine explizite Landesförderung zugunsten selbstorganisierter Initiativen und Vereine gab es in beiden untersuchten Ländern nicht. Im Bundesland Fürstenberg wurden zunächst deutliche Präferenzen zugunsten konfessioneller Wohlfahrtsverbände gesetzt, während in Lummerland alle Verbände gleichmäßig gefördert wurden. Das Sozialministerium in Fürstenberg unterstützte durch eine entsprechende Verfassungsregelung und Akzentsetzung in den Förderrichtlinien vorrangig die Diakonie und die Caritas. Darüber hinaus wurde versucht, beide Verbände verstärkt in sozialpolitische Entscheidungsprozesse einzubeziehen und bei der Vergabe öffent-

---

176 Die Volkssolidarität ist kein Spitzenverband der Freien Wohlfahrtspflege, sondern seit 1990 eine Mitgliedsorganisation des Paritätischen Wohlfahrtsverbandes. Sie wurde in die Untersuchung mit einbezogen, weil sie sich als einzige ehemalige DDR-Massenorganisation innerhalb der freien Wohlfahrtspflege durchsetzen konnte und sich als originärer Ostverband ohne westdeutsche Partnerorganisation für einen empirischen Organisationsvergleich besonders eignet.

licher sozialer Dienste und Einrichtungen zu bevorzugen. Angesichts der Fülle der an freie Träger zu vergebenden öffentlichen Aufgaben sowie der Selbstbeschränkung der Caritas und des "überlegten" Wachstums der Diakonie, stieß die ordnungspolitisch begründete Prioritätensetzung des Sozialministeriums in Fürstenberg rasch an Grenzen und die Förderpolitik wurde schrittweise für alle Spitzenverbände geöffnet.

Bei der konkreten Ausgestaltung der Trägerlandschaft und der Infrastruktur sozialer Dienste und Einrichtungen vor Ort haben die *Kommunalverwaltungen* aufgrund der ihnen in Artikel 28 des Grundgesetzes eingeräumten Selbstverwaltungsgarantie weitreichende Entscheidungsspielräume. Die untersuchten Landkreise und kreisfreien Städte machten bei der Förderung der freien Wohlfahrtspflege vom kommunalen Selbstverwaltungsrecht Gebrauch. So vertraten die Sozialverwaltungen in Salzstetten und im Landkreis Frankenstein die Position, daß die Übertragung öffentlicher Aufgaben auf Wohlfahrtsverbände absolute Priorität haben müßte. Diese Position wurde damit begründet, daß eine plurale Verbändelandschaft erstens die kommunalpolitischen Handlungsmöglichkeiten erweitern würde und zweitens bei der Leistungserbringung in nicht-öffentlicher Trägerschaft ein höheres Maß an Fachlichkeit zu erwarten sei. In Neu-Brühl und im Landkreis Bärenklau hingegen wurde die gegenteilige Auffassung vertreten, derzufolge öffentliche Sozialaufgaben in erster Linie von öffentlichen Trägern zu erbringen seien. Die Sozialverwaltungen besaßen die Vorstellung, daß die soziale Versorgung nur durch öffentliche Träger steuer- und planbar sei, da die auf Autonomie bedachten freigemeinnützigen Verbände sich einer politischen Steuerung durch die Sozialverwaltung entziehen würden. Aufgrund der sozialrechtlich eindeutigen Situation und der entsprechenden förderpolitischen Prioritätensetzung auf Bundes- und Landesebene kam es letztlich aber auch in diesen beiden zunächst "subsidiaritätsresistenten" Kommunen zu einer - wenn auch verzögerten - Übertragung öffentlicher Sozialaufgaben auf Wohlfahrtsverbände.

Die Förderpolitik von Bund, Ländern und Kommunen wirkte sich auf die Organisationen der freien Wohlfahrtspflege sehr unterschiedlich aus. So kamen Wohlfahrtsverbände in den Genuß öffentlicher Mittel, da sie öffentliche Aufgaben erbrachten und die effektive und effiziente Arbeitsweise ihrer Einrichtungen und Dienste zu gewährleisten hatten. Demgegenüber wurden selbstorganisierte Initiativen und Vereine in den Untersuchungsregionen nur in geringem Umfang mit öffentlichen Mitteln unterstützt. Sie erhielten zwar für die ihnen übertragenen öffentlichen Aufgaben entsprechende finanzielle Zuschüsse, aber im Unterschied zu den Spitzenverbänden keine institutionelle Förderung für ihre administrative und organisatorische Arbeit; einzige Ausnahme war die Stadt Neu-Brühl. In allen anderen Untersuchungsregionen wurden selbstorganisierte Initiativen und Vereine bei der öffentlichen Mittelvergabe zugunsten der freien Wohlfahrtspflege nur dann mitbedacht, wenn die Spitzenverbände diese Mittel nicht ausgeschöpft hatten.

Somit überrascht es nicht, daß für viele selbstorganisierte Initiativen und Vereine in Ostdeutschland Arbeitsbeschaffungsmaßnahmen (ABM) zur prekären Haupteinnahmequelle geworden sind. Die Folgen sind offensichtlich: Initiativen und Vereine wurden zu ABM-Trägern mit einer entsprechend hohen Personalfluktuation. Eine kontinuierliche und fachlich qualifizierte Arbeit konnte unter diesen Bedingungen allenfalls in Ausnahmefällen geleistet werden.

Festzuhalten bleibt, daß Bund, Länder und Kommunen durch ihre Förderpolitik nicht den Aufbau einer organisatorisch vielfältigen, sondern einer verbandlichen Wohlfahrtspflege gefördert haben. Die Institutionenpolitik der Bundesregierung bezog sich auf ein sachlich und funktional verengtes und als "bewährt" idealisiertes Verständnis von freier Wohlfahrtspflege: Die sechs Spitzenverbände sollten die Grundstrukturen der sozialen Versorgung in den neuen Ländern aufbauen. Dieses bundespolitische Verständnis wurde von den politischen Aktivitäten der Spitzenverbände unterstützt und überdeckte letztlich andersartige Prioritätensetzungen auf Landes- und Kommunalebene. So erfolgte - wenn auch mit einer gewissen Zeitverzögerung - selbst in den "subsidiaritätsresistenten" Untersuchungsregionen Neu-Brühl und Bärenklau die bundespolitisch gewünschte Übertragung öffentlicher Aufgaben auf die Spitzenverbände der Freien Wohlfahrtspflege. Die Strategie der Bundesregierung war dabei weniger Ausdruck einer fachlich, sondern eher einer kostenpolitisch und pragmatisch begründeten Politik: In einem politisch sensiblen und auf Funktionsfähigkeit angewiesenen Bereich sollten leistungsfähige Trägerstrukturen zur Sicherung einer sozialen Grundversorgung aufgebaut werden. Die Bundesregierung hoffte, daß durch die Politik des Institutionentransfers sowohl in als auch in den alten und neuen Bundesländern "alles beim alten" bleiben würde.

Für die Spitzenverbände eröffnete der Verbandsaufbau in Ostdeutschland weitreichende Expansionsmöglichkeiten in einer ansonsten schwierigen Umbruchsituation, die durch zunehmenden Wettbewerb mit privatgewerblichen Trägern, betriebswirtschaftliche Modernisierungsanforderungen und wachsende Finanzierungsengpässe öffentlicher Haushalte gekennzeichnet war.

Vor diesem Hintergrund dieser Akteurskonstellation und Interessenlagen stellt sich die Frage, zu welchen Ergebnissen der Prozeß der dezentralen Institutionenbildung in Ostdeutschland geführt hat. Der Aufbau der freien Wohlfahrtspflege erfolgte vor Ort in der Regel durch ostdeutsches Personal, das über in der DDR erworbene lebensgeschichtliche Kenntnisse und Erfahrungen verfügte und unter Bedingungen eines starken Handlungsdruckes Entscheidungen zu treffen hatte. Im folgenden wird der Prozeß der Institutionenbildung anhand der Entwicklung der verschiedenen Organisationen der freien Wohlfahrtspflege vergleichend dargestellt. Zunächst werden die organisationsspezifischen Ausgangsbedingungen verglichen (Abschnitt 13.2), um anschließend zu diskutieren, inwiefern die Organisationen der freien Wohlfahrtspflege ihre Funktionen als Vereine (Abschnitt 13.3), sozialpolitische Akteure (Abschnitt 13.4) und Leistungserbringer (Abschnitt 13.5) wahrnehmen.

13.2 Von Chancengleichheit kann keine Rede sein: Die Ausgangsbedingungen

Die politischen, sozialen und rechtlichen Gegebenheiten der DDR bestimmten die Ausgangssituation der freien Wohlfahrtspflege in Ostdeutschland: ein Assoziationsverbot, staatliche Massenorganisationen in allen Feldern sozialer Arbeit sowie die "Duldung" der Kirchen mit ihren kleinen Freiräumen prägten die soziale Versorgung in der DDR. Vor diesem Hintergrund lassen sich die Anfang der 90er Jahre in Ostdeutschland bestehenden Organisationen der freien Wohlfahrtspflege folgendermaßen systematisieren:

(1) aus DDR-Zeiten fortbestehende Organisationen, zu denen einerseits die konfessionellen Verbände Caritas und Diakonie sowie andererseits die ehemaligen Massenorganisationen Deutsches Rotes Kreuz (DRK) der DDR und Volkssolidarität (VS) zählen,

(2) neu entstandene Organisationen, insbesondere selbstorganisierte Initiativen und Vereine, die in der Regel auf lokaler Ebene agieren, sowie

(3) aus den Altbundesländern übertragene Organisationen, d.h. die Arbeiterwohlfahrt (AWO) und der Paritätische Wohlfahrtsverband.

Sowohl die konfessionellen Wohlfahrtsverbände Caritas und Diakonie als auch die ehemaligen Massenorganisationen DRK und VS existierten schon in der DDR und konnten so auf entsprechenden Organisationsstrukturen aufbauen. Die Ausgangssituation der *fortbestehenden konfessionellen Wohlfahrtsverbände* ist durch folgende Faktoren gekennzeichnet:

– Sie waren organisatorisch fest in die evangelische bzw. katholische Kirche eingegliedert,

– sie waren den besonderen - von den sozialen und politischen Gegebenheiten der DDR geprägten - christlichen Werten der jeweiligen Ostkirchen verbunden,

– ihnen war es gelungen, sich nie vollständig vom DDR-Staat vereinnahmen zu lassen, und

– sie waren schon in der DDR als fachlich qualifizierte Anbieter sozialer Leistungen tätig.

Im Vergleich mit der Diakonie war die Caritas in der DDR jedoch ein "kleiner" Träger, der sich weitgehend darauf beschränkte, Leistungen für die soziale und gesundheitliche Versorgung der - wenigen - Katholiken anzubieten. Da sich die katholische Kirche und die Caritas in der Diaspora und somit in einer machtlosen Position gegenüber dem DDR-Regime sahen, traten sie in der Öffentlichkeit äußerst selten und als politische Akteure allenfalls zurückhaltend in Erscheinung. Demgegenüber waren die Diakonie und die evangelische Kirche im traditionell protestantischen Ostdeutschland sozialpolitisch aktiv, und es gelang der Diakonie unter dem Dach der Kirche, den Bestand an sozialen Diensten und Einrichtungen sowie ihre fachliche Eigenständigkeit gegenüber dem Staat weitgehend zu sichern. Nach dem Zerfall der DDR genossen Diakonie und Caritas ein hohes Ansehen und eigneten sich aus Sicht der neuen politischen Elite besonders als Kooperationspartner.

Caritas und Diakonie standen nun vor der Aufgabe, sich zu organisatorisch eigenständigen, von den jeweiligen Kirchen unabhängigen Spitzenverbänden der Freien Wohlfahrtspflege zu entwickeln. Sie wurden dabei aufgrund ihrer politischen Integrität und fachlichen Kompetenz von politisch-administrativen Akteuren geradezu gedrängt, öffentliche Aufgaben zu übernehmen. Diese Erwartung konnten sie jedoch nicht umstandslos erfüllen, da ihnen (zunächst) die entsprechenden Organisationsstrukturen und Personalressourcen fehlten.

Auch das Deutsche Rote Kreuz (DRK) und die Volkssolidarität (VS) konnten - als *fortbestehende ehemalige Massenorganisationen* - in einigen Bereichen auf Kontinuität setzen. Beide Organisationen verfügten über personelle und materielle Ressourcen sowie Organisationserfahrungen und konnten auf eingespielte (informelle) Kontakte zu Mitarbeitern in örtlichen Sozial-, Arbeits- und Gesundheitsämtern zurückgreifen. Dem DRK gelang es relativ schnell, seinen Bestand zu sichern, da es die Aufgaben als nationale Hilfsorganisation weiterführen konnte, von der Bundesregierung bereits 1989 mit der Durchführung des ersten Soforthilfeprogramms betraut wurde sowie weitreichende "logistische" Unterstützung vom DRK aus den Altbundesländern erhielt. Als Bestandteil des DRK-Gesamtverbandes hatten die ostdeutschen Gliederungen einen "Legitimationsbonus", der ihnen eine Diskussion über ihre politische Vergangenheit ersparte. Die VS hingegen mußte sich zunächst ohne westdeutsche Unterstützung behaupten. Sie sah sich politischem und fachlichem Legitimationsdruck ausgesetzt, der erst nachließ, als sie Mitgliedsorganisation des Paritätischen Wohlfahrtsverbandes wurde. Aber auch für die Volkssolidarität war die organisatorische Kontinuität insofern von Vorteil, als sie sich bereits 1990 bei der Übertragung öffentlicher sozialer Dienste und Einrichtungen als leistungsfähiger und erfahrener Träger präsentieren und damit die "Gunst der ersten Stunde" verbandsstrategisch nutzen konnte.

Im Unterschied zu den fortbestehenden Organisationen der freien Wohlfahrtspflege konnten neugegründete und übertragene Organisationen, also *selbstorganisierte Initiativen und Vereine* sowie die Arbeiterwohlfahrt und der Paritätische Wohlfahrtsverband nicht oder nur in Ausnahmefällen auf bestehende Organisationsstrukturen und politische Netzwerke aufbauen. Die Ausgangsbedingungen von selbstorganisierten Initiativen und Vereinen wurden nachhaltig dadurch bestimmt, daß es in der DDR durch das staatliche Politik- und Organisationsmonopol sowie das repressive Vorgehen der Regierung gegenüber selbstorganisierten und oppositionellen Gruppen keine freie Assoziationsbildung gab. Trotz dieser äußerst schwierigen Bedingungen bildeten sich ab Mitte der 80er Jahre - inspiriert durch die neuen sozialen Bewegungen in Westdeutschland - im Schutz der evangelischen Kirche sozialethische Gruppen, die sich für Abrüstung, Umweltschutz und Menschenrechte engagierten, sowie staatsunabhängige Jugendgruppen, die alle im weitesten Sinne einer Opposition gegen das DDR-Regime zuzuordnen sind.

Mit dem Zerfall der DDR und dem Beginn der deutschen Vereinigung kam es vor allem in den untersuchten Großstädten zu einer regelrechten Gründungswelle von selbstorganisierten Initiativen und Vereinen im Umwelt-, Friedens-, Kultur- und Sozialbereich. Personen mit unterschiedlichen Erfahrungen und Interessen schlossen sich zu selbstorganisierten Initiativen und Vereinen zusammen. Hierbei handelte es sich *erstens* um Personen und deren Angehörige, die von bestimmten Lebenslagen oder Krankheiten betroffen waren, wie z.B. Behinderungen und chronische Erkrankungen, *zweitens* um Personen, die ausgehend von ihren beruflichen Erfahrungen mit dem alten und/oder neuen Sozial- und Gesundheitswesen fachliche Mißstände thematisierten, sowie *drittens* um "DDR-Aktivisten", d.h. Personen, die in Massenorganisationen oder Parteien der DDR engagiert waren und über entsprechende Organisationserfahrungen verfügten.

Diese unterschiedlichen biographischen Hintergründe ließen erwarten - und die Experteninterviews bestätigten dieses -, daß die InitiatorInnen von selbstorganisierten Initiativen und Vereinen sehr unterschiedliche Ziele und Interessen verfolgten: Einige von ihnen nahmen in ihrem konkreten sozialen Umfeld eine Versorgungslücke wahr und bemühten sich darum, diese zu schließen; andere verfolgten sozial- und fachpolitische Interessen, versuchten sich einen Arbeitsplatz zu verschaffen oder waren bestrebt, kulturelle und soziale Traditionen aus DDR-Zeiten zu erhalten.

Mit den politischen und rechtlichen Möglichkeiten zur Vereinsgründung, die seit 1989 in Ostdeutschland bestehen, waren aber keineswegs zugleich auch die organisatorischen Bedingungen für eine erfolgreiche Konsolidierung von selbstorganisierten Initiativen und Vereinen geschaffen. Die (potentiellen) Gründungsmitglieder freiwilliger Zusammenschlüsse mußten sich für eine erfolgreiche Vereinsarbeit die entsprechenden Kenntnisse und Fähigkeiten aneignen und bei Sozialverwaltungen, Kommunalpolitikern und Kostenträgern um finanzielle und politische Unterstützung werben.

Selbstorganisierten Initiativen und Vereinen gelang es in unterschiedlicher Art und Weise, sich zu etablieren. Während es in den neuen Bundesländern generell keine dauerhafte institutionelle Förderung für selbstorganisierte Initiativen und Vereins gab und der Paritätische Wohlfahrtsverband zunächst eigene Organisationsstrukturen aufbauen mußte, bevor er die Gründung (potentieller) Mitgliedsorganisationen unterstützen konnte, fanden insbesondere die sogenannten Betroffenenorganisationen, wie z.B. Behinderteninitiativen, Unterstützung bei ihren Partner- und Dachverbänden in den Altbundesländern. Vielen Initiativen fehlten so nicht nur die notwendigen finanziellen Ressourcen, sondern auch Beratungen in rechtlichen und organisatorischen Fragen. Während sich die Betroffenenorganisationen relativ rasch stabilisieren konnten, hatten insbesondere diejenigen Initiativen und Vereine, die sich nur lokal betätigten und/oder ein explizit sozialpolitisches Interesse vertraten, erhebliche Bestandsprobleme.

Auch die *aus den Altbundesländern übertragenen Wohlfahrtsverbände*, d.h. die Arbeiterwohlfahrt (AWO) und der Paritätische Wohlfahrtsverband, standen vor der Aufgabe, Organisations- und Leistungsstrukturen aufzubauen. Während sich die AWO bereits 1989 zumeist parallel auf Kommunal- und Bezirksebene gegründet hatte, konstituierte sich der Paritätische Wohlfahrtsverband erst ab Mitte 1990 auf Landesebene unter maßgeblichem Einfluß der Partnerverbände aus den Altbundesländern. Die AWO hatte nach der formalen Gründung zunächst große Schwierigkeiten, sich als Träger sozialer Arbeit zu etablieren. Die Ursachen hierfür sind vielschichtig: Dem Bundesverband der AWO fehlte es an ausreichenden personellen und finanziellen Ressourcen, um den Verbandsaufbau in Ostdeutschland nachhaltig zu unterstützen. Diese Schwierigkeiten konnte auch die Ende 1989 einsetzende Unterstützung westdeutscher Partnerlandesverbände und das eigens zu diesem Zweck eingerichtete AWO-Verbindungsbüro nicht kompensieren. Erst als sich die kommunalen Sozialverwaltungen weitgehend konsolidiert hatten und die AWO von den zumeist sozialdemokratischen Dezernenten und Amtsleitern gezielt durch die Übertragung öffentlicher sozialer Dienste und Einrichtungen gefördert wurde, änderte sich die Situation zugunsten der AWO.

Die Bundeszentrale des Paritätischen Wohlfahrtsverbandes zögerte zunächst mit dem Verbandsaufbau in den neuen Bundesländern und gab als Begründung an, daß man in Ostdeutschland nicht "kolonialisieren" wolle. Erst Mitte des Jahres 1990 änderte der Bundesverband seine Strategie. Zahlreiche überregionale Betroffenenverbände, die sich bereits in der DDR gegründet hatten, wie etwa die Deutsche Rheumaliga und die Deutsche Multiple-Sklerose-Gesellschaft, ließen sich nach Darstellung führender VerbandsvertreterInnen beim Paritätischen Wohlfahrtsverband beraten, äußerten ihr Interesse an einer Mitgliedschaft und forderten die politische Vertretung ihrer Interessen. Die Forderungen von (potentiellen) Mitgliedsorganisationen nahm der Paritätische Wohlfahrtsverband zum Anlaß, für ein verstärktes Engagement in den neuen Bundesländern, um dort nicht ins Hintertreffen gegenüber den anderen Spitzenverbänden zu geraten. Parallel dazu schlossen sich sowohl die erwähnten Betroffenenorganisationen als auch andere Verbände, wie z.B. der Arbeiter-Samariter-Bund und die Volkssolidarität, zu Landesverbänden des Paritätischen Wohlfahrtsverbandes zusammen. Da der Paritätische Wohlfahrtsverband die Volkssolidarität als korporatives Mitglied aufnahm, verbesserte er seine strategische Position innerhalb der freien Wohlfahrtspflege in Ostdeutschland schlagartig: Er war sofort flächendeckend in allen neuen Bundesländern präsent und konnte die Infrastruktur der Volkssolidarität nutzen.

Trotz aller Unterschiede in den organisatorischen Ausgangsbedingungen konnte insgesamt festgestellt werden, daß sich die Institution der freien Wohlfahrtspflege in Ostdeutschland zum Ende des Untersuchungszeitraums zumindest als "*Gehäuse*" etabliert hatte. Das heißt, sie verfügte über Organisationsstrukturen, Kooperationsbeziehungen und formale Regelungen; inwiefern sie jedoch auf ähnlichen normativen Leitbildern und einem entsprechenden Aufgabenverständnis aufbaut, wie in den Altbundesländern, bleibt offen. Betrachtet man die verschiedenen Organisationen der freien Wohlfahrtspflege eingehender, so ist festzustellen, daß fortbestehende Verbände ihren Bestand weitgehend sichern konnten oder sogar expandierten und daß neu gegründete Verbände ihren Aufbau abgeschlossen und sich zumindest in den Großstädten etabliert haben. Diese Entwicklung wurde insbesondere durch öffentliche Förderprogramme und die Unterstützung seitens westdeutscher Partnerorganisationen begünstigt. Demgegenüber erhielten selbstorganisierte Initiativen und Vereine in ihrer Aufbauphase nur punktuell staatliche und kommunale Mittel und befanden sich nach wie vor in einer Situation finanzieller, personeller und organisatorischer Unsicherheit. Eine geringe organisatorische Stabilität und eine hohe personelle Fluktuation waren die Folge.

Angesichts dieser sehr unterschiedlichen Ausgangsbedingungen der freien Träger der Wohlfahrtspflege in Ostdeutschland stellt sich die Frage, inwiefern diese Organisationen ihre intermediären Funktionen als lokale Assoziationen, sozialpolitische Akteure und Anbieter sozialer Leistungen im Verlauf des Konstituierungsprozesses erfüllen konnten.

13.3 "Völlig losgelöst": Die Vereinstätigkeit

Die Organisationen der freien Wohlfahrtspflege verkörpern, vermitteln und stabilisieren als Assoziationen in kleinen lokalen Zusammenhängen wesentliche Normen und Werte moderner demokratischer Gesellschaften. Sie eröffnen ihren Mitgliedern Möglichkeiten freiwilligen sozialen Engagements in selbstorganisierten und kooperativen Handlungsformen. Die Mitglieder dieser Organisationen üben sich dabei in der Selbstorganisation von Interessen, der Übernahme sozialer Verantwortung, der Akzeptanz gegenüber unterschiedlichen Einstellungen und Werthaltungen sowie in der Bewältigung von Konflikten. Die Organisationen der freien Wohlfahrtspflege leisten damit einen wesentlichen Beitrag zur sozialen Integration und politischen Selbststeuerung moderner Gesellschaften auf lokaler Ebene.

Als Vereine sind intermediäre Organisationen grundsätzlich in der Lage, freiwilliges soziales Engagement zu fördern und Spendenbereitschaft zu mobilisieren. Damit verfügen sie über Ressourcen, die als Eigenmittel in das Angebot sozialer Dienstleistungen einfließen und damit Handlungsspielräume unter den Bedingungen limitierter öffentlicher Mittel eröffnen. Dieses assoziative Potential hat sich in den einzelnen Organisationen der freien Wohlfahrtspflege in unterschiedlicher Art und Weise entwickelt.

Die *Arbeiterwohlfahrt (AWO)*, die in den Altbundesländern ein traditionsreicher Milieuverband ist, konnte in den neuen Ländern weder an verbandliche Traditionen noch an ein proletarisch-sozialdemokratisches Großgruppenmilieu anknüpfen. Allenfalls in kleinräumigen Milieus traditionsreicher Industriereviere und ehemaliger sozialdemokratischer Hochburgen vermuteten VerbandsvertreterInnen 1989 eine entsprechende Unterstützungs- und Engagementbereitschaft. Aber selbst derartige Hoffnungen verflogen bei näherer Betrachtung der örtlichen Gegebenheiten. Hinzu kam, daß selbst die interviewten örtlichen AWO-GeschäftsführerInnen ihrem Verband ausdrücklich keine assoziative Funktion zuschrieben und ihn dementsprechend auch nicht als Mitgliederorganisation verstanden.

Das *Deutsche Rote Kreuz (DRK)* und die *Volkssolidarität (VS)* hingegen konnten an ihre Tradition als DDR-Massenorganisationen anknüpften und verfügten beide nach wie vor über eine relativ große Anzahl von Mitgliedern und ehrenamtlichen Mitarbeitern. Dabei ist zu bedenken, daß in Massenorganisationen - im Unterschied zu demokratischen Vereinen - Mitglieder nicht über die politischen Ziele und Maßnahmen der Organisation entschieden. Für das DRK und die VS waren Mitglieder vielmehr ein bedeutsamer Legitimationsfaktor und eine wichtige personelle Ressource. Daher legte das DRK großen Wert darauf, ehrenamtliches Engagement zu organisieren und zu qualifizieren sowie Anreize für eine persönliche Mitgliedschaft zu entwickeln. Es knüpfte dabei zunächst an Traditionen aus der DDR an und versuchte, bestehende Organisationsstrukturen, etwa in Form von Hochschulgruppen, zu erhalten. Außerdem bemühte sich der Verband gezielt darum, jüngere Mitglieder zu werben, indem er Freizeitangebote für Jugendliche fortführte, die in der DDR insbesondere von der Freien Deutschen Jugend (FDJ) organisiert wurden. Diese Angebote sollten Identifikationsmöglichkeiten mit dem Verband schaffen. Auch die Volkssolidarität (VS) maß ihren aktiven und passiven Mitgliedern eine große verbandspolitische Bedeutung bei. Im Unterschied zum DRK waren die überwiegend älteren Mitglieder und Ehrenamtlichen der VS in ein kulturelles Vereinsleben mit ausgeprägter Gemeinschafts- und Solidaritätsrhetorik eingebunden, das sich jedoch weitgehend auf die Ortsgruppen beschränkte und damit vom Dienstleistungsbereich des Verbandes abgekoppelt war. Die "Gemeinschaft der Mitglieder" gründete auf kollektiv geteilten Erfahrungen aus 40 Jahren DDR-Geschichte und den damit verbundenen biographischen Identitäten. Das könnte bedeuten, daß mit dem "Aussterben" dieser Generation als Stammkunden der Volkssolidarität zukünftig die assoziative Funktion des Verbandes an Bedeutung verlieren wird.

Die *konfessionellen Wohlfahrtsverbände* haben aufgrund ihrer engen Beziehung zur jeweiligen Kirche und den Gemeinden ein grundlegend anderes assoziatives Selbstverständnis als die übrigen Wohlfahrtsverbände. Caritas und Diakonie haben keine persönlichen Mitglieder und können somit nur im Zusammenhang mit den jeweiligen Kirchengemeinden sowie den sozialen Diensten und Einrichtungen als Assoziationen verstanden werden. Die Caritas externalisierte diese Funktion vollständig, indem sie assoziative Elemente nicht als originäres Anliegen der Verbandsarbeit definierte, sondern den Kirchengemeinden und Pfarrcaritasgruppen zuschrieb, deren Mitglieder wiederum ehrenamtlich in der Verbandsarbeit mitwirkten. Ähnliches gilt für die Diakonie. Diese versuchte darüber hinaus aber in ihren eigenen Einrichtungen, Diensten und Projekten, "Gemeinschaft zu inszenieren" und normative Bindungen herzustellen, indem sie MitarbeiterInnen, Klienten und Angehörige von Klienten in die soziale Arbeit einbezog.

Obwohl von großer Bedeutung, ist die Anbindung an eine soziale Basis für Wohlfahrtsverbände nicht so "überlebenswichtig" wie für *selbstorganisierte Initiativen und Vereine*. Mitglieder und Ehrenamtliche stellen für diese Organisationen häufig die wichtigste Ressource dar. Identifikationsstiftend, und damit entscheidend für die Bindung der Mitglieder an eine Initiative, ist zumeist ein konstituierendes "Thema" oder "Motiv". Diese Themen variierten in den Untersuchungsregionen erheblich: Die größte Mitgliederbasis hatten selbstorganisierte Vereine und Initiativen, die auf geteilten Lebenserfahrungen gründeten. Initiativen mit einem ausgeprägten sozialpolitischen Anspruch blieben demgegenüber eher "Inseln" mit einem kleinen, sozial und weltanschaulich relativ homogenen Unterstützerkreis. Allerdings wirken möglicherweise gerade diese Initiativen "gemeinschafts- bzw. sinnstiftend", indem sie Wertorientierungen repräsentieren und sich letztlich zu tragenden Organisationen neuer Milieus und Szenen entwickeln können. Eine dritte Gruppe von selbstorganisierten Initiativen, die "Mitarbeitervereine", erbrachten insbesondere dann assoziative Leistungen, wenn sie nicht nur zu Erwerbszwecken, sondern auch mit dem Ziel gegründet wurden, personelle, organisatorische und ideelle Handlungszusammenhänge aus DDR-Zeiten zu bewahren und damit ein Stück DDR-Alltagskultur zu erhalten.

Insgesamt nahmen Wohlfahrtsverbände in Ostdeutschland kaum assoziative Funktionen wahr. In der Regel wurde eine Spezialisierung oder Externalisierung der assoziativen Funktion forciert: So wurden assoziative Strukturen nur in Aufgabenbereichen gefördert, in denen die Mitwirkung ehrenamtlicher Mitglieder als verbandspolitisch funktional angesehen wurde (DRK), der Verein wurde organisatorisch immer stärker von sozialen Einrichtungen und Diensten getrennt (VS) oder die assoziative Funktion wurde einer anderen Institution, etwa den Kirchengemeinden, zugeschrieben (Caritas).

Im Unterschied zu Verbänden ist für selbstorganisierte Initiativen und Vereine freiwilliges soziales Engagement und ein Kreis dauerhaft aktiver und hinreichend motivierter und kompetenter Mitglieder unerläßlich, um sich in selbstorganisierten Handlungszusammenhängen zu engagieren. Anhand der untersuchten Initiativen und Vereine zeigte sich aber, daß sowohl der Unterstützerkreis als auch der Kreis der aktiven Mitglieder relativ klein waren. Da selbstorganisierte Initiativen aus diesem Grund besonders auf öffentliche Förderung angewiesen waren, präsentierten sie sich in erster Linie als professionelle Leistungsanbieter, die ohne Mitgliederbasis soziale Dienste allein durch hauptamtliches Personal erbrachten oder erbringen wollten.

13.4 "Das Hemd ist näher als der Rock": Sozialpolitische Akteure

Die Organisationen der freien Wohlfahrtspflege sind - so die entsprechenden Befunde über die Situation aus den Altbundesländern - in unterschiedlicher Art und Weise als sozialpolitische Akteure auf Bundes-, Landes- und Kommunalebene in die Politikformulierung und Gesetzgebung einbezogen: Sie vertreten advokatorisch die Interessen sozial benachteiligter Bevölkerungsgruppen, wirken an der Umsetzung sozialpolitischer Programme mit und versuchen nicht zuletzt, eigene organisationspolitische Interessen durchzusetzen.

Vor allem die GeschäftsführerInnen *der Diakonie* traten in den neuen Bundesländern als sozialpolitische Akteure in Erscheinung: Sie versuchten, ihre ordnungspolitischen Präferenzen zugunsten einer freien Wohlfahrtspflege durchzusetzen, forcierten die Gründung und den Aufbau der örtlichen Arbeitsgemeinschaften und verhandelten als Repräsentanten der Freien Wohlfahrtspflege mit politisch-administrativen Akteuren. Die Diakonie verfügte in der DDR bereits als Einrichtungsträger über politisch-strategische Kompetenzen. Somit überrascht es auch nicht, daß VertreterInnen der evangelischen Kirche und der Diakonie seit 1989 als gewählte PolitikerInnen und als administratives Leitungspersonal Einfluß auf die Sozialpolitik in ostdeutschen Kommunen und Ländern nahmen und in der Öffentlichkeit zu sozialpolitischen Themen Stellung bezogen. Der Caritas fiel es im Unterschied zur Diakonie relativ schwer, politische Positionen einzunehmen. Sie verstand sich zwar als "Fürsprecherin für Arme und Bedürftige", vermochte es jedoch nicht, dieses Selbstverständnis auch politisch umzusetzen. Die politische Abstinenz der Caritas ist einerseits damit zu erklären, daß sie in den neuen Bundesländern nur ein kleiner Spitzenverband ist und sich selbst nicht in der Rolle eines sozialpolitischen Akteurs sieht. Andererseits wirkte ihr eher distanziertes Verhältnis gegenüber Staat und Politik aus DDR-Zeiten nach. Folglich wurden sozial- und fachpolitische Diskussionen von der Caritas allenfalls innerverbandlich geführt.

Im Gegensatz zu den konfessionellen Wohlfahrtsverbänden war sowohl bei der *Volkssolidarität (VS)* als auch beim *Deutschen Roten Kreuz (DRK)* zu erwarten, daß sie als ehemalige Massenorganisationen zumindest in den ersten Jahren der deutschen Vereinigung einem erheblichen politischen Druck ausgesetzt sein würden. Diese Erwartung erfüllte sich für die Volkssolidarität (VS) insofern, als von seiten der befragten Sozialdezernenten und einzelner VertreterInnen der

Spitzenverbände der Freien Wohlfahrtspflege die Zusammenarbeit mit der VS in den ersten Jahren auf ein Mindestmaß begrenzt wurde. Die Kreisorganisationen der VS waren daher bestrebt, sich als Fachverbände für Altenhilfe und als sozialpolitische Interessenvertreter zu profilieren. Mit dieser Selbstbehauptungsstrategie fanden sie die gewünschte öffentliche Aufmerksamkeit, forderten aber auch ihre politischen KritikerInnen heraus.

Das Deutsche Rote Kreuz (DRK) der DDR geriet Ende 1989 - wider Erwarten - nicht unter politischen Legitimationsdruck, sondern fand als Teil der internationalen "Rotkreuzbewegung" und des gleichnamigen bundesdeutschen Spitzenverbandes nicht zuletzt bei der Bundesregierung deutliche Unterstützung. Das DRK konnte seine verbandspolitischen Strategien erfolgreich umsetzen: Es gelang ihm, seine Domäne in den klassischen Aufgabenbereichen einer nationalen Hilfsorganisation zu sichern und gleichzeitig als Träger von sozialen Diensten und Einrichtungen zu expandieren. Dabei zeigte das DRK keinerlei sozialpolitische Ambitionen und konnte sich mit dieser "apolitischen" Verbandsstrategie - unter Verweis auf seinen Bekanntheitsgrad sowie personelle und organisatorische Ressourcen - gegenüber kommunalen Sozialverwaltungen als "vertrauter und leistungsfähiger Partner" für die Übernahme öffentlicher Aufgaben empfehlen.

Auch die beiden aus den Altbundesländern übertragenen Wohlfahrtsverbände, der *Paritätische Wohlfahrtsverband* und die *Arbeiterwohlfahrt (AWO)*, verfolgten in der Aufbauphase keine ausgeprägten sozial- und fachpolitischen Interessen, sondern waren in erster Linie bestrebt, eigene Dienste und Einrichtungen aufzubauen. Dabei gereichte ihnen ihre mangelnde politische Einbindung in der DDR sowohl zum Vorteil - sie galten als politisch unbelastet - als auch zum Nachteil, da ihnen die entsprechenden Kontakte und Erfahrungen fehlten. Der Paritätische Wohlfahrtsverband etablierte sich in erster Linie als Dachverband größerer Mitgliedsverbände, wie der Volkssolidarität, der Lebenshilfe und des Arbeiter-Samariter-Bundes, sowie als Träger eigener sozialer Einrichtungen und Dienste. Die AWO war bestrebt, nach dem Abbruch der Gespräche mit der VS im Jahre 1989, den Aufbau eigener Verbands- und Leistungsstrukturen in enger Kooperation mit Sozialverwaltungen zu bewerkstelligen. Auf lokaler Ebene konnte sie, nachdem sich die politischen und administrativen Strukturen konsolidiert hatten, ihre engen Kontakte zur SPD nutzen, die in allen Untersuchungsregionen die Sozialdezernenten stellte. Auf Landesebene hingegen gelang es ihr nicht, entsprechende Kooperationsbeziehungen zu den christdemokratisch geführten Sozialministerien aufzubauen.

Im Untersuchungszeitraum nahmen insbesondere die konfessionellen Verbände die Rolle eines politischen Akteurs wahr: So forcierten die westdeutschen VertreterInnen der Verbandszentrale der Caritas und die ostdeutschen Verbandsgliederungen der Diakonie nachhaltig den Aufbau der Spitzenverbände der Freien Wohlfahrtspflege in den neuen Bundesländern. Die Diakonie engagierte sich darüber hinaus von Anfang an auch in sozialpolitischen Anliegen. Auch die VS bemühte sich darum, advokatorisch Interessen zu vertreten, vorrangig aber diejenigen ihrer Mitglieder. Im Mittelpunkt des politischen Handelns der verbandlichen Träger in den neuen Bundesländern standen in der Aufbauphase jedoch Bestands- und Expansionsinteressen, hinter denen sozial- und fachpolitische Positionen weitgehend zurücktraten. Als Prototypen einer derartigen Entwicklung sind das Deutsche Rote Kreuz und auch die AWO zu nennen.

Im Unterschied zu Wohlfahrtsverbänden waren *selbstorganisierte Vereine und Initiativen* in den neuen Bundesländern in stärkerem Maße darauf angewiesen, sich als sozialpolitische Akteure zu profilieren. Um öffentliche Mittel einzuwerben, mußten sie politisch-administrative Akteure von der Relevanz und der Unterstützungswürdigkeit ihrer Anliegen überzeugen. Diejenigen selbstorganisierten Initiativen und Vereine, die im weitesten Sinne sozialpolitisch ausgerichtet waren, wurden entweder als advokatorische Interessenvertreter ihrer Klienten, als Vertreter der Interessen von "Betroffenen" oder als Protagonisten fachpolitischer Konzepte sowie Wert- und Normvorstellungen aktiv. Sie versuchten, die politisch-administrativen Akteure auf ein soziales Problem und den entsprechenden politischen Handlungsbedarf aufmerksam zu machen, um schließlich herauszustellen, daß ihre Organisation dieses Problem fachlich kompetent bearbeiten könne. Dabei konnten sie nicht wie Wohlfahrtsverbände auf das Markenzeichen "Spitzenverband der Freien Wohlfahrtspflege" verweisen, sondern standen vor der Aufgabe, erst einmal öffentlich auf ihr Anliegen hinzuweisen, um überhaupt ein entsprechendes Interesse hervorzurufen. Als ressourcenschwache Organisationen mußten sie in einem anspruchsvollen Bereich öffentlicher Aufgaben Lösungskompetenzen signalisieren, über die sie als neu gegründete Organisationen eigentlich noch nicht verfügen konnten. Politisches Vertrauen von seiten der Sozialverwaltungen und kollektiv geteilte Problemdeutungen des Personals in Initiativen und Verwaltungen konnten derartige Kompetenzlücken kurzfristig überbrücken. Initiativen und Vereine aus dem Kontext der Bürgerbewegungen hatten aufgrund personeller Verflechtungen mit Vertretern der neuen Elite relativ günstige Ausgangsbedingungen, während Vereine und Initiativen, die sich zum Ziel gesetzt hatten, sozialpolitische DDR-Traditionen fortzuführen ("Traditionsvereine") mit politischer Unterstützung aus dem Kontext der alten Elite und einer sachlich und zeitlich befristeten ABM- und Projektförderung rechnen konnten. Schließlich unterstützten die Kommunen auch diejenigen Vereine, die aus Erwerbsmotiven gegründet wurden ("Mitarbeitervereine"), da sie als geeignete Träger für Arbeitsbeschaffungsmaßnahmen in Frage kamen.

Ein kommunalpolitisches Engagement von selbstorganisierten Initiativen und Vereinen wurde häufig aber auch dadurch erschwert, daß sie im Gegensatz zu den Spitzenverbänden der Freien Wohlfahrtspflege in wichtigen kommunalpolitischen Gremien, wie dem Sozial- oder dem Kinder- und Jugendhilfeausschuß, nicht vertreten waren. Somit stand ihnen zur Durchsetzung ihrer Anliegen in der Regel nur die Möglichkeit zur Verfügung, Kontakte zu Akteuren aus Politik und Verwaltung zu knüpfen oder sich mit der vagen Hoffnung auf politischen Einfluß in die öffentliche Diskussion einzubringen.

Dabei waren diejenigen selbstorganisierten Initiativen erfolgreich, die erstens auf eine allgemein akzeptierte und bekannte Deutung sozialer Arbeit rekurrierten, zweitens sich als fachlich qualifiziert präsentierten und drittens über gute Kontakte zu politisch-administrativen Akteuren verfügten. Ähnlich wie bei Wohlfahrtsverbänden erwies sich die Zusammenarbeit mit kommunalen Sozialverwaltungen als "Erfolgsindikator". Selbstorganisierte Initiativen und Vereine erhielten dann öffentliche Unterstützung, wenn sie in der Lage waren, Kommunen bei der Aufgabenerbringung zu entlasten; demgegenüber wurden die assoziativen oder politischen Leistungen selbstorganisierter Initiativen und Vereine von Kommunalverwaltungen weder nachgefragt noch anerkannt.

Insgesamt betrachtet wurden sozial- und fachpolitische Argumente von der Mehrzahl der Organisationen nur vertreten, um ihre förderpolitische Rahmenbedingungen zu verbessern oder - wie bei selbstorganisierten Initiativen und Vereinen - um einen in Ostdeutschland neuartigen Typ von Organisation überhaupt erst in die öffentliche Diskussion einzuführen. Zugespitzt formuliert traten die Organisationen der freien Wohlfahrtspflege in erster Linie als *organisationspolitische Akteure "in eigener Angelegenheit"* in Erscheinung, um sich als öffentlich anerkannte Leistungsträger zu etablieren.

13.5 Die Organisationen der freien Wohlfahrtspflege als Träger der öffentlichen Grundversorgung

Die Organisationen der freien Wohlfahrtspflege bieten auf staatlich administrierten "Sozialmärkten" vor allem in Konkurrenz und Kooperation mit öffentlichen Trägern vielfältige soziale Leistungen an. Sie sind Träger von stationären, teilstationären und ambulanten Diensten und Einrichtungen in der Alten-, Jugend-, Behinderten- und Gesundheitshilfe sowie in der Hilfe in besonderen sozialen Situationen.[177]

In den untersuchten Regionen engagierten sich *selbstorganisierte Initiativen und Vereine* überwiegend in der Hilfe in besonderen sozialen Situationen (38 Prozent der Dienste und Einrichtungen), der Kinder- und Jugendhilfe (28 Prozent) sowie in der Behindertenhilfe (18 Prozent). Sie boten dabei insbesondere Beratungsdienste an (46 Prozent der Dienste und Einrichtungen) und nahmen Aufgaben

---

177 Hierbei handelt es sich um allgemeine Beratungsleistungen und um Hilfen für besondere soziale Gruppen, wie etwa Sozialhilfeempfänger, Alleinerziehende und Erwerbslose.

13. Die Entwicklung der freien Wohlfahrtspflege in Ostdeutschland

wahr, die zwar in der Regel nicht zu den gesetzlichen Pflichtaufgaben zählten, zumeist aber mit öffentlichen Mitteln finanziert wurden.

Ihr Engagement begründeten die InitiatorInnen zumeist mit "Versorgungslücken", die beispielsweise darin bestehen konnten, daß eine bestimmte Leistung nicht angeboten oder spezifische normative und fachliche Vorstellungen nicht berücksichtigt wurden. Somit konkurrierten selbstorganisierte Initiativen und Vereine als Leistungsanbieter in der Regel nicht mit Wohlfahrtsverbänden um Klienten, sondern erbrachten ein ergänzendes und ihrem Selbstverständnis zufolge innovatives Angebot. Sie traten jedoch dann in Konkurrenz mit Wohlfahrtsverbänden, wenn es um die Verteilung öffentlicher Mittel ging.

Die Mehrzahl der selbstorganisierten Initiativen und Vereine arbeitete mit professionellem Personal. Der hohe Stellenwert von Fachlichkeit und Professionalität war nicht zuletzt das Ergebnis von Förderkriterien, da Initiativen in der Regel nur dann öffentliche Mittel erhielten, wenn sie fachliche Mindeststandards erfüllen konnten. Aus der Perspektive der Arbeitsverwaltungen wurden Initiativen und Vereine als Träger von Arbeitsbeschaffungsmaßnahmen gefördert. Diese Förderung kam vor allem denjenigen VereinsgründerInnen entgegen, die sich zunächst einen Erwerbsarbeitsplatz schaffen wollten. Die Arbeitsbeschaffungsmaßnahmen gefährdeten jedoch gleichzeitig die Professionalisierungsbestrebungen in selbstorganisierten Initiativen und Vereinen: Drei Viertel des Personals - so die Ergebnisse der schriftlichen Befragung - war 1992 auf ABM-Basis beschäftigt und entsprechend hoch fiel die Personalfluktuation aus.

In Wohlfahrtsverbänden hingegen setzte eine Entwicklung zur Professionalisierung und Formalisierung sozialer Arbeit wesentlich früher ein, d.h. bereits mit der Übernahme öffentlicher Aufgaben unmittelbar nach der staatlichen Vereinigung. Die einzelnen Verbände hatten sehr unterschiedliche Vorstellungen von ihrer Rolle als Sozialleistungsorganisationen. Bei der *Caritas* kam es bereits Ende 1989 zu intensiven innerverbandlichen Diskussionen darüber, welche Leistungen in welchem Umfang erbracht werden sollten. Im Mittelpunkt stand dabei die Frage, ob die Caritas - so ostdeutsche VerbandsvertreterInnen - eine Kirchenorganisation bleiben oder sich - nach Meinung des Bundesvorstandes - als Spitzenverband der Freien Wohlfahrtspflege profilieren sollte, der flächendeckend in allen Bereichen sozialer Arbeit tätig ist. Neben dieser Ost-West-Kontroverse entstanden Konflikte zwischen örtlichen Caritasgliederungen und den übergeordneten, in die katholische Kirche fest eingebundenen Diözesanverbänden über die Frage der organisatorischen Eigenständigkeit und fachpolitischen Ausrichtung der örtlichen Verbandsgliederungen. Schließlich setzten sich diejenigen OrganisationsvertreterInnen durch, die der Diaspora-Situation der Caritas in Ostdeutschland Rechnung tragen und auf eine Expansion des verbandlichen Leistungsangebotes verzichten wollten. Folglich beschränkte sich die Caritas weitgehend darauf, spezifische Leistungen -

überwiegend Beratungsangebote - im Umfeld katholischer Gemeinden zu erbringen und vorhandene stationäre Einrichtungen weiterzuführen.

Während die Caritas den kleinen verbandlichen Trägern sozialer Dienste und Einrichtungen zuzuordnen ist, hat sich die *Diakonie* in Ostdeutschland - gemessen an der Zahl der Dienste und Einrichtungen - zum größten Wohlfahrtsverband neben dem DRK entwickelt. Die konfessionellen Verbände engagierten sich vorrangig in Bereichen, in denen sie eine besondere, weltanschaulich begründete Verantwortung sahen und in denen sie sich in der DDR öffentlich nicht betätigen durften, d.h. vor allem in der sozialen Beratung sowie in der Kinder- und Jugendhilfe. Beide konfessionellen Wohlfahrtsverbände legten besonderen Wert darauf, daß ihre Leistungsangebote fachlich qualifiziert waren und daß christliche Werte im Umgang mit den Klienten zum Ausdruck kamen. Während die Caritas es in erster Linie als eine Aufgabe der katholischen Kirche ansah, eine bestimmte soziale Versorgung zu gewährleisten, und daher möglichst viele Einrichtungen und Dienste in die Gemeinden verlagern wollte, betonten VertreterInnen der Diakonie immer wieder das "missionarische Anliegen" ihrer Arbeit im Umgang mit Klienten und MitarbeiterInnen und die organisatorische Eigenständigkeit ihrer großen Anstalten und Werke. Angesichts der grundlegend veränderten sozial- und förderrechtlichen Rahmenbedingungen nahm die Umgestaltung dieser großen Einrichtungen breiten Raum in der Verbandsentwicklung ein.

Grundlegend anders stellte sich die Situation für die *Volkssolidarität (VS)* dar. In der DDR war sie für die ambulante Altenhilfe zuständig. Mit diesen Diensten, die nach der deutschen Vereinigung auch andere Wohlfahrtsverbände anboten, konnte die VS jedoch ihren Bestand nicht mehr sichern. Sie stand damit vor der Aufgabe, Einrichtungen und Dienste zu übernehmen, die mit öffentlichen Mitteln kostendeckend finanziert wurden. Dazu boten sich - wegen der günstigen Finanzierungsmodalitäten - insbesondere Sozialstationen und Altenheime an. Die VS entwickelte seit 1989 ein Selbstverständnis als Altenhilfefachverband, der soziale Leistungen für ältere Menschen anbot und gleichzeitig bestrebt war, die von der VS positiv bewerteten "DDR-Traditionen", wie z.B. Geborgenheit, Nachbarschaftshilfe und Solidarität, zu pflegen. Im Mittelpunkt des verbandlichen Selbstverständnisses der VS stand die Vorstellung von einem "quantifizierbaren Versorgungspotential", das es ihr ermöglichen sollte, eine große Zahl von Klienten flächendeckend mit vertrauten und standardisierten Leistungen zu versorgen.

Die Landesverbände des *Paritätischen Wohlfahrtsverbandes* standen unter den Bedingungen eines vollständigen Neubeginns vor der Aufgabe, mangels personeller, finanzieller und materieller Ressourcen sowie einer - im Vergleich zu den Altbundesländern - geringen Anzahl selbstorganisierter Initiativen und Vereine, erfolgversprechende Verbandsstrategien zu entwickeln: Einerseits etablierten sich die Landesverbände des Paritätischen als Dachverbände großer, überregional tätiger Mitgliedsorganisationen und andererseits agierten sie - im Gegensatz zur Politik einiger westdeutscher Landesverbände - als Träger eigener sozialer Dienste und Einrichtungen. Als Leistungsträger plädierte der Paritätische Wohlfahrtsverband - trotz oder wegen des hohen Anteils von ABM-Kräften - für fachliche und professionelle Standards und förderte entsprechende Qualifizierungs- und Fortbildungsmaßnahmen.

Während im Leistungsverständnis der genannten Verbände das Bemühen um eine wertbezogene soziale Arbeit (Caritas und Diakonie) oder um den Erhalt der Organisation (VS) zum Ausdruck kamen, standen bei der *Arbeiterwohlfahrt (AWO)* und dem *Deutschen Roten Kreuz (DRK)* das Bestreben im Mittelpunkt ihre Verbände nach (betriebs-)wirtschaftlichen Organisationsprinzipien auf- bzw. auszubauen. Die Arbeiterwohlfahrt verstand sich als "Unternehmen" mit "schlanken" Organisationsstrukturen, das öffentliche Aufgaben mit qualifiziertem Personal und in Orientierung an professionellen fachlichen Standards erbringen wollte. Aufgrund dieses Selbstverständnisses und ihrer geringen finanziellen Ressourcen erbrachte die AWO in Ostdeutschland fast ausschließlich Leistungen, die vollständig öffentlich finanziert wurden. Infolgedessen lag der Aufgabenschwerpunkt der AWO in den neuen Bundesländern - wie bei der VS - im Bereich der "lukrativen" Altenhilfe. Das DRK verstand sich als professionell arbeitender Betrieb. Im Unterschied zur AWO betrieb es eine gezielte Domänepolitik, um Einrichtungen und Dienste zu übernehmen, die nicht nur finanziell abgesichert waren, sondern auch Gewinne erwirtschafteten. Das DRK entwickelte keine eigenen Vorstellungen von Professionalität und Fachlichkeit, sondern orientierte sich ausschließlich an den Vergabekriterien öffentlicher Förderprogramme. Es ist ihm gelungen, einen großen Teil der Aufgaben als nationale Hilfsorganisation zu sichern und sich darüber hinaus als Wohlfahrtsverband, insbesondere im Bereich von Sozialstationen, Essen auf Rädern und Altenheimen zu etablieren. In den neuen Ländern ist das DRK - gemeinsam mit der Diakonie - der größte verbandliche Leistungsträger.

Insgesamt betrachtet, verstand sich die freie Wohlfahrtspflege in den neuen Bundesländern in erster Linie als Träger öffentlicher Aufgaben. Dabei wies das Leistungsverständnis sowohl organisationsbezogene Unterschiede als auch deutliche Gemeinsamkeiten auf. Selbstorganisierte Initiativen und Vereine im Sozialsektor der neuen Bundesländer erbrachten zumeist zielgruppenspezifische Leistungen, die zwar nicht zum Kernbereich öffentlicher Aufgaben gehören, aber von öffentlichem Interesse sind. Ähnlich den Wohlfahrtsverbänden verzeichneten auch Initiativen und Vereinen eine Tendenz zur Professionalisierung und Fachlichkeit des Leistungsangebots sowie zur Formalisierung der Arbeitsorganisation, was durch die öffentliche Förderpolitik nachhaltig verstärkt wurde. Im Vergleich zu den etablierten Wohlfahrtsverbänden war es für selbstorganisierte Initiativen und Vereine jedoch besonders notwendig, sich fachpolitisch bemerkbar zu machen, soziale Akzeptanz zu finden und Mitglieder zu werben, um auf Dauer zu überleben.

Wohlfahrtsverbände verstehen sich aufgrund ihrer spezifischen Herkunftsgeschichte in bewußter Absetzung vom weltanschaulich neutralen Staat als sozialethisch geprägte Institutionen, die unabhängig von öffentlichen Aufgabenübertragungen eigenständige Ziele, Aufgabenverständnisse und Herangehensweisen an die soziale Arbeit kultivieren. Dieses "Proprium" der freien Wohlfahrtspflege wird insbesondere in der konfessionellen Wohlfahrtspflege deutlich, bei deren Wirken stets "soziale Hilfe" und " Verkündigung" Hand in Hand gehen. Im Gegensatz zu dieser Tradition stand in den neuen Bundesländern die Vorstellung von einer flächendeckenden, standardisierten und staatlich finanzierten Grundversorgung im Rahmen gesetzlich definierter Pflichtaufgaben im Mittelpunkt des verbandlichen Leistungsverständnisses, ohne daß in der Regel besondere Qualitätsvorstellungen genannt oder spezifische Klienteninteressen und -probleme berücksichtigt wurden. Dieses spezifische Leistungsverständnis war um so stärker ausgeprägt, je schwächer die Traditionen und kulturellen Selbstbindungen des jeweiligen Verbandes ausgebildet waren.

Die Konstituierung intermediärer Organisationen in den neuen Bundesländern erfolgte weitgehend ohne Anbindung an eine soziale Basis und statt dessen in enger Kooperation mit Staat und Kommunen. Über die Umsetzung "(betriebs-)wirtschaftlicher" Organisationsprinzipien versuchte das Führungspersonals angesichts geringerer milieuspezifischer Ressourcen und Potentiale eine gewisse organisatorische Autonomie und strategische Flexibilität gegenüber staatlichen Vorgaben zu gewinnen. In welchem Maße betriebswirtschaftliche Modernisierungskonzepte tatsächlich in den verbandlichen Einrichtungen und Diensten umgesetzt wurden oder lediglich als "organisationspolitische Mythen" gepflegt wurden, ist am Ende des Anfangs noch nicht absehbar.

13.6 Über glückliche Umstände, nachhaltige Erschwernisse und die Mühen der Ebene

Die empirischen Befunde zeigen, daß die Organisationen der freien Wohlfahrtspflege - also Wohlfahrtsverbände und selbstorganisierte Initiativen - im Transformationsprozeß der neuen Bundesländer sowohl deutliche Differenzen als auch Gemeinsamkeiten in ihren *Entwicklungschancen* und in ihrem *Selbstverständnis* aufwiesen.

Die Erfolgsaussichten der einzelnen Organisationen waren höchst unterschiedlich. Sie hingen zunächst einmal davon ab, inwiefern es ihnen gelang, funktionsfähige Organisationsstrukturen aufzubauen, um öffentliche Fördermittel abrufen und sich in Policy-Netzwerke einbringen zu können. Diejenigen, die auf bestehenden Organisationsstrukturen aufbauen konnten, hatten dabei einerseits den Vorteil, unmittelbar handlungsfähig zu sein, andererseits konnten sich die fortbestehenden Strukturen auch als Barrieren für notwendige organisatorische Veränderungen erweisen. Infolgedessen kann nicht per se von bestimmten Ausgangsbedingungen auf bessere oder schlechtere Entwicklungschancen einer Organisation geschlossen werden.

Ebenso bedeutsam für die Chance einer Organisation, den Herausforderungen des Umbruchs erfolgreich zu begegnen, war ihre "Anschlußfähigkeit" an das transferierte Institutionenmodell. Paßte eine Organisation in das Bild, das andere Akteure von der Institution hatten, und konnte sie diesen Eindruck überzeugend vermitteln, so erfolgte ihr Auf- und Umbau wesentlich reibungsloser, als wenn sie wie ein Fremdkörper in der freien Wohlfahrtspflege wirkte. So gelang es beispielsweise dem DRK, sich 1989/90 - trotz seiner Vergangenheit als staatliche Massenorganisation in der DDR - nahezu unangefochten in den "Club" der Spitzenverbände zu integrieren. Die institutionelle Anschlußfähigkeit war folgenreich: Sie verlieh diesen Organisationen das Privileg der politischen Anerkennung und öffentlichen Förderung. Somit wurde die Karriere der Spitzenverbände in Ostdeutschland durch das traditionsreiche und gesetzlich geschützte Markenzeichen "Spitzenverbände der Freien Wohlfahrtspflege" nachhaltig unterstützt, während der Bestand der in Ostdeutschland gegründeten Initiativen und Vereine lange Zeit gefährdet war und nach wie vor prekär ist.

Die Erfolgsaussichten der Organisationen der freien Wohlfahrtspflege waren in Ostdeutschland auch davon abhängig, inwiefern es ihnen gelang, sich in lokalen Policy-Netzwerken zu verankern. Nicht nur die Zugangschancen, sondern auch die Zugangswege unterschieden sich dabei zwischen den Organisationen erheblich. Die Spitzenverbände der Freien Wohlfahrtspflege konnten auch hier auf ihre "Markenqualität" und die damit verbundenen Traditionen, Vorstellungen, Erfahrungen und Kompetenzen verweisen, um Fördermittel einzuwerben und die Kooperationsbereitschaft von Sozialverwaltungen und politischen Akteuren positiv zu beeinflussen. Die ehemaligen Massenorganisationen sowie diejenigen Initiativen, die Gemeinschaftsformen aus der DDR bewahren wollten, konnten hingegen auf Kooperationsbeziehungen zu alten Eliten, insbesondere in der Arbeitsverwaltung, aber auch in Teilen der Sozialverwaltung zurückgreifen. Eine dritte Zugangsmöglichkeit zu Policy-Netzwerken bestand für die konfessionellen Verbände und die neu gegründeten Initiativen, die dem Kontext der Bürgerbewegungen entstammen, über Kooperationsbeziehungen zur neuen politischen Elite.

Schließlich wurde deutlich, daß assoziative, politische oder fachliche Aktivitäten die Organisationsentwicklung kaum beeinflußten. So war es für den Erfolg einer Organisation weder entscheidend, ob es ihr gelang, freiwilliges soziales Engagement und Spendenbereitschaft zu fördern, noch ob sie als DDR-Massenorganisation staatstragend oder - wie die konfessionellen Verbände - systemkritisch war. In fachlicher Hinsicht waren die Organisationen der freien Wohlfahrtspflege nur dann gefordert ein entsprechendes Profil zu entwickeln, wenn die Sozialverwaltungen bei der Vergabe öffentlicher Aufgaben diesbezügliche Kriterien zur Vergabebedingung erhoben.

Das Führungspersonal von Wohlfahrtsverbänden und selbstorganisierten Initiativen stellte mit seinen Erfahrungen und Kompetenzen eine der wichtigsten Ressourcen der freien Wohlfahrtspflege dar. Seine Vorstellungen von den Aufgaben und Funktionsweisen der jeweiligen Organisation, erwiesen sich als entscheidend für die Entwicklung und den Erfolg einer Organisation (vgl. Angerhausen et al. 1995).

Erstens: In "Traditionsvereinen" wie der Volkssolidarität oder denjenigen Initiativen, die sich als "DDR-Bewahrer" verstanden, agierten die OrganisationsvertreterInnen zum einen als "Nachlaßverwalter", die sich darum bemühten, die von ihnen als positiv bewerteten sozialpolitischen DDR-Traditionen, die z.B. in Solidaritätsvorstellungen und bestimmten Gemeinschaftsformen zum Ausdruck kommen, zu bewahren. Zum anderen waren sie angesichts der veränderten politischen Bedingungen bestrebt, sich politisch zu legitimieren, sei es indem sie sich - wie die VS - als fachlich kompetente Leistungsanbieter präsentierten oder - wie einige Initiativen - als selbstorganisierte Form der Arbeitsbeschaffung verstanden.

Zweitens: Die "wertbezogenen Organisationen" - wie etwa die konfessionellen Wohlfahrtsverbände oder selbstorganisierte Initiativen mit einem sozialpolitischen Anspruch - verfolgten nicht wie die "Traditionsvereine" das Ziel, alltagskulturelle Zusammenhänge und Werte aus DDR-Zeiten zu bewahren, sondern wollten weltanschaulich und fachpolitisch begründete Werthaltungen in die soziale Arbeit einbringen. Bei den konfessionellen Verbänden wurde dabei ein aus DDR-Zeiten fortwirkendes Verständnis von kirchlichem Handeln deutlich, das nicht in einem exklusiven Sinne kirchlich-religiös, sondern eher humanistisch-christlich geprägt war. Die fachlichen Konzepte von selbstorganisierten Initiativen dieses Typs spiegeln eine Vielzahl religiöser, fachlicher und politischer Wertbezüge wider. Die "wertbezogenen Organisationen" sahen sich - seitens der Sozialverwaltungen oder westdeutscher Partnerorganisationen - erhöhten Anforderungen hinsichtlich ihrer wirtschaftlichen Leistungsfähigkeit ausgesetzt, denen sie jedoch als "moralisch denkende Ost-Organisationen" eher mit Skepsis begegneten.

Drittens: Organisationen, wie etwa die Arbeiterwohlfahrt oder die sogenannten Mitarbeitervereine, wurden von ihren VertreterInnen als "Sozialunternehmen" beschrieben, die in erster Linie Leistungen anbieten. Dem "Unternehmen" wurden dabei unterschiedliche Ziele zugewiesen. Während sich die GeschäftsführerInnen der verbandlichen Träger insbesondere darum bemühten, die Effizienz der sozialen Arbeit und des Managements mittels moderner "betriebswirtschaftlicher" Methoden zu steigern, stellten die VertreterInnen der entsprechenden selbstorganisierten Initiativen besonders die Arbeitgeberrolle ihres "Unternehmens" in den Vordergrund. Diese "Sozialunternehmen" waren zumeist nicht nur formale Neugründungen, sondern konzipierten Aufgaben und Ziele ihrer Organisationen unabhängig von organisationsbezogenen, kulturellen oder sozialen Traditionen.

Trotz der unterschiedlichen Herkunftsmilieus, lebensgeschichtlichen Erfahrungen und (berufs-)biographischen Kompetenzen der maßgeblichen Akteure, die zu diesen Differenzen im Aufgabenverständnis beitrugen, ließen sich erstaunliche Gemeinsamkeiten in der Entwicklung der Organisationen der freien Wohlfahrtspflege beobachten: Während sie bislang als multifunktionale Organisationen galten, beschränkten sie sich in den neuen Bundesländern tendenziell auf die Funktion eines Trägers öffentlicher Aufgaben mit einem spezifischen Leistungsverständnis, in dessen Mittelpunkt die Vorstellung von einer flächendeckenden, standardisierten und staatlich finanzierten Grundversorgung steht. In diesem Leistungsverständnis spielten weder besondere Qualitätsvorstellungen, noch spezifische Klienteninteressen und -probleme eine maßgebliche Rolle. Bei der Entwicklung von Wohlfahrtsverbänden und Initiativen in den neuen Bundesländern zeigt sich ein Trend, der in unterschiedlicher Intensität zunehmend die gesamte freie Wohlfahrtspflege erfaßt hat: Dem Aufgabenverständnis ihrer VertreterInnen zufolge sind sie "*öffentliche Versorgungsbetriebe*", die sich auf den Bereich gesetzlicher Pflichtaufgaben beschränken und die mit öffentlichen Mitteln voll finanziert werden.

Bei der Frage nach den Entwicklungsperspektiven ihrer eigenen Organisation verwies die Mehrzahl der VerbandsvertreterInnen auf betriebliche Organisationsformen mit einer entscheidungsbefugten und mächtigen Geschäftsführung und einem als Aufsichtsrat agierenden Vorstand, während eine verschwindene Minderheit Vorstellungen von einem Vereinsmodell mit einer Mitgliederversammlung und einem ehrenamtlichen Vorstand äußerte. Einige GeschäftsführerInnen sahen es sogar als ihre wichtigste Aufgabe an, Verein und Betrieb organisatorisch zu trennen, um die Effizienz des eigenen Verbandes zu steigern. Aus dieser Perspektive stellt nur die Auslagerung von Einrichtungen und Diensten aus Vereinsstrukturen ("GmbH-isierung") sicher, daß sich verbandliche Einrichtungen und Dienste wie privatgewerbliche Betriebe organisieren lassen und damit auf dem Sozialmarkt erfolgreich behaupten können.

Folglich verschiebt sich durch Akzentsetzung das für intermediäre Organisationen konstitutive Verhältnis von Mitgliedschaftslogik und Einflußlogik in den neuen Bundesländern zugunsten der Einflußlogik: In ostdeutschen Wohlfahrtsverbänden konkurrieren persönliche und korporative Mitglieder nicht um die Durchsetzung ihrer Interessen, sondern verbandliche Akteure vertreten - mangels persönlicher Mitglieder - primär die Interessen ihrer Mitgliedsorganisationen. Nicht die Integration heterogener Mitgliedergruppen auf der Grundlage geteilter Werte und Organisationsziele, sondern die Vertretung der Interessen der Mitgliedsorganisationen gegenüber öffentlichen Kostenträgern steht im Mittelpunkt der Verbandspolitik. Die normativen Grundlagen freier Wohlfahrtspflege, die in Begriffen wie etwa "Ehrenamtlichkeit", "Gemeinwohl" und "Anwalt der Betroffenen" zum Ausdruck kommen, waren in Ostdeutschland zunächst einmal Leerformeln, da die VerbandsgeschäftsführerInnen bestrebt waren, moderne Dienstleistungsorganisationen und nicht "Weltanschauungsverbände" aufzubauen. Ähnliches gilt für selbstorganisierte Initiativen und Vereine. Um den Bestand der Organisation zu sichern, bemühten sie sich insbesondere um die Zuteilung öffentlicher Aufgaben und Fördermittel. Sie nahmen dafür in Kauf, daß sie den fach- und förderpolitischen Vorstellungen der Verwaltungen "Folge leisten mußten". Der Primat der Einflußlogik begünstigte diese Entwicklung der Organisationen der freien Wohlfahrtspflege als gemeinnützige bzw. steuerlich begünstigte Sozialbetriebe, die als Juniorpartner der öffentlichen Sozialverwaltungen öffentliche Aufgaben übernehmen.

Wie läßt sich nun dieses von den ostdeutschen Akteuren entwickelte Verständnis von freier Wohlfahrtspflege erklären? Da die GeschäftsführerInnen der Verbände und die WortführerInnen selbstorganisierter Initiativen mit ihren biographisch erworbenen Wissensbeständen und Erfahrungen sowie kulturellen Deutungsmustern die Institutionenbildung vor Ort (mit-)gestalteten, ist es zunächst einmal naheliegend, von einem Fortwirken soziokultureller und politischer Traditionen aus DDR-Zeiten auszugehen: So lehnten zahlreiche VertreterInnen der freien Wohlfahrtspflege beispielsweise eine politische Prägung sozialer Arbeit ab und zeigten ein geringes Interesse an Formen ehrenamtlichen sozialen Engagements in ihren Organisationen. Auch das Leistungsverständnis dieser Akteure wies deutliche Bezüge zu DDR-Erfahrungen mit einer staatlich garantierten, egalitären Grundversorgung auf. Doch schon das Prinzip der Kostenrechnung sowie betriebswirtschaftliche Managementmethoden müssen als eine neue, "vereinigungsbedingte" Anforderung an das ostdeutsche Führungspersonal begriffen werden. Damit ist ein weiteres Erklärungsmoment angesprochen: Das ostdeutschen Führungspersonal erwarb seine Wissensbestände nicht nur durch lebensgeschichtliche Erfahrungen in der DDR, sondern insbesondere auch im sozialen und politischen Prozeß der deutschen Vereinigung. So erlebten sie den gesellschaftlichen Umbruch nicht nur als ostdeutsche BürgerInnen, sondern auch als VertreterInnen von Wohlfahrtsverbänden und selbstorganisierten Initiativen. In dieser Funktion verhandelten sie mit politisch-administrativen Akteuren, kooperierten mit den VertreterInnen ihrer Landes- und Bundesorganisationen sowie westdeutschen Partnerverbänden und arbeiteten in sozialpolitischen Gremien mit. Diese Handlungsanforderungen mußten ostdeutsche Akteure unter Zeitdruck und Unsicherheit bewerkstelligen, und sich gleichzeitig die normativen und soziokulturellen Sinngehalte der Institution der freien Wohlfahrtspflege aneignen. Vor diesem Hintergrund ist es beispielsweise möglich, daß sich vermeintlich "sozialistische Hinterlassenschaften", wie etwa eine stark ausgeprägte Erwartungshaltung gegenüber dem Staat, erst nachträglich, d.h. nach dem Zerfall der DDR, konstituiert haben, oder aber nur dadurch überlebten, daß sie entweder an aktuelle politische Debatten und institutionelle Strukturprinzipien anschlußfähig waren, durch andere Akteure gestützt wurden oder der Wiederherstellung einer individuellen und kollektiven Identität dienten (vgl. Angerhausen/Pabst/Schiebel 1997, Olk 1996).

Die beschriebenen Vorstellungen und Erfahrungen fanden sich aber nicht nur bei VertreterInnen von Wohlfahrtsverbänden und selbstorganisierten Initiativen, sondern auch bei Akteuren aus Politik und Verwaltung. Sie konstituierten eine sich wechselseitig stabilisierende Deutungsgemeinschaft, in der Verwaltungen die Rolle des Kostenträgers und Organisationen der freien Wohlfahrtspflege die des im öffentlichen Auftrag handelnden Leistungserbringers zugewiesen wurde. Eine auf Arbeitsteilung basierende, konfliktlose, fach- und sozialpolitisch enthaltsame Partnerschaft wurde zum Leitbild dieser Beziehung. Ostdeutsche Akteure in Verbänden und Verwaltungen waren somit keineswegs schlichte Erfüller bzw. Vollzugsinstanzen eines konservativen westdeutschen Institutionentransfers, sondern sie beeinflußten den Prozeß der dezentralen Institutionenbildung aufgrund ihrer eigenen Präferenzen und Zielsetzungen. Von dieser Entwicklung waren aber nicht alle Organisationen der freien Wohlfahrtspflege gleichermaßen erfaßt: So sind konfessionelle Wohlfahrtsverbände, insbesondere die Caritas, in diesem Modernisierungsprozeß eher Nachzügler, während die in Ostdeutschland neuen Verbände, vor allem die Arbeiterwohlfahrt, aber auch ehemalige Massenorganisationen, wie das DRK, eine Vorreiterrolle einnehmen. Selbstorganisierte Initiativen und Vereine nehmen in dieser Entwicklung keine besondere Position ein, sondern lassen sich je nach konkreter Ausprägung ihres Aufgabenverständnisses an ganz unterschiedlichen Positionen dieses Spektrums verorten.

Der in Ostdeutschland beschrittene Weg der Institutionalisierung der freien Wohlfahrtspflege berührte deren traditionsreiches Selbstverständnis in mehrfacher Hinsicht. Die ostdeutschen Akteure orientierten sich unter Bedingungen von Handlungsdruck und Unsicherheit an vermeintlich sicheren formalen Vorgaben - seien es Gesetze, Förderrichtlinien oder auch (betriebs-)wirtschaftliche Modernisierungsmodelle. Die Formalisierung des Handelns, die Vorstellung von einem gemeinnützigen Sozialbetrieb im öffentlichen Auftrag sowie die Enthaltsamkeit in fachpolitischen Fragen waren in der entscheidenden Phase des Organisationsaufbaus prägend und engen den Möglichkeitsspielraum für zukünftige Entscheidungen ein. Gleichzeitig wurden die Vorstellungen aus der Anfangszeit für viele Geschäfts- und Wortführer zu unveränderlichen Sachzwängen und Routinen des Alltagsgeschäfts und damit zur Weichenstellung für zukünftige Entwicklungen. Im ostdeutschen Transformationsprozeß wurden wesentliche Merkmale der freien Wohlfahrtspflege, wie ethisch-weltanschauliche Grundorientierungen, persönliche Mitgliedschaft, ehrenamtliche Mitarbeit und fachpolitische Debatten, nicht wirksam. Statt dessen scheinen sich die unterschiedlichen Wohlfahrtsorganisationen und verbandlichen

Gliederungen in ihrem Bemühen, sich als "öffentliche Versorgungsbetriebe" zu entfalten, hinsichtlich ihres Aufgabenverständnisses und ihrer Verbandskultur immer mehr einander angeglichen zu haben.

Dieser Trend gewinnt vor dem Hintergrund westdeutscher Entwicklungen an Bedeutung. Denn fast gleichzeitig mit dem Aufbau der Spitzenverbände der Freien Wohlfahrtspflege und ihrer Mitgliedsorganisationen in Ostdeutschland wurden von seiten der Bundesregierung die einschlägigen subsidiaritätspolitischen Regelungen, insbesondere im Bundessozialhilfegesetz (BSHG) und im Kinder- und Jugendhilfegesetz (§ 77 KJHG) grundlegend verändert. Der Versuch, das "Subsidiaritätsprinzip" im Rahmen der BSHG-Reform durch die Veränderung des § 10 Abs. 2 des BSHG gleich mit abzuschaffen, scheiterte im Sommer 1995 am Protest der Spitzenverbände. Spätestens durch die Einführung von Wettbewerbselementen und betriebswirtschaftlichen Kriterien in BSHG und KJHG sowie durch den Verzicht auf Subsidiaritätsregelungen im Pflegeversicherungsgesetz steht die bislang unumstrittene prioritäre Stellung der Spitzenverbände im deutschen Sozialstaat endgültig zur Disposition (vgl. Backhaus-Maul/Olk 1994, 1998). Die Auswirkungen dieser sozialrechtlichen Änderungen im Sinne einer Einführung von Wettbewerbselementen und eines öffentlich regulierten Quasi-Marktes im Sozialbereich zeigen sich in den Altbundesländern aber erst allmählich, da etablierte verbandliche Strukturen und Traditionen sowie eingespielte korporatistische Verflechtungen in Kommunen und Ländern die Dynamik solch grundlegender Veränderungen noch überdecken.

Mittelfristig zeichnen sich daher trotz kontextueller Unterschiede konvergierende Entwicklungen in Ost- und Westdeutschland ab. Die ostdeutsche freie Wohlfahrtspflege hat dabei jedoch - mangels "restriktiver" institutioneller Strukturen und Traditionen, wie etwa Weltanschauung, ehrenamtliche Vorstände und Vereinsleben - die Chance, mit ihrem Sparmodell der "verschlankten" Organisation die traditionsreiche westdeutsche Institution der freien Wohlfahrtspflege gleichsam zu "überholen, ohne sie einzuholen".

Literaturverzeichnis

AfSR Akademie für Staats- und Rechtswissenschaften der DDR 1984 (Hrsg.): *Staatsrecht der DDR*, Berlin: Staatsverlag der DDR.

Alemann, Ulrich von 1987: *Organisierte Interessen in der Bundesrepublik*, Opladen: Westdeutscher Verlag.

Al-Masarweh, Astrid 1991: Abschied von der betriebszentrierten Sozialpolitik, *Zeitschrift für Sozialreform* 37: 714-723.

Angerhausen, Susanne; Backhaus-Maul, Holger; Schiebel, Martina 1994: In "guter Gemeinschaft"? Die sozial-kulturelle Verankerung intermediärer Organisationen im Sozialbereich der neuen Bundesländer, in: Christoph Sachße (Hrsg.), *Wohlfahrtsverbände im Wohlfahrtsstaat*, Universität-Gesamthochschule Kassel: Eigenverlag, 115-154.

Angerhausen, Susanne; Backhaus-Maul, Holger; Schiebel, Martina 1995: Zwischen neuen Herausforderungen und nachwirkenden Traditionen. Aufgaben- und Leistungsverständnis von Wohlfahrtsverbänden in den neuen Bundesländern, in: Thomas Rauschenbach, Christoph Sachße, Thomas Olk (Hrsg.), *Von der Wertgemeinschaft zum Dienstleistungsunternehmen. Jugend- und Wohlfahrtsverbände im Umbruch*, Frankfurt a.M.: Suhrkamp, 377-403.

Angerhausen, Susanne; Pabst, Stefan; Schiebel, Martina 1997: *Versorgungsbetriebe für soziale Sicherheit und Gleichheit. Wie sich ostdeutsche Geschäftsführer von Wohlfahrtsverbänden die freie Wohlfahrtspflege vorstellen*, Arbeitsheft 4/97 des Zentrums für Sozialpolitik, Bremen: Zentrum für Sozialpolitik der Universität Bremen.

Anheier, Helmut K.; Priller, Eckhard 1991: The Non-Profit Sector in East-Germany, *Voluntas* 2: 78-94.

Anheier, Helmut K.; Seibel, Wolfgang 1990: *The Third Sector. Comparative Studies of Nonprofit Organizations*, Berlin: de Gruyter.

Ausführungsbestimmungen zur Verordnung und Überführung von Volkskunstgruppen und volksbildenden Vereinen in die bestehenden Massenorganisationen, vom 12. Januar 1949, *Zentralverordnungsblatt* 1949: 68.

AWO Arbeiterwohlfahrt Bundesverband 1990 (Hrsg.): *Arbeitskonferenz in Bernau*, Protokoll, Bonn: Eigenverlag.

AWO Arbeiterwohlfahrt Bundesverband 1992 (Hrsg.): *Verbandsstatut der Arbeiterwohlfahrt. Satzung des AWO-Bundesverbandes*, Bonn: Eigenverlag.

Backhaus-Maul, Holger 1998: Kommunale Sozialpolitik. Sozialstaatliche Garantien und die Angelegenheiten der örtlichen Gemeinschaft, in Roland Roth, Hellmut Wollmann (Hrsg.), *Kommunalpolitik*, Opladen: Leske + Budrich, 737-750.

Backhaus-Maul, Holger; Olk, Thomas 1991: Intermediäre Organisationen und kommunale Sozialpolitik im deutschen Einigungsprozeß, *Zeitschrift für Sozialreform* 37: 676-700.

Backhaus-Maul, Holger; Olk, Thomas 1992: Intermediäre Organisationen als Gegenstand sozialwissenschaftlicher Forschung. Theoretische Überlegungen und erste empirische Befunde am Beispiel des Aufbaus von intermediären Organisationen in den neuen Bundesländern, in: Winfried Schmähl (Hrsg.), *Sozialpolitik im Prozeß der deutschen Vereinigung*, Schriften des Zentrums für Sozialpolitik, Bd.1, Frankfurt a.M.: Campus, 91-133.

Backhaus-Maul, Holger; Olk, Thomas 1993: Von der "staatssozialistischen" zur kommunalen Sozialpolitik, Gestaltungsspielräume und -probleme bei der Entwicklung der Sozial-, Alten- und Jugendhilfe in den neuen Bundesländern, *Archiv für Kommunalwissenschaften*, 2. Halbjahresband, 300-330.

Backhaus-Maul, Holger; Olk, Thomas 1994: Von Subsidiarität zu "outcontracting". Zum Wandel der Beziehungen zwischen Staat und Wohlfahrtsverbänden in der Sozialpolitik, in: Wolfgang Streeck (Hrsg.), *Staat und Verbände*, Sonderheft 25 der Politischen Vierteljahresschrift, Opladen: Westdeutscher Verlag, 99-134.

Backhaus-Maul, Holger; Olk, Thomas 1996: Vom Korporatismus zum Pluralismus? Aktuelle Tendenzen in den Staat-Verbände-Beziehungen am Beispiel des Sozialsektors, in: Lars Clausen (Hrsg.), *Gesellschaften im Umbruch, Verhandlungen des 27. Kongresses der Deutschen Gesellschaft für Soziologie*, Frankfurt a.M.: Campus, 580-594.

Backhaus-Maul, Holger; Olk, Thomas 1998: Verhandeln und kooperieren versus autoritative Politik. Regieren im Beziehungsgeflecht zwischen Staat und Drittem Sektor in der Sozialpolitik, in: Ulrich Hilpert, Everhard Holtmann (Hrsg.), *Regieren und intergouvernementale Beziehungen*, Opladen: Leske + Budrich, 127-146.

Backhaus-Maul, Holger; Prengel, Gudrun; Schwitzer, Klaus-Peter 1991: Ambulante soziale Dienste in den neuen Bundesländern. Soziale und institutionelle Aspekte des Transformationsprozesses am Beispiel der ambulanten sozialen Dienste für alte Menschen, *Blätter der Wohlfahrtspflege* 138: 245-248.

BAGFW Bundesarbeitsgemeinschaft der Freien Wohlfahrtspflege 1993a: *Partnerschaftliche Zusammenarbeit zwischen den Trägern der öffentlichen und freien Wohlfahrtspflege in Sachsen-Anhalt*, Bonn: Eigenverlag.

BAGFW Bundesarbeitsgemeinschaft der Freien Wohlfahrtspflege 1993b: *Spitzengespräch in Weimar über den Aufbau der Freien Wohlfahrtspflege*, Bonn: unv. Ms.

BAGFW Bundesarbeitsgemeinschaft der Freien Wohlfahrtspflege 1994a: *Gesamtstatistik der Einrichtungen der Freien Wohlfahrtspflege*, Bonn: Eigenverlag.

BAGFW Bundesarbeitsgemeinschaft der Freien Wohlfahrtspflege 1994b: *Situation geistig und mehrfach Behinderter in Ostdeutschland*, Bonn: unv. Ms.

Baldas, Eugen u.a. 1994: Verbandliche Caritas und Caritas-Mitgliedschaft in den neuen Bundesländern, *Caritas-Korrespondenz* 5: 3-10.

Bardehle, Doris 1990 (Hrsg.): *Übersichten zur Betreuungssituation älterer Bürger in der DDR*, Schriften des Deutschen Zentrums für Altersfragen, Beiträge zur Gerontologie und Altenarbeit, Bd. 79, Berlin: Deutsches Zentrum für Altersfragen.

Bartsch, Heinz 1990: Aufgaben und Struktur der örtlichen Verwaltung, in: Klaus König (Hrsg.), *Verwaltungsstrukturen der DDR*, Baden-Baden: Nomos, 109-134.

Bauer, Rudolph 1978: *Wohlfahrtsverbände in der Bundesrepublik*, Weinheim: Beltz.

Bauer, Rudolph 1984: *Die liebe Not: zur historischen Kontinuität der "freien Wohlfahrtspflege"*, Weinheim: Beltz.

Bauer, Rudolph; Dießenbacher, Hartmut 1984 (Hrsg.): *Organisierte Nächstenliebe. Wohlfahrtsverbände und Selbsthilfe in der Krise des Sozialstaats*, Opladen: Westdeutscher Verlag.

Becker, Thomas 1993a: Ost und West suchen Caritas-Leitbild, *Caritas* 94: 302-305.

Becker, Thomas 1993b: Ergebnisse und Forderungen der Caritas-Armutsuntersuchung, *Theorie und Praxis der sozialen Arbeit* 44: 55-62.

Benzler, Susanne 1995: Chancen der Zivilgesellschaft in den neuen Bundesländern, in: Susanne Benzler, Udo Bullmann, Dieter Eißel (Hrsg.), *Deutschland-Ost vor Ort. Anfänge der lokalen Politik in den neuen Bundesländern*, Opladen: Leske + Budrich, 13-48.

Berking, Helmuth; Neckel, Sighard 1991: Außenseiter als Politiker. Rekrutierung und Identitäten neuer lokaler Eliten in einer ostdeutschen Gemeinde, *Soziale Welt* 42: 283-299.

Bernet, Wolfgang 1991: Zur landes- und kommunalrechtlichen Entwicklung in der DDR, Recht in Ost und West, *Zeitschrift für Rechtsvergleichung und innerdeutsche Rechtsprobleme* 2: 33-41.

Beyer, Lothar; Grimmer, Klaus; Kneissler, Thomas; Ureln, Marc 1994: Verwaltungsorganisation und Institution, in: Gerhard Göhler (Hrsg.), *Die Eigenart der Institutionen: zum Profil politischer Institutionentheorie*, Baden-Baden: Nomos, 245-271.

Beywl, Wolfgang; Brombach, Hartmut 1984: Neue Selbstorganisationen. Zwischen kultureller Autonomie und politischer Vereinnahmung, *Aus Politik und Zeitgeschichte* 34: 15-29.

Blandow, Jürgen; Tangemann, Marion 1992: Von christlicher Liebestätigkeit zum Wohlfahrtsverband. Caritas und Diakonie der ehemaligen DDR in der Transformation: Beispiele aus Rostock, in: Rudolph Bauer (Hrsg.), *Sozialpolitik in deutscher und europäischer Sicht*, Weinheim: Deutscher Studien Verlag, 89-138.

Blattert, Barbara; Rink, Dieter; Rucht, Dieter 1995: Von den Oppositionsgruppen der DDR zu den neuen sozialen Bewegungen in Ostdeutschland?, *Politische Vierteljahresschrift* 36: 397-422.

Bloesy, Stephan; Kreft, Dieter 1987: *Sie fördern uns - sie fördern uns nicht ... Erfahrungen und Probleme alternativer Projekte mit der Verwaltung. Eine empirische Kurzstudie zur Ermittlung der Sichtweise selbstorganisierter Projekte/Initiativen*, Berlin: spi.

BMFSFJ Bundesministerium für Familie, Senioren, Frauen und Jugend 1994 (Hrsg.): *Neunter Jugendbericht. Bericht über die Entwicklung der Jugendhilfe in den neuen Bundesländern*, Bonn: Eigenverlag.

BMFSFJ Bundesministerium für Familien und Senioren, Frauen und Jugend 1991-1995 (Hrsg.): *Einrichtungen nach §1 Heimgesetz*. Unveröffentlichte Statistik. Ausgaben 1991 bis 1995, Bonn: Eigenverlag.

BMFuS Bundesministerium für Familie und Senioren 1991: *Fördermöglichkeiten zur Verbesserung der Situation älterer und behinderter Menschen in den neuen Bundesländern*, Bonn: Eigenverlag.

BMiB Bundesministerium für innerdeutsche Beziehungen 1985 (Hrsg.): *DDR-Handbuch*, Bd. 1 u. 2, Köln: Verlag Wissenschaft und Politik.

Bock, Teresa 1992: *Qualifikationsprofil und Ausbildungsstruktur für Sozialarbeiter in den neuen Bundesländern*, Statement beim Symposium: Kommunale Gesellschaftspolitik im geeinten Deutschland der Werner-Reimers-Stiftung, Bad Homburg v.d.H., 29. bis 31. Januar 1992, unv. Ms.

Boll, Fritz; Olk, Thomas 1987 (Hrsg.): *Selbsthilfe und Wohlfahrtsverbände*, Freiburg i.Br.: Lambertus.

Brand, Karl W.; Büsser, Detlef; Rucht, Dieter 1983: *Aufbruch in eine andere Gesellschaft. Neue soziale Bewegungen in der Bundesrepublik*, Frankfurt a.M.: Campus.

Brandt, Hans; Dennebaum, Eva-Maria; Rückert, Willi 1987 (Hrsg.): *Stationäre Altenhilfe. Problemfelder - Rahmenbedingungen - Perspektiven*, Freiburg i.Br.: Lambertus.

Braun, Günter 1990: Volkssolidarität, in: Martin Broszat; Hermann Weber (Hrsg.), *SBZ-Handbuch. Staatliche Verwaltungen, Parteien, gesellschaftliche Organisationen und ihre Führungskräfte in der Sowjetischen Besatzungszone Deutschlands 1945-1949*, München: Olzog, 793-801.

Brückers, Rainer 1994: Helfen und/oder gestalten?, *Theorie und Praxis der sozialen Arbeit* 45: 122-125.

Campenhausen, Axel von 1982: Staat, Kirche, Diakonie, in: Axel von Campenhausen, Hans-Jürgen Erhardt (Hrsg.), *Kirche, Staat, Diakonie. Zur Rechtsprechung des Bundesverfassungsgerichts im diakonischen Bereich*, Hannover: Verlag des Amtsblattes der Evangelischen Kirche in Deutschland, 10-54.

Caritas-Korrespondenz 1993: *Informationsblätter für die Caritaspraxis 1*, Sonderdruck, Freiburg i.Br.: Lambertus.

Cawson, Allen 1985: *Organized Interest and the State: Studies in Meso-Coporatism*. London: Sage.

Conen, Marie-Luise 1986: Verständigungsprobleme zwischen Jugendämtern und alternativen Jugendprojekten und -initiativen, *Theorie und Praxis der sozialen Arbeit* 1: 16-22.

Damm, Diethelm 1993: *Jugendarbeit in selbstorganisierten Initiativen: Praxiserfahrungen und Konzeptentwicklungen*, München: Juventa.

DCV Deutscher Caritasverband 1992 (Hrsg.): *Caritas im geeinten Deutschland*, Freiburg i.Br.: Lambertus.

Dehler, Bernd 1993: Sachsen, in: Arbeiterwohlfahrt Bundesverband (Hrsg.), *Aufbau der Arbeiterwohlfahrt in den neuen Bundesländern*, Bonn: Arbeiterwohlfahrt Bundesverband, 30-32.

Deiniger, Dieter 1993: Einrichtungen der Jugendhilfe in den neuen Ländern und Berlin-Ost 1991, *Wirtschaft und Statistik* 1993: 292-300.

Diakonisches Werk; Stadtmission Dresden (o.J.): *Grundlagen, Ziele, Aufgaben, Strukturen, Arbeitsbereiche*, Dresden: Eigenverlag.

DiMaggio, Paul J.; Powell, Walter W. 1983: The Iron Cage Revisited: Institutional Isomorphism and Collective Rationality in Organization Fields, *American Sociological Review* 48: 147-160.

DiMaggio, Paul J.; Powell, Walter W. 1991 (Hrsg.): *The New Institutionalism in Organization Analysis*, Chicago: The University of Chicago Press.

Dörrie, Klaus 1992: Selbsthilfe-Initiativen im Paritätischen - ihre Ausprägung in Entwicklungsphasen, in: Teresa Bock (Hrsg.), *Sozialpolitik und Wissenschaft. Positionen zur Theorie und Praxis der sozialen Hilfen*, Schriftenreihe des Deutschen Vereines für öffentliche und private Fürsorge 269, Frankfurt a.M.: Deutscher Verein, 54-63.

Dörrie, Klaus; Schneider, Ulrich; Wißkirchen, Martin 1991: Helfen ohne zu kolonialisieren. Zur Rolle des Paritätischen Wohlfahrtsverbandes im deutsch-deutschen Einigungsprozeß, *Blätter der Wohlfahrtspflege* 138: 231-234.

DPWV Deutscher Paritätischer Wohlfahrtsverband 1990 (Hrsg.): *Grundsätze der Verbandspolitik*, Frankfurt a.M.: Eigenverlag.

DPWV Deutscher Paritätischer Wohlfahrtsverband 1991 (Hrsg.): *Satzung des Deutschen Paritätischen Wohlfahrtsverbandes - Gesamtverband e.V.*, Frankfurt a.M.: Eigenverlag.

DPWV Deutscher Paritätischer Wohlfahrtsverband 1993 (Hrsg.): *Informationsschrift des Paritätischen Wohlfahrtsverbandes*, Frankfurt a.M.: Eigenverlag.

DRK Deutsches Rotes Kreuz 1991 (Hrsg): *Rotes Kreuz*. Mitgliederzeitschrift des Deutschen Roten Kreuzes, Ausgabe 1, 1991.

DRK Deutsches Rotes Kreuz 1992 (Hrsg): *Rotes Kreuz*. Mitgliederzeitschrift des Deutschen Roten Kreuzes, Ausgabe 5, 1992.

DV Deutscher Verein für öffentliche und private Fürsorge 1992 (Hrsg.): *Die Zusammenarbeit öffentlicher und freier Träger der sozialen Arbeit in den neuen Bundesländern*, Frankfurt a.M.: Eigenverlag.

DW Diakonisches Werk der Evangelischen Kirche in Deutschland (EKD) 1991 (Hrsg.): *Einrichtungsstatistik 1991*, Stuttgart: Eigenverlag.

DW Diakonisches Werk der Evangelischen Kirche in Deutschland (EKD) 1994 (Hrsg.): *Die Entwicklung der Diakonie von 1970 bis 1990 in Zahlen*, Stuttgart: Eigenverlag.

Effinger, Herbert 1993: Von der politischen zur professionellen Identität. Professionalisierung personenbezogener Dienstleistungen in Kooperativen des Intermediären Sektors als biographisch gesteuerter Prozeß, *Journal für Sozialforschung* 33: 31-48.

Eichener, Volker; Kleinfeld, Ralf; Pollack, Detlef; Schmid, Josef; Schubert, Klaus; Voelzkow, Helmut 1992 (Hrsg.): *Organisierte Interessen in Ostdeutschland*, 2 Bde., Marburg: Metropolis.

Eifert, Christiane 1993: *Frauenpolitik und Wohlfahrtspflege. Zur Geschichte der sozialdemokratischen Arbeiterwohlfahrt*, Frankfurt a.M.: Campus.

Eisen, Andreas 1996: Institutionenbildung und institutioneller Wandel im Transformationsprozeß. Theoretische Notwendigkeiten und methodologische Konsequenzen einer Verknüpfung struktureller und kultureller Aspekte des institutionellen Wandels, in: Andreas Eisen, Hellmut Wollmann (Hrsg.), *Institutionenbildung in Ostdeutschland. Zwischen externer Steuerung und Eigendynamik*, Opladen: Leske + Budrich, 33-62.

Eisen, Andreas; Wollmann, Hellmut 1996 (Hrsg.): *Institutionenbildung in Ostdeutschland. Zwischen externer Steuerung und Eigendynamik*, Opladen: Leske + Budrich.

Etzioni, Amitai 1965: *Modern Organizations*, Englewood Cliffs, N.J.: Prentice Hall.

Evers, Adalbert 1990: Im intermediären Bereich. Soziale Träger und Projekte zwischen Haushalt, Staat und Markt, *Journal für Sozialforschung* 30: 189-210.

Fichtner, Otto 1991: Neues Beginnen - Neues Gelingen, in: Arbeiterwohlfahrt Bundesverband (Hrsg.), *Der Zusammenschluß. Bundestreffen am 10. November 1990 in Berlin*, Bonn: Arbeiterwohlfahrt Bundesverband, 9-13.

Findeis, Hagen; Pollack, Detlef; Schilling, Manuel 1994: *Die Entzauberung des Politischen. Was ist aus den politisch alternativen Gruppen der DDR geworden? Interviews mit ehemals führenden Vertretern*, Berlin: Evangelische Verlagsanstalt.

Fischer, Wolfram 1982: *Time and Chronic Illness. A Study on Social Constitution of Temporality*, Berkeley: University Press.

Flierl, Hans 1992: *Freie und öffentliche Wohlfahrtspflege. Aufbau, Finanzierung, Geschichte, Verbände*, München: Jehle.

Friedrich-Ebert-Stiftung 1987 (Hrsg.): *Organisationen und Verbände in der DDR. Ihre Rolle und Funktion in der Gesellschaft*, Bonn: Verlag Neue Gesellschaft.

Gabriel, Karl 1992: Optionen der verbandlichen Caritas im Wandel der sozialstaatlich organisierten Gesellschaft, *Caritas* 93: 250-258.

Galuske, Michael; Rauschenbach, Thomas 1994: *Jugendhilfe Ost. Entwicklung, aktuelle Lage und Zukunft eines Arbeitsfeldes*, Weinheim: Juventa.

Garms-Homolová, Vjenka 1992: *Mitarbeiterqualifikation in der Altenhilfe. Gegenwärtige Situation und Qualifikationsbedarf in ambulanten und stationären Einrichtungen der neuen Bundesländer*, Expertise im Auftrag des Kuratoriums deutsche Altershilfe, Köln: Kuratorium deutsche Altershilfe.

Geißler, Reiner 1992: Die ostdeutsche Sozialstruktur unter Modernisierungsdruck, *Aus Politik und Zeitgeschichte* 42: 15-28.

Gensicke, Thomas 1992: Mentalitätswandel und Revolution, Wie sich die DDR-Bürger von ihrem System abwandten, *Deutschland Archiv* 12: 1246-1266.

Gießen, Bernd; Leggewie, Claus 1991 (Hrsg.): *Experiment Vereinigung. Ein sozialer Großversuch*, Berlin: Rotbuch.

Gesetz über Vereinigungen (Vereinigungsgesetz) vom 21. Februar 1990, GBl der DDR, Teil I, 75.

Glaeßner, Gert-Joachim 1993: Vom "demokratischen Zentralismus" zur demokratischen Verwaltung? Probleme des Umbaus einer Kaderverwaltung, in: Wolfgang Seibel, Arthur Benz, Heinrich Mäding (Hrsg.), *Verwaltungsreform und Verwaltungspolitik im Prozeß der deutschen Einigung*, Baden-Baden: Nomos, 67-79.

Göhler, Gerhard 1994 (Hrsg.): *Die Eigenart der Institutionen: zum Profil polititscher Institutionentheorie*, Baden-Baden: Nomos.

Goll, Eberhard 1991: *Die freie Wohlfahrtspflege als eigener Wirtschaftsfaktor. Theorie und Empirie ihrer Verbände und Einrichtungen*, Baden-Baden: Nomos.

Haar, Richard 1991: Zur Förderung von Aufgaben der Arbeiterwohlfahrt in den Beitrittsländern, *Theorie und Praxis der sozialen Arbeit* 42: 183-186.

Hauser, Richard 1993: Die Caritas-Armutsuntersuchung - ein neuer Ansatz zur Analyse des Armutsproblems in der Bundesrepublik Deutschland, *Zeitschrift für Sozialreform* 39: 297-315.

Hauser, Richard; Glatzer, Wolfgang; Hradil, Stefan; Kleinhenz, Gerhard; Olk, Thomas; Pankoke, Eckart 1996: *Ungleichheit und Sozialpolitik*, Opladen: Leske+Budrich.

Hegner, Friedhart 1992: Organisations-"Domänen" der Wohlfahrtsverbände: Veränderungen und unscharfe Konturen, *Zeitschrift für Sozialreform* 38: 165-190.

Heider, Christiane E. 1993: Die Bedeutung kleiner, informeller Selbsthilfe-Zusammenschlüsse und Möglichkeiten ihrer Finanzierung, *Zeitschrift für Sozialreform* 39: 273-248.

Heimrecht des Bundes 1993: *Heimgesetz und zugehörige Verordnungen: Heimmitwirkungsgesetz, Heimsicherungsgesetz, Heimmindestbauverordnung, Heimpersonalverordnung*, Hannover: Vincenz.

Heinze, Rolf G. 1986 (Hrsg.): *Neue Subsidiarität. Leitideen für eine zukünftige Sozialpolitik?*, Opladen: Westdeutscher Verlag.

Heinze, Rolf G.; Olk, Thomas 1981: Die Wohlfahrtsverbände im System sozialer Dienstleistungsproduktion. Zur Entstehung und Struktur der bundesrepublikanischen Verbändewohlfahrt, *Kölner Zeitschrift für Soziologie und Sozialpsychologie* 33: 94-114.

Heinze, Rolf G.; Olk, Thomas 1984: Sozialpolitische Steuerung. Von der Subsidiarität zum Korporatismus, in: Manfred Glagow (Hrsg.), *Gesellschaftssteuerung zwischen Korporatismus und Subsidiarität*, Bielefeld: AJZ, 162-194.

Heinze, Rolf G.; Schmid, Josef; Strünck, Christoph 1997: Zur politischen Ökonomie der sozialen Dienstleistungsproduktion. Der Wandel der Wohlfahrtsverbände und die Konjunkturen der Theoriebildung, *Kölner Zeitschrift für Soziologie und Sozialpsychologie* 49: 242-271.

Henkys, Reinhard 1988: Thesen zum Wandel der gesellschaftlichen und politischen Rolle der Kirchen in der DDR in den siebziger und achtziger Jahren, in: Hartmut Zimmermann (Hrsg.): *Deutschland-Handbuch. Eine doppelte Bilanz 1949-1989*, Bonn: Bundeszentrale für politische Bildung, 332-353.

Hockerts, Hans Günter 1994: Grundlinien und soziale Folgen der Sozialpolitik in der DDR, in: Hartmut Kaelble, Jürgen Kocka, Hartmut Zwahr (Hrsg.), *Sozialgeschichte der DDR*, Stuttgart: Klett, 519-544.

Hoffmann, Inge 1990: Zum Verständnis der Jugendhilfe in der ehemaligen DDR, *Forum Jugendhilfe/AGJ-Mitteilungen* 2: 17-20.

Hofmann, Michael 1995a: Die Kohlearbeiter von Espenhain. Zur Enttraditionalisierung eines ostdeutschen Arbeitermilieus, in: Michael Vester, Michael Hofmann, Irene Zierke (Hrsg.), *Soziale Milieus in Ostdeutschland. Gesellschaftliche Strukturen zwischen Zerfall und Neubildung*, Köln: Bund Verlag, 91-135.

Hofmann, Michael 1995b: Die Leipziger Metallarbeiter. Etappen sozialer Erfahrungsgeschichte, in: Michael Vester, Michael Hofmann, Irene Zierke (Hrsg.), *Soziale Milieus in Ostdeutschland*, Köln: Bund Verlag, 136-192.

Holz, Gerda 1987: *Alten(hilfe)politik in der Bundesrepublik Deutschland 1945 bis 1985. Eine politikwissenschaftliche Analyse am Beispiel des Bundesverbandes der Arbeiterwohlfahrt*, Berlin: Deutsches Zentrum für Altersfragen.

Hradil, Stefan 1992: Alte Begriffe und neue Strukturen. Die Milieu-, Struktur- und Lebensstilforschung der 80er Jahre, in: Stefan Hradil (Hrsg.), *Zwischen Bewußtsein und Sein. Die Vermittlung "objektiver" Lebensbedingungen und "subjektiver" Lebensweisen*, Opladen: Leske + Budrich, 15-55.

Huber, Norbert 1993: Das Spannungsverhältnis zwischen verbandlichem Profil und persönlichem Lebensstil für die haupt- und ehrenamtliche Mitarbeit, *Caritas* 94, 394-397.

Hüppe, Barbara; Schrapper, Christian 1989: *Freie Wohlfahrt und Sozialstaat. Der Deutsche Paritätische Wohlfahrtsverband in Nordrhein-Westfalen 1949-1989*, Weinheim: Juventa.

ISAB Institut für sozialwissenschaftliche Analysen und Beratung 1992a (Hrsg.): *Soziale Selbsthilfe in den neuen Bundesländern*. Schriftenreihe Bd. 15, Köln: Eigenverlag.

ISAB Institut für sozialwissenschaftliche Analysen und Beratung 1992b (Hrsg.): *Selbsthilfeförderung durch Selbsthilfekontaktstellen*, Schriftenreihe des Bundesministeriums für Familie und Senioren Bd. 14, Stuttgart: Kohlhammer.

ISAB Institut für sozialwissenschaftliche Analysen und Beratung 1993 (Hrsg.): *Praxishandbuch für Selbsthilfekontaktstellen*, Schriftenreihe Bd. 17, Köln: Eigenverlag.

Kaiser, Jochen-Christoph 1989: Die zeitgeschichtlichen Umstände der Gründung des Deutschen Caritasverbandes am 9. November 1897, in: Michael Manderscheit; Hans-Josef Wollasch (Hrsg.), *Lorenz Werthmann und die Caritas*, Freiburg i.Br.: Lambertus, 11-29.

Kaiser, Jochen-Christoph 1991: NS-Wohlfahrt und freie Wohlfahrtspflege im "Dritten Reich", in: Hans-Uwe Otto; Heinz Sünker (Hrsg.), *Politische Formierung und soziale Erziehung im Nationalsozialismus*, Frankfurt a.M.: Suhrkamp.

Kaiser, Jochen-Christoph 1993: Freie Wohlfahrtspflege im Kaisereich und in der Weimarer Republik. Ein Überblick, in: Klaus Tenne (Hrsg.), *Westfälische Forschungen*, Bd. 43, Münster: Westfälisches Dampfboot, 26-57.

Kern, Käthe 1974: 25 Jahre Volkssolidarität, *Humanitas* vom 24.10.1974.

Kimberly, John R.; Miles, Robert H. 1980: *The Organizational Life Cycle. Issues in Creation, Transformation, and Decline of Organizations*, San Francisco: Jossey Bass.

Kleßmann, Christoph 1993: Zur Sozialgeschichte des protestantischen Milieus in der DDR, *Geschichte und Gesellschaft* 19: 29-53.

Kloos, Basina Sr. 1993: Fremdbild und Eigenbild der Caritas - brauchen wir für unsere Arbeit ein Leitbild?, *Caritas* 94: 409-412.

Knabe, Hubertus 1988: Neue soziale Bewegungen im Sozialismus. Zur Genesis alternativer politischer Orientierungen im Sozialismus, *Kölner Zeitschrift für Soziologie und Sozialpsychologie* 40: 527-550.

Kohnert, Monika 1990: Soziale Dienste und Einrichtungen in der DDR - insbesondere für ältere Menschen, *Beiträge zum Recht der sozialen Dienste und Einrichtungen*, o. Jg., Heft 11: 13-39.

Koltzenburg, Wilfried 1991: Die nichtstaatlichen Einrichtungen der Sozialhilfe in der ehemaligen DDR, *Beiträge zum Recht der sozialen Dienste und Einrichtungen*, o. Jg., Heft 12: 59-65.

König, Klaus 1991 (Hrsg.): *Verwaltungsstrukturen der DDR*, Baden-Baden: Nomos.

Kühnel, Wolfgang 1993: Zwischen ethischem Rigorismus und reformtheoretischen Pragmatismus. Soziale Bewegungen bei der Transformation von Verwaltungssstrukturen, in: Wolfgang Seibel, Artur Benz, Heinrich Mäding (Hrsg.), *Verwaltungsreform und Verwaltungspolitik im Prozeß der deutschen Einigung*, Baden-Baden: Nomos, 146-154.

Kühr, Herbert 1985: Katholische und evangelische Milieus: Vermittlungsinstanzen und Wirkungsmuster, in: Dieter Oberndörfer (Hrsg.): *Wirtschaftlicher Wandel, religiöser Wandel und Wertwandel: Folgen für das politische Verhalten in der Bundesrepublik* Deutschland. Berlin: Duncker & Humblot.

Kulmey, Adelheit; Michel, Marion; Pinquart, Martin 1995: Qualifizierungssituation und Qualifizierungsbedarf in den neuen Bundesländern, in: Sabine Kühnert (Hrsg.), *Qualifizierung und Professionalisierung in der Altenarbeit*, Hannover: Vincenz, 33-54

Landenberger, Margarete 1992: Die historische Rolle der Sozialversicherungs- und Fürsorgeträger bei der Durchsetzung politischer Ziele des nationalsozialistischen Führerstaates, *Sozialer Fortschritt* 10: 230-236.

Lehmbruch, Gerhard 1990: Die improvisierte Vereinigung: Die Dritte deutsche Republik, *Leviathan* 18: 462-486.

Lehmbruch, Gerhard 1993: Institutionentransfer. Zur politischen Logik der Verwaltungsintegration in Deutschland, in: Wolfgang Seibel, Arthur Benz, Heinrich Mäding (Hrsg.), *Verwaltungsreform und Verwaltungspolitik im Prozeß der deutschen Einigung*, Baden-Baden: Nomos, 41-66.

Lehmbruch, Gerhard 1994a: Institutionen, Interessen und sektorale Variationen in der Transformationsdynamik der politischen Ökonomie Ostdeutschlands, *Journal für Sozialforschung* 34: 21-44.

Lehmbruch, Gerhard 1994b: Dilemmata verbandlicher Einflußlogik im Prozeß der deutschen Vereinigung, in: Wolfgang Streeck (Hrsg.), *Staat und Verbände*, Sonderheft der Politischen Vierteljahreschrift 35: 370-392.

Lehmbruch, Gerhard 1996a: Die Rolle der Spitzenverbände im Transformationspozeß: Eine neoinstitutionalisierte Perspektive, in: Raj Kollmorgen, Rolf Reißig, Johannes Weiß (Hrsg.), *Sozialer Wandel und Akteure in Ostdeutschland*, Opladen: Leske + Budrich, 117-145.

Lehmbruch, Gerhardt 1996b: Die ostdeutsche Transformation als Strategie des Institutionentransfers: Überprüfung und Antikritik, in: Andreas Eisen, Hellmut Wollmann (Hrsg.), *Institutionenbildung in Ostdeutschland. Zwischen externer Steuerung und Eigendynamik*, Opladen: Leske + Budrich, 33-62.

Leich, Werner 1994: Evangelische Kirche und SED-Staat, *Deutschland Archiv* 27: 329-332.

Lemke, Christiane 1991: *Die Ursachen des Umbruchs 1989. Politische Sozialisation in der ehemaligen DDR*, Opladen: Westdeutscher Verlag.

Lepsius, M. Rainer 1994: Die Institutionenordnung als Rahmenbedingung der Sozialgeschichte der DDR, in: Hartmut Kaelble, Jürgen Kocka, Hartmut Zwahr (Hrsg.), *Sozialgeschichte der DDR*, Stuttgart: Klett-Cotta, 17-31.

Lötsch, Manfred 1992: Systemtransformation und soziale Strukturbrüche in der (ehemaligen) DDR, in: Winfried Schmähl (Hrsg.), *Sozialpolitik im Prozeß der deutschen Vereinigung*, Schriften des Zentrums für Sozialpolitik, Bd.1, Frankfurt a.M.: Campus, 9-25.

Lötsch, Manfred 1993: Der Sozialismus - eine Stände- oder Klassengesellschaft?, in: Hans Joas; Martin Kohli (Hrsg.): *Der Zusammenbruch der DDR*, Frankfurt a.M.: Suhrkamp, 115-124.

Manderscheid, Hejo 1990: Verflechtungen zwischen kirchlicher Sozialarbeit und staatlicher Sozialpolitik, in: Deutscher Caritasverband (Hrsg.), *Caritas '91, Jahrbuch des Deutschen Caritasverbandes*, Freiburg i. Br.: Lambertus, 59-68.

Manz, Günter; Winkler, Gunnar 1982: *Sozialpolitik*, Berlin: Die Wirtschaft.

Merchel, Joachim 1989: *Der Deutsche Paritätische Wohlfahrtsverband. Seine Funktion im korporatistisch gefügten System sozialer Arbeit*. Weinheim: Deutscher Studien Verlag.

Meuschel, Sigrid 1991: Wandel durch Auflehnung. Thesen zum Verfall bürokratischer Herrschaft in der DDR, *Berliner Journal für Soziologie* 1: 15-27.

Meuser, Michael; Nagel, Ulrike 1991: Experteninterviews - vielfach erprobt, wenig bedacht. Ein Beitrag zur qualitativen Methodendiskussion, in: Detlef Garz, Klaus Kraimer (Hrsg.), *Qualitativ-empirische Sozialforschung. Konzepte, Methoden, Analysen*, Opladen: Westdeutscher Verlag, 441-471.

Ministerium für Gesundheitswesen der DDR 1970: Rahmenvereinbarung zur Verwirklichung der "Grundsätze und Maßnahmen zur Verbesserung der medizinischen, sozialen und kulturellen Betreuung der Bürger im höheren Lebensalter und zur Förderung ihrer stärkeren Teilnahme am gesellschaftlichen Leben sowie über die Hauptkomplexe der Alternsforschung", in: *Verfügungen und Mitteilungen des Ministeriums für Gesundheitswesen der DDR*, Nr. 8, 24.7.1969, 55-60.

Ministerrat der DDR 1969: Beschluß über die Grundsätze und Maßnahmen zur Verbesserung der medizinischen, sozialen und kulturellen Betreuung der Bürger im höheren Lebensalter und zur Förderung ihrer stärkeren Teilnahme am gesellschaftlichen Leben sowie über die Hauptkomplexe der Alternsforschung, in: *Mitteilungen des Ministerrates der Deutschen Demokratischen Republik* Nr. 5, 17.6.1969, VD 8/69, 36-40.

Mooser, Josef 1983: Auflösung des proletarischen Milieus. Klassenbindung und Individualisierung in der Arbeiterschaft vom Kaiserreich bis in die Bundesrepublik, *Soziale Welt* 34: 270-306.

Mrochen, Siegfried 1980: *Alter in der DDR: Arbeit, Freizeit, materielle Sicherung und Betreuung*, Weinheim: Beltz.

Münder, Johannes 1990: Perspektiven der Jugendhilfe in der BRD und der DDR, in: Johannes Münder, Bernd Seidenstücker (Hrsg.), *Jugendhilfe in der DDR*, Münster: Votum, 60-80.

Münder, Johannes; Kreft, Dieter 1990: *Neue Subsidiarität*, Münster: Votum.

Neckel, Sighard 1992: Das lokale Staatsorgan. Kommunale Herrschaft im Staatssozialismus der DDR, *Zeitschrift für Soziologie* 21: 252-268.

Neubert, Ehrhart 1994: Meister der Legende. Ein Kommentar zum Text des "Insider-Komitees", *Deutschland Archiv* 4: 391-407.

Neukamm, Karl Heinz 1987: Diakonie/Diakonisches Werk, in: Roman Herzog, Hermann Kunst, Klaus Schlaich, Wilhelm Schneemelcher (Hrsg.), *Evangelisches Staatslexikon*, Stuttgart: Kreuz-Verlag, 610-618.

Niedrig, Heinz 1994: Zur 75jährigen Geschichte der Arbeiterwohlfahrt, *Theorie und Praxis der sozialen Arbeit* 45, 131-137.

Offe, Claus 1994a: Die deutsche Vereinigung als "natürliches Experiment", in: ders., *Der Tunnel am Ende des Lichts. Erkundungen der politischen Transformation im Neuen Osten*, Frankfurt a.M.: Campus, 43-56.

Offe, Claus 1994b: Ein Sonderweg der Transformation? Das deutsche "Beitrittsgebiet" im Vergleich zu seinen osteuropäischen Nachbarn, in: ders., *Der Tunnel am Ende des Lichts. Erkundungen der politischen Transformation im Neuen Osten*, Frankfurt a.M.: Campus, 230-276.

Offe, Claus; Wiesenthal, Helmut 1980: "Two Logics of Collective Action: Theoretical Notes on Social Class and Organizational Form." *Political Power and Social Theory* 1: 67-115.

Offe, Claus; Heinze, Rolf G. 1986: Am Arbeitsmarkt vorbei. Überlegungen zur Neubestimmung "haushaltlicher" Wohlfahrtsproduktion in ihrem Verhältnis zu Markt und Staat, *Leviathan* 14: 471-495.

Olk, Thomas 1995: Zwischen Korporatismus und Pluralismus. Zur Zukunft der freien Wohlfahrtspflege im bundesdeutschen Sozialstaat, in: Thomas Rauschenbach, Christoph Sachße, Thomas Olk (Hrsg.), *Von der Wertgemeinschaft zum Dienstleistungsunternehmen. Wohlfahrts- und Jugendverbände im Umbruch*, Frankfurt a.M.: Suhrkamp, 98-122.

Olk, Thomas 1996: Wohlfahrtsverbände im Transformationsprozeß Ostdeutschlands, in: Raj Kollmorgen, Rolf Reißig, Johannes Weiß (Hrsg.), *Sozialer Wandel und Akteure in Ostdeutschland*, Opladen: Leske + Budrich, 179-216.

Olk, Thomas; Bertram, Kerstin 1994: Jugendhilfe in Ostdeutschland vor und nach der Wende, in: Heinz-Hermann Krüger, Winfried Marotzki (Hrsg.), *Pädagogik und Erziehungsalltag in der DDR: Zwischen Systemvorgaben und Pluralität*, Opladen: Leske + Budrich, 321-349.

Olk, Thomas; Heinze, Rolf G. 1981: Die Bürokratisierung der Nächstenliebe: Am Beispiel der Geschichte und Entwicklung der "Inneren Mission", in: Christoph Sachße, Florian Tennstedt (Hrsg.), *Jahrbuch der Sozialarbeit*, Bd. 4, Reinbek: Rowohlt, 233-270.

Opielka, Michael; Ostner, Ilona 1987 (Hrsg.): *Umbau des Sozialstaats*, Essen: Klartext-Verlag.

Otto, Manfred; Wenzke, Gerhard 1992: Punks, Heavys, Skinheads, Grufties - informelle Gruppen in der DDR, in: Jugendwerk der Deutschen Shell (Hrsg.), *Jugend '92: Die neuen Länder: Rückblick und Perspektiven. Lebenslagen, Orientierungen und Entwicklungsperspektiven im vereinigten Deutschland*, Bd. 3, Opladen: Leske + Budrich, 183-196.

Petran, Christian 1990: Die soziale Arbeit der Diakonie. Aufgaben und Angebote in der ehemaligen DDR, *Blätter der Wohlfahrtspflege* 137: 146-248.

Pfeffer, Jeffrey; Salancik Gerald R. 1978: *The External Control of Organizations. A Resource Dependence Perspective*. New York et al.: Harper & Row.

Pitschas, Rainer 1991: Verwaltungsentwicklung in den ostdeutschen Bundesländern, *Deutsches Verwaltungsblatt* 9: 457-466.

Pollack, Detlef 1990: Das Ende einer Organisationsgesellschaft. Systemtheoretische Überlegungen zum gesellschaftlichen Umbruch in der DDR, *Zeitschrift für Soziologie* 19: 292-307.

Pollack, Detlef 1993: Religion und gesellschaftlicher Wandel. Zur Rolle der evangelischen Kirche im Prozeß des gesellschaftlichen Umbruchs in der DDR, in: Hans Joas, Martin Kohli (Hrsg.), *Der Zusammenbruch der DDR. Soziologische Analysen*, Frankfurt a.M.: Suhrkamp, 246-266.

Pollack, Detlef 1994: *Kirche in der Organisationsgesellschaft. Zum Wandel der gesellschaftlichen Lage der evangelischen Kirche in der DDR*, Stuttgart: Kohlhammer.

Powell, Walter W. 1987 (Hrsg.): *The Nonprofit Sector. A Research Handbook*, New Haven: Yale University Press.

Priller, Eckhard 1993: Zum entstehenden Nonprofit-Sektor in den neuen Bundesländern, in: Wolfgang Seibel, Arthur Benz, Heinrich Mäding (Hrsg.), *Verwaltungsreform und Verwaltungspolitik im Prozeß der deutschen Einigung*, Baden-Baden: Nomos, 257-267.

Puschmann, Hellmut 1990a: Caritas im Bereich der DDR, *Caritas* 91: 160-168.

Puschmann, Hellmut 1990b: Caritas in einer marxistischen Umwelt - Die Arbeit der Caritas seit 1945 im Ostteil Deutschlands, in: Deutscher Caritasverband (Hrsg.), *Caritas 91. Jahrbuch des deutschen Caritasverbandes*, Freiburg i.Br.: Lambertus, 37-41.

Puschmann, Hellmut 1992: Ortsbestimmung der Caritas in den neuen Bundesländern, *Caritas* 93: 317-318.

Puschmann, Hellmut 1993: Grundpositionen und Perspektiven der Caritasarbeit, *Caritas* 94: 350-360.

Rauschenbach, Thomas; Schilling, Matthias 1995: Die Dienstleistenden: Wachstum, Wandel und wirtschaftliche Bedeutung des Personals in Wohlfahrts- und Jugendverbänden, in: Thomas Rauschenbach, Christoph Sachße, Thomas Olk (Hrsg.), *Von der Wertgemeinschaft zum Dienstleistungsunternehmen. Wohlfahrts- und Jugendverbände im Umbruch*, Frankfurt a.M.: Suhrkamp, 321-355.

Reinicke, Peter 1990: Ausbildung von Fürsorgern/innen (Sozialarbeitern) in der DDR, *Die berufliche Sozialarbeit* 3: 38-45.

Reißig, Rolf 1994: Transformation - Theoretisch-konzeptionelle Ansätze und Erklärungsversuche, *Berliner Journal für Soziologie* 4: 323-344.

Rink, Dieter 1995: Das Leipziger Alternativmilieu. Zwischen alten und neuen Eliten, in: Michael Vester, Michael Hofmann, Irene Zierke (Hrsg.), *Soziale Milieus in Ostdeutschland. Gesellschaftliche Strukturen zwischen Zerfall und Neubildung*, Köln: Bund Verlag, 193-229.

Rink, Dieter; Hofmann, Michael 1992: Alte und neue Milieus in Leipzig, in: Hansgünter Meyer (Hrsg.), *Soziologie in Deutschland und die Transformation großer gesellschaftlicher Systeme*, Tagungsband des Soziologentages 1991 in Leipzig, Berlin: Akademie Verlag, 286-293.

Ritschel, Doris 1992: Soziale Milieus in der ehemaligen DDR - ein neuer Forschungsansatz, in: Hansgünter Meyer (Hrsg.), *Soziologie in Deutschland und die Transformation großer gesellschaftlicher Systeme*, Tagungsband des Soziologentages 1991 in Leipzig, Berlin: Akademie Verlag, 294-305.

Roggemann, Herwig 1989: *Die DDR-Verfassungen: Einführung in das Verfassungsrecht der DDR; Grundlagen und neuere Entwicklungen*, Berlin: Berlin Verlag.

Rosenthal, Gabriele 1987: *"... Wenn alles in Scherben fällt...". Vom Leben und Sinnwelt der Kriegsgeneration. Typen biographischer Wandlungen*, Opladen: Leske + Budrich.

Roth, Roland 1991: Sozialpolitik von unten: Soziale Bewegungen und sozialpolitische Reformen in der Bundesrepublik Deutschland, *Forschungsjournal Neue Soziale Bewegungen* 4: 41-56.

Roth, Roland; Rucht, Dieter (Hrsg.) 1987: *Neue soziale Bewegungen in der Bundesrepublik Deutschland*, Frankfurt a.M.: Campus.

Ruß, Werner 1979: *Die Sozialversicherung der DDR: Eine Untersuchung unter besonderer Berücksichtigung der Zielsetzungen der marxistisch-leninistischen Sozialpolitik*, Frankfurt a.M.: Fischer.

Sachße, Christoph 1994: Subsidiarität: Zur Karriere eines sozialpolitischen Ordnungsbegriffs, *Zeitschrift für Sozialreform* 40: 717-738.

Sachße, Christoph 1995: Verein, Verband und Wohlfahrtsstaat: Entstehung und Entwicklung der "dualen Wohlfahrtspflege", in: Thomas Rauschenbach, Christoph Sachße, Thomas Olk (Hrsg.), *Von der Wertgemeinschaft zum Dienstleistungsunternehmen. Jugend- und Wohlfahrtsverbände im Umbruch*, Frankfurt a.M.: Suhrkamp, 123-149.

Sachße, Christoph; Tennstedt, Florian 1988: *Geschichte der Armenfürsorge in Deutschland*, Bd. 2, Stuttgart: Kohlhammer.

Salamon, Lester M.; Anheier, Helmut K. 1992: In Search of the Non-Profit Sector. The Question of Definitions, *Voluntas* 3: 125-152.

Schavan, Annette 1993: Individuelle Caritas, organisierte Caritas, Caritas der Kirche, *Caritas* 94: 369-374.

Schneider, Ulrich 1991: *Zur Rolle des Paritätischen im Vereinigungsprozeß*, Frankfurt a.M., unv. MS.

Schneider, Ulrich 1992: Mithilfe oder "Kolonialisierung"? Zur Rolle des Paritätischen im Vereinigungsprozeß, in: Rudolph Bauer (Hrsg.), *Sozialpolitik in deutscher und europäischer Sicht*, Weinheim: Deutscher Studien Verlag, 75-88.

Scholle, Manfred 1990: Redebeitrag zur AWO-Arbeitskonferenz in Bernau, in: Arbeiterwohlfahrt Bundesverband (Hrsg.), *Arbeitskonferenz in Bernau*, Protokoll, Bonn: Eigenverlag.

Schönebeck, Martina 1994: Willkommene Fürsorge und lästige Bevormundung. Die Sozialarbeit im Gesundheitswesen der ehemaligen DDR, in: *Blätter der Wohlfahrtspflege* 141: 98-101.

Schulz, Ronald 1991: Der Aufbruch der Selbsthilfebewegung in der DDR, *Psychosozial* 14: 115-118.

Schulze, Gerhard 1993: *Die Erlebnisgesellschaft. Kultursoziologie der Gegenwart*, Frankfurt a.M.: Campus.

Schwendter, Rolf 1981: Alternative Einrichtungen der Sozialarbeit, in: Projektgruppe Soziale Berufe (Hrsg.), *Sozialarbeit: Problemwandel und Institutionen*, Expertisen II, München: Juventa.

Schwitzer, Klaus-Peter 1990: Lebensbedingungen ausgewählter sozialer Gruppen, in: Gunnar Winkler (Hrsg.), *Sozialreport '90. Daten und Fakten zur sozialen Lage in der DDR*, Berlin: Die Wirtschaft, 330-358.

Segert, Astrid 1995: Das Traditionelle Arbeitermilieu in Brandenburg. Systematische Prägung und regionale Spezifika, in: Michael Vester, Michael Hofmann, Irene Zierke (Hrsg.), *Soziale Milieus in Ostdeutschland. Gesellschaftliche Strukturen zwischen Zerfall und Neubildung*, Köln: Bund Verlag, 289-329.

Seibel, Wolfgang 1992: *Funktionaler Dilettantismus. Erfolgreich scheiternde Organisationen im "Dritten Sektor" zwischen Markt und Staat*, Baden-Baden: Nomos.

Seibel, Wolfgang 1996: Innovation, Imitation, Persistenz: Muster staatlicher Institutionenbildung in Ostdeutschland seit 1990, in: Andreas Eisen, Hellmut Wollmann (Hrsg.), *Institutionenbildung in*

Ostdeutschland. Zwischen externer Steuerung und Eigendynamik, Opladen: Leske + Budrich, 359-416.

Seibel, Wolfgang; Benz, Arthur; Mäding, Heinrich 1993 (Hrsg.): *Verwaltungsreform und Verwaltungspolitik im Prozeß der deutschen Einigung*, Baden-Baden: Nomos.

Seidenstücker, Bernd 1990: Jugendhilfe in der DDR, in: Johannes Münder, Bernd Seidenstücker (Hrsg.), *Jugendhilfe in der DDR*, Münster: Votum, 9-59.

Sengling, Dieter 1993: Die Idee des Paritätischen Wohlfahrtsverbandes. Offenheit - Toleranz - Vielfalt, in: *Informationsschrift des Paritätischen Wohlfahrtsverbandes*, Frankfurt a.M.: Eigenverlag, 16-24.

SSMfSGF Sächsisches Staatsministerium für Soziales, Gesundheit und Familien (Hrsg.) 1994: *Zur sozialen Lage im Freistaat Sachsen. Bericht des Sächsischen Staatsministeriums für Soziales, Gesundheit und Familie*, Dresden: Eigenverlag.

Staaks, Ulrich 1990: Die Situation in der ambulanten geriatrischen Betreuung im Bezirk Neubrandenburg, in: Doris Bardehle (Hrsg.), *Übersichten zur Betreuungssituation älterer Bürger in der DDR. Beiträge zur Gerontologie und Altenarbeit des Deutschen Zentrums für Altersfragen e.V.*, Bd. 79, Berlin: Deutsches Zentrum für Altersfragen, 125-157.

SZfS Staatliche Zentralverwaltung für Statistik 1986 (Hrsg.): *Statistisches Jahrbuch der Deutschen Demokratischen Republik*, Berlin: Staatsverlag der Deutschen Demokratischen Republik.

Statistisches Bundesamt 1992 (Hrsg.): *Datenreport 1992. Zahlen und Fakten über die Bundesrepublik Deutschland*, Bonn: Bundeszentrale für politische Bildung.

Statistisches Bundesamt 1992 (Hrsg.): *Fachserie 13: Sozialleistungen. Reihe 6.3: Einrichtungen und Personal in der Jugendhilfe 1990*, Wiesbaden: Eigenverlag.

Statistisches Bundesamt 1993 (Hrsg.): *Fachserie 13: Sozialleistungen. Reihe 6.3: Einrichtungen und Personal in der Jugendhilfe 1991 in den neuen Bundesländern und Ost-Berlin*, Wiesbaden: Eigenverlag.

Statistisches Bundesamt 1996 (Hrsg.): *Fachserie 13: Sozialleistungen. Reihe 6.3: Einrichtungen und Personal in der Jugendhilfe 1994*, Wiesbaden: Eigenverlag.

Strauss, Erwin; Dörrie, Klaus 1993: Geschichte, Aufgaben, Struktur des Paritätischen Wohlfahrtsverbandes, in: *Informationsschrift des Paritätischen Wohlfahrtsverbandes*, Frankfurt a.M.: Paritätischer Wohlfahrtsverband, 5-13.

Streeck, Wolfgang 1987: Vielfalt und Interdependenz. Überlegungen zur Rolle intermediärer Organisationen in sich ändernden Umwelten, *Kölner Zeitschrift für Soziologie und Sozialpsychologie* 39: 452-470.

Streeck, Wolfgang 1994: Staat und Verbände: Neue Fragen. Neue Antworten?, in: ders., *Staat und Verbände*, Sonderheft 25 der Politischen Vierteljahrsschrift, Opladen: Westdeutscher Verlag, 7-34.

Süss, Walter 1988: Gesellschaftliche Interessen und gesellschaftliche Organisationen in der DDR, in: Werner Weidenfeld, Hartmut Zimmermann (Hrsg.), *Deutschland-Handbuch. Einen doppelte Bilanz 1949-1989*, Bonn: Bundeszentrale für politische Bildung, 152-164.

Thränhardt, Dietrich 1984: Im Dickicht der Verbände. Korporatistische Politikformulierung und verbandsgerechte Verwaltung am Beispiel der Arbeitsmigranten in der Bundesrepublik, in: Rudolph Bauer, Hartmut Dießenbacher (Hrsg.), *Organisierte Nächstenliebe. Wohlfahrtsverbände und Selbsthilfe in der Krise des Sozialstaates*, Opladen: Westdeutscher Verlag, 45-66.

Thränhardt, Dietrich; Gernert, Wolfgang; Heinze, Rolf G.; Koch, Franz; Olk, Thomas 1986 (Hrsg.): *Wohlfahrtsverbände zwischen Selbsthilfe und Sozialstaat*, Freiburg i.Br.: Lambertus.

Thürnau, Fritz 1993: Einleitung, in: Arbeiterwohlfahrt Bundesverband (Hrsg.), *Aufbau der Arbeiterwohlfahrt in den neuen Bundesländern*, Bonn: Arbeiterwohlfahrt Bundesverband, 1-3.

Thürnau, Fritz; Winkler, Brigitte; Ludewig, Jürgen; Opolka, Horst 1994: Vier Jahre Aufbau AWO-Ost: Es gelang Erstaunliches, *Theorie und Praxis der sozialen Arbeit* 45: 144-150.

Verordnung über die Gründung und Tätigkeit von Vereinigungen vom 6. November 1975, GBl der DDR, Teil I, 723.

Vester, Michael 1995: Milieuwandel und regionaler Strukturwandel in Ostdeutschland. Gesellschaftliche Strukturen zwischen Zerfall und Neubildung, in: Michael Vester, Michael Hofmann, Irene Zierke (Hrsg.), *Soziale Milieus in Ostdeutschland*, Köln: Bund Verlag, 289-329.

Vester, Michael; Hofmann, Michael; Zierke, Irene (Hrsg.) 1995: *Soziale Milieus in Ostdeutschland. Gesellschaftliche Strukturen zwischen Zerfall und Neubildung*, Köln: Bund Verlag

Volkssolidarität (o.J.): *Wer und was ist die Volkssolidarität e.V.*, Broschüre, Berlin: Eigenverlag.

Volkssolidarität, Sekretariat des Zentralausschusses der 1985: *40 Jahre Volkssolidarität. Zeittafel und Leistungsbilanz*, Broschüre, Berlin: Eigenverlag.

Weber, Hermann 1991: *DDR. Grundriß der Geschichte 1945 bis 1990*, Hannover: Fackelträger.

Wielgohs, Jan; Schulz, Marianne 1993: Von der "friedlichen Revolution" in die politische Normalität. Entwicklungsetappen der ostdeutschen Bürgerbewegung, in: Hans Joas, Martin Kohli (Hrsg.), *Der Zusammenbruch der DDR. Soziologische Analysen*, Frankfurt a.M.: Suhrkamp, 222-245.

Wielgohs, Jan; Wiesenthal, Helmut 1995: Konkurrenz - Ignoranz - Kooperation: Interaktionsmuster west- und ostdeutscher Akteure beim Aufbau von Interessenverbänden, in: Helmut Wiesenthal (Hrsg.), *Einheit als Interessenpolitik. Studien zur sektoralen Transformation Ostdeutschlands*, Frankfurt a.M.: Campus, 298-333.

Wiesenthal, Helmut 1987: *Strategie und Illusion. Rationalitätsgrenzen kollektiver Akteure am Beispiel der Arbeitszeitpolitik 1980 - 1985*, Frankfurt a.M.: Campus.

Wiesenthal, Helmut 1993a: *Die "Politische Ökonomie" des fortgeschrittenen Transformationsprozesses und die (potentiellen) Funktionen intermediärer Akteure*, Arbeitspapier 93/1 der AG TRAP, Berlin: Max-Planck-Gesellschaft/Arbeitsgruppe Transformationsprozesse.

Wiesenthal, Helmut 1993b: Akteurkompetenz im Organisationsdilemma. Grundprobleme strategisch ambitionierter Mitgliederverbände und zwei Techniken ihrer Überwindung, *Berliner Journal für Soziologie* 3: 3-18.

Wiesenthal, Helmut 1995a: Die Transformation Ostdeutschland: Ein (nicht ausschließlich) priveligierter Sonderfall der Bewältigung von Transformationsproblemen, in: Hellmut Wollmann, Helmut Wiesenthal, Frank Bönker (Hrsg.) *Transformation sozialistischer Gesellschaften: Am Ende des Anfangs*, Sonderheft 15 des Leviathan, Opladen: Westdeutscher Verlag, 134-159.

Wiesenthal, Helmut 1995b (Hrsg.): *Einheit als Interessenpolitik. Studien zur sektoralen Transformation Ostdeutschlands*, Frankfurt a.M.: Campus.

Wiesenthal, Helmut 1995c: Grundlinien der Transformation Ostdeutschlands und die Rolle korporativer Akteure, in: ders., *Einheit als Interessenpolitik. Studien zur sektoralen Transformation Ostdeutschlands*, Frankfurt a.M.: Campus, 8-33.

Winkler, Gunnar 1990 (Hrsg.): *Sozialreport '90. Daten und Fakten zur sozialen Lage der DDR*, Berlin (DDR): Die Wirtschaft.

Winter, Thomas von 1997: *Sozialpolitische Interessen. Konstituierung, politische Repräsentation und Beteiligung an Entscheidungsprozessen*, Baden-Baden: Nomos.

Wollasch, Hans-Josef 1989: Der Deutsche Caritasverband - "eine imperialistische Scheinmacht"? Geschichtliche Zeugnisse zum Verhältnis zwischen Caritasverband und caritativen Fachverbänden, in: Deutscher Caritasverband (Hrsg.), *Caritas 90, Jahrbuch des Deutschen Caritasverbandes*, Freiburg i.Br.: Deutscher Caritasverband, 365-383.

Wollmann, Hellmut; Wiesenthal, Helmut; Bönker, Frank 1995 (Hrsg.): *Transformation sozialistischer Gesellschaften: Am Ende des Anfangs*, Leviathan-Sonderheft, Opladen: Westdeutscher Verlag.

Wolpert, Dennis 1996: *Die Volkssolidarität*, Magisterarbeit, Konstanz: Universität Konstanz.

Wolski-Prenger, Friedhelm 1992: Arbeitslosenorganisationen in Deutschland - Entstehung, Vernetzung, Perspektiven, *Berliner Journal für Soziologie* 2: 195-214.

Wörterbuch zum sozialistischen Staat 1974, Berlin (DDR).

Ziesemer, Horst 1990: Zur Statistik über die Betreuung älterer und pflegebedürftiger Bürger in Feierabend- und Pflegeheimen der ehemaligen DDR, in: Doris Bardehle (Hrsg.), *Übersichten zur Betreuungssituation älterer Bürger in der DDR*, Schriften des Deutschen Zentrums für Altersfragen, Beiträge zur Gerontologie und Altenarbeit, Bd. 79, Berlin: Deutsches Zentrum für Altersfragen, 45-70.

Zimmer, Annette; Scholz, Martina 1992: "Ökonomische und politologische Theorieansätze. Der dritte Sektor zwischen Markt und Staat." *Forschungsjournal Neue Soziale Bewegungen* 5: 102-106.

Zimmermann, Hartmut 1988: Machtverteilung und Partizipationschancen. Zu einigen Aspekten des politisch-sozialen Systems der DDR, in: Gert-Joachim Glaeßner (Hrsg.), *Die DDR in der Ära Honecker: Politik, Kultur, Gesellschaft*, Opladen: Westdeutscher Verlag, 214-273.

Interviewverzeichnis

Alle der insgesamt 120 ausgewerteten Interviews mit leitenden Mitarbeitern und Mitarbeiterinnen von selbstorganisierten Initiativen und Vereinen, Wohlfahrtsverbänden, Sozialverwaltungen sowie Ministerien wurden in den Studien berücksichtigt. Im folgenden werden ausschließlich die in den vorausgangenen Kapiteln zitierten und anonymisierten InterviewpartnerInnen, ihre Organisationen und die entsprechenden Untersuchungsregionen aufgelistet.

Kapitel 4

Gottlieb *Feldkirch*, Landkreisverwaltung in Frankenstein.
Barbara *Fuchs*, Sozialamt in Neu-Brühl.
Hans *Doktor*, Sozialdezernat in Bärenklau.
Horst *Höll*, Sozialdezernat in Neu-Brühl.
Matthias *Overbeck*, Sozialdezernat in Salzstetten.

Kapitel 5

Rainer *Bosse*, Generalsekretariat des Deutschen Caritasverband in Freiburg.
Victor *Domke* und Walter *Mattfeld*, Diözesancaritasverband in Fürstenberg.
Günther *Ehrlicher*, Kreisverband der Caritas in Frankenstein.
Josef *Heldt*, Generalsekretariat des Deutschen Caritasverband in Freiburg.
Bernhard *Kaiser*, Caritashauptvertretung in Berlin (Ost).
Gerhard *Kirchhoff*, Kreisverband der Caritas in Neu-Brühl.
Markus *Liebling*, Kreisverband der Caritas in Salzstetten.
Wilhelm *Schwarze*, Diözesancaritasverband in Lummerland.
Gertrud *Weißkopf*, Kreisverband der Caritas in Bärenklau.

Kapitel 6

Dietmar *Engelhard* und Fritz *Voigt*, Diakonisches Werk in Fürstenberg.
Eva *Küster*, Stadtmission in Salzstetten.
Konrad *Pflüger*, Diakonisches Werk und Stadtmission in Neu-Brühl.
Erich *Schleyer*, Diakonische Arbeitsgemeinschaft in Frankenstein.
Marion *Sonne*, Diakonisches Werk in Bärenklau.
Alfred *Weber*, Diakoniewerk in Salzstetten.
Ulf *Weißke*, Diakonisches Werk der EKD in Stuttgart.

Kapitel 7

Dorothea *Blasse*, Kreisverband der Volkssolidarität in Neu-Brühl.
Alois *Glaser*, Landesverband der Volkssolidarität in Lummerland.
Sigrid *Heitzmann*, Bundesverband der Volkssolidarität in Berlin.
Dagmar *Klemme*, Regionalgeschäftsstelle des Paritätischen Wohlfahrtverbandes in Neu-Brühl.
Horst *Reiche*, Bundesverband des Deutschen Paritätischen Wohlfahrtsverbandes in Frankfurt a.M.
Wolfgang *Vater*, Landesverband der Volkssolidarität in Fürstenberg.
Amanda *Werken*, Kreisverband der Volkssolidarität in Salzstetten.

Kapitel 8

Dieter *Anders*, Landesverband des Deutschen Roten Kreuzes in Fürstenberg.
Herbert *Janus*, Kreisverband des Deutschen Roten Kreuzes in Bärenklau.
Regina *Jost*, Brigitte *Hanisch*, Uwe *Zander*, Generalsekretariat des Deutschen Roten Kreuzes in Bonn.
Anton *Lackner*, Landesverband des Deutschen Roten Kreuzes in Lummerland.
Friedhelm *Mooser*, Kreisverband des Deutschen Roten Kreuzes in Frankenstein.

Kapitel 9

Horst *Benz*, Bezirksverband der Arbeiterwohlfahrt in Fürstenberg.
Eva *Bündner-Klar*, Bezirksverband - später Landesverband - der Arbeiterwohlfahrt in Lummerland.
Sonja *Distel*, Kreisverband der Arbeiterwohlfahrt in Salzstetten.
Johanna *Gutknecht*, Kreisverband der Arbeiterwohlfahrt in Salzstetten.
Edwin *Reuter*, AWO-Verbindungsbüro in Berlin-Falkensee.

Kapitel 10

Heinz *Bauer*, Kreisverband des Paritätischen Wohlfahrtsverbandes in Salzstetten.
Dagmar *Klemme*, Regionalgeschäftsstelle des Paritätischen Wohlfahrtsverbandes in Neu-Brühl.
Ulf *Klinke*, Kreisverband des Paritätischen Wohlfahrtsverbandes in Frankenstein.
Horst *Reiche*, Bundesverband des Deutschen Paritätischen Wohlfahrtsverbandes in Frankfurt a.M.
Cornelius *Ullrich*, Landesverband des Paritätischen Wohlfahrtsverbandes in Fürstenberg.
Thorsten *Westle*, Landesverband des Paritätischen Wohlfahrtsverbandes in Lummerland.

Interviewverzeichnis

Kapitel 11

Luise *Bach*, Initiative in Neu-Brühl.
Peter *Bartling*, Jugendamt in Neu-Brühl.
Annemarie *Bolte*, Initiative in Neu-Brühl.
Babara *Fuchs*, Sozialamt in Neu-Brühl.
Elke *Kern*, Initiative in Salzstetten.
Silke *Koch* und Beate *Wechmann*, Initiative in Neu-Brühl.
Karl *Kummert*, Selbsthilfekontaktstelle in Salzstetten.
Kunigunde *Lackeit*, Initiative in Frankenstein.
Petra *Maus*, Selbsthilfekontaktstelle in Neu-Brühl.
Gudrun *Oswald*, Initiative in Frankenstein.
Marianne *Pulsdorf*, Jugendamt in Frankenstein.
Karsten *Reineke*, Sozialamt in Salzstetten.
Franz *Stolze*, Jugendamt in Salzstetten.
Gerlinde *Tolkin* und Heiko *Schramm*, Initiative in Neu-Brühl.

Tabellenverzeichnis

Tabelle 1: Soziale Einrichtungen und Dienste in Trägerschaft der Caritas in der DDR 1988 83

Tabelle 2: Ausbildungsplätze pro Jahr in katholischen Fachschulen der DDR 1990 83

Tabelle 3: Altenheime in freigemeinnütziger Trägerschaft in den Untersuchungsregionen 1992 262

Tabelle 4: Ambulante Dienste der Altenhilfe in den Untersuchungsregionen 1992 264

Tabelle 5: Sonstige Einrichtungen und Dienste der Kinder- und Jugendhilfe in den Untersuchungsregionen 1992 269

Abbildungsverzeichnis

Abbildung 1: Zielgruppen von selbstorganisierten Initiativen in den Untersuchungsregionen 1993 219

Abbildung 2: Aufgabenbereiche von selbstorganisierten Initiativen in den Untersuchungsregionen 1993 220

Abbildung 3: Art der Einrichtungen und Dienste in Trägerschaft von selbstorganisierten Initiativen in den Untersuchungsregionen 1993 221

Abbildung 4: Anteil öffentlicher Mittel an den gesamten Einnahmen selbstorganisierter Initiativen in den Untersuchungsregionen 1993 223

Abbildung 5: Anteil der Spenden an den gesamten Einnahmen selbstorganisierter Initiativen in den Untersuchungsregionen 1993 223

Abbildung 6: Anzahl der Mitglieder in selbstorganisierten Initiativen in den Untersuchungsregionen 1993 225

Abbildung 7: Soziale Dienste und Einrichtungen nach Trägerschaft 254

Abbildung 8: Soziale Dienste und Einrichtungen in den Untersuchungsregionen 1992 255

Abbildung 9: Personal in sozialen Einrichtungen der
Untersuchungsregionen 1992 256

Abbildung 10: Einrichtungen nach Aufgabenbereich und Trägerart in den
Untersuchungsregionen 1992 257

Abbildung 11: Personal in sozialen Einrichtungen nach Aufgabenbereich
und Trägerart in den Untersuchungsregionen 1992 257

Abbildung 12: Einrichtungen von Wohlfahrtsverbänden im Ost-West-
Vergleich 1994 258

Abbildung 13: Soziale Einrichtungen freigemeinnütziger Träger in den
Untersuchungsregionen 1992 259

Abbildung 14: Personal von Wohlfahrtsverbänden in den Untersuchungs-
regionen 1992 260

Abbildung 15: Aufgabenprofile von Wohlfahrtsverbänden gemessen am
Personal in den Untersuchungsregionen 1992 261

Abbildung 16: Anteil freigemeinnütziger Träger an Plätzen in stationären
Altenhilfeeinrichtungen im Ost-West-Vergleich 266

Abbildung 17: Plätze in stationären Altenhilfeeinrichtungen nach
Trägerschaft in den neuen Bundesländern 266

Abbildung 18: Anteil der gewerblichen Träger an Plätzen in stationären
Altenhilfeeinrichtungen im Ost-West-Vergleich 267

Abbildung 19: Anteil der freigemeinnützigen Träger an Plätzen in stationären
Altenhilfeeinrichtungen in den neuen Bundesländern 268

Abbildung 20: Dienste und Einrichtungen der Jugendhilfe nach Trägerschaft
im Ost-West-Vergleich 1990/91 271

Abbildung 21: Dienste und Einrichtungen der Jugendhilfe nach Trägerschaft
im Ost-West-Vergleich 1994 271

Abbildung 22: Dienste und Einrichtungen der Jugendhilfe nach freigemeinnütziger Trägerschaft in den neuen Bundesländern 1991 272

Abbildung 23: Dienste und Einrichtungen der Jugendhilfe nach freigemeinnütziger Trägerschaft in den alten Bundesländern 1990 272

Abbildung 24: Dienste und Einrichtungen der Jugendhilfe nach freigemeinnütziger Trägerschaft in den neuen Bundesländern 1994 273

Abbildung 25: Dienste und Einrichtungen der Jugendhilfe nach freigemeinnütziger Trägerschaft in den alten Bundesländern 1994 274

Abbildung 26: Zunahme der Anzahl der Einrichtungen in freigemeinnütziger Trägerschaft in den neuen Bundesländern
zwischen 1991 und 1994 274

Abbildung 27: Dienste und Einrichtungen der Jugendhilfe nach freigemeinnütziger Trägerschaft in den neuen Bundesländern 1991 275

Abbildung 28: Art der Beschäftigungsverhältnisse in sozialen Diensten und
Einrichtungen in den Untersuchungsregionen 1992 277

Abbildung 29: Art der Beschäftigungsverhältnisse in Einrichtungen und
Diensten von Wohlfahrtsverbänden in den Untersuchungs-
regionen 1992 278

Abbildung 30: Qualifikationen des Personals in sozialen Diensten und
Einrichtungen in den Untersuchungsregionen 1992 279

Abbildung 31: Qualifikationen des Personals in sozialen Diensten und
Einrichtungen nach Trägerart in den Untersuchungs-
regionen 1992 280

Autorenverzeichnis

Susanne Angerhausen,
  Dipl. Soz., promoviert derzeit an der Humboldt-Universität zu Berlin über den Organisationswandel der Volkssolidarität in den neuen Bundesländern.
Holger Backhaus-Maul,
  Dipl. Soz. u. Mag. rer. publ., Martin-Luther-Universität Halle-Wittenberg.
Claus Offe,
  Prof. Dr. rer. pol., Humboldt-Universität zu Berlin.
Thomas Olk,
  Prof. Dr. phil., Martin-Luther-Universität Halle-Wittenberg.
Martina Schiebel,
  Dipl. Soz., promoviert derzeit an der Universität Bremen über ostdeutsche Frauenbiographien in der Wohlfahrtspflege.

Aus dem Programm Politikwissenschaft

Walter Wangler
Bürgschaft des inneren Friedens
Sozialpolitik in Geschichte und Gegenwart
1998. 336 S. Br. DM 48,00
ISBN 3-531-13207-5
Dieses Buch ist eine allgemeinverständliche und umfassende Beschreibung und Analyse der sozialstaatlichen Entwicklung in Deutschland von den Anfängen im 19. Jahrhundert bis in unsere unmittelbare Gegenwart. Darüber hinaus bietet es einen informativen Überblick über Entwicklung und gegenwärtigen Stand des deutschen Sozialrechts, behandelt aber auch die jeweiligen ideengeschichtlichen, politischen und sozialen Entstehungs- und Rahmenbedingungen sowie die Auswirkungen sozialpolitischer Regelungen auf die Lebenslage der davon Betroffenen. Im Zusammenhang mit aktuellen Debatten diskutiert der Autor auch die gegenwärtige 'Krise des Sozialstaates' und deren Ursachen: Globalisierung, hohe Arbeitslosigkeit und staatliche Finanznot.

Eckart Reidegeld
Staatliche Sozialpolitik in Deutschland
Historische Entwicklung und theoretische Analyse von den Ursprüngen bis 1918
1996. 412 S. Br. DM 66,00
ISBN 3-531-12780-2
„(...) Dem Autor gelingt eine Darstellung früher deutscher Sozialpolitik, die sich sehen lassen kann. (...)"
Arbeit, 1/97

Burkhard Wehner
Der Neue Sozialstaat
Entwurf einer neuen Wirtschafts- und Sozialordnung
2., vollständig neubearb. Aufl. 1997.
251 S. Br. DM 54,00
ISBN 3-531-13079-X
Die in den entwickelten demokratischen Staaten etablierte Wirtschafts- und Sozialordnung läßt sich kaum noch ernsthaft mit dem Argument rechtfertigen, sie erreiche die gesteckten Ziele und erfülle die ursprünglich in sie gesetzten Erwartungen. Das in diesem Band dargestellte sozialstaatliche Reformkonzept setzt am Problem der Arbeitslosigkeit an. Er stellt eine Analyse des Arbeitsmarktes und der Beschäftigungspolitik vor, um auf dieser Grundlage ein neues Sozialstaatskonzept zu entwickeln.

Änderungen vorbehalten. Stand: August 1998.

WESTDEUTSCHER VERLAG
Abraham-Lincoln-Str. 46 · D - 65189 Wiesbaden
Fax (06 11) 78 78 - 400 · www.westdeutschervlg.de

Aus dem Programm Sozialwissenschaften

Klaus Boers /Günter Gutsche /
Klaus Sessar (Hrsg.)
**Sozialer Umbruch
und Kriminalität
in Deutschland**
1997. 378 S. Br. DM 64,00
ISBN 3-531-12982-1

„(...) Das Buch ist eine Fundgrube für jeden Kriminalisten und Kriminologen, der einerseits nach Informationen über die Schwierigkeiten der inneren Einigung Deutschlands oder andererseits sozialwissenschaftliche Erklärungsansätze für die Auswirkungen neuer Sozialstrukturen auf sein Arbeitsfeld sucht."

Kriminalistik 2/98

Rolf G. Heinze
Die blockierte Gesellschaft
Sozioökonomischer Wandel
und die Krise des „Modell Deutschland"
1998. 303 S. Br. DM 42,00
ISBN 3-531-13089-7
Der gesellschaftliche Wandel in Deutschland ist eingebettet in Institutionen, die in massive Orientierungskrisen geraten sind. Die Gewerkschaften, die Arbeitgeberverbände gehören dazu, aber auch Institutionen wie die Kirchen, Parteien oder Sozialverbände. Die in solchen Situationen übliche Selbstvergewisserung durch stärkere Selbstbeschäftigung blockiert nicht nur die Institutionen selbst, sondern auch deren Sensibilität für den sozial- und wirtschaftsstrukturellen Wandel. Am Beispiel des Arbeitsmarktes, der Arbeitsbeziehungen sowie der Wohlfahrtsstaats-Debatte werden solche Blockaden analysiert und Möglichkeiten diskutiert, wie sie aufgebrochen werden könnten.

Arno Waschkuhn
Was ist Subsidiarität?
Ein sozialphilosophisches Ordnungsprinzip:
Von Thomas von Aquin bis zur „Civil Society"
1995. 218 S. Br. DM 34,00
ISBN 3-531-12710-1
Subsidiarität ist ein demokratisch-pluralistisches Prinzip, das eng mit Föderalismus- und Dezentalisierungsvorstellungen verbunden ist. Auch eine polyzentrische Gesellschaft, die im Rahmen der neueren sozialwissenschaftlichen Staatsdiskussion angezielt wird, dürfte ohne Geltung des Subsidiaritätsprinzips keinen Bestand haben.

Änderungen vorbehalten. Stand: August 1998.

WESTDEUTSCHER VERLAG
Abraham-Lincoln-Str. 46 · D - 65189 Wiesbaden
Fax (06 11) 78 78 - 400 · www.westdeutschervlg.de